U0852486

莱文森精粹

保罗·莱文森研究书系

THE ESSENTIAL LEVINSON

[美] 保罗·莱文森／著
Paul Levinson

何道宽／编译

中国人民大学出版社

保罗·莱文森研究书系
总　序

保罗·莱文森（Paul Levinson）是数字时代的麦克卢汉，后麦克卢汉主义第一人。这套丛书偏重介绍他在媒介哲学和传播理论方面的成就。

麦克卢汉是20世纪最富有原创性和争议性的媒介理论家，他的“地球村”、“延伸论”、“讯息论”、“冷热论”等观点被人称为“媒介决定论”。

保罗·莱文森扬弃了麦克卢汉的“媒介决定论”，提出了与之相左的“人性化趋势论”，他张扬人在技术发展中的创造能力和理性选择，对媒介演进和人类前途抱有积极乐观的态度。

他不仅是媒介哲学家，还是科幻小说家、教育公司总裁、音乐人、大学教授，他的多才多艺展现了相当理想而完美的知识分子形象。

英国著名学者C.P.斯诺主张科学文化和文学文化的结合，保罗·莱文森卓尔不群的理论著作和科幻小说就是这两种文化的完美结合。

以学术成就而论，他发表了100余篇论文，多半涉及传播与技术的历史和哲学；完成媒介理论著作7部：《思想无羁：技术时代的认识论》、《软利器》、《数字麦克卢汉》、《真实空间：飞天梦解析》、《手机：挡不住的呼唤》、《学习赛博空间》、《捍卫第一修正案》；出版科幻作品20余种，其中长篇5部，即《丝绸密码》、《松鼠炸弹》、《记忆的丧失》、《出入银河系》、《拯救柏拉图》。

以学术地位而论，他曾任美国科幻小说研究会会长，其科幻作品屡次获美国和世界级大奖、提名奖。

他的7部理论著作，除《学习赛博空间》和《捍卫第一修正案》之外，已经全部在我国翻译出版。

本研究系列首批推出3本书：《真实空间：飞天梦解析》、《手机：挡不住的呼唤》和《莱文森精粹》。其中《手机：挡不住的呼唤》在中美两国几乎同步出版，《莱文森精粹》是作者专门为中国读者编辑的选粹。

最近几年，保罗·莱文森就像一条生产线，每年大约出版理论著作和科幻小说各一本。他的作品，几乎每一部都赢得满堂彩。我们期待他推出更多优秀的社科著作和科幻文艺作品，期待他与中国读者更密切的交流。

译者序

《莱文森精粹》今天杀青，我们的“保罗·莱文森研究书系”告一段落。

几年来，在共同策划和出版这个书系的过程中，中美两国的作者、译者和出版者结下了深厚的友谊。

从2004年的春节起着手探索、策划直到实施并完成这个项目，我要感谢作者保罗·莱文森的信赖、出版社的胆略。

为在世的作者出版选集并不少见，但由中国人主持并操刀完成为外国学者编译学术选集，似乎并不多见。

“保罗·莱文森研究书系”收录了3本书。《手机：挡不住的呼唤》于2004年在中美两国几乎同时出版。这是中美学者和出版界罕有的空前之举。《真实空间：飞天梦解析》和“神六”一道起航。《莱文森精粹》由作者和译者共同编辑，中文版走在英文版之前，这是对“媒介技术学派”和“媒介环境学派”的礼赞，也是中国新闻传播界研究新媒介的重要参考书。

一、数字时代的麦克卢汉

保罗·莱文森是数字时代的“麦克卢汉”、后麦克卢汉第一人，是集科学、文艺、哲学修养于一身的理想型的知识分子。

就学术成就而论，他发表了100余篇论文，多半涉及传播和技术的历史和哲学；完成媒介理论著作7部：《学习赛博空间》、《软利器》、《数字麦克卢汉》、《思想无羁：技术时代的认识论》、《真实空间：飞天梦解析》、《捍卫第一修正案》和《手机：挡不住的呼唤》。

就文艺成就而论，他出版科幻作品20余种，其中长篇5部：《丝绸密码》、《松鼠炸弹》、《记忆的丧失》、《出入银河系》和《拯救柏拉图》。他也是音乐人，已经出版了1张唱片。

他的7部理论著作，由我译介的有4部：《数字麦克卢汉》、《思想无羁：技术时代的认识论》、《真实空间：飞天梦解析》和《手机：挡不住的呼唤》。《莱文森精粹》由我和作者共同编辑，并由我翻译出版，这是我翻译他的第5部学术著作。

在这一篇短序里，我准备从两个方面介绍他在传播理论上的成就和地位，其他方面的成就略去不表。首先谈他的理论成就，然后讨论他在“媒介技术学派”和“媒介环境学派”中的地位。

《数字麦克卢汉》是“三合一”的书，它囊括：麦克卢汉评传、媒介理论专著、新千纪信息指南。保罗·莱文森本人就是数字时代的麦克卢汉。

《思想无羁：技术时代的认识论》讨论了媒介进化和知识进化，扬弃了唯物主义哲学家洛克和马克思、唯心主义哲学家笛卡尔和康德、进化论专家达尔文和波普尔等人的理论，细说知识进化的三阶段论，研究人工智能的必要前提，提出“人类沙文主义”和“智能帝国主义”的独特宇宙观。

《真实空间：飞天梦解析》说明，人类不满足于赛博空间。作者主张人类在真实空间里漫游，解释人类的飞天梦，继续演绎他在《思想无羁：技术时代的认识论》里首创的“人类沙文主义”和“智能帝国主义”。

《手机：挡不住的呼唤》使保罗·莱文森稳居新媒体批评和社会批评的前沿。

《莱文森精粹》是保罗·莱文森近30年学术成就的小结，是他扬弃“媒介决定论”和“技术悲观论”的缩影。我们看见他如何继承和批评“媒介技术学派”和“媒介环境学派”里的领军人物马歇尔·麦克卢汉、哈罗德·马丁·海德格尔、刘易斯·芒福德、雅克·艾吕尔和尼尔·波斯曼等人，这是他传播学生涯的结晶。

二、保罗·莱文森的理论贡献

请允许我简要概括他的突出成就。

(1) 媒介演化的“人性化趋势”（anthropotropic）理论。1979年，保罗·莱文森在他的博士论文《人类历程回放：媒介进化理论》中首次提出这个理论。经过20余年的阐扬和发展，它逐渐成为超越麦克卢汉“媒介决定论”的“后麦克卢汉主义”。它突出了人的主观能动性，扬弃了麦克卢汉的“媒介决定论”。保罗·莱文森认为，人类技术开发的历史说明，技术发展的趋势是越来越像人，技术在模仿、复制人体的感知模式和认知模式。

“人性化趋势”从达尔文的自然进化论中得到灵感。保罗·莱文森仿效达尔文的选择理论，把人比喻为“自然环境”，人要对技术和媒介做出理性的选择，用以维持生存、发展自我、认识世界、改造世界。这是最乐观的技术学派思想。

(2)“补救性媒介”（remedial medium）理论，用以说明人在媒介演化中的理性选择。简单地说，保罗·莱文森认为，任何一种后继的媒介，都是一种补救措施，都是对过去某一种媒介功能的补救和补偿。换言之，人类的技术越来越完美，越来越“人性化”。

仅以他阐述过的3种媒介为例。

就窗户而言，墙上开窗户是对墙壁的补救、玻璃是对窗户的补救、窗帘是对玻璃的补救。

以电话而论，一个不断补救和完善的过程渐次展开：受话器与听筒的合一、一机带多机、电话录音、无绳电话、待机、转机、来电显示，后一个功能总是对前一个功能的补救或补足。

以手机为例，一本更加令人眼花缭乱的教科书逐渐展开：振动功能是对铃声骚扰的补救；单向收费是对双向收费的矫正；和弦铃声使手机人性化、个性化、悦耳动听；彩屏使手机更加逼真、接近自然；上网使手机胜过电脑；视频播放使手机的魅力追赶影视；短信既省钱又保护隐私，还摆脱了电脑的束缚；摄像功能使你能够抓拍并即时把最美好的形象发送给亲人。

(3) 知识进化的三阶段论：生成——批评——传播。他借用坎贝尔的生物进化三步论（生成新器官或有机体的阶段；淘汰不适应的特征或物种的阶段；繁殖幸存的特征或物种的阶段），推出知识成长过程中类似的三部曲：生成或创造新思想的阶段；借助批评淘汰不正确思想的阶段；传播尚未证明为不正确思想的阶段。

(4) 泛化的“技术”说。波普尔论述心与物的关系时，提出了一个“三界”图式。这个“三界”说认为，原子、树木和大脑是“第一界”；心智的两个领域是“第二界”（这是一个主观的世界，完全内在于大脑的世界）；“第三界”即精神产品的世界，如思想、交响乐、谋略等。保罗·莱文森运用泛技术的观点，对这个“三界”图式进行了改造。在他看来，宇宙、自然界、人的世界（包括人的精神世界和精神产品），都可以看成是物质，也可以看成是技术。他推出的三界说，干脆将它们命名为三个技术世界：由物质组成的技术—世界1（T-World 1）；由人组成的技术—世界2（T-World 2）；人“触摸”过的物质或人造的物质，组成技术—世界3。

(5) 提出“技术认识论”（technological epistemology）和“技术互动论”（technological interactionism），修正麦克卢汉的“技术媒介决定论”，并且对哲学史上各大家的认识论做了详细的检讨。

(6)“后麦克卢汉主义”。在麦克卢汉去世的前一年（1979），保罗·莱文森在博士论文中提出了比较完善的媒介进化理论。在其1999年的著作《数字麦克卢汉》里，他疏理、阐述麦克卢汉的10余条理论，以无可辩驳的论证确立了麦克卢汉在新千年的地位。在1998年的著作《思想无羁：技术时代的认识论》里，保罗·莱文森提出以技术进化为主轴的知识进化论，主张人对技术的理性选择。按照他这个理论，我们有控制媒介的能力。他反对麦克卢汉的“媒介决定论”。实际上，20余年来，他用7本专著、100余篇论文不断明白宣示并完善他的技术乐观主义。所谓“后麦克卢汉主义”就是媒介技术学派里的乐观主义派。

保罗·莱文森超越了麦克卢汉和波斯曼，他用媒介乐观主义、人类沙文主义、人性化趋势理论和补救性媒介理论，树起后麦克卢汉主义的大旗。他决不会鞭笞任何一种新媒介，他认为，媒介的演化服从人的理性，有无穷的发展潜力，越来越人性化，越来越合理，越来越完美，人总有办法扬其长而避其短。

三、媒介技术学派的新锐人物

现在再来探讨保罗·莱文森在媒介技术学派和媒介环境学派里的地位。

我翻译了马丁·海德格尔、麦克卢汉和保罗·莱文森的主要著作，熟读了尼尔·波斯曼的代表作。我就用他们的师承关系来讲一个媒介技术学派和媒介环境学派的故事吧。讲完以后，保罗·莱文森的地位就不言自明了。

哈罗德·伊尼斯（1894—1952）和马歇尔·麦克卢汉（1911—1980）是多伦多大学的同事，他们背景不同却走在一起，成为传播学多伦多派的双星。哈罗德·伊尼斯是政治经济学教授，麦克卢汉是英语教授。哈罗德·伊尼斯的两部传世之作《传播的偏向》和《帝国与传播》强化了麦克卢汉的研究传播学的兴趣，他欣然为这两本书作序，并且说自己的著作是哈罗德·伊尼斯的注脚。反过来，如果没有麦克卢汉的推崇，哈罗德·伊尼斯也难以成为世界级的著名学者。

麦克卢汉、波斯曼（1931—2003）和保罗·莱文森（1947—）是北美三代媒介技术学派的代表人物。三人的师承关系非常有趣。波斯曼和保罗·莱文森并非麦克卢汉的嫡系学生，但两人都自认是麦氏的私淑弟子。保罗·莱文森是波斯曼的学生，但他继承和扬弃的主要是麦克卢汉的学说。三位学者一条线，有传承，有偏离，亦有“反叛”，更有超越。波斯曼的学术思想偏离了麦克卢汉，保罗·莱文森的学术思想又“反叛”了波斯曼和麦克卢汉。

1955年，尼尔·波斯曼在哥伦比亚大学读本科时，聆听了麦克卢汉到他们班上做的讲演，从此以后，他对麦克卢汉执弟子礼。1971年，在麦克卢汉的鼓励下，尼尔·波斯曼在纽约大学创办了“媒介环境学”的博士点，成为继刘易斯·芒福德等人之后该学科的领军人物。他从消极意义上继承了“媒介决定论”，对电视等大众传播媒介的负面影响忧心忡忡，偏向悲观的方向，成为“媒介环境学派”和“媒介悲观主义”的代表人物。

波斯曼颇有中国人“一日为师、终身为父”的情结。在《麦克卢汉：媒介及信使》的序文里，他坦诚地说：“我也认为自己是麦克卢汉的后代，不是很听话的一个孩子，可是这个孩子明白自己从何而来，也明白他的父亲要他做什么。”之所以说“不是很听话”，那是因为他偏离了麦克卢汉的技术乐观主义，成为技术悲观主义的代表人物。他把自己这一类悲观主义的人叫做20世纪的“敌人”，把乐观主义的人叫做20世纪的“朋友”，所以他说：“哈罗德·伊尼斯、芒福德和艾吕尔全都是他们这个世纪的敌人，麦克卢汉却是其朋友”，更加确切地说，“麦克卢汉不是本世纪的朋友，而是下一个世纪的朋友。他是一个主张改良的人、面向未来的人、预言希望的人。麦克卢汉说，如果懂得正在发生的事情，就没有什么不可避免的东西。难怪，年轻人都被他吸引住了”。

波斯曼把麦克卢汉的思想铺陈为一个有趣的、乐观主义的故事。这是他在《麦克卢汉：媒介及信使》序文中的幽默之笔。“这是一个使人怅然若失的故事，然而它又是一个得救的故事……昔日的人类传播是整合一体的，人利用自己丰富的感知系统，心脑之间不分裂……突然之间，那个时代猝然终结，取而代之的时代是人实现伟大延伸的时代：象形文字、字母表、机械钟表、印刷术……它使我们形成了所谓甲乙丙丁（ABCD）的思维习惯……我们的感知系统被分割肢解……接下来就是得救的故事……电子革命使我们重新得到并利用丰富的多维视角的口头传统，使我们重新唤醒右脑的创造性……视觉、听觉、触觉和味觉可以再一次混合，可以优雅、健康地混合成一个整体”。

尼尔·波斯曼的悲观主义，集中表现在他的3部代表作里：《技术垄断》（1978）、《童年的消逝》（1982）和《娱乐至死》（1984），三部书的中译本都已经在我国国内出版。《娱乐至死》的封面设计颇能说明他的立场。图片中父母儿女一家四口人，坐在沙发上，面对电视机，四个人都没有脑袋。这是他对电视所做的令人震撼的控告：电视把人的脑子掏空了，人人都成了傻瓜。他批评人们心甘情愿成为娱乐的附庸，心甘情愿成为娱乐至死的一个物种。

《技术垄断》抨击电视，认为它损害了文化素养、公民素质，甚至损害了文明。《娱乐至死》对电视做了进一步的挞伐。

20世纪70年代后期，保罗·莱文森师从波斯曼攻读博士。1997年，波斯曼主持国际普通语义学会的刊物《如此等等》，他悉心扶持保罗·莱文森，让保罗·莱文森在该刊发表了两篇与麦克卢汉相关的文章。一篇是保罗·莱文森给麦克卢汉的论文《媒介定律》作的序文，这使他和麦克卢汉结下了深厚的友谊。另一篇是他早期最重要的论文《玩具、镜子和艺术：技术文化之变迁》，文章提出一个羽翼丰满的原创理论，即媒介发展的3个阶段。《玩具、镜子和艺术：技术文化之变迁》是《莱文森精粹》收录的第一篇文章。

1979年，保罗·莱文森在博士论文《人类历程回放：媒介进化理论》中吹响了"媒介乐观主义"的号角，他从积极方面继承了麦克卢汉的媒介理论，批评了恩师波斯曼的媒介悲观主义，旗帜鲜明地和老师分道扬镳。

早在1980年，保罗·莱文森就针对老师的电视有害论，发表了《看电视的好处》一文。2004年，在《手机：挡不住的呼唤》的"文献述要"里，他批评波斯曼："在指控电视损害文化素养方面，他显然是错了……我尝试纠正他对电子媒介的看法，徒劳一场。"

他对老师的批评有时不便挑明，却也耐人寻味。

1999年，他在《数字麦克卢汉》里对波斯曼提出了委婉的批评："波斯曼是颇有影响的媒介理论家，虽然有时我不敢苟同他对媒介的过分悲观的批评。"

2004年，他把《手机：挡不住的呼唤》献给恩师。谢辞是这样的："谨以此书献给尼尔·波斯曼，他教我学会如何教书。"这段谢辞巧妙地回避了对恩师学术地位的评价。波斯曼授课之生动、幽默和深刻，受到学生的爱戴和推崇。

尽管麦克卢汉、波斯曼和保罗·莱文森风格迥异，然而三个人对技术媒介和媒介生态的关怀却是一脉相承的。

四、中国情结

保罗·莱文森在本书的中文版序言里说：“《莱文森精粹》在中国出版实在是恰如其分、正当其时，因为许多篇目都触及中国及其对文明的伟大贡献。”在其他4本书的中文版序言里，他也谈到对中国文化的欣赏和钦佩。我们从他的几篇序言和《莱文森精粹》里摘要如下。

“中国在我这本书中屡屡露面，但亮相的次数略嫌不够……我希望，本书的出版能够鼓励我们做出更大的努力，去分析中国对人类技术的贡献。中国人在这方面的努力，几乎每天都在给我们新的启示，使我们更加清楚：我们是如何思维的，我们来自哪里，我们正在做些什么，我们又将要走向何方。”（《思想无羁：技术时代的认识论》）

“中国的贡献不只是历史的贡献。请想想中国人发明的火箭。自从火箭问世以来，一切飞离地球的运载工具——从苏联的第一颗人造地球卫星到美国的阿波罗飞船，到今天的空间站，再到火星之旅，一直到更加难以想象的未来的太空发现——所有这一切，全部都依靠中国发明的火箭技术……”（《思想无羁：技术时代的认识论》）

“在许多重要的方面，中国文明史就是人类的历史。改变人类生活的重要发明比如印刷机和火箭起源于中国。在21世纪，中国参加航天国家的联盟，那实在是恰如其分、名正言顺。”（《真实空间：飞天梦解析》）

“能够将我在思考手机过程中学到的东西和巨大的影响与中国人民分享，我感到不胜荣幸。希望我获得的一些教益有益于中国朋友。尤其令人高兴的是，何先生如此高效地完成了本书的翻译，使它能够几乎在中国和美国同步出版发行，远远超过了本书在其他国家的出版时间。毕竟，中国是人口最多的国家。”（《手机：挡不住的呼唤》）

“从地理距离来说，中国还是位于我所在的纽约的另一边。然而，在与何先生合作翻译出版此书的过程中，在进入手机造就的千里一线牵的新世界时，我们所有的美国人和中国人都比邻居更加亲近了。”（《手机：挡不住的呼唤》）

“中国人发明火药，发现火箭的原理，可是他们只把这些技术用于节日的庆祝活动和孩子们的游戏。”（《莱文森精粹·玩具、镜子和艺术：技术文化之变迁》）

"中国人把火药、火箭用于节庆，他们发明的印刷术在很大程度上也局限于庆典。"（《莱文森精粹·玩具、镜子和艺术：技术文化之变迁》）

"中国人的会意字是影响他们把印刷术用于大众传播的主要障碍，因为会意字不适合大规模的活字生产。"（《莱文森精粹·玩具、镜子和艺术：技术文化之变迁》）

"技术潜力未能实现的突出例子是中国的宋代。宋代人的许多发明后来成为西方文明的主要成分，印刷术、火药和火箭之类的发明多半只用于他们的庆典仪式。印刷术可能在公元600年左右就发明了，比一般人认为的时间还要早三四百年。这些发明很少成为审查或禁止的目标，实际上在有些关键的时刻它们还受到鼓励，然而中国社会的文化环境总体上是把这些发明排除在文化主流之外。于是，火药与火箭多半是用于庆典仪式，用于佛像的传播和节日的欢庆活动。最后，用火药武装、印刷术组织起来的西方人来到中国，支配并肢解了她精湛的文化，这个文化催生了上述发明，却将其遗弃，使之成为孤儿。"（《莱文森精粹·发明对利用：中国人的教训》）

"能够用26个字母来表现一切词语和思想的西方拼音文字，和2万个方块字的中国文字比较，更加有利于活字印刷，因为中国人的每一个词或观念都需要一个会意字。由此可见，在印刷术的情况下，相关技术的缺乏成为它大规模、产业化应用的主要障碍。一个类似的问题曾经困扰罗马帝国，位置数'零'的缺乏阻碍了代数和微积分的发展，因此，罗马人本来可以用他们的工程能力发明的机械装置，就不可能诞生了。"（《莱文森精粹·发明对利用：中国人的教训》）

"中国人失去了把技术用于制造武器的机会，这样的技术包括11世纪强大的造船业和用焦炭鼓风炉炼铁的技术，究其原因，主要是社会环境不利于技术的发展。因此，威廉·麦克尼尔（William McNeill）指出，即使在最繁荣的时期，新技术在中国的发明和发展也只是对政府命令或工程的响应，这些活动没有任何机会开发成为自我推进的技术，相反，自我发展的势头却是西方市场驱动的产业的特征。他解释说：'由于这个原因，欧洲工商业扩张的自我催化特征在11世纪和19世纪之间表现出来。这样的扩张在中国从来就没有起步。中国的资本家从来就没有享受到长期的自由，他们不能够把利润随意用于再投资。'"（《莱文森精粹·技术进步中的思想障碍》）

由于校内学科建设的扩张，保罗·莱文森教学科研和行政工作繁忙，原本2006年秋的中国之行推迟，我们期待他与中国学者、学生和媒体人面对面的交流。

何道宽

2006年10月12日

中文版序

《莱文森精粹》在中国出版实在是恰如其分、正当其时，因为许多篇目都触及中国及其对文明的伟大贡献。书中选目是我迄今为止学术著作的精粹。

全书共分5部，所含各章包括我的学术刊物和文集中的论文以及报纸杂志上的学术性文章，还有我的主要学术著作摘录。各章选目按出版时间排序（从1977年到2005年）。

《玩具、镜子和艺术：技术文化之变迁》是我最早的主要论文，出版于1977年，几经转载，此为本书第1章。除了其他论题之外，文章探讨了中国发明的印刷机，拷问它为何没有立即在中国源源不断地生产大批量的书籍报纸，它为何不能像西方几百年之后发明的印刷机那样硕果累累。第1部“通俗文化与媒介研究”中的第2章《〈黑道家族〉成功的要素：裸露、每周播放三次、不必插播广告》跳过了几十年，是我2002年的近作。电视连续剧《黑道家族》是电视剧史上的一个转折点。第3章《名人与政治》探讨了名气向实利的转化，指出它如何帮助一位影星在2003年夺取了加利福尼亚州州长的宝座。上述3章合并为第1部。

第2部开篇的《媒介进化的原理：适者生存》是我1979年博士论文《人类历程回放：媒介进化理论》的节选。我在论文中主张，媒介进化的趋势并非具有越来越多的人化痕迹，而是越来越满足人的自然感知和自然需要。这篇论文的重点是“媒介进化原理”，意在解释为何有些媒介（比如只有影像的无声电影）消逝，有些媒介（比如只有声像的广播）不但存活下来，而且兴旺发达。接下来的两篇文章是《技术是宇宙演化的利器》和《作为进化载体的信息技术》，我在这两篇文章中认为，宇宙凭借人类的技术前进，它的眼睛和耳朵就是人类创造的传播媒介。《技术：人类思想之体现和被人忽视的哲学革命》摘自我1988年的著作《思想无羁：技术时代的认识论》。这段选文解释的问题是：一切技术不仅仅是媒介，而且是人类思想的体现。毕竟，小至一只鞋的人造物也体现了如何使人走路更加舒服的思想。我于1989年发表的文章《宇宙只会拯救自助者：技术实现的历史模式，如何在太空应用这些模式以实现人类的发展》

主张，只有使人类的生命和文化超越地球，人类的渴望和梦想才能够得到满足。因此，中国人21世纪飞向太空尤其令人感到高兴。人们经常批评技术摧毁生命和环境，我的《灭绝之不复存在》则提出异议。该文章1993年刊载在《连线》杂志（*Wired*），阐述了史前基因材料的复活能够保护地球上的生物圈，并且在一定程度上使生命永恒。《代表人类：技术之刃》阐述的观点是：技术能够表达我们最美好的冲动（尽管它们也有用作武器的一面）。第2部结尾的两篇文章是《真正的机器人不会哭》和《移动中的信息》。《真正的机器人不会哭》摘自2003年的《真实空间：飞天梦解析》，《移动中的信息》摘自2004年的《手机：挡不住的呼唤》。前者的要义是：只有人才能够体会到宇宙的诗意，我们的太空探险一定要把人送入太空。后者追溯了媒介流动性的历史，这样的流动性不仅能够很好地在地球上为人类服务，而且也能够在地球外为人类服务。

我很幸运地邂逅了几位20世纪伟大的思想家，其中最重要的是马歇尔·麦克卢汉，他的思想之光彩照人，实在是令人难以置信。20世纪70年代后期，我和他结下友谊，我们互相切磋。第3部里的文章从不同侧面探讨了他的研究成果。1986年发表的《马歇尔·麦克卢汉与电脑会议》讨论了20世纪60年代麦克卢汉的写作风格和他去世几年后的网上传播有何相似之处。《麦克卢汉在新千年的地位》探索了他的著作能够给21世纪提供的诸多教益。《媒介革命的螺旋展开》选自我1999年的著作《数字麦克卢汉》，是我对麦克卢汉"媒介定律"的阐述和应用。第3部结尾的文章《很酷的文本：通过热线和稀薄空气实现的传递》用麦克卢汉媒介的"冷热"二分法来研究今天的互联网和手机。

接下来的第4部数字革命继续以数字时代为重点进行探讨。《媒介关系思考：电脑中介传播、面授、书籍、电化教学与传统教育媒介的关系》这篇文章审视了网上学习，讨论了它与其他教育媒介的关系。（从1985年到1995年，我和妻子蒂娜·沃齐克领导联合教育公司，这是我们创办的公司，它率先在互联网上提供大学课程。）《聪明的文字：文本的电子解放》检视了网上文字令人惊叹的优势，因为它们摆脱了书页的束缚（在《斐德罗篇》里，苏格拉底渴望"聪明的文字"，希望文字能够回答问题）。《没有束缚的学习：网上教育与思想学园》进一步审视了网上教育及其优势，这些优势有：人们可以向最优秀的老师学习，无论老师学生在哪里生活与工作。

《文字处理与写作高手》选自我1997年的著作《软利器》，文章着重思考了电脑写作对作家的好处，他们不用再为修订打字机上的手稿而苦苦挣扎。《论书籍之书：对数字时代书页命运的预测》这篇文章叙述了书籍出版的历史，指出电子媒介对出版的推动，书籍的及时出版和传播都有了新的可能性。2005年发表的《始终接触的危险：手机的阴暗面》提请世人注意，我们都需要时间静居独处、不受打扰。在我们这个时代，无论我们身在何方，手机把每个人随时随地联系在一起。我在学术生涯中一直持非常乐观的态度，难得向人发出这样的警示。

在最后一部里，我推出几篇对媒体做政治分析的文章。《媒介革新与权威的非集中化：从各个角度来看问题》探讨了当代新媒介在权力分配上的作用，新媒介使个人的权力增加，政府的权力减少。《世界贸易大厦遗址上的太空港》是"9·11"事件发生后不久写就的。我希望将来能够在这里修建一个探索宇宙的太空港——这是对想要毁灭我们的人的最好回答。最后一篇文章《关于政治广告的建议》，敦请政府不要禁止和审查政治广告，建议政府向公众提供一些提示，让公众自己去识别。

本书之所以能够问世，我需要感谢的人数以百计。我不仅要感谢为我这些著作首次发表操劳的编辑，还要感谢多年来的学生，他们听我的课，读我的书，给我提供了许多宝贵的反馈意见。

不过，请允许我把感谢的范围缩小到两个人。我的妻子蒂娜·沃齐克在本书一切文稿的写作和出版过程中，始终与我分享甘苦（实际上，收入本书的第一篇文章《玩具、镜子和艺术：技术文化之变迁》，大部分的写作是我们1976年度蜜月时完成的）。我十分幸运，结识了一位朋友何道宽，他是一位忘我工作、矢志献身、好学多思的翻译家。没有他的远见和督促，这本书是不可能问世的。

保罗·莱文森

2006年4月

目 录

第1部 通俗文化与媒介研究

第2部 进化、技术和宇宙

第 4 部 数字革命

第5部 媒介对政治的冲击

第1部
Part one

通俗文化与媒介研究

THE ESSENTIAL LEVINSON

第1章 玩具、镜子和艺术：技术文化之变迁①

技术媒介的各种产品，比如电视节目、电影、书籍、唱片等被笼统称为“大众”文化、“通俗”文化或“技术”文化，这是近年来一个颇有争议的研究课题。争论的视角主要是美学和社会学，主张者和批评人轮流登场，褒扬或谴责：誉之者从审美的角度说它有民主化色彩，有利于社会稳定；毁之者说它身价大跌，使社会愚钝，如此等等。[1]有趣的是，这些论辩中没有人对通俗文化的技术基础做过认真的分析。诚然，理论家们一般承认，技术使通俗文化成为可能，但是他们满足于这样的观点：两者的关系是不言自明的公理，不值得进一步研究。[2]因此，最近一期《通俗文化》里的文章《通俗文化的理论与方法论》应该说对这个专题做了相当全面的总结。文章讨论的范围几乎无所不包，囊括了结构主义、文化地理学和通俗文化，可惜它对通俗文化技术基础的论述只是蜻蜓点水。[3]通俗文化研究的先驱麦克卢汉早已指出，技术媒介远远不只是信息和内容的被动传输手段。考虑到这一点，《通俗文化的理论与方法论》中的疏忽就特别明显了。[4]

技术对通俗文化塑造的细腻机制之所以无人探索，恐怕是因为两者的大致关系实在显而易见，或许这是可以理解的。比如，没有摄影机的发明，就没有电影业；没有留声机的技术成就，就没有通俗的录音文化，追究这种显而易见的事实，似乎没有意义。然而，如果仔细看，这样的简单联系就会展现出越来越多的复杂面貌。用同样的例子，我们可以问：留声机发明不久，电影摄影机就非常完美了，既然如此，为什么电影登堂入室，取得了很高的地位之后40年，音乐的录制技术才跟上来呢？诚然，社会接受程度和经济上的

---

① 原载《如此等等》(*et cetera*)，1977 (6)，见希克曼 (L. Hickman) 等编：《技术与人类事务》(*Technology and Human Affairs*)，1985。

差异等因素无疑是造成上述时间差的原因，然而，电影和唱片生产的机制本身恐怕就存在一些起作用的因素：在电影和录音的文化地位上升的过程中，这些因素对电影的作用是促进，对录音的作用是抑制。

电影是19世纪电化学革命在20世纪获得艺术上瞩目成就的第一个产品，从这里切入去探究技术文化的技术决定论可能是比较恰当的。追踪电影问世以来人们使用和感知电影的情况，也许就能够理清电影技术发展水平与其产生的通俗文化类型之间的关系。这样的观察结果是可以概括的。与此相应，它们的背后潜隐着一系列原理，这些原理可以用来描述一切技术文化共同的、逐步发展的过程，即从新媒介诞生到产生广泛影响的过程。这些原理和文化的审美争论也存在着一定的相关性，它们可以解释一些技术如何、为何比其他技术更有助于“艺术”创造。这一探究还有助于揭示“实用型”技术的演变和应用，显示了偏重工作的技术和偏重娱乐的技术之间的共同点和差异。

1.1 技术演化的第一个阶段：技术作为玩具

杰拉尔德·马斯特（G. Mast）在《电影简史》中谈到电影发轫期时，描绘了一个有趣的模式：

> 初期的电影人不是艺术家，而是一些搞修修补补小玩意的匠人……他们的目标不是创造美，而是展示科学奇观。最早发明的摄影机和放映机启动的一个趋势是自我重复，每一个新发明做一番自我重复：这个发明本身被当做新奇的玩意……[5]

扫视一下早期有声影片，如《爵士乐歌手》（*The Jazz Singer*）和迪士尼早期的动画片《笑个痛快》（*Laugh-O-Gram*），以及爱迪生的第一部电影《弗雷德·奥特打喷嚏》（*Fred Ott's Sneeze*），我们就可以找到支持马斯特结论的证据：在技术文化的初期，技术占主导地位。情节、人物刻画、少得可怜的内容都扮演辅助角色，只是为技术新玩意服务，实际上不过是技术低调的载体而已。在这些初级形态里，观众的乐趣存在于技术的工艺流程中，不在工艺的结果，而在工艺本身。比如，人们关心的是耳闻目睹歌者在电影里唱歌，而不是他在唱什么歌。因此，至少在电影这个媒介身上，新技术像初生牛犊一样急忙亮相、炫耀力量和新的手法，具有超越的力量，技术本身实际上就成为内容。所以在一定的意义上，新媒介最重要的内容即通俗文化也就是媒介本身。

麦克卢汉探讨了技术作为技术内容（technology as the content of technology）的观念，他指出，老式的或后功能的媒介常常成为新媒介的内容。（比如，剧本和书籍成为电影这个新媒介的内容，反过来电影也成为电视这个新媒介的内容。）[6]他甚至认为，难以明察的技术不再使用时，人们才容易看清楚。乍一看，这个论断似乎与马斯特的观点矛盾，实际上却补充了马斯特的观点。这是因为，初生的媒介既处在主流之外，又是过时的形式，好比是人人熟悉的由童年和老年这两个因子构成的方程式。以这样的地位，新媒介在媒介演化周期里形成了既对立又对等的地位。于是，麦克卢汉的模式可以简化为一个基本的期待：任何媒介的可识别性质或可识别冲击力因时而异，根据它在社会总体上的用途或功能而互相转换。也就是说，技术的运作就像转动的电扇扇叶，只有等到它们达到功能的顶端后，我们才容易看清楚技术；处于青春期之前的媒介，其特性是琐碎的、不易识别的，是非功能性的，因而也是招摇的，既像仪式一样张扬，又像死亡媒介的葬礼一样哀伤。

处于婴儿期的媒介是社会的小玩意，这也许在电影史上描绘得最清楚，在其他传播媒介的轨迹里，它也是显而易见的。事实上，在其他许多技术发明和应用的过程中，无论是用于娱乐的技术或非娱乐的技术，媒介在婴儿期的玩具属性也是一目了然的。威廉·奥顿（William Orton）婉谢了低价收购贝尔电话公司专利，理由就是电话只不过是一个小小的“电气玩具”。这个案例是尽人皆知的。[7]爱迪生起初断言，他发明的留声机可以做更加实用的事情，但是留声机公司起初的决策还是把留声机当做“新奇”的音乐盒子。[8]20世纪20年代业余爱好者摆弄矿石收音机的热潮，40年代在商店橱窗跟前看电视的景观，当代电脑“游戏”不断流行的趋势[9]，程序员用幽默的语言来命名专业术语和配置，近年民用波段的无线电“狂热”[10]——这一切都证明，人们对新奇媒介的感觉始终不变，新媒介往往被当做玩具。此外，与传播没有特别关系的技术起初也是接近娱乐的性质和目的，这样的技术数不胜数、形态多样。中国人发明火药，发现火箭的原理，可是他们只把这些技术用于节日的庆祝活动和孩子们的游戏。18世纪时牛顿力学用于设计机械巧妙的玩具或“自动机”。[11]乙醚最初是在舞会上使人飘飘欲仙的眩晕剂，其药性是以后才开发出来的。[12]这一切都说明，“玩具原理”可能远远超越了通俗文化和传播媒介的领域。我们禁不住要说，一切新技术要得到社会承认之前，起初必然以弄臣和特洛伊木马的面目出现，其物质属性虽然显而易见，但是其潜在功能却没有人理解。[13]

倘若实用技术真是以玩具的功能起步，那么它需要什么力量来完成从玩具到实用技术的转变呢？这样的转变绝对不是必然发生的，这个事实已经在许多历史之谜中表现得淋漓尽致，阿兹台克人把轮子应用于儿童玩具，却没有把它应用于开发技术；中国人把火药、火箭用于节庆，他们发明的印刷术在很大程度上也局限于庆典。技术史家亚伯特·厄舍尔认为，这个问题是理解发明史的关键所在。他写道：“发明史的研究对象是历史上技术转化的条件，研究简单的、相对不足的机制如何转化为今天比较复杂、更加有效的机制。”[14]他认为，经济发展的需要和人们对技术潜力的感觉是最重要的条件。不过，理论家还提到许多其他因素，什么技术得到开发，什么技术没有得到开发，还存在一些相关因素。比如，冯·黑根就指出，即使阿兹台克人想要开发轮子的实际用途，墨西哥陡峭的地形也会使他们的努力受挫[15]，因为那里的自然环境缺乏开发轮子实用技术的诱因。麦克卢汉强调媒介与环境兼容的重要性，他指出，中国人的会意字是影响他们把印刷术用于大众传播的主要障碍，因为会意字不适合大规模的活字生产。[16]弗里德里希·哈耶克①认为，19世纪把技术发明应用于大规模的工业生产，所以阿尔弗雷德·怀特海②把这样的发明叫做“发明方法的发明”，是恰如其分的。[17]弗里德里希·哈耶克认为，“发明方法的发明”之所以成为可能，是自由资本主义独步天下的活力使然。[18]显而易见地，点燃技术发展的烈火往往来自技术之外，社会、经济、媒介甚至是物质条件汇合成为辅助技术发展的外部条件。接踵而至的结论是：玩具阶段可能是后续阶段的前提条件，但决不保证继后的技术发展。在缺乏一定的环境条件下，技术“玩具”可能会长期“定格”在初始阶段。举一个比较牵强的例子，在我们的社会，“超感觉的知觉”现象长期局限在

① 弗里德里希·哈耶克（And Friedrich Hayek，1899），经济学家，奥地利裔澳大利亚人，因在能源最佳配置理论方面的研究而荣获1974年诺贝尔奖。——译者注

② 阿尔弗雷德·怀特海（Alfred North，1861—1947），英国数学家、教育家和哲学家。与罗素合著的《数学原理》被誉为永久性的伟大学术著作。他创立了20世纪最庞大的形而上学体系。——译者注

娱乐表演和“魔术”角色中，这就是一种失败，我们未能开发这个有用的潜在“心理”技术。因为我们缺乏妥当的态度。未来的历史学家可能会认为，我们在这个问题上的失败和阿兹台克人未能开发轮车的失败是一样的。[19]

现在来看过去一百年的通俗文化技术，新传播玩具出现之后，几乎总是走向更加广泛的应用，总是应用于实用媒介和大众艺术。玩具原理对通俗文化的教益是，大众艺术形式并非在新技术露头的那一刻就羽翼丰满，它总是要经过一连串的发展阶段，起初它难免幼稚、毛躁，几乎没有内容，初出茅庐的硬件一试身手时总是这样的。这些新生的大众媒介没有什么“大容量”可言。原始电影放映室和早期维多利亚牌留声机的“大耳朵”就没有多少容量。这些设备和施舍的娱乐纯粹是为个人使用的，一对一的分割性是它们的基础，个人使用的玩具经验是它们的特性，还谈不上通俗文化的大众特性。然而，这些原始的媒介表现出惊人的规律性，它们总会演变成为具有普遍冲击力的技术和文化。

1.2　技术演化的第二个阶段：技术作为现实的镜子

在电影史上，爱迪生的电影机发明后不久，就遭遇到吕米埃兄弟（the Lumieres）的竞争——爱迪生的“奇妙镜头”遭遇到吕米埃兄弟的“真实情景”。他们不摄制打喷嚏的镜头和其他滑稽镜头，而是把镜头对准真实生活里的真实事件——工人下班走出工厂、婴儿吃饭、火车进站的著名影片。在早期的“纪录片”里，电影技术的新奇无疑扮演了重要的角色。1895 年《火车进站》引起观众惊叫、摇晃和躲避，说明电影已经有了一个新的焦点——内容。在这部影片里，火车正在咔嚓咔嚓地开进一个真实的火车站。拍摄的角度使观众确信，火车正在向他们迎面轧过来。

早期小玩意电影特有的、肤浅的娱乐和好奇，稍后被比较深厚的惧怕、悲伤和解脱等情感取代。人们期待着这些情感在真实的世界里复写。实际上，当把真实世界作为内容之后，看电影时观众对技术和人为造作的感觉就减轻了，他们的注意力被引向电影的非技术内容，即银幕上描绘的事件。反之，事件的可信度得到提高，也就是说，观众相信电影里的事情是正在发生的“真实的事情”。于是，媒介对现实的挑选就完成了一个自我满足的圆环。在此，现实的镜像往往会掩盖反映的过程，从而提高电影的真实性。这个媒介圆环螺旋性上升的力量正好可以解释：一旦媒介技术脱离了婴儿期的玩具阶段，并达到后续的现实、镜像阶段以后，它为何能够产生如此强大的冲击力。

怀特海意识到，19世纪最重要的发明正是发明本身，同样，曾与他合作的罗素①认为，20世纪最重要的发展是“将怀疑悬置”（the suspension of disbelief）的诗学。公众乐意回应用电子技术录下的声音，把它当做真实的声音，把光化学成像的面孔当做真实的面孔，于是，传播技术很快就能够有效地、大规模地捕捉或取代真实的世界。这个真实世界的镜像反映、内容凸显和技术消隐的特性［麦克卢汉、雅克·艾吕尔（Jacques Ellul）等媒介理论家早已看清媒介技术的规定性特征］[20]，已经成为传播媒介的运作方式。当然，电话很快就挫败了威廉·奥顿对它的评价，成为商务交往和个人交谈的通衢大道。留声机从玩具转向现实记录器的过程不像电话那样富有戏剧性，电视的转变却是深刻的。1893年，把留声机当做“新奇”玩意销售的阶段已经完成，爱迪生收回了他对这个发明的控制权，准备用它来推销通俗音乐唱片。[21]这标志着留声机的重点从技术转向内容。这里的内容是指过去音乐表演的再现，是用唱片捕捉和再现的现实。电视和广播的玩具阶段更加短暂，它们很快就达到记录现实的成熟阶段。直到今天，广播电视仍然保存着大部分纪实的功能。在电影、录像带、录音带、广播和电视的播音里，广播电视发挥的作用和现场演出实况一样逼真。即使电影或录音广播具有非现实的成分，那也是存在于原有的电影或录音里，而不是存在于电视台或电台播送的节目里。实际上，电视台或电台播送的电影和录音能够满足第二阶段“现实”镜像的一切要求：电影有现实内容，电影的内容在观众的意识里占压倒性优势，电视底层的放送技术反而没有引起观众注意。观众把怀疑悬置起来，假装他看见的是电影，而不是电视上播映的电影。（1985年版补记：个人电脑越来越多地用于文字处理、数据管理和通讯节目，我们可以说，电脑已经在发挥镜子阶段的功能。）

传达现实、与现实互动显然是传播技术的第二阶段，也就是最后阶段，这个判断不仅适用于大多数应用于传播的技术，而且适用

① 罗素（Bertrand Russell，1872—1970），英国哲学家、数学家、逻辑学家，分析哲学主要创始人，获1950年诺贝尔文学奖，代表作有《数学原理》、《哲学问题》、《数理哲学导论》、《相对论入门》、《西方哲学史》等。——译者注

于其他技术。当火箭、电能、荧光灯等新奇的玩意最终被用于实际目的，小玩意最终长大成熟起来之后，它们就拓展了我们对现实世界的控制。正如富勒①、霍尔②、麦克卢汉等人指出的，这些技术实际上已经代理并继续代理着我们的手臂、腿脚和身体。[22]因此有人说，传播媒介与其他技术的不同，仅仅是具体应用和内容的不同，这个论点相当有力。实际上，一切技术都拥有相同的发展模式和动态模式。

然而，电影的发展与其他技术的发展的确存在一些有趣的差异。一方面，如上所述，大多数技术从小打小闹的玩具到主流的用品，似乎主要是依靠技术外在的力量和态度启动的；另一方面，电影从小玩意到复制现实的艺术显然在很大程度上有赖于另一个新技术成分。前文提到，“玩具”性的电影在早期简陋的电影机上仅仅是向个人展示，但是后期的“现实”电影却走向了广大的观众，他们成群结队地在电影院里看现实代理的电影。大量的观众与现实的仿拟产生直接的关系，这并不是偶然的。对新奇玩意的感知从固有属性来说，是主观的、个性化的。与此相反，对现实的感知从根本属性来说，是客观的、群体性活动的过程。这个差异业已在社会共识里得到证明，米德③等社会心理学家早就强调过这个差异。这个社会共识在大众经验里得到强化，它甚至建立在大众经验之上。同步看电影的观众产生了，作为现实代理的电影，其强化的感知也产生了，这两种新情况要求，必须发明一种反映电影的新技术，必须把这种新技术与现存的传播链挂钩。也就是说，在电影文化的发展中，技术决定论发挥的作用比较大，它在一切通俗文化发展中发挥的作用也比较大，但在其他实用技术的发展中，技术决定论所起的作用比较小。

此外，在几个重要的方面，电影（和录音）似乎和大多数媒介、技术都有所不同。上文已有暗示，电影和录音如今成为广播电视想象力和原创性的源泉。这样的非现实并不是技术玩具的前现实，而是直接掌握了真实世界的媒介创造的后现实。这样的媒介已经超越了真实世界的状态，所谓超越就是将真实世界进行重组，以创造梦幻曲、雄

---

① 巴克敏斯特·富勒（Buckminster Fuller，1895—1983），美国建筑师、发明家、哲学家兼诗人，被认为是20世纪下半叶最有创见的思想家，设计了一批永垂不朽的著名建筑。——译者注

② 爱德华·霍尔（Edward T. Hall，1914—），美国当代人类学家、文化学家，著有《无声的语言》、《超越文化》、《生活之舞蹈》、《隐蔽的一维》等。——译者注

③ 乔治·米德（George Herbert Mead，1863—1931），美国心理学家、社会学家、传播学家，著有《心灵、自我与社会》。——译者注

辩术和艺术。为此目的，技术必须完成第三个阶段，在这个阶段，技术能够以新颖和有趣的方式对现实进行复制、解剖和重组。[23]

1.3 技术演化的第三个阶段：技术作为艺术的接生婆

本文开篇已经表明，我们探究的是技术与通俗艺术的关系。尽管我们一开始就提出这样一个问题：为什么差不多同时进入文化的电影和录音，后来发展成为通俗文化的速度却迥然不同？但是迄今为止的讨论和通俗艺术却没有什么关系——打电话肯定算不上什么艺术（至少对一般人来说并不是艺术）。而且如上所述，广播电视里的审美内容来自于它们播放的电影、戏剧、唱片、剧本，而不是来自于播放这些内容的技术。所以，技术的流程和技术的艺术之间的关系尚待我们给出定义。

电影史再次证明能给人启示。有这样一个故事：1898 年，法国电影先驱乔治·梅里爱（George Melies）正在巴黎歌剧院广场拍摄行人和车马时（仿照吕米埃兄弟的“真情实景”方式），胶片突然卡住了，他心想电影被糟蹋了，于是他调整孔径，重装胶片，继续拍摄，然后带上胶片回家冲洗，这一切纯粹出于好玩（这显然是许多重大发现的要素之一）。冲印完毕开始放映之后，他禁不住一惊：摄影机卡壳重启的地方发生了神奇的变化，男人变成女人，儿童变成大人，过路的马车变成马！换句话说，没有标记显示，摄影机是曾经卡壳并且在几秒钟以后才重新启动的。一切迹象显示，“现实”继续流动，马车却突然变成一匹马！梅里爱无意间学到了富有表现力的剪辑手段。[24]

历史证明，剪辑是电影从现实记录转向通俗艺术的关键：不同的时间地点拍摄、反映不同现实的片段，可以拼接起来并放映出一个为人接受的一气呵成的新的现实。这就把电影解放出来，使之不必依赖原本的现实。[25]电影再也不必与自然时空节律结缘，它能够创造一种自然而然的流动的经验。剪辑室可以创造自己的节律，而且是观众觉得同样“自然”、同样合胃口的节律。不到 20 年，格里菲思①等人就利用这种机会来模铸、扭曲、形塑、分割和重构现实，他

① 戴维·格里菲思（David Wark Griffith，1875—1948），美国早期电影导演和制片人。改进了电影技艺，如蒙太奇、交叉剪辑、移动摄影、淡入、淡出、特写、闪回等。主要作品有《一个国家的诞生》、《党同伐异》等。——译者注

们完全按照编剧、导演、剪辑的想象来重组现实。从此以后，电影获得了自己的生命。

从阿尔塔米拉洞窟画①到维多利亚时代的文学，能否重塑现实而不仅仅是重述现实，始终是“艺术”的标志性特征。[26]电影超越新时代的特征引爆了它通俗艺术的形式，到20世纪20年代，电影已经成为全球性质的金色的艺术。常规的电影史在追踪剪辑技术及其艺术景观时，自然会把它归入梅里爱及其追随者偶然发现的技巧上。但是，电影剪辑的运气最好不要理解为梅里爱个人的运气，而要理解为电影原本就有的运气。人们使用胶片这种技术，是因为它放映时灵活，而不是因为它容易剪辑。因此，所谓“偶然”发现的剪辑技术，虽然是偶然揭示出来的，但却是原本就存在的隐蔽的性能。从这个意义上说，电影这个通俗艺术可以被认为是电影独特技术的直接产物。

由此可见，技术性艺术的发展似乎有赖于这个技术的特殊性能，它首先是被设计成玩具，接着被用作现实的替代品，最后超越了现实并创造了新的现实。技术发展要经过这三个阶段演进，其辩证逻辑可以表述为玩具——镜子——艺术，或是前现实——现实——后现实。这三个阶段和几个著名的人类发展模式的相似性，是十分有趣的。这些人类发展模式有：让·皮亚杰②关于精神发展的感知运动、具象和形式化的三个阶段[27]，麦克卢汉关于传播演进的口语、文字和电子的三个时代[28]［沃尔特·翁（Walter Ong）把麦克卢汉的三个阶段与弗洛伊德的三个阶段做了比较，十分有趣，比如他把麦克卢汉的文字阶段比喻为弗洛伊德肛欲阶段，说文字阶段和肛欲阶段是保持的阶段、面向现实的阶段[29]］，弗洛伊德关于精神性欲的口欲、肛欲和性器欲的三个发展阶段，凯斯特勒关于人的创造性展开的弄臣、圣贤和艺术家的三个阶段。[30]请注意作为玩具的技术所表现出来的特征：口语的主观性、玩笑的轻松和感知性运动所具有的那种为运动而运动的特性。亦请注意幽默、口头传播和感知性运动共同的倾向：强调技巧或发送形式。作为镜子的技术强调准确和客

① 阿尔塔米拉洞窟画（Altamiran cave paintings），阿尔塔米拉洞窟位于西班牙北部，1879年在此发现大量宏伟壮丽的洞窟画，断代为几万年前的旧石器时期。——译者注

② 让·皮亚杰（Jean Piaget，1896—1980），瑞士心理学家，日内瓦心理学派创始人，提出“发生认识论”，在国际心理学界产生重大影响。代表作有《儿童的语言和思维》、《发生认识论》等。——译者注

观，突出“知识”的内容，因为“知识”既适合圣贤和抄书人，又适合与现实直接交流，直接交流是具体操作的基本特征。作为艺术的技术将前两个阶段的要素集于一身，所以它既严肃又主观，既具有性器欲阶段情绪的烈度（电子传播的多维性），又是现实的抽象和重构。这就是知识功能的形式化阶段，于是，现实战胜了内容。

然而，许多技术过于适合第二阶段镜子的任务，根本就没有能力完成第三个阶段艺术飞跃的任务。电话纯粹是现实交流的媒介，静态摄影枉有审美雄心，它们基本上还是刻板复写现实的媒介[31]，其他一些技术，比如广播和电视有能力重构现实、创造艺术，然而如上所述，由于常规和经济压力的局限，它们却囿于单纯以过去创造的电影、戏剧和音乐艺术的镜像来反映现实。（迅速切换的摄像机对准《今晚》之类的脱口秀节目造成的氛围，不只是停留在电视机上，还构成了一种货真价实的“艺术形式”，它们不仅仅是放送出来的节目。录像带剪辑的试验，电脑上人物形象的制作等也可能是潜在的艺术源泉。1985 年补记：最近出现的摇滚乐录像带也是一个很好的例子，这就是录像带生产的形象重组的艺术。）

留声机和录音技术这个案例更加不同寻常。起初，用来录音的硬件被死死地囚禁在现实世界里，声音的储存和复制起初用的是电线，以后又用唱盘，一旦录制之后，这两种硬件都不容许切割改变或重新安排。橡胶唱盘没有赛璐珞胶片隐蔽的潜能，然而作为值得赞誉的音乐复制手段，橡胶唱盘还是支撑了整整 40 年。直到 20 世纪 40 年代，一种全新的磁带技术才问世。磁带可以切割，起初是用来补救橡胶唱盘的不足，以便使复制更加精确。于是乎，磁带录音就获得了改变现实的性能，这就是所谓的艺术。磁带不仅使剪辑容易，而且能够加录、多声道同期录音、录音混成，以实现想象力丰富的新的组合。于是磁带录音问世之后不到 20 年，像斯贝克特(Phil Spector)、披头士之类的艺术家、出品人、作曲人就用录音技术来保存那一代人的通俗艺术形式。这是一个 20 亿美元的产业，有时甚至超过了电影产业和电视产业相加的利润与冲击力。（请注意，磁带技术从问世到披头士出现的 20 年，类似于电影业从梅里爱到格里菲思的 20 年。）

电影和录音在通俗艺术形式兴起过程中的差异，如今可以这样解释：按照发明人当初构想的概念，两者都是玩具，两者都迅速成为记录现实的工具；使电影能够复制真实世界的技术同时又使胶片能够重构真实世界，所以，电影很快就成为一种通俗艺术。与此相反，录音技术虽然能够复制真实世界，但是它没有胶片那样的长处，所以录音只是一个简单的记录手段。直到一个新的机制问世之后，它才能够改变现实。正如本文开篇所言，技术和技术性艺术之间的关系并非简单的因果关系，这一点是显而易见的。

实际上，一种富有生产力的技术再加上一个新的要素之后，它并非总是能够成为可靠的手段，媒介的艺术性能未必会提高。上文提及最初的“有声片”，录音技术追加到无声片上之后，结果反而是使电影沦为玩具。在创造一个新媒介的同时，整个录音技术倒退回第一阶段。在这个方面，有些批评家至今仍然认为，电影始终未能回复到无声片时代的水平，其理由是：说话和对白产生的最坏的结果是把电影贬为玩具，最好的结果就是对情节做缺乏想象力的、直白的阐述［奥逊·威尔斯（Orson Welles）和罗伯特·阿尔特曼（Robert Altman）的一些作品也许是例外］。他们认为对无声片时代开发出来的崇高的艺术风格而言，有声片技术是有害的，甚至起到了破坏作用。[32]

再者，技术与通俗文化的关系还存在一个更加复杂化的因素。各种技术都有这样一个趋势：它们的运作不是孤立的，而是联手的，并且常常是相互影响的。据说，爱迪生发明留声机的目的是完善电话机，发明电影工艺的目的是要提升留声机的水平。[33]有人已经提及拼音文字的一个作用：它是大规模使用印刷机的前提条件之一（见注释和参考文献 16）。音乐录音文化的兴起显然是它自身技术的产物，然而其增值放大却有赖于其他媒介的协助，尤其是电视媒介的帮助：20 世纪 50 年代，电视挑选广播作为娱乐媒介时，广播被迫大量依靠录制的音乐吸引听众；于是广播电视为录音技术提供了一个经久不衰的舞台，须知，广播本来已经是相当成熟的通俗艺术。（与此相似，联邦通讯委员会 1965 年规定，一切调频电台播放的节目必须有别于调幅电台的节目，这就加速了密纹唱片成为艺术形式的过程。许多调幅电台不得不转向曾经被认为是“非商业”的唱片音乐，这给密纹唱片提供了一个急需的公共舞台。）当然，这种技术媒介的互动，最终还是需要经济因素和社会因素，它们在技术中间发挥着居中调停的作用。

如果要对技术与艺术做透彻的探讨，那就必须要考虑审美的因素。但是，从技术到文化的方程式太复杂，所以技术性艺术和文化的审美特征是很难把握的。迄今为止，对技术性艺术的批评常常是不太敏锐的，批评家们不了解技术演进的阶段性。这些批评往往是无的放矢，把矛头指向不成熟的媒介，其实不成熟的媒介不能够假装是什么技术性"艺术"。比如加塞特就谴责"现代艺术"，说它"游戏而已，岂有他哉"，抨击它"没有超越性品质"，等等。[34] 从我们当前探讨的视角来看，把不成熟的媒介看做是技术玩具，而不是技术性艺术，这应该是恰如其分的。加塞特对现代艺术的谴责是把不同的技术阶段混为一谈，这是不成熟的判断错误，是"张冠李戴"的身份错误，错误的原因是未能把技术看做是一个不断展开的发展的过程。苏珊·朗格①看到了这个错误，她对电影演进的评估补足了马斯特对早期电影作为新奇事物的观察。马斯特的论点是我们本文探讨分析的跳板。朗格为此写下了这样一段话：

> 每一个新发明无论是蒙太奇、音轨还是染印法问世时，电影迷都惊呼，电影"艺术"完蛋了。当然，新奇的发明还来不及完善就迫不及待地开始探索时，它就以粗糙的状态招摇过市，并引起轰动了……一般地说，每一次这样的进步总是伴随着一股特别坏的垃圾狂潮。然而，艺术还是阔步前进。[35]

当然，问题是这样的：技术文化的各个阶段的确是特色分明、前后相继，但绝不是说它们互相排斥。近年来电影里流行的环绕音响（Sensurround），"野生圣乐"（wildlife sage）对现实的模仿等都说明，业已成为技术性艺术的电影，未必总是需要生产艺术。实际上，技术进化和生物进化一样，总是容忍早期的设计和后期的设计相生相伴，于是就产生了各种各样的审美特征。即使媒介演化的意识不能够给通俗艺术提供一套一劳永逸的美学思想，它至少还能够提供一把审美判断的标尺。而且，它至少还能够揭示一块共同的地域，让通俗艺术的批评家和鼓吹者共处一堂。它们的共同之处应该是：首先看一看蝴蝶的幼虫，接着看一看蝴蝶，看看同一个技术演变过程的不同阶段。

1.4 结语和结论

技术生成并促进大众文化和艺术，生成和促进的方式是复杂的、多面的，可惜常常被人过分简单化，或者被人视之为理所当然。每

---

① 苏珊·朗格（Susanne Langer，1895—1985），美国哲学家，用符号逻辑和象征表现分析心灵和艺术。——译者注

一种技术性艺术的底层都必然有一种实在的发明，然而发明却很难立即产生强大的文化冲击，也很难立即花果满枝。相反，技术在文化中露面时常常是新奇之物，是小玩意、小聪明，所起的作用仅仅像是玩具。在这个发明里，内容被技术压制，仅仅是技术的表达而已。这时的感知经验是个人的、主观的、高度个性化的，而不是“大众”的。这些玩具常常在社会的边缘起作用。新奇的发明与其说取决于社会态度的变迁，不如说取决于技术的发展，它终将（虽然并非总是能够）成为一个实用的装置。到了这个阶段，内容的功能高涨，一望而知的技术形式开始退潮。此时，感知经验明显成为社会的、客观的、“大众”的，因为“受众”这个实体开始发挥作用。此时的技术成为现实的记录器，它们在社会中的地位耐人寻味，且常常占据中心的位置。到了这个时候，实用技术和艺术性技术就难以区分了。唯一的区别是：实用技术停滞于现实的层次，艺术性媒介却继续前进并上升到第三个阶段。为了实现这个艺术飞跃，这个技术媒介不但要能够复制现实，而且要能够以富有想象力的方式重组现实。第三阶段的运行涉及前两个阶段特征的混合：技术性艺术是非功能性的、主观的，但并非是鸡毛蒜皮的，（大多数情况下）是群体取向的，受到内容主导，就像现实的代用品一样。以电影为例，它那种超现实的性能是原初写实技术的固有属性，所以通俗电影艺术的发展相当迅猛。至于音乐录音，它改变现实的性能却姗姗来迟，只有等到一个追加的非功利性因素来临之后，它才具有改变现实的能力，由于这个原因，通俗录音文化的兴起相应地推迟了。另一个例子是广播电视，尤其是电视，它们能够成为技术性艺术，不过它们却是审美意义上的寄生虫，因为它们的创造性和艺术性有赖于其他媒介。由此可见，超越现实的技术及走在它之前的两个阶段的技术，是培养大众文化和艺术的必要条件，但不是充分条件。其余的必备条件也许是各种技术的互动，以及更加抽象的、非技术的社会因素。

注释和参考文献

［1］冈斯（Herbert J. Gans）：《通俗文化与高雅文化》，（*Popular Culture and High Culture*，New York，Basic，1975）对批评和捍卫通俗文化的争论进行了归纳。

［2］有些评论者认为，技术未必是通俗文化的基础，所举例证是口头民乐传统的非技术性。见雷·布朗（Ray B. Brown）：《通俗文化：初步定义》（*Pop-*

ular Culture：*Notes Towards a Definition*)，收录在乔治·刘易斯（George H. Lewis）等编：《金牛犊背上的横鞍》(*Side Saddle on the Golden Calf*，Pacific Palisades，Cal.：Goodyear，1972，pp.5－11)。又见罗霍夫（Bruce A. Lohof)：《通俗文化：刊物与研究动态》(*Popular Culture*：*The Journal and the State of the Study*)，载《通俗文化》，1972（3)：pp.438－455。既然民俗音乐对电子乐器和录音的依靠日益加重，似乎可以恰当地说，所谓不言自明的例证日益减少，应该是技术主导的例外。

[3]《通俗文化》，1975（2)：pp.353－508。

[4] 麦克卢汉的论述主要参见《谷登堡星汉》(*The Gutenberg Galaxy*，*Toronto*：*University of Toronto*，1962）和《理解媒介》(*Understanding Media*，2nd ed.，New York：Mentor，1964)。

[5] 马斯特（Gerald Mast)：《电影简史》(*A Short History of the Movies*，p.15，New York：Pegasus，1971)，以下有关电影的引文除非特别标明均出自马斯特的《电影简史》。

[6] 在麦克卢汉描绘的图式中，摆脱了功能的技术不仅成为"内容"，而且常常成"艺术"。他写道："机器使人减轻为了生存而对自然的依附（严格受制于四季的农业就是人依附自然的例子)，从而把自然界变成艺术形式。"(《理解媒介》）请注意，他所谓的艺术不是技术的直接产物，电影剪辑产生的蒙太奇就不是技术的直接产物，而是技术起作用的情况下产生的特殊效果。最近一个很好的例子能够说明异乎寻常的艺术产生的情景。《纽约时报》旅游版一篇文章以严肃的口吻描绘了纽约地铁日益增长的非功能性特色："令人高兴、得到升华的绝技"，"令人兴奋的美景"，播放着"轮与轨合成的音乐"。[费希勒、弗里德曼（Stan Fischler and Richard Friedman)：《地铁》，1、22页，1976－05－23。] 地铁乘客减少，服务随之减少，地铁系统的机械部分现在得到的欣赏可能与它们的能（或不能）无关，而是因为它们"是什么"而得到欣赏。(1985年重印时加注：另一个例子是活动车篷汽车。起初的实用功能是通风凉快。但是空调制冷的功能胜过通风凉快的功能，有一段时间，活动车篷汽车几乎销声匿迹，如今却回来了，还有人图凉快而打开车篷，但那是一种象征意义或艺术派头，而不是为了实用。这是为了"扮酷"。由此可见，敞篷车是实用功能转向艺术功能的例子，不仅是技术转化的例证，而且是语言符号转化的例证。)

[7] 参见马修·约瑟夫森（Matthew Josephson)：《爱迪生》(*Edison*)，141页，纽约，麦格劳-希尔，1959。而且，时任西部联合电报公司总裁的奥顿显然没有把这个"有声的电报"放在眼里。霍加斯（S. H. Hogarth）的一篇文章很有趣，题目是《三大错误》(*Three Great Mistakes*)［参见《蓝色贝尔》(*Blue Bell*)，1926］。文章说，决策前，奥顿曾经向他运气不佳的朋友迪普（Chauncy M. Depew）请教，结果失去了一个绝佳的机会。本来他可以用区区1万美元购买新近开张的贝尔电话公司1/6的股份。奥顿认为，"这个发明是玩具"没有什么"商业价值可言"。与此同时，根据约翰·布鲁克斯（John Brooks）的著作

《电话一百年》，英格兰电话的普及至少耽误了10年，因为英国人相信，电话不过是一种“科学玩具”。[参见《电话一百年》(See *Telephone: The First Hundred Years*, p. 92, New York: Harper & Row, 1976)]

[8] 马修·约瑟夫森：《爱迪生》，172页。根据爱迪生的构想，留声机可以为盲人记录书信和书籍，记录讲座和演说，保存电话上的交谈，实际上的应用却姗姗来迟。

[9] 近日《纽约邮报》一篇文章说，家用电脑的销售如“大火燎原”，购买者多半是“技术崇拜者”，他们用电脑玩视觉游戏和动脑筋的游戏。报道引述的是《计算机爱好者》(*Creative Computing*) 杂志编辑戴维·阿尔 (Ahl, D.) 的一席话。他认为，目前的电脑用语和媒介发展的普遍模式是一致的。阿尔解释说：“无线电原理刚出现时，首先装配收音机的是业余爱好者……电脑也是这样。”参见彼得·基普纽斯 (Peter Keepnews)：《最新的自己动手热：电脑》(*The Latest Do-It-Yourself Fetish: Computers*)，载《纽约邮报》，1976-06-09。

[10] 联邦通讯委员会1958年就批准了民用波段 (CB)，但是公众不太了解这个情况，以致20世纪70年代中叶才形成使用民用波段热潮。不出意料，公众注意的第一波产生的圈子里专用的语码和代号，都是新奇小玩意惯用的手法。最耐人寻味的是CB迷作者迈克尔·哈伍德 (Michael Harwood) 的一番话。他说，CB上来往的通信“常常是鸡毛蒜皮、语无伦次的”。这再一次清楚说明，新技术支配内容，用新技术的目的纯粹是好玩。参见迈克尔·哈伍德：《美国人洗耳恭听》(*America With its Ears On*)，载《纽约时报杂志》，1976-04-25。

[11] 在《机械化挂帅》(*Mechanization Takes Command*, New York: Norton, 1948, pp. 32-35) 中，西格弗里德·吉迪恩 (Siegfried Giedeon) 浓墨重彩地描绘了“服务于奇迹的发明”。从亚历山大大帝的宗教剧到18世纪和19世纪宫廷里的机械鸭子。又见布卢姆堡 (Robert S. Brumbaugh)：《古希腊的奇巧玩意与机器》(*Ancient Greek Gadgets and Machines* , New York: Thomas Crowell, 1966)。他指出，“古希腊人发明了蒸汽机，然而对他们而言，它只不过是一种玩具”。接着，他详细描绘了许多机械装置，但它们主要是用来娱乐，或使人惊叹。

[12] 弗洛普-米勒 (Rene Fulop-Miller)：《战胜疼痛》(*Triumph Over Pain*, New York: Literary Guild of America, 1938, pp. 95-97)。

[13] 希里尔·史密斯 (Cyril Stanley Smith) 提出了类似的思路。见《论艺术、发明与技术》(*On Arts, Invention, and Technology*)，载《技术评论》(*Technology Review*, No. 7: pp. 36-41)。他指出，冶金术发轫于项链的制作，轮子登场时是应用于玩具，车床首先是用于制作鼻烟壶，一百年以后才用于重工业。金属铸件最初是在钟铃上完善的，后来才用于铸造大炮。史密斯认为，所有这一切都证明，技术可能起源于游戏和审美的冲动，而不是实际的需要。

[14] 亚伯特·厄舍尔 (Abbot Payson Usher)：《机械发明的历史》(*The History of Mechanical Inventions*, 2nd ed., p. 117, Cambridge, Mass: Har-

vard University，1954）。

［15］冯·黑根（von Hagen）写道："即使墨西哥人发明了轮车，那也于事无补，因为全国的地形都高低不平。一个又一个的高山深谷彼此隔绝，东西南北莫不如此，高山上只能够步行。"参见《阿兹台克人：人与部落》（*The Aztec：Man and Tribe*，New York：Mentor，1961，p. 18）。

［16］转引自《谷登堡星汉》，185页。与此类似，罗格·伯林盖姆（Roger Burlingame）解释说，达·芬奇的发明多半没有实现，那是由于缺乏许多"相关的"技术［参见《文化之硬件》（*The Hardware of Culture*），载《技术与文化》（*Technology and Culture*），1959（1）］。

［17］阿尔弗雷德·怀特海：《科学与现代世界》（*Science and the Modern World*，p. 136，New York：Macmillan，1925）。

［18］弗里德里希·哈耶克解释说："在此之前，人类发明的能力并不亚于19世纪。许多非常聪明的自动玩具足以证明，有些玩具甚至是异乎寻常地先进……可是把机械发明用于工业生产的尝试并不多见，仅有的一点尝试往往也受到压制……大多数人相信的正误观念，成为个人发明者的拦路虎。只有等到产业自由为新知识的运用开辟了道路之后……科学才取得了长足的进步，才在过去的150年里改变了世界。"见《通向农奴身份的道路》（*The Road to Serfdom*，Chicago，University of Chicago，1944，pp. 15－16）。

［19］当然，并非人人都一致认为，技术用于实用的任务对社会就一定是可取的。比如，刘易斯·芒福德（Lewis Mumford）就认为，前工业时代的、"审美"的发明就更加富有人情味，"功利主义"的应用发明未必就那么人性化。因此他认为，19世纪之前滥觞的发明绝不是"定格"不前的发明；相反，它们是人类发明冲动最优美的表达，他喟叹现代文化中这类发明的绝迹。参见《机器的神话》（*The Myth of the Machine*），第1卷，《技术与人的发展》（*Technics and Human Development*，New York：Harcourt Brace Jovanovich，1966，pp. 252－253）。

［20］参见威廉·昆斯（William Kuhns）：《后工业时代的先知》（*The Post-Industrial Prophets*，New York：Harper Collophon，1971）。该书对麦克卢汉、艾吕尔等媒介理论家的思想做了一番比较。如果要进一步理解媒介镜像掩盖自身运作而产生的麻醉效果，请参见麦克卢汉：《理解媒介》，51～56页。

［21］参见马修·约瑟夫森：《爱迪生》，330～333页。爱迪生对通俗音乐唱片的兴趣不仅是因为他有预见，而且是由于竞争对手的压力。最强大的对手是伯林纳①，他在19世纪90年代发明的唱片占据了爱迪生留声机市场的很大一部分。

［22］参见巴克敏斯特·富勒（R. Buckminster Fuller）：《通向月球的九条

① 伯林纳（Emile Berliner，1851—1928），美国发明家，发明电话听筒、唱片录音等。——译者注

链子》（*Nine Chains to the Moon*，Carbondale，Ⅲ，Southern Illinois University，1938，pp. 38－39）；爱德华·霍尔（Edward Hall）：《无声的语言》（*The Silent Language*，New York：Fawcett，1959，p. 60）；麦克卢汉的《谷登堡星汉》和《理解媒介》。

［23］前现实技术（pre-reality）和后现实技术（non-reality）的区别，也许与区别现实和非现实的观念框架产生抵触。因此，区别现实和非现实的观念框架容易混淆玩具和艺术，把两者看成是相同的技术表达，把它们看成是同一个非现实或非实用的类别。故此正如上文所示，刘易斯·芒福德认为，前工业技术既是游戏的源泉也是艺术的源泉。事实上他后来认为，后工业技术尝试的艺术实际上是一个矛盾的术语，是一种“反艺术”。参见《机器之神话：权力的五角大楼》（*The Myth of the Machine*，*vol*. 2：*The Pentagon of Power*，New York：Harcourt Brace Jovanovich，1970，pp. 361－368）。弗洛伊德从另一个角度看问题，把艺术家、儿童、原始人和精神病人画上等号。这是他在《诗人与白日梦的关系》（*Relation of the Poet to Day-Dreaming*）中表达的观点，文章收入《论创造性与无意识》（*On Creativity and the Unconscious*，New York：Harper & Row，1958，pp. 44－45）和《图腾与禁忌》（*Totem and Taboo*，trans. A. A. Brill，New York：Vintage，1918）。麦克卢汉把后操作性技术描绘成艺术，指出了这种艺术与前功能性技术玩具的相似性，他认为至少有一种艺术与玩具相似。不过，大多数情况下，通俗文化与人的直觉指明了技术玩具和艺术的分歧。比如，《弗雷德·奥特打喷嚏》和描绘唐人街的电影实际上是非实用的电影，《弗雷德·奥特打喷嚏》以眼花缭乱的手段使人们转移了对真实世界的注意，唐人街电影以巧妙的手法和难以察觉的技法重构现实，后面的片子里缠上绷带的鼻子就成为某种评论和象征。因此，下文的探讨会接受苏珊·朗格的观点：游戏和艺术都是非功利主义的，不过艺术是严肃的，游戏则不是严肃的。见《哲学新论》（*Philosophy in a New Key*，2nd ed.，New York：Mentor，1951，p. 42）。

［24］人们显然免不了有一丝怀疑，这个故事是不是梅里爱编造的。比如，埃里克·罗德（Eric Rhode）近年出版的《电影史》（*History of the Cinema*，New York：Hill and Wang，1976，p. 34）的前言说到这个故事时，就用了一个颇有分量的句式：“据称……”另一方面，毛利斯·巴德克和罗伯特·巴西拉克（Maurice Bardeche and Robert Brasillach）的《电影史》（*The History of Motion Pictures*，New York：Norton，1938，p. 11），以及刘易斯·雅各布斯（Lewis Jacobs）的《梅里爱：人为重组的镜头》［*George Melies*：Artificially Arranged Scenes，1939 首印，1969 年收入《电影艺术的兴起》（*The Emergence of Film Art*，ed. Lewis Jacobs，New York：Hopkinson and Blake，1969，p. 11）］，由于他这篇文章写作的时间离事发的时间不久，因此他全盘接受了梅里爱的故事。但是无论它是否出于偶然，剪辑原理如何发现的方式并不重要，重要的是发现剪辑这个事实本身。我们很快将在下文里强调，剪辑的发现未必是故意为之，

却是事态发展之必然，这是电影技术发展的必然结果。

[25] 一般认为，率先用剪辑胶片来构建故事的是埃德温·波特（Edwin S. Porter）而不是梅里爱。波特1903年执导的《列车大劫案》（*The Great Train Robbery*，See Jacobs，pp. 20－21）就运用了剪辑。梅里爱停机、重新安排场景然后再拍摄的方法是比较粗糙的重组或“剪辑”现实的方法。

[26] 苏珊·朗格把这种超现实属性称为“伪似”（semblance）。她给“艺术家的任务”做了如下界定：“生产并维持这种幻觉，使之脱离周围的真实世界，又以世界为衬托，清清楚楚地塑造这个幻境的形态，使之与情感形式和生活形态巧合。”[参见《情感与形式》（*Feeling and Form*），New York：Scribner's，1953，p. 68]。关于用剪辑产生蒙太奇或创造新现实的电影艺术，请参见爱森斯坦（Sergei Eisenstein）：《电影的形式》（*Film Form*，trans. and ed. Jay Leyda，New York：Harcourt，Brace and World：1949）。

[27] 关于皮亚杰的模式，参见霍华德·加德纳（Howard Gardner）：《大脑探索》（*The Quest for Mind*，New York：Knopf，1973，pp. 51－110）。

[28] 参见麦克卢汉的《谷登堡星汉》与《理解媒介》。

[29] 沃尔特·翁（Walter Ong）：《语词的在场》（*The Presence of the Word*，New Haven：Yale University，1967，pp. 92－110）。

[30] 亚瑟·凯斯特勒（Arthur Koestler）：《创造行为》（*The Act of Creation*，New York：Dell，1964）。

[31] 斯坦利·米尔格拉姆（Stanley Milgram）指出，“我们的英语对摄影术的性质做了直言不讳的表述。摄影师捕捉照片，而不是创造照片”。引自《影像定格机》（The Image-Freezing Machine），载《今日心理学》（*Psychology Today*，10，No. 8，January 1977，p. 52）。

[32] 参见鲁道夫·阿恩海姆（Rudolf Arnheim）：《作为艺术的电影》（*Film as Art*，Berkeley，Cal：University of California，1968）。又见弗朗索瓦·特卢弗特（Francois Truffaut）：《希区柯克传》（*Hitchcock*，New York：Simon and Schuster，1966）。

[33] 参见马修·约瑟夫森：《爱迪生》，161、385页；又见杰拉尔德·马斯特：《电影简史》25～26页。

[34] 参见加塞特（Ortega Y. Gasset）：《艺术的非人性化》（*The Dehumanization of Art*，1925 reprint ed.：Princeton：Princeton University，1968，p. 14）。

[35] 苏珊·朗格：《情感与形式》，412页。

第2章 《黑道家族》成功的要素：裸露、每周播放三次、不必插播广告[①]

有线电视是在反思中孕育的。20世纪50年代，用电磁载波的电视网无法把信号传递到偏远的乡村，为了解决这个问题，有线电视应运而生。到了20世纪80年代，有线电视飞速发展，成为创新、丰富内容的传播手段，它能够提供有别于无线电视网的节目，例如全新闻的CNN或全电影的家庭电影频道HBO。家庭电影频道播放的电影当然比电视网播放得早，新片在电影院播放之后，立即就可以上这个频道（故名"家庭影院"），然而家庭电影频道毕竟是第二手操作，许多人已经在电影院里看过这些电影。

家庭电影频道的补救办法是自拍"家庭电影频道专用电影"，这使它有别于向有线电视提供电影的其他竞争者。最优秀的"家庭电影频道专用电影"也推出过一些重要题材［比如1985年的《默罗》(*Murrow*)、1992年的《斯大林》］，它成功地吸引了一些已经在电视网和好莱坞走红的名角［《希尔街的布鲁斯乐》(*Hill Street Blues*)由丹尼·特拉万提领衔主演，《斯大林》由罗伯特·杜瓦尔领衔主演］。家庭电影频道上的这些影片虽然不错，但远远算不上"大片"。无论从文化上还是从心理上看，它们都不能和《飘》、《教父》、《星球大战》同日而语。在气度或尝试新鲜手段上，它们都不如《十二只猴子》(*12 Monkeys*)或《普通嫌疑人》(*The Usual Suspects*)。从各方面看，即使最富有原创性和重要性的有线电视片，也只能是第二流的电视片。

家庭电影频道及其竞争者都推出了一批表现卖淫、犯罪、吸毒的纪实片。这些纪实片比电视网的纪实片更有深度，无论在题材还是表现技巧上都略胜一筹。其中最佳者当数《的士司机的自白》

① 原载D. 拉维利编：《〈黑道家族〉研究》(*This Thing of Ours: Investigating The Sopranos*)，纽约，哥伦比亚大学出版社，2002。

(*Taxi-Cab Confessions*)，在贴近现实上，它们的纪实手法都达到了其他电视和电影难以企及的高度。然而，如果你要记录过去10年纪实片的历史，公共广播公司（PBS）播映的、肯·伯恩斯（Ken Burns）公司摄制的纪实片毫无疑问会高居榜首，这些纪实片在地位和影响力上都独占鳌头。这些公司推出的有关内战、棒球和爵士乐的片子堪称大片。

《黑道家族》(*The Sopranos*) 连续剧播映之后，家庭电影频道和有线电视就自成一族了。

2.1 新瓶旧酒

从一开始，《黑道家族》这个连续剧就是适合网络电视的理想电视剧。它扎根于周六的电视连续剧和广播剧，在有些情况下，广播剧提供了全套的谱系树［《枪烟》(*Gunsmoke*) 这部西部片的题材就是取自广播剧，移植到电影中来的］。电视连续剧直接传送到家庭、免费（电视相对于电影院的优势）、声像并茂、片长30分钟或60分钟，每周一集，这些优点使之极受欢迎。《洛伊斯天堂》之类的电视连续剧对电影业的终极影响是居民区影剧院的消失，取而代之的是大型商场里的多功能放映厅。无线电广播急忙寻找新的节目内容，其大手笔是发现摇滚乐［多亏主持人艾伦·弗里德（Alan Freed)］。

然而，电视连续剧继承了广播剧的不足。它的播映过程被广告打断，只能够看一次，无缘再看，语言极其受限，人体暴露的程度极其受限，电视网播出的连续剧在最洁净、最肤浅、最理想的乌托邦里找到了自己的一席之地。与此相反，电影院放映的电影不必插播广告，还可以再看（在20世纪50年代，同一部片子我看过两场，当然要在另一天重新买票）。到了20世纪60年代，电影评级制度有所修正，50年代不赞成"怀孕"这类字眼的制度不复存在，裸体很时髦。这些优势使电影院能够在电视时代生存，至少在一定程度上使之能够幸存。

电视网也开始改进，在技术和内容上都有所改进。20世纪70年代初问世的录像机使人能够随心所欲地多次看同一个节目，免除了广告的打扰。《我们一家子》(*All in the Family*) 和《玛丽·泰勒·穆尔秀》(*The Mary Tyler Moore Show*) 等题材，显然比《我爱露西》(*I Love Lucy*) 严肃得多。20年之后，《纽约重案组》(*NYPD*

Blue）勉强用了一些贴近现实生活的语言，比如“混账”（asshole），偶尔还有匆匆一闪的裸体。

然而，情况绝非完全令人满意。用录像机看录制下来的电视节目时，你可以向前倒带跳过广告，懒懒散散地歪在椅子里看没有广告的节目，还是更舒服。尤为重要的是，从落笔创作电视连续剧的第一个词开始，剧作家的心里就知道，电视剧是要插播广告的。它始终运用 20 分钟一个单元的形式，每个单元都要有一定的高潮或曲折，以防止看电视的人在插播广告时离开。即使你看录像带抹掉广告或跳过广告，这种频繁中断、20 分钟一个单元的形式还是会原形毕露。

至于《纽约重案组》里的语言和裸体，那还是遮遮掩掩的。现实生活里，有没有不对同事说“×”的警官呢？在美国广播公司的电视连续剧里，你绝对不可能听到这样的粗话，其中的裸体多半是背部，包括《纽约重案组》里的警官安迪·西鲍维兹（Andy Sipowitz）等人的裸露。

2.2 八达宾夜总会！裸体

女性的裸体是 19 世纪维多利亚时代摄影里最流行的主题之一，只是人们闭口不谈而已。实际上，裸体一直在流行文化的幌子下隐蔽着，直到 20 世纪 50 年代的《花花公子》，裸体才浮出水面。《花花公子》促成了 20 世纪 60 年代电影的解放。但各大电视网都予以抵制，它们播放的电影始终保持着纯洁性。在追求最大收视率、最大广告量的无情驱使下，电视网的第一条戒律就是“你不得冒犯观众”。家庭电影频道的收入却不鼓励这样的限制。从一开始，它就定位于杂志和电视网之间。只要有线电视的节目不进入“公共电视频道”，它就不容易受到联邦通讯委员会的恐吓。

然而，裸体本身并非吸引人的噱头，也不是叙事成分。像一切戏剧成分一样，它是情节发展的需要，是用来达到最佳效果的手段。故事情节里应该有需要裸体的理由，而不是为了观众欣赏裸体的需要。否则，裸露只会分散观众的注意力，却无助于故事情节的展开。

夫妻性爱显然是宽衣解带合乎逻辑的理由。但是，这又给故事情节的发展增加了负担。我们需要理解，为什么这一对夫妻需要在此时此地宽衣解带。除非故事容许几分钟床上戏，观众想看也看不到裸露的身体。在家庭电影频道、《作秀时刻》（*ShowTime*）、家庭电影频道第二个频道（Cinemax）上，观众可以看到“软”黄色的镜头。

《黑道家族》找到一个很好的解决办法，它把裸体放到八达宾夜总会脱衣舞的场合。这个舞场的经营者是托尼·萨普拉诺的助手希尔维奥·但蒂。这个场景很符合逻辑，托尼及其手下人常常在这里谈生意；裸体的舞女只需要在这个俱乐部里跳舞，她们并不需要其他动机。观众可以舒舒服服地坐在那里，至少在两个层次上看这里的剧情，一是看吧台或餐桌上展开的情节，二是看舞台上的舞女。

当然，脱衣舞俱乐部作为裸体的载体是有局限性的。这里没有一位裸露的男人，没有充分展开的性爱镜头［喜欢前者的人可以看家庭电影频道的《6英尺之下》（*Six Feet Under*），喜欢后者的人可以看有线电视上的全写真，包括家庭电影频道的《真实性爱》纪录片］。然而八达宾夜总会却是看裸露的理想场合，《黑道家族》里的人一边谈生意一边看，《赛因菲尔德正传》（*Seinfeld*）里的食客一边吃一边看，《巴尔的摩凶杀组》（*Homicide：Life on the Street*）里的蒙奇、梅尔德雷克和贝利斯一边喝酒一边看；肉体上没有违法的露骨表演，不会给故事之外的故事提供性刺激。

语言表达上的率真和粗俗，也是《黑道家族》的主要特征之一，观众从头到尾都能听见这样的语言。迄今为止，几大电视网的节目很少涉足乔治·卡林（George Carlin）所列的“70个肮脏词”的范围［这些词汇不像“鸡巴”（prick），并无双重含义，其声音本身就是粗鄙、淫秽的］。《黑道家族》把这70个肮脏词全都用上了。从男性的角度说，我不能说这些粗话和八达宾夜总会的裸体舞女一样令人愉快，不过用在《黑道家族》里，倒是给每一段情节增加了几分逼真性。

2.3 只看一次是远远不够的

对电视忧心忡忡的人有一个经典的评论：电视损害了文学价值，一旦看过电视节目之后，经典文学作品里的那些故事就忘记得一干二净了。书则与此不同，电影也与此不同：书可以反复翻看，电影还可以不只用一种方式看一次；电视基本上只能够看一次，再无第二次机会，夏季在电视上重放的电影是少数的例外。辛迪加组织成立以后实行的连锁放映，起初未引起人们注意，后来却成为电视和通俗文化最有力的手段之一。电视网推出的具有原创性的《星球大战》连续剧雄心勃勃，20世纪60年代在全国广播公司网上播映时，其寿命为3年，后来却气势恢弘，产生了一代又一代的衍生品——电影和小说。上文提及的录像机使观赏者可以重看电视节目，只要他们不怕麻烦去把节目录下来就可以。

家庭电影频道重播《黑道家族》等连续剧，并且在一周之内就重播，这就更加贴近人们再看的需要。周日晚上首播，一周之内至少播放两次，显然胜过电视网一周只播一次。这有两个好处，首先，观众漏掉某一集之后，可以在一周之内补上。其次，在重播的时候，观众可以捕捉和欣赏第一次播映时漏掉的复杂情节和故事的细节。

公平地说，20世纪50年代电视网的晚间节目，开始是互不连接的单本剧。剧目之间几乎没有任何连贯的情节。在同一个季节之内，甚至在跨季节播放时，剧目里的人物都保持不变，所以再看那些节目实在是没有好处。到了1978年的《达拉斯》，20世纪80年代的《希尔街的布鲁斯乐》和《圣艾尔西维亚》（*St. Elsewhere*）等连续剧播出之后，电视网才开始在黄金时段爱上了连续的故事。

然而，和家庭电影频道的《黑道家族》比较，即使最复杂的电视网播映的晚间连续剧也像纸一样地单薄。由于多次播放使观众可以重看，因此《黑道家族》的效果就比较有深度，继而产生了一个自成一体的小生境。结果，在力度和复杂性上，它都达到了电影难以达到的高度。实际上，《黑道家族》和《教父》、《好家伙》（*Good fellas*）这两个故事有许多共同之处。《教父》和《好家伙》由于各自的连续剧形态和电影形态，其共性反而不是太多。三者的共性不仅在于其中黑手党的故事，而且也在于其情节复杂，还在于因重播重看的机会而获得报偿。（很少有单部电影能够使情节像连续剧那样复杂，除非多看一次，观众并不能欣赏到十分复杂的情节，《普通嫌疑犯》就是一个突出的例子。）

电视网不想重播节目，这和它的广告结构有关。广告客户为什么要把大笔钱花在重播的节目上呢？家庭电影频道就没有这样的压力。

家庭电影频道不必插播广告，这使它能够用更加直接而有力的方式重播连续剧。

2.4 不必插播广告

几乎一切事物都有个传统，叙事中插播广告也算是传统吧。一出戏分为若干幕是一种“句逗”的做法，就像书要分篇章一样。很少有剧本只需要一个小时的长度，而看书的时候，你却可以从一章进入下一章，不必停顿。

电视不得不插播广告，这就像它戴的紧箍咒。然而值得尝试的东西却可以挣脱这个枷锁冒出来，这真是人类创造力的胜利。即使在插播广告的情况下，美轮美奂的电视节目还是能够顺利展开。这些剧目有 20 世纪 80 年代的《迷离魔界》(*Twilight Zone*)、《希尔街的布鲁斯乐》、《洛杉矶法庭》(*LA Law*)、《纽约重案组》到最近的《急诊室的春天》。

尽管这些电视剧的剧本不错，但它们很难每一集都令人满意，所以不能和《黑道家族》相比。(《迷离魔界》是一个选集，而不是一个连续的故事。）部分原因是，《黑道家族》的每一集都是一个完整的故事，不必插播广告，所以它不会因此而元气大伤。

也许，最接近电影效果的商业电视剧是《巴尔的摩凶杀组》。它竭尽全力摆脱商业广告的束缚，取得了一定的成功。有许多剧集开始时的剧情展开比较慢——慢节奏对电影无妨，对插播广告的节目却是致命的打击，因为几分钟之内就不得不插播广告。警官彭伯顿 (Pemberton) 审问嫌疑犯的精彩场面由于插播广告而大为失色。难怪它的收视率始终苦苦挣扎，虽然得到了批评界的喝彩，但它还是不得不被叫停。

《黑道家族》不受广告驱使，没有被广告打断，所以它能够直冲云霄。各集的长度可以根据故事情节的要求伸缩自如。没有什么东西能够削弱其魅力，就像逐渐逼近的铁砧的强度令人无法抗拒一样。在令人欢喜的时刻，没有什么东西会妨碍我们静静地思考。诚然，每周播放 3 次还是有间隔的，然而我们每周的生活本身不是也有中断间隔的时候吗？

2.5 《黑道家族》是走向网络广播的序幕

有线电视在播映《黑道家族》等连续剧时，它们在表现叙事连贯性上的威力有了提高，这并不奇怪。因为与此同时，网络开始给我们的文化打上了自己的烙印。本文讨论了《黑道家族》的一些特征：裸露、重看的机会、不必插播广告，这些特征正是有线电视有别于电视网的特征。同样的特征也出现在互联网中。不雅的词语和形象充斥着互联网，人们可以随意频繁光顾。互联网上的广告虽然多，但它们一般是放在节目的首尾、文件或形象的边缘，所以我们说，互联网上的广告所形成的是包围节目的框架，而不是打断节目的干扰。由此可见，我们可以把互联网看成是《黑道家族》的放大，把《黑道家族》看成是初始的互联网。

当然，无论技术有多么大的调适能力，它并不足以完成伟大的叙事，酿造醇香的美酒还是要靠人的头脑。有线电视得天独厚的优势使《黑道家族》这种形态的电视连续剧成为可能。从科学技术的角度来看，这些得天独厚的特征是产生《黑道家族》的必要条件，而不是充分条件。其余的条件是剧作家、演员和制片人。

但是，有线电视给剧作家、演员和制片人提供了难以抗拒的条件。

第3章　名人与政治[①]

名气很容易转化成商品。我们的大脑能够感觉到名气，所以它知道，名气自己并不会挑剔名气是如何得到的，因为名气令人愉快。如果我们钦佩一位电影明星，他在政治上发迹的机会就远远超过名气不大的政客。虽然加利福尼亚州的罢免选举[②]是难得一见的异常情况，但阿诺·施瓦辛格选举的胜算还是可以预见的。他一宣布竞选，大多数人就认为，他会赢得胜利。只有不了解通俗文化的机器人才不会受到诱惑去给《终结者》的大明星投上一票。

电视给竞选过程火上浇油，成为一个大熔炉。马丁·西恩（Martin Sheen）在《白宫西厅》（*The West Wing*）里出演总统巴特里特，又在政治广告里反对伊拉克战争。在这宗政治广告里，谁在对我们说话——是演员还是总统？若干年前，罗伯特·杨在《马库斯·维尔比》（*Marcus Welby*）中饰演一位大夫，而后他又为脱咖啡因的“桑嘉”牌咖啡打了一连串的广告。那么谁在告诉我们这个牌子的咖啡好呢，是演员还是大夫？

不过，知名度的转换律恐怕还是有一些限制的。我们希望，即使梅能德斯兄弟[③]能够获释并参加选举，他们也不会被选上。然而另一方面，铁窗囚徒写的书又卖得很好。

电视问世之前，政治与其他名气的杂交也是美国选举中常见的现象。毕竟，从华盛顿到艾森豪威尔之类的将军们当选美国总统，是依靠美国人民对美国军方的感激，未必是由于他们本人的政治实

---

① 原名《施瓦辛格与名气博弈》，载《亚特兰大宪政日报》，2003-10-12。

② 罢免选举（recall election），美国一些州实行的选举制度，在州长任期未满之际举行。2003年10月，美国加利福尼亚州选民因为对州长格雷·戴维斯（Gray Davis）不满而举行选举，一共有130余位候选人，共和党人施瓦辛格胜出，民主党人戴维斯败北，成为加州历史上首位遭罢免的州长。——译者注

③ 梅能德斯兄弟（Grim Lyle Menendez 与 Erik Menendez），古巴裔美国人，商人，1996年3月20日谋杀父母，两人被判终身监禁，不得保释，在加利福尼亚州坐牢。——译者注

力。当然，将军的工作、经验与现实世界的关联性肯定要超过演员的演艺经验。不过，如果名气迁移的力度不大，那么州长或联邦参议员的经历似乎是问鼎总统的更有力的背景。

真正的问题是，为何演员当选并担任公职时我们还是会感到吃惊。我们可以得出这样的结论：演艺生涯、军事将领生涯等能够使人万众瞩目的经验，都是通向政治成功的康庄大道。

利用一个领域的名气在另一个领域产生影响，这未必是坏事。埃里克·拉萨尔（Eriq La Salle）在《急诊室的春天》里饰演本顿大夫以后，他在反吸毒公益广告里的形象就发挥了很好的作用。如果看见这则广告的小孩子受到他扮演的医生的影响，那有什么不好呢？

演员不太可能成为高明的大夫，除非他们本来就是医学博士。同理，演员担任公职未必就干得好。然而，有些历史学家给里根总统打的分数很高。华盛顿将军和艾森豪威尔将军在总统任内也干得很好，并在历史上留名。阿诺·施瓦辛格当选州长并没有最好的理由，然而这并不是说，他就干不好。

在这个专门化分工的时代，我们常常忘记，能够承担多种职能的人天生就有一种以上的才能。托马斯·杰弗逊总统曾经发明自动复制文件的装置，它可以在你书写的过程中就完成复制。他这个发明是在复写纸和复印机发明之前的时代里完成的，这的确是一个不错的发明。在柯立芝总统第二任期内（1924—1928）担任副总统的C.G. 道威斯，1912 年还作过一曲《应有之义》（*It's All in the Game*）。我们一些人还记得 20 世纪 50 年代的唱片，是由音色醇厚的汤米·爱德华兹灌制的。此外，道威斯还是芝加哥的金融家。

然而，每当有人由于非政治的资历而当选并担任公职时，观众总还是有一丝难以平静，这样的关切和民主的历史一样悠久。苏格拉底的学生色诺芬在《回忆苏格拉底》一书中指出，船上的一切人（包括船东）都必须服从船长的命令，因为大家相信船长是航务的专家。然而在雅典这样的民主国家里，人人都有发言权，领导人脱颖而出未必是由于其政治智慧或专家知识，而是由于他得到大众的喜爱。这样的道理仿佛有点耳熟吧？

当然，苏格拉底并没有尝试去改进或捍卫民主，而是想要摆脱民主。他和他的学生柏拉图都认为，理性的领袖不是因为这样那样的原因选出来的，而是由于自己的智慧才爬到顶点的（那时的领袖只有男人，没有女人）。在柏拉图的《共和国》一书里，“哲—王”

这样的领袖享有绝对的权威。

实际上，到了20世纪，这种自命不凡的“哲—王”离希特勒和萨达姆·侯赛因只剩下一步之遥了。（希特勒起初是民主选举上台的，不过他后来成为集权主义人物。）即使在古罗马时代，奥勒利乌斯皇帝[①]也是治理有道的君主和哲学家，可是他选错了继位的儿子康茂德[②]，这造成了灾难（当时的制度禁止皇帝的儿子继位，他却反其道而行之）。这位“哲—王”在他最重要的使命中失职了。

民主制度里自由选举的程序，尽管有种种不足，但在挑选新领导人中总是比较成功的。这是因为民主选举程序有一种自我纠正的机制，即使人民的挑选不明智——比如因为看见其他候选人在银幕上富有魅力的形象而感到他可以信赖，人们总是可以在下一轮的选举中把现任候选人逐出现在的公职，甚至像这一次加利福尼亚州的罢免选举一样，在任期届满之前就把领导人逐出岗位。

温斯顿·丘吉尔说：“除了偶尔尝试过的其他一切最坏的政治形式之外，民主要算是最坏的政治形式。”也许他说得很到位。对呀，最少弊端的政治形式的特征之一是人们以感情投票。英俊的五官、富有魅力的声音至少和候选人的所作所为一样重要。在这个媒介时代，银幕上塑造的角色也许就更加重要了。毕竟，情感是我们人性的必要条件，有时甚至是比严密的逻辑更加可靠的指针。万一情感不是更好的指针呢？然而民主制度总是有这样的好处：总还有下一次选举。一次选举不会是世界末日，这一切都在游戏规则中。

---

① 奥勒利乌斯皇帝（Marcus Aurelius，121—180），罗马帝国皇帝，公元161—180年在位，是斯多葛派哲学家。——译者注

② 康茂德（Commodus，161—192），罗马帝国皇帝，奥勒利乌斯皇帝之子，公元180—192年在位。——译者注

Part two 第2部

进化、技术和宇宙

第4章　媒介进化的原理：适者生存[①]

4.1　媒介在人类生态中的地位

在美国，喧闹的20世纪20年代可以叫做单向度、单感知媒介的极盛期，两种娱乐媒介占据了支配地位：一是无声片，一是广播；电影主要是处理图像，而广播只处理声音。几年以后，两种媒介先后登场，一是有声片，一是电视。两者都是音像和视像的结合，从此以后，无声片和广播的霸权被打破了。尘埃尚未落定，又出现了一种十分有趣的现象：一方面，无声片只活在它转世的有声片中，只留在我们怀旧的情绪里；另一方面，面对"视力"完美的电视，像盲人一样的广播不但活得很好，而且还兴旺发达起来。

如何用媒介进化的人类学理论来解释这个发展现象呢？实际上，广播的生存和无声片的死亡说明，只用听觉不用视觉的媒介是一种适应性更强的媒介形态，它胜过只用视觉不用听觉的媒介。媒介的人类学理论说明，媒介倾向于复制前技术的世界，因此，只用听觉不用视觉的媒介的适应能力或成功机遇，必然和前技术的世界存在着某种关系，也就是说，这种现象在某种程度上反映了真实传播活动里的某种基本要素。事实上，对前技术世界的考察正好揭示了这个传播模式。

在前技术世界里，只用听觉不用视觉在生理上和一般的交流中都很方便。如果你只想听不想看，只需要闭上眼睛就可以办到，我们每次在睡梦中被吵醒的传播模式就是这样的传播模式。实际上，我们在黑暗中听人家讲故事，偷听隔壁的人说话，竖起耳朵听山那边的动静等，也是用这种传播模式。相反，只用视力而不用听力的传播模式，从生理上说是很难成立的。在自然环境里，这样的事情几乎是闻所未闻。在真实世界里，视觉总是得到声音的陪伴，如果想要在用眼睛看的时候不用耳朵听，我们就不得不用手指塞住耳朵，

---

① 原文为保罗·莱文森的博士论文：《人类历程回放：媒介进化理论》第6章，1979。

这既不舒服，效果也不一定好。看起来，在前技术传播的全套剧目里，只听不看似乎是不可或缺的一部分，只看不听却不是这样。[1]此外，在前技术世界里，只用听觉不用视觉对人的生存具有很高的价值，因为每天晚上夜幕必然降临，但决不会万籁俱寂。

用这个观察结论来看广播的成功和无声片的失败，原因就不言自明了，广播之所以活得不错，因为它接近前技术世界的传播模式；无声片死亡，因为它不符合这样的传播模式。

反过来，这个一生一死的解释又表明了媒介进化的普遍原理：一种媒介的存活系数，与前技术的人类交流环境的接近程度有直接关系。一切媒介的进化趋势都是复制真实世界的程度越来越高，其中一些媒介和真实的传播环境达到了某种程度的和谐一致，即使早期的人类也和传播环境达到了某种程度的和谐一致。和环境比较协调的媒介存活下来而没有大的变化，其他媒介包括与之同时代的和后来的媒介，却不得不在进化过程中不断地急遽变化。这是预料之中的事情，因为这个规律类似于生物进化的规律：一些有机体比如海星，由于亿万年维持不变而存活下来，其他一些有机体要么已经灭绝，要么就变得面目全非了。有人说，存活下来的有机体达到了一个小生境，也就是满足了环境的需要，其他的有机体尚待找到自己的小生境。在媒介进化的过程中，媒介回应的环境必然是前技术的环境，或是人们喜欢或渴望再现的真实世界的传播模式。一种媒介对前技术世界做出了满意的回应，或者接近于前技术世界的某些基本要素时，我们就可以说，这个媒介找到了它的“人类”小生境。

媒介进化的“小生境”原理是我们从广播的存活和发展中演绎出来的，它应该能够用来解释其他媒介可能的、或生或死的命运。摄影术的发展就可以解释这样的需要。正如前文提到的，起初的照片是静态的、黑白的，后来才有了动态摄影，并有了彩色。这些后继的照片能够更加充分地复制现实，在它们身上，起初那种形式已经不复存在，另一个形式存活下来。于是，静照和抓拍的形式兴盛起来，并且和电影、电视并驾齐驱；在商业彩照强光的照耀下，黑白照差不多枯萎凋谢了，只剩下用于艺术或怀旧的黑白照。为什么静照能够在动态摄影的环境里存活下来，而黑白照片却不能在彩照的环境里生存下去呢？

“小生境”原理显示，媒介和前技术传播模式里的某种要素对应时，就能够存活。如果是这样，以上问题的答案就存在于前技术的环境中。在这里，静态是普遍的感知，色彩的缺乏却不是普遍的现象。所以我们才有这样的感觉：凝视远方、凝视一个近距离的物体、观赏一幅静态美景时，世界似乎是静止不动的。相反，在真实的世界里，黑白二色却难得对缤纷的彩色构成干扰，只有在暮色苍茫或黑影里才出现干扰的现象。由此可见，静态摄影捕捉到真实世界里传播方式的一个方面；相反，黑白照片却没有捕捉到这个特征，所以静态摄影昌盛，用黑白二色复写世界却始终在苦苦挣扎。

还有一个媒介达到人类生态小生境的例子。正如前文所示，近来，广播和声音复制技术的发展创造了一种多维的环境，多角度的环绕音响的环境。[2]广播电台的调频节目能够更好地传送多维的效果，至少是能够播送立体声和四个喇叭的音响。可是，尽管调频立体声广播从人性化趋势来看占有明显的优势，但单声道的广播却发展得很好。这是怎么回事呢[3]？实际上，调幅广播还有很强大的延伸优势，它发射的距离远远超过调频广播，晚间的效果尤其好。除此之外，答案同样可以到前技术世界里去寻找，至少在一定程度上是这样的。不错，在真实世界里，大多数情况下的声音都是360度、多角度、来自于四面八方的，然而至少有一个例外：在前技术环境里，声音往往来自于一个方向，即一个源头，也就是来自于人的嘴巴。听人说话和听一般的声音不一样，我们的精力集中在一个人身上或一个方向上，听话人从环境里挑出一个说话人。调幅的非立体声广播存活下来，是不是由于它复制并锁定了一个声源的特征呢？

近年来广播节目结盟的情况说明，事实正是这样的。20世纪60年代以来，调频商业电台风起云涌（1965年联邦通讯委员会裁决，调频电台的节目必须从实质上有别于调幅电台，这对调频电台的发展是一个促进）。[4]调频电台节目的形式往往是全新闻、听众参与的节目或谈话的节目。相反，调幅电台倾向于复制前技术“声景”里非言语的、匿名的、多角度混合的声音，所以这样的电台一般采用音乐节目的广播形式（实际上，全国广播公司尝试搞一个全新闻的调频广播网，结果惨败）。[5]于是，调幅和调频都存活下来，因为它们各自找到了一个可以接受的小生境：调幅单声道存活在复制谈话的环境里，调频立体声存活在用音乐复制一般声音的环境里。[6]

这些事实强有力地证明了媒介的进化和有机体的进化一样，如果一种媒介符合前技术传播的某一方面或某一个模式，那么这种媒介就一定会存活下来，无论接踵而至的媒介是什么。

4.2 复制的精确性对复制的范围

然而，什么叫“很相似”的近似性或对应性，什么叫“令人满意”的相似性或对应性呢？这仍然是一个问题。在以上三种情况（广播的一般情况，静态摄影情况，调幅电台和调频电台的情况）下，媒介存活下来，变化不大，因为它们复制了前技术一个相当狭窄的范围或因素（以上三种媒介分别复制的是偷听、形象的静态、谈话和一般的声音景观）。但与此同时，也有一部分媒介尝试复制前技术环境里比较宽广的范围，比如电影电视就协调了广阔的视像和声像，这样的媒介也维持下来了。上文对此做过论述，它们经过了显著的形态变化。

于是我们看到，电视形象的尺寸增加了十多倍，动态摄影发展到全息术的第三维度。这说明，一种媒介尝试复制的真实世界范围越宽，它就越是不得不复制，以便存活下来而不致变化太大。用电视捕捉住运动、声音和近似性之后，人们的胃口被吊得越高，他们就越想要一种无所不包的媒介，一种涵盖前技术现实一切方面的媒介。如此激发的欲望给延续不断的电视革命提供了燃料。与此同时，虽然静照和广播在复制前技术世界时表现得无声无息，可是它们在媒介星汉的旮旯里却能够找到安身立命之地。所以除了媒介存活的一般原理之外，我们还要加上一个重要的相关系数：媒介复制前技术环境的精确度对其存活更加重要，尽管它复制的范围很窄；相反，它复制前技术世界的范围却不那么重要。也就是说，在媒介存活的条件里，除了与真实世界“很相似”的对应之外，对应的精确性是必要条件，对应的范围却未必很重要。[7]

4.3 “净利”原理

我们来检视三维电影看似奇怪的个案，以便进一步界定媒介获得小生境所必需的条件。20 世纪 50 年代，三维电影诞生不久就夭折了。三维电影提供真实世界的第三维度，它显然复制了在其他平面的二维媒介中不曾看见的第三维，而且，媒介存活率又和真实世界的近似性有很大的相关性，所以从表面上看，三维电影的夭折似乎和这个规律是矛盾的。不过，三维电影在使一个方面的复制程度提升的同时，又不得不减少它对其他方面的复制。于是，看三维电影时的观众不得不戴上特制的、外观丑陋的眼镜，而且他们的脑袋还必须相对固定不动（真实世界里不需要这些条件，看二维的媒介也不需要这些条件）。三维电影的失败说明，媒介若要存活，它不仅要和前技术传播模式相近，而且它得到的相似性必须是一种“净利”，在以前的媒介或同期的媒介基础上，它赢得了“净利”。在某一个方面和现实一致但在其他方面却扭曲现实的媒介，就不太可能存活，这样的媒介被认为是向原始“第二阶段”技术进化模式的回归。在这种“倒退”的过程中，媒介延伸能力的增长依靠的是牺牲真实的世界。广播的存活是这个“净利”原理的例外，广播提供了流动性，却牺牲了电话已经具备的互动性。如何解释广播的存活呢？也许，它的流动性优势很大，不只是抵消了它在互动性上的损失，所以它对现实的再现仍然是“净利”。但是丧失互动性的广播却给电话构成了强大的进化压力，最近兴起的大众无线电频段（“C. B.” radio）、电话参与等形式，说明电话重新获得了互动性的压力。在第三维的技术再现里，“净利”原理和小生境的相关性说明，全息术和三维电影不同，它提供肉眼从各个方向上看到的第三维，可能比三维电影更富有活力。

4.4 复制对延伸

值得注意的是，人性化趋势媒介的进化趋势是再现真实世界的水平不断提高，但同时这样的再现又试图维持（甚至增加）原始媒介在时空方面完成的延伸。这个延伸因素在电报、电话中崭露头角。电话在各个方面都是在电报基础上获得的“净利”。一方面，它维持了电报瞬即发送的系统；另一方面，它又改进了电报传送的内容，用人的声音取代了电报的点、画符号。那么，电报为何又存活下来了呢？

也许这是由于电报能够提供永久的记录而电话却不能提供这样的记录吧。换句话说，电报具有很强的空间发送能力，同时又维持着时间延伸方面的永久性，电话却失去了永久性。这就说明，只要先行的媒介提供了后继媒介失去的时空延伸，即使它们复制真实世界的水平偏低，也能够存活下来。这是很有教育意义的一课，它说明，人性化趋势进化的目的不仅是再现前技术环境，不仅是回到现实世界对传播的生物局限，而且是技术世界的延伸（而不是像原始技术那样的取代），这样的延伸大大超越了原来的生物学局限。本书所谓第一阶段环境和第三阶段环境的区别概源于此。第一阶段就是前技术环境，第三阶段创造的环境就是先进技术创造的环境。第三阶段的人性化趋势技术持续不断的延伸能力，突出说明了这些媒介的保守性。它们不仅再现或保存了前技术传播的因素，而且维持或保存了跨越前技术边缘的因素，毕竟跨越边界正是技术的初始（和继后）目的。

由此可见，再现现实世界某一面却不能维持其延伸能力的媒介，就达不到生态小生境的境界。最近，电话增加了控制时间的录音技术，它存活的前景随之增加。这个新的发展势头给电报来了个釜底抽薪，同时也剥夺了电报对电话的最后一个优势。实际上，电报业已感觉到这致命的一击。西部联合电报电话公司的报告显示，在1976年的118种收入里，其电报的收入降到了最低点。

4.5 共同进化与会聚趋势

媒介的存活就像媒介的进化一样，是一个复杂的现象，不仅要看媒介复制现实和跨越时空的能力，而且要看它与其他类似的媒介相比较的性能。这就提出了一个问题：多种媒介是否可能协同工作从而达到小生境的境界？换句话说，虽然单独工作的媒介不能完美地复制现实，但是当媒介协同工作时，它们是否可能比较贴近某一种前技术模式呢？电话和广播的存活就是这样的例子。它们单独工作时并不完美，但却能合作；广播能够弥补电话发射范围的不足，电话能够弥补广播互动性的不足。人们还注意到媒介合作的其他例子：电报和照片完成空间和时间的平衡，留声机和照片实现耳朵和眼睛的平衡，电话和照片构成空间和时间的互补。比较新的例子有：广播和唱片（和录音带）在时空上的互动，电视与录像机（含录像带）的互动。在这些例子里，合作的媒介与某种人类传播模式接近的程度，超过了它们各自能够达到的程度。

当我们追踪这些合作的媒介时，一个有趣的模式浮现出来。过去那些合作伙伴，比如电报与照片、广播与电话等，往往是隔着一段距离而产生互补，也就是说它们各自独立。可是在比较新的例子，比如广播与唱片、电视与录像机中，这些合作的媒介却构成了统一、整合的单一过程。于是，唱片（和录音带）给广播节目提供内容，家用录像机成为附加在电视机上的配件。

这些例子说明，会聚成单一且复杂的技术也许是合作媒介的天性，很可能是一般媒介的天性。这些合成的媒介复制真实世界的能力日益增加，最后成为统一、多面的系统。这个进化合流的原理无疑能够解释电视本身的发展。正如上文提到的，电视实际上是电影内容和广播发送功能的合流。这个观点与夏尔丹的观点是一致的。他认为，传播媒介组成一个活生生的“超级脑”，他把电脑比喻为大脑，把电视摄像机和话筒比喻为眼睛和耳朵，这是一个整合一体的活生生的媒介系统。[8]

本章对所举媒介生死过程的检视，隐含着以下一连串相互联系的原理，这是管束媒介进化的一般原理：(1) 媒介能否存活、能否达到“人性”小生境的依据是，它是否有能力接近某一种前技术的传播模式（这些模式是从广播对无声片、静态摄影对黑白照、调幅广播对调频广播中推演出来的）。(2) 就媒介能否存活而言，媒介近似于某一种前技术环境的精确性是很重要的，它近似于这种环境的广度则不那么重要（广播对电视的例子就可以说明这一点）。(3) 媒介若要存活，它和现实的相似性必须是在业已存在的相似性基础上的“净赢利”。换句话说，在一个方面更接近前技术环境但在其他方面与前技术的相似性却有所减少的媒介，存活的几率并不高（例如三维电影）。(4) 媒介的存活不仅有赖于它再现现实的能力，而且有赖于它保存先期媒介跨越时空延伸的能力。(5a) 几种媒介可以合作，以求贴近前技术环境，从而存活下来，(5b) 媒介进化似乎有会聚的趋势，合作的媒介各自履行延伸和复制的任务（有关媒介的合作与会聚，早期的例子有电报与摄影术等的演变，比较新的例子有电视和电脑等的演变）。请注意，原理 (2) 和原理 (5b) 说明，最先进的媒介比如电视，就是表现出最大程度会聚趋势的媒介，很可能就是能够持续发生急遽变化的媒介，因为它们的倾向是复制越来越多的前技术传播的轮廓，却不必达到充分的精确性。

这些原理是知识生成第三阶段的原理，也就是人性化趋势的原理，我们可以把它们和比较原始的技术联系起来考虑。我们已经对原始技术做过一番论述：原始技术有时空延伸的趋势却不注重对现实的复制；技术越原始，对使用者来说就越是扭曲（第二个原理显然是由第一个原理派生而来的）。当我们把这两个原理联系起来时，技术运行机制的完整画面、从滥觞期到目前的画面就浮现出来，技术发展的走势也隐约可见了。

4.6 抽象机制经久不衰

然而，让我们先看看一个特别困扰人的媒介存活现象，然后再用上述两个原理来预测媒介的未来发展，这也许是不无好处的。这个现象甚至比物质技术的滥觞期还要早。困扰我们的问题是存活了5000多年的高度抽象的拼音文字：既然媒介的存活与其复制前技术环境有关，那么复制能力很差——实际上根本就没有复制能力的拼音文字又怎么能够生存呢？

麦克卢汉说，拼音文字不是单层次的抽象，而是双层次的抽象。我们看不出书面词“tree”和它的发音有何关系，它的发音和前技术后院里生长的树木也没有一丝一毫的共同之处。然而，“tree”的发音和拼写都存活下来了。与此相反，无声片、黑白照之类的技术，尽管它们与前技术世界很相似，却已经消失殆尽。看起来，所有非复制性的技术都兴旺发达，完全不受本章媒介进化一般原理的影响。这一类的非复制性技术始于言语，它们靠拼音文字而得到进一步的抽象，靠印刷术而得到进一步的延伸（虽然不是进一步的抽象）。请注意，这些媒介的存活并不是因为稍早的技术比后来的技术占有延伸的优势——稍早的电报比后来的电话更持久就是延伸的优势。要说延伸的优势，冲印的静照和印刷词语的延伸能力一样强大，比言语和书写的延伸能力强得多了。

一个观点认为，抽象这种技术分支，是不受技术进化的一般原理管束的。这个观点至少可以从一个方面来回答上述问题：拼音文字为何能够生存？我们可以把抽象这个豁免的树枝从一般理论的树干上砍下来。如此我们可以说，本章描绘的媒介进化原理只适合19世纪上半叶出现的媒介，也就是媒介的电子分支和光化学分支。换句话说，人性化趋势理论只适合复制性的或有复制意图的媒介，其他媒介则应该用其他的解释框架。另一种不那么极端、更加可行的、略经裁剪的观点是：一切技术都受制于人性化趋势理论。根据这个定义，言语甚至拼音文字被排除在技术之外，因为从可以触摸的意义上说，言语和文字根本就不是技术。具有讽刺意味的是，这种看法很适合芒福德这类理论家，他们严格区分语言和工具，认为语言是人类属性的基本表现。这样的区分同时让人性化趋势理论保住了尊严。人性化趋势理论主张，它适合一切传播技术，而不是经过挑选的一些传播技术。[9]

麦克卢汉的学生沃尔特·翁（Walter Ong）做了另一种更加可行的修剪。他主张，文字和印刷术是技术，言语肯定不是技术，因为真实的语词即口语词必然是正在进行的、活生生的人的经验。无论它表征的意义是多么抽象，哪怕它表征的客体是静态的，本质上它还是声音，这是在时间流里和人生的运动捆绑在一起的声音……在语言里兴起的词语……根本就不需要外在的技能。口语词不是“外在客体”，不是远离人的客体。它来自于人的内心，是人得天独厚的特征。除了其他条件之外，语言还需要人自身说话和发声的器官。[10]与此相反，“文字和印刷术需要各自的物质材料和工具……它们把语词从其自然栖息地迁徙出来，使参与性的语词退居到或明或暗的地位，使之等同于一个符号或一个平面，在文字和印刷术中，真实的口语词是无法存在的”[11]。这样的区分实际上指引着迄今为止的人性化趋势理论：言语被视为前技术（虽然抽象）的传播模式，首先被印刷技术的拼音文字延伸和扭曲，而后被先进的电话、广播等技术再现（并进一步延伸）。此外，把言语纳入前技术范畴既诉诸了人的常识，又能够解释它这种抽象的、非复制性的传播手段何以能够成功。在这个日益逼真地复制前技术环境的媒介占支配地位的世界，言语这种抽象的媒介仍然活得很好。

这样的解释只有用沃尔特·翁的定义才能够站住脚。根据他的定义，虽然言语抽象，但它是前技术。用他自己的话说，言语既“真实”（自然）又抽象。然而这个定义隐含着几个严重的问题。首先，沃尔特·翁主张，口语词是“真实”的，因为它是“声音”，是“人特有”的现象，因为这个声音是人体器官（和人的工具及产品相对）发出的；更加重要的是，“无论其意义多么抽象”，口语词的“真实性”和“人性”都显而易见。换句话说，他认为，言语之所以是人特有的现象，是因为它既有抽象性，又不受抽象性的约束。然而毫无疑问，言语之所以成为传播系统最重要的特征，是因为它能够描绘没有“真实”或“自然”关系的情景（和惊叫与摄影术这两种情景相对）。实际上，沃尔特·翁非常强调人的咕哝声和其他语音的“真实性”及“人性”，这就把言语放到了最不重要的特征上。按照他的划分，言语是人的产物，因而具有“人性”（非技术性），文字是工具生产的，因而是技术。不过，这样的区分在实质上似乎站不住脚：言语是声带作用于大气产生的；文字可以用手指头在潮湿的沙地上写出来（一般是用手指头操作工具直接写出的），那么，从源头或生产过程来看，这两种活动究竟有什么区别呢？诚然，口语出口即逝，文字则不会消逝，然而短暂性也是和“生命的那一刻捆绑在一起的”，在这一点上，短暂性和持久性并没有什么区别。考虑以上各种观点之后，我们发现，麦克卢汉的观点似乎还不如沃尔特·翁的观点扭曲。麦克卢汉认为，一切人工制品，包括口头的和书面的、电子生产的和人体器官直接间接生产的人工制品，都是人的延伸，因而都是技术。沃尔特·翁却把言语排除在技术领域之外。[12]

由此可见，因为言语和技术有许多相似性，就认为"口语是前技术显示持久性的手段"的主张是站不住脚的。这样的主张只能说明言语为何存活下来，却不能够解释作为扭曲言语的拼音文字在电话和广播等技术来临之后，为何仍然能够存活下来，要知道电话和广播对口语复制的精确性远远超过了拼音文字。倘若本章阐明的媒介进化原理是正确的，拼音文字的存活一定是由于它复制了前技术环境里非言语的某种属性——电话和广播对这种属性的复制却不如拼音文字。而且，一旦（正确地）承认言语是技术，就可以从另一个方面来解释拼音文字存活的原因：它一定复制了前技术环境里保留下来的某种属性（显然是言语之外的另一种属性）。这样的可能性就冒出来了：口语和拼音文字在媒介历史上出现的时间很接近，它们复制的也许是前技术环境里相同的成分（拼音文字从视觉上平衡口语的听觉延伸）。既然口语和拼音文字最重要的共同点是高度的抽象性，自然就存在另一个可能性：它们共同的生态小生境也许正是抽象机制本身。

迄今为止，我们对前技术传播环境或者说非技术传播环境的界定，只借用了任意选取的一连串例子，而不是依靠一个穷尽性的清单。[13]这种研究方法反映了两种情况：一是本文的探索性质，随着研究的展开，我们对前技术环境有了比较好的理解；一是"前技术环境"难以避免的歧义性。尽管如此，我们还是看到了前技术构造成分里几个可靠的"类别"；它们在许多方面互相交叠，而且我们一次又一次地看清了它们的身份。这几个类别是：（1）前技术的"内容"，比如颜色、第三维、声音和颜色等，它们是我们用摄影术再现的。（2）前技术的"程序"，比如同步性、互动性、及时性，它们是我们用电子媒介再现的。（3）最模糊的构造成分是想象力，它不是我们用技术进行文学再现或复制的源泉，而是给技术的延伸机制本身提供刺激。"前技术环境"会不会还有第四个构造成分呢？前技术的抽象机制会不会存在呢？换句话说，有意识地偏离直接现实的模式、言语和文字（或许还有诸如艺术之类的系统）的机制，能够准确反映现实模式的机制，会不会存在呢[14]？换句话说，言语和文字的存活可不可以用残存的原始技术机制来解释呢？能否说，原始的技术机制——无论其内容是什么——反映了一种可以叫做“创新思维”的前技术机制或人的机制呢？是不是正如人们所说，电话之所以存活下来，是因为它复制了一种前技术的机制即互动性机制呢？

本文所谓的“前技术”传播必须满足两个条件：（1）审议之中的传播模式的存在是否独立于复制它的技术，或者是否可以在技术或缺的情况下存在。（2）从历史观点来看问题，该传播模式是否在复制它的技术开发出来之前就已经存在。比如，人对颜色的感知能力被认为是前技术，这是因为人类能够在摄影术和电视出现之前就看到颜色，这是显而易见的；同时，人又能够看到被发明出来的颜色（我们从文字所示的颜色里看到的颜色等）。同理，在没有电话的情况下，我们也可以互动交流，我们在电话出现之前的互动交流能力也是不容否认的。不过，抽象思维是不是决定言语和拼音文字的前技术因素呢？看来抽象思维能够通过“前技术”传播的第一关：虽然没有言语或文字在场，它也能够发生，但是人类在语言诞生之前就开始抽象思维的证据实际上太遥远，实在是难以证明。什么东西可以证明语言出现之前就存在抽象思维呢？“认知”人类学家亚历山大·马沙克研究了3万年前的克罗马农人。在研究了克罗马农人的洞穴画和雕塑之后，他的结论是，这些作品履行着象征或宗教的功能（也就是说，它们不仅仅是物体的复制）。显然，其中的曲折模式或“重复的v形”模式比较常见于克罗马农人的人工制造物，而且还刻在一块30万年前的牛骨上。马沙克认为，这些刻画是用来记录或计算的系统（这样的计算系统很抽象，因为“v形”的记号和他们计算的日落、动物没有任何相似之处）。[15]格林·伊萨克通过另一种方法做了同样古老的探索。他在最近一期的《科学美国人》中撰文描绘说，“过去的几十万年”里，工具的形态从“机会主义的”或自然的形态过渡到更加“人为”的形态。这就是说，起初的工具和直接取自环境的粗糙石头区别不大，后来的工具才显然是日益标准化的、由文化决定的形态。[16]由此可见，抽象思维似乎滥觞于遥远的过去。但这是不是可以说，抽象思维比言语的历史更加悠久呢？按照上述人类学家的判断，情况似乎刚好相反：据信，反映抽象思维的人工制造物有一个前提——语言的先期存在。最近有人撰文评论马沙克研究克罗马农人的成就时说：“为了构想并使用这样的工具，克罗马农人需要有一种复杂的语言，只有这样的语言才能够表达观察到的细节，才能够把这些细节分类为大致的组织观念。"[17]伊萨克说："在过去200万年里，原始人向现代人的演变主要是语言能力和交流能力的扩张，以及和语言能力整合一体的认知能力和文化能力的扩张。"[18]实际上，上述引语首先能够说明言语令人敬畏的悠久历史，却不能够给我们提供任何表明抽象思维在语言之前兴起的线索。[19]

当然，缺乏证据并不能否定抽象思维走在语言之前，并不能否定抽象思维甚至决定语言的发展。不过，最好不要用这样的可能性来解释语言和抽象媒介保存至今的事实，因为这样预设抽象思维时，前技术的标准太不具体，它们不如其他传播模式的标准实在。最合理的看法是，语言的起源不是此前业已存在的人类抽象模式的复制，而是超越时空的极其原始的技术尝试，是对前技术环境极端扭曲的尝试。这样看来，抽象不是技术性言语的先行条件而是语言的后续结果（或同步条件），这个结果与今天观察到的形象完全吻合：技术越原始，它就越是偏离前技术的现实。如果将这个观点用于解释语言的发展、用于解释语言和抽象的关系是令人满意的，它似乎再次提出一个问题：语言为什么能够存活至今？如果语言是原始的、高度扭曲的技术，如果抽象和语言同时出现，为什么语言和抽象存活的能力大大超过了复制性更强、扭曲性更小的技术呢？所幸的是，从这样的观点来看问题，这个问题似乎终于可以解决了。媒介进化指针给我们提供了解释的答案。问题的解决首先需要依靠言语的定义以及言语和抽象的关系，总结起来的答案就是两点：（1）最好把言语看成是技术而不是非技术，是扭曲的原始技术而不是复制的原始技术。（2）虽然言语涉及抽象机制，但没有证据说明，抽象走在言语之前。更加准确地说，抽象是言语用来超越时空的技术，就像感光乳剂是摄影术用来完成延伸一样。二者的不同之处是：感光乳剂既超越前技术现实，又保存了一部分前技术现实；与此相反，抽象机制实现的超越必须完全偏离一切前技术里的现实成分（包括视觉和听觉的成分，除了少量的象声词之外，口语词和表示它们的语音是没有任何关系的，"loud"、"soft"、"laugh"、"cry"等语词和现实就没有关系）。这样的言语观和抽象观暗示，本文开头探讨媒介决定论时提到的媒介进化的一个特征，也许和言语能够存活至今的现实不无关系。这就是说，媒介离前技术现实越远，它偏离前技术现实的可能性就越大，它使人改变的可能性就越大。这可以被看成是和热平衡定律相对应的媒介定律。请看这样一个类比：我们用一杯70℃的水表示人类的前技术环境，如果它与68℃的环境和72℃的环境接触（就是和前技术环境近似的技术接触），它就不会发生大的变化；相反，如果70℃的水与150℃的环境和0℃的环境（与前技术环境完全不同的技术）接触，其温度必然变化很大。既然言语抽象与前技术传播环境的现实极端背离，言语对那个环境的影响必然很大。在这种极大的冲击里，我们可以找到言语和其他抽象媒介的钥匙。

这样的冲击对人类的前技术传播系统是什么性质的冲击呢？塞缪尔·柯尔律治[1]写道，诗歌欣赏有赖于“乐意将怀疑悬置起来”(that willing suspension of disbelief for the moment)。但是，在欣赏和使用言语时，你“悬置怀疑”的态度和自愿的态度相去甚远，而且你“悬置怀疑”的时间要长得多。会话双方需要悬置的恐怕是一种明显的感觉：口语词无论如何不是它谋求描绘现实的一部分。这是因为只有语词获得了事物的全部力量和效果时，只有假设语词就是现实，而且把这个假设玩得极为彻底时，言语才能够正常运转。“我家房子着火了”这句话的传播效果不会好，除非邻居仿佛嗅到了烟味，看到了火苗。因此，假定抽象机制并非走在言语起源之前(这是我们的假设，原因已如上述)，言语的抽象无疑使抽象成为人类的必需。在这个意义上，语言是艺术和人造工具前提的说法，还是可以修正的，虽然修正的原因并不是人们通常提出的原因。艺术从语言得到的东西与其说是把语言作为实际的传播系统（虽然语言这个功能对艺术有所帮助)，不如说是语言成为一个抽象机制存在的理由。这种抽象机制借助语言发展和维持下去时，就可以用来发展艺术，并从事其他的抽象活动。换句话说，语言近似于把抽象的精灵从魔瓶里释放出来的咒语。

当然，言语本身给传播带来了前所未有的好处。这样看来，这种原始而扭曲的技术如火如荼地传遍全球，就不足为奇了。另一方面，有可能出现过这样的局面：语言经历过多次的发明，可惜的是，由于人们不会对付抽象的事物，语言又经历过多次的死亡。无论如何，在发展过程的某一时刻，人类跨过了一道关键的门槛（这种情况只可能出现一次，或者在许多地方出现许多次)。那些不会说话的

---

① 塞缪尔·柯尔律治(Samuel Taylor Coleridge，1772—1834)，19世纪初英国最伟大的诗人和思想家之一，留下了英国诗歌中最伟大的两首：《忽必烈汗》和《古舟子咏》。——译者注

人，更准确地说，那些不会生成和理解语言的人，日益感受到压力，处在不利的生存地位。不会说话的人如果处在会说话的人的包围之中，就难以找到把基因传递给下一代的机会。这个无情的选择和淘汰压力即使经过一万年这样一个保守得不能再短的时期，也足以迫使人学会说话，也足以产生抽象机制，并使之嵌入人的精神，使言语和抽象的能力在前技术环境的各个方面发挥作用。[20]因此，归根到底，言语的存活确实是由于它反映了前技术环境的一个侧面，不过这个侧面是它自己造就的。之所以成为这样的事实，那是由于长期以来，说话是唯一体面的交流博弈，所以其终极结果是：扭曲成为期待、正常、“自然”的事情。当然，语言产生之后，前技术环境的变化并不足以磨灭人对非抽象媒介的渴望（本文的重点是论述与之相反的抽象媒介），已经发生的变化还是足以担保语言后来的生存；19 世纪和 20 世纪的非抽象的、复制性的媒介以强劲的势头来临之后，语言及其抽象产生的派生物还是能够确保安然无恙。实际上，语言为自己在现实中开辟的一方小生境已经深深地扎根，早在复制性媒介诞生之前，一套纯抽象内容的样式已经兴起，这些抽象系统和真实世界不仅毫无直接关系而且连指涉的关系都不存在，它们只能够借助抽象媒介来传输。因此，我们就看到两种情况：“tree”代表（虽有任意性）可以看见、触摸和抽象的实物，然而，在真实世界里，你能够指望在哪里找到并触摸到代表“观念”的一个词呢？你能够想办法用照相机把“观念”拍摄下来吗？你甚至难以想象，语言发展之前这样的抽象观念竟然能够存在。这是因为，既然这样的抽象观念难以传播，它们又具备什么功能呢？不过无论如何，抽象观念的存在使抽象媒介能够垄断对抽象观念的传播，这是复制现实的媒介不可能进入的小生境。当然抽象媒介内部因为众多抽象小生境，竞争也就随之发生了。哈罗德·伊尼斯和麦克卢汉都详尽描绘了拼音文字及其延伸所产生的印刷术曾经在历史上使言语的重要性黯然失色（即使在印刷文字占支配地位的时代里，口耳相传的说话人和听话人还是比写字人和看书人多得多）。然而，言语还是占据首要地位，也最近似前技术环境。这个地位的反映是：言语始终以这样那样的方式成为一切成功的复制性媒介的内容，包括电脑这样成功的复制性媒介都把言语作为内容，只有静照这样的复制性媒介是例外。从长远的观点来看，拼音文字的双重抽象是过度的抽象，即使最新的抽象也不完全支持这样的过度抽象。所以，文字和印刷品最容易受到摄影术和电子技术的伤害。电视常常被当做文字的“敌人”，麦克卢汉就持这样的立场。[21]然而，本文认为，印刷术最畏惧的是长期保存言语的媒介。既然印刷术（文字）仍然是抽象观念最有效的传播工具，它就享有超越一切复制性媒介的生态学优势——复制言语的媒介除外。而且，印刷术还具有战胜未记录下来的言语的优势，因为印刷品这样的抽象产物更容易跨越时间，容易永久性储存。因此，唯一能够迂回包围印刷术的媒介就是记录口语并使之永久保存的媒介，也就是在抽象性和永久性两个方面都可以和印刷术较量的媒介。电视的内容多半是非抽象（图像）的，迄今为止还是非永久性的。电话交谈和未记录下来的说话一样，是转瞬即逝的。所以，最终战胜印刷术的恐怕还是爱迪生的电话机及其后代——磁带录音机。[22]

最近一些动态说明，印刷品的将来未必黯淡。印第安纳州的一个调查反驳了广泛流行的观点，报告认为，美国人过去30年的阅读能力并没有下降。[23]电视本身也在谋求发展，用新型节目去适应电缆和电脑，并且电视还在尝试“打印”新闻，作为正规电视新闻的替代品。这是早在企盼之中的“电视化”报纸的开始。[24]同样，复印机和类似的复印技术快速增长，传真技术也很成功（用电话线传送电子信号收发，用多种技术打印）。这说明了印刷术和复制性媒介的合作趋势。[25]实际上，窃取了印刷术重要地位的电子媒介和摄影媒介，现在又开始再现印刷术，把印刷术作为自己的内容，就像当初它们再现言语一样。[26]也就是说，经过几千年的接触之后，拼音文字那种独特的抽象可能已经进入我们的血液（也许尚未进入我们的基因吧），它可能会保留下来，尽管和18世纪、19世纪的辉煌时期相比，其性能已经大大萎缩。至于书籍和报纸的未来，情况还不明朗。这个抽象机制起初以言语工具的形式冒出来，在前技术环境里打下了深深的烙印。借用心理学家阿尔波特的话说，这就是“功能自主”[27]。这样的功能自主即抽象的表征，在许多方面比原有的言语孵化器还要明丽。即使这就是超越时空的天才之举，但在没有其他更加适合的技术的情况下，我们有理由相信，原始的语言是很粗糙的。你禁不住会遐想，倘若我们不会说话的祖先得到了一部立刻成像的照相机，人类的命运会是什么样子。倘若我们的祖先在学会直立行走之前，就得到了汽车的馈赠，我们现在的腿脚会是什么样子。[28]有趣的是，直立行走的腿脚解放了手，手才能够造出汽车；同理，语言（和文字）解放了抽象思维，我们才能够发明照相机。媒介进化的机制是抽象程度越低，媒介的产物越抽象。

也许，我们在人性化趋势理论的框架里解释抽象媒介存活下来的原因，有一个最大的教益：我们迄今用来衡量媒介进化和存活的标准即前技术环境的标准，就像基因一样是标准的、难以变异的。于是我们看到了两个结果：（1）百年之久的黑白照并没有改变前技术里的颜色标准。（2）相反，具体的客观现实组成的前技术世界在过去的一万年里却由于抽象语言的作用而大大改变。我们观察到的第一点是我们拒绝接受媒介决定论的原因，第二点观察是这样的事实：在漫长的历史时期里，即使人性里最持久不变的因素也会随着环境变化的调子跳舞。在下一章（指博士论文中的下一章，而非本书第 5 章），我们将对电子媒介的未来做一点预测和描绘，这样的预测和描绘实际上是对前技术环境如何再现的猜想。有一个因素将影响我们的预测，须知，将来我们看到的前技术环境可能和今天不一样。而且，我们对过去媒介发展的描绘带有一定的试探性，同样，对将来媒介发展的描绘也带有试探性，因为这样的事件还没有发生。

尽管如此，正如我们开篇所云，理论之所以有义务做出预测，正是因为它可能被证明是错误的。承认了局限性和责任之后，我们的媒介进化理论愿意冒险对媒介的未来提出一些猜想。由于我们的猜想建立在对媒介进化仔细观察的信息上，也许它们会经受住时间的考验。

注释和参考文献

［1］乔治·戈登（George Gordon）提出了类似的观点。他区分“叙事第一位”和“图像第二位”的媒介。他说：“视觉经验可以提高或创造叙事，另一方面，图像的要素却是可以在一切传播活动里切断的，只需要闭上眼睛就行了。”(See *New Hastings House*，New York，p. 13)

［2］关于近年广播发展的情况，请见 Zilkha，p. 67。

［3］参见泰斯可夫（Taischoff）编：《1977 年广播年鉴》（*Broadcasting Yearbook*，*1977*，Washington，D. C.：Lawrence B. Taischoff，1977，p. A7 lists 4，463 AM stations and 3，571 FM stations，including 804 non-commercial FM stations licensed in the U. S. in 1976）。

［4］参见海德（Sidney W. Head）：《美国的广播事业》（*Broadcasting in America*，3rd ed.，Boston：Houghton Mifflin，1976，p. 150）。

[5] 比如，1965 年以来，纽约市至少有两个调幅电台（WINS and WDTCA）从音乐节目转向谈话节目，却没有一家调幅电台从谈话节目转向音乐节目。与此同时，至少一家调幅电台（WNWS）的谈话节目失败。最近几年，另一家电台从子夜到早晨的节目从谈话节目转向了音乐节目。根据泰斯可夫编的《1978 年广播年鉴》（第 78 页）的统计数字，1876 年，在美国全国全新闻的电台中有调幅电台 85 家，调频电台只有 15 家；1977 年，全新闻的调幅电台增加了 10 家，调频电台只增加了 2 家。至于其他形式的谈话节目（访谈、听众打电话参与），《1978 年广播年鉴》（第 81 页）的统计数字是，186 家调幅电台，102 家调频电台。不过，这些数字可以打一个问号，因为在泰斯可夫的笔下，这些非新闻的谈话形式的特征是“每周 20 多个小时”。这就令人无法判断，每周 25 小时谈话节目的电台和每周 100 小时以上音乐节目的电台之所以存活下来，是由于它们制作了谈话节目吗？或是得出这样的结论：虽然制作了谈话节目，它们还是成功了。关于全国广播公司的全新闻、以调幅电台为主的节目，参见《全国广播公司准备明年取消全新闻的广播节目》（载《纽约时报》，1976-11-19）。

[6] 然而这并不是说，公众喜欢限制谈话形式电台的数量，也不是说公众渴望用电台复制谈话环境的兴趣会长期维持下去。实际上，公众对音乐的喜爱超过谈话节目，任何形式的音乐都更受欢迎。无疑这可以说明，为何调幅电台上的音乐节目依然占优势（虽然已如上述，调幅电台上的音乐节目的优势不如调频电台上的音乐节目）。那么，调幅电台上继续播放音乐又如何影响电台内容的演化和前途呢？一个可能性就是，调幅电台会偏向比较粗糙的“单向度”的音乐。实际情况就是这样，调幅电台偏向于播放“排行榜前 40 位”的音乐节目，调频电台偏向于播放古典音乐、爵士乐和精致的摇滚乐。这就说明，这样的排列组合已经开始。但最近出现了这样的可能性：调幅节目向立体声发展，调频节目向四声道过渡［见《在联邦通讯委员会的膝头上》（*In the FCC's Lap*：*FM Quad*，*AM Stereo*，*TV Stereo*］。这说明，广播进一步适应了各种形式音乐和非谈话的声音环境。当然，如果调幅电台真走向立体声，它们继续谈话形式就可能造成太大的杀伤力，从人性化趋势来讲，它们就会像立体声电话那样使人受不了。

[7] 参见《太空时代的繁重劳动》（*A Space-Age Treadmill*，*Forbes*，1 August 1977，pp. 59－60）。不过我们紧接着的下文将要证明，拼音文字可能进入了一个小生境。如果此说法正确，印刷术和电报的文字传播也可能存活下去。

[8] 加里·古姆珀特（Gary Gumpert）：《微型通讯系统的兴起》（*The Rise of the Mini-Comm*，Journal of Communication 20）似乎表示了相反的意见。文章认为，媒介内容日益分化以满足日益专门化的受众。分化的例子有：广播音乐节目的变化（20 世纪 60 年代调频电台启动之后的趋势，已如前所述），从一般的“大众”音乐或“排行榜前 40 名”到高度分化的“新锐”摇滚乐、“轻松”摇滚、爵士摇滚；有线电视使电视节目类别增加，第 5 章已经提到这个现象。不过媒介使用情况和内容的分化未必意味着媒介结构或信息加工能力的分化；实际上，情况似乎刚好相反。也就是说，提供最个性化服务的媒介往往具有最

广度的整合和泛化的结构。于是，音乐的细腻最好是由无静电的调频电台来表现，因为它兼有调幅电台的发送力和留声机的清晰度（无静电）；与此相似，有线电视皆有广播电视的视听环境和电话线路的送达功能（关于有线电视、光纤和电视的发送功能，见博士论文第 7 章“流动性与接收性”）。媒介整合的趋势使之能够提供更加个性化的节目，古姆珀特注意到这个趋势。而且，一切前技术传播都是个性化的、个人的（虽然并非私密的），但是媒介个性化服务能力的增加，和人性化趋势理论完全是一致的。（参照上文对媒介会合趋势与波普尔知识进化趋向整合形式所进行的比较。）

[9] 刘易斯·芒福德在《机器的神话》（*The Myth of the Machine*，*vol. 1*：*Technics and Human Development*，New York：Narcourt Brace Jovanomch，1966，p. 8）里说：“人类在能够改造自然环境之前很久，就创造了一个象征意义的游戏场。”他接着说：“语言是表达和传递意义的早期形态的积累，语言在推动人类发展中的作用无与伦比，其重要性是用凿子开山难以匹敌的。凿山只需要使用工具那种相对简单的协调，然而产生言语需要的是许多器官的精湛的互相作用，是更加令人注目的进步。”此外，芒福德认为文字和印刷术是语言的表现形式。与此相反，他把复制性的“电子”媒介归入地位比较低的工具范畴。对人的发展而言，它们的重要性比语言逊色，而且比语言容易出错。他这个观点使人性化趋势的媒介进化理论始终如一，同时又使之略显平淡无奇。说它始终如一，因为它可以用来解释一切技术（即工具，以及和语言相对的工具），说它使人性化趋势理论略显平淡无奇，因为它把技术看成是重要性不如语言的传播工具。也许，这就是它把技术看做第二等传播工具的观点。这正好说明，为什么他不够注意自己 40 多年前就看到的梦境化的人性化趋势。

[10] 参见《语词的界面》（*Lnterfaces of the word*，*Ithaca*，N. Y.：Cornell Univ. Press，1977，pp. 20－22）。

[11] 同上书，pp. 22－21。

[12] 麦克卢汉认为，“一切人工制品包括语言、法律、思想、假设、工具、衣服和电脑，都是人体的延伸……人的头脑具有内在的结构特征”。（《媒介定律》，175～176 页）这个观念在许多方面和波普尔的“第三界”概念相似。波普尔说：“人脑产品的世界”包括“语言、理论、科学作品和艺术作品（包括技术）”等［《自我与大脑》（*The Self and Its Brain*，pp. 15－16）］。注意，麦克卢汉和波普尔并不认为技术具有任何非人性的一面，在这一点上，它们有别于刘易斯·芒福德和沃尔特·翁。实际上麦克卢汉和波普尔都强调指出，人是技术的产物。两人的观点也略有不同，在麦克卢汉描绘的人与技术的关系里，人是被动的伙伴。

[13] 预先不追求准确而详尽的术语定义就提出理论，这似乎与标准的科学方法背道而驰，甚至与逻辑论证对立。然而，这正是波普尔和埃克尔斯捍卫的观点。他们在《自我与大脑》里说：“我们感兴趣的不是术语的定义，而是理论的真实性，这样的真实性往往和人们使用的术语无关。”（p. viii）但是，倘若两

个变量的界定并不完全——如何界定言语和拼音文字就不完全，那么探索两个变量关系的理论又怎么能够发现和描绘两者“真实”的关系呢？我们这里的两个变量是前技术环境和前技术传播。正如我们的研究所示，如果一开始就掌握一些可靠的、代表性的例子，这个困难还是可以克服的。一旦这些明显的例子之间的关系得到确定之后，其他比较暧昧的情况就容易澄清，它们的地位和彼此关系就容易明白了。所以，我们在研究之初用一些无懈可击的颜色和感知深度，把它们作为前技术；同时，因为电影电视的定义无懈可击，所以我们把电影电视作为技术的例证。明确了第二组例子无可辩驳的身份之后，明确了第二组例子是对第一组例子回应的产物之后，我们就可以“倒过来”研究，就可以比较好地解释，为何一些不太确定的例子（比如言语）可以进入（或修正）人性化趋势的等式。

［14］请注意，这里所谓想象力“不真实”，仅仅是指它超越时空（这种超越是技术延伸的模式），而不是说它描绘真实传播环境的其他成分不真实。比如，我们想象自己站在大洋彼岸一棵树下面，很可能我们脑子里想象的是，自己和那棵树是三维的图像、呈现逼真的色彩等（除非我们有意无意地扭曲那个形象，即用抽象或象征的方法去描摹那个形象）。另一方面，如果用抽象的方式去想象，而不是用单纯描摹的方式去想象，就有可能把它想象为一个数字意义上的距离，或者是对不愉快情绪的规避，总之，那就是抽象的表征或象征，这样的想象和我们在树下的血肉之躯形象没有直接的或必要的关系（正像言语和文字的任意关系，它们和表征的真实客体没有关系）。当然大多数心理活动是想象和抽象的混合。无疑，它们的贡献盘根错节、纠缠不清，但是它们有助于寻求技术的先驱，有助于区分抽象和表征这两种官能。我的研究说明，技术包含的幻想性越来越高，也就是说它对幻想力的回应越来越灵敏，技术的抽象性越来越低。相反，现代艺术的幻想性渐弱，抽象性渐强。19 世纪哲学家艾伯克龙比把幻想描写成“真实场景”的心理重组。

［15］马沙克的研究成果和克罗马农人的人工制造物曾经在美国自然历史博物馆展出（1978 年 5 月至 1979 年 1 月）见伦斯博格（Boyce Rensberger）：《世界最古老的艺术品》（*The World's Oldest Works of Art*，*The New York Times Magazine*，21 May 1978，pp. 26－32，37，40，42）。马沙克这方面主要的成果见《文明之根》（*The Roots of Civilization*，New York：McGraw-Hill，1972）。

［16］参见《原始人分享食物的行为》（The Food-sharing Behavior of Protohuman Hominids，*Scientific American 238*，April，1978：104）。虽然格林·伊萨克说后来的工具更加符合人性，人为的痕迹更加明显，可是他未能表明，这些工具的形态是抽象，也没有说它们仅仅是模仿过去最有用的工具。后来的工具目的是要自然环境里现有的最好的形态标准化。在这个意义上说，后来的工具证明了复制的心态，而不是抽象思考的心态。

［17］伦斯博格的《世界最古老的艺术品》一书（p. 40）认为，马沙克自己的观点［《文明之根》（*The Roots of Civilization*），pp. 117－118］更复杂一点，

大概可以概括为以下几点：(1) 人类（或类人猿）的交流“不仅需要有能力发出有意义的被当做符号的声音”，而且需要一个“非语言的交流机制”，包括“模仿和对动作的理解”（也就是非抽象的理解），也包括“综合和抽象的关系概念”。(2) 也许在能够说话之前，人类（或类人猿）的非语言的认知/交流过程就已经运行，不过无论如何，语言的发展“仅仅是一个方面，也许同时发展的还有交流和符号表征中广泛的非语言过程”。(3) 马沙克考察的绘画等认知艺术品（他称为“艺术和符号”）是“广泛、演变”的交流过程，这个过程包括说话。因为以上猜想里只有最后一条是对实物的解释，因为马沙克的解释并不能指引我们得出抽象思维早于语言的结论（二者都被认为是人工制造物的前提条件），所以马沙克关于非语言抽象比语言早的猜想纯粹是猜想，这个猜想和考古证据没有关系。此外，马沙克进一步削弱了自己的猜想（p.117)。他说，古人的吼叫总是和环境有直接的联系，比如“食肉动物来临时，人叫喊一声或说出一个专门的警告词语”，于是他就把这些原始的“语词”限定在传达抽象甚至是概括的观念（比如，吼叫可以表现狮子在场，或表现人的恐惧；可是这吼叫和抽象的语词“狮子”不一样，它表达的是狮子不在场时的一个物种或一只狮子)。如果没有这样的抽象语言能力，那就意味着，即使存在“内在”的、抽象的心灵活动，即使初步的语言已经形成，也没有简便的方式来表达抽象的观念。这就提出了一个问题：在没有简便的表达或交流手段的情况下，抽象思维有什么生物功能？关于前语言系统比如手势表达抽象思维的可能性，见比尔斯(Ralph J. Beals)、诺伊尔（Harry Noijer)：《人类学导论》(*An Introduction to Anthropology*，New York：Macmillan，1965，pp. 616-617)。他们指出，人类社会里存在的少量手势符号，是从早期口头表达系统中派生出来的。聋哑人学习的手势语当然也是过去口头交流和文字交流的产物。总之，马沙克关于语言起源的猜想里唯一可以证明的、始终如一的观点是：抽象思维和语言与人工制造物一样古老，或略早一些。(这当然不会损害他的另一个论点：在一定程度上，交流既是非语言的也是非抽象的，非语言、非抽象的思维方式和交流方式有可能走在语言之前。)

[18] 参见格林·伊萨克：《原始人分享食物的行为》，104 页。

[19] 请注意，这里探讨的不是一般的“智能”或“思维”，而是一种特殊的思维即抽象思维，它独立于物质环境，和真实世界里的所指没有直接的关系(这种思维也可以叫做“非模仿性”思维或独立于形象的思维)。至于模仿性智能或非抽象智能比语言古老的问题，耶内斯（Jaynes）说，制造原始工具的技能也许不需要语言的传递，“和完全靠模仿……继续骑自行车的技能不需要语言来传播一样”。(Jaynes，p. 130) 也许这样的传授不会普遍，因为传授骑自行车的技能主要是靠示范和模仿，也就是靠复制，而不是靠抽象的描绘。

[20] 语言有一万年历史的估计偏向保守，因为晚近的证据显示，文字的历史至少就有这样悠久的历史［参见伦斯博格：《文明之根》(*Roots of Writing Traced Back More Than 10 000 Years*，*New York Times*，9 July 1977，pp. 19-20)］

关于区区一万年之内何以能发生这样深刻的进化变革，威尔逊（p. 567）指出："人的遗传性和有机体的试验证明，一百代之内就能够发生实质性的变化，对人类而言，一百代也就是从罗马帝国到今天这样一段时间……我们不知道智能进化在一万年之内能够完成的实际的积累，但如果假设现代文明完全建立在更新世全部积累之上，那也是错误的。"而且，波普尔和耶内斯最近还提出类似的猜想，说明语言是人类进化中非常重要的决定性因素。波普尔援引鲍德温（J. M. Baldwin）和摩尔根（C. Lloyd Morgan）的"有机体进化论"说："采用新的行为形式之后，一个有机体能够改变环境……它及其后代就暴露在一套新的生存选择的压力之下，这是新环境的特征……我们可以说，选择语言并且对说话感兴趣之后，人类就选择了大脑和智能的演化，在生存压力之下，人类的大脑和自我意识就冒出来了。"（参见《自我及其大脑》，pp. 12 - 13）耶内斯起初说，"意识主要是文化的产物，是在语言的基础上学到的"，后来他进一步阐述说，"一定程度的自然选择可能在意识兴起的过程中助了一臂之力……最顽固坚持两腔二室的（前意识的）个体……一定会消亡，把那些不那么急躁、不那么顽固坚持两腔二室的基因留给后代……每一代都必须从头学习意识，最善于学习意识的个体最容易存活。"（pp. 220 - 221）请注意两人的看法略有不同，耶内斯认为语言是"意识"的前提，波普尔认为语言是"自我意识"的前提。笔者则认为，语言是抽象的必要条件。我们三个人的区别也许并不大——耶内斯给意识下的定义范围很窄，他认为意识借助"我"的模拟运演。波普尔说，"人的自我意识建立在抽象理论上"——语言和意识挂钩（而不是与抽象挂钩），必然压缩动物可能的意识范围，也许更加不妥当的是，它必然压缩学会说话前的儿童具有意识的可能性。虽然语言的抽象在自我意识的构建和精细发展中扮演了重要的角色，但是这样的意识还是可能存在于非常具体的、前语言的感知，比如人的饥饿感和婴儿对"我"的感知里。因此本文的论证只限于：语言是抽象的必要条件，仅仅是某些意识和自我意识的必要条件，这些意识是建立在抽象基础上的意识。

［21］麦克卢汉认为，电视和摄影术不一样，和其他电子媒介也不一样，它给阅读的生理机制带来威胁，因为"电视形象刹那之间的流动性使眼球的运动肌肉瘫痪，使人昏昏欲睡，妨碍阅读时的眼球肌肉运动……电视反视觉的效果正是人们担心它影响文化素养的关键所在"。［参见麦克卢汉：《评电视：技术与文化形式》（McLuhan，*Review of Television：Technology and Cultural Form*，by Raymond Williams，*Technology and Culture* 19，April 1978 ：261）］。

［22］有趣的是，海伯特（Hiebert）、温格莱特（Ungurait）和波恩（Bohn）等人的报告显示，公众"在唱片上花的钱几乎和在教材上花的钱一样多"（p. 316）。这个比较给人留下深刻的印象，因为大多数教材是"强制"买（要求学生买）的，而唱片是自愿买的。

［23］见梅洛夫（Gene I. Maeroff）的文章《印第安纳州儿童的阅读能力和1944年一样好》（*Reading Achievement of Children in Indiana Found as Good as in*

1944, *New York Times*, 15 April 1978, p. 10)。调查虽然是在印第安纳州做的，但是其他地方的研究人员相信，没有理由认为调查的结论不适合美国全国的情况。

[24] 英国的技术最先进，订购了"Ceefax"和"Oracle"两个系统的人从电视机上打印新闻已经有几年了。1978 年，他们又开始用更新的"Prestel"系统，估计 1979 年就会在全国普及。电视机和中心电脑连接，用户一拨号，相关的信息就显示在自己的电视屏幕上。参见尼格尔·霍克斯（Nigel Hawkes）的文章《英国人可能会用电话和电视来开发数据库》(*British May Use Telephones*, *TV's*, *to Tap Data Bank*, *Science*, 9 July 1978, pp. 33 - 34)。有趣的是，纽约市的电视台 WNBC-TV 用一个"数据库"来填补电视新闻和插播广告的间隙。

[25] 参见罗伯特·波特尔（Robert J. Potter）:《电子邮件》，载《电子革命》(*Electronics*: *The Continuing Revolution*, eds. Abelson and Nammond, pp. 90 - 94)。文章讨论各种传真和电子邮件。《纽约时报》最近从行型活字排版机转向激光照排，用的设备有电脑终端、激光扫描和感光纸。印刷术和光电技术的合作真耐人寻味。这个系统每分钟印刷 1 000 行，相当于 200 台行型活字排版机同时工作，它能够直接打印传真材料。《纽约时报》因此而向着报纸电视化的目标前进了一大步。见马尔科姆·布劳恩（Malcolm W. Browne）、温弗利（Carey Winfrey）:《〈纽约时报〉进入电子印刷》(*The Times Enters a New Era of Electronic Printing*, *New York Times*, 3 July 1978, pp. 21, 38)。

[26] 电能用于传播的初期，它和印刷术竞争，而且这场竞争还继续了一段时间。不过，从电能用于照明那一刻开始，它就大大增强了印刷文字的功能，戴维·哈恩（David de Haan）在《家庭古董小玩意》(*Antique household Gadgets and Appliances*, Woodbury, N. Y. : Harrons, 1977, p. 121) 里写道："电灯光对促进阅读习惯起到了空前重大的作用。"可以说，人们在电灯光下阅读的书报实际上是由那些电灯传递的，在这个意义上你也可以说，印刷术还是电子系统的"内容"，这个历史比电视化的报纸和传真邮件的历史长。

[27] 阿尔波特在《人格》(*Personality*, New York: Holt, 1937) 里用"功能自主"这个术语来描绘脱离原有动机的行为，这些行为继续维持原来的势能，或形成新的动机。比如守财奴开始存钱是因为贫困，贫困动因不复存在之后，他们却继续"为存钱而存钱"。

[28] 关于靠抽象生成和靠复制生成而实现延伸之间的拉锯战，阿恩海姆做了更充分的描绘："我们不能忘记，不能够把直接经验传递给他人的窘境，迫使人不得不使用语言，迫使人脑不得不形成观念。描绘事物时，你不得不从具体的事物抽取出一般的概念；你不得不选择、比较和思考。但是，如果用手指头指点就可以达到交流的目的，嘴巴就不用说话了，写字的手就停止了，大脑就萎缩了。"[参见《电视预测》(*Forecast of Television*, reprinted in Film As Art, p. 195)] 最后这句话反映了他 1935 年的悲观估计。阿恩海姆当时不可能知道，在电视的前 40 年里，电视使"手指头指示"比较发达之后，抽象传播照样存活得很好。

第5章 技术是宇宙演化的利器①

创世之初，生物体与环境的关系就是双向互动的关系。致力于揭示生命和人类构造成分的哲学家和科学家把研究重点放在生物体如何从环境获取信息、如何受环境制约上，这很有道理。然而普遍的观察说明：一方面，外部环境选择有机体；另一方面，外部环境又受到有机体的塑造和修订，甚至是把有机体的行为作为自己的构造成分。被环境选择的有机体常常反过来选择环境。一些有机体太弱小、太微不足道，它们不能够影响周围的环境。即使对这些弱小的有机体而言，它们周围的环境也受到其他生命体的影响，也因为其他生命体的存在与活动而带上一定的色彩，弱小的有机体甚至是被这些生命体创造出来的。(真空中演化出来的细菌也许是例外吧。)在最微观的层次上，病毒把蛋白质从此地带到彼地；在宏观的尺度上，水獭筑坝阻断小溪能够改变大河的流向。[1]

在人类的层次上，技术活动与环境、意图与理性的融合，把人的行为从生命基本特征的层次提升到了支配这颗行星的高度。前人类生命体对环境的作用是无意识、无计划的，短期内不会有变化。与此相反，有了人类认知的远见、计算能力和灵活性之后，人类思想的技术体现就强有力地推动着人对环境的作用。认知能力和古老技术冲动的交融产生的第一波结果和随后层出不穷的、出色的结果，始终是按照人类的规格有意识地、不断升级地、重新安排物质世界的过程。有一些技术的指向不是改变物质环境，而是放大认知能力、确保知识的获取，以便给技术改变世界提供燃料。[2]这些技术有拼音字母表、望远镜、显微镜和电脑。近年来，这类知识不断增加，其结果是对生命成分的技术重组。与此同时，人们尝试用技术手段来模拟人类大脑，模拟这个思维体的活动。

---

① 原载《哲学与技术研究》(*Research in Philosophy and Technology*)，第8卷，1985。

从进化立场来叙述人类知识的发展和演化，上述技术行为是成效卓著的。选择和锻炼我们认知能力的环境，本身就是认知的技术产物，这个趋势日益明显。知识的储存、传播、验证和批评，甚至知识产生的过程本身，都是在各种技术设置里发生的。[3]实际上，从物质世界的角度来看问题，知识本身就是技术实施过程中潜在的产品。

技术对宇宙的冲击，对宇宙进化过程和生物进化过程的冲击，同样是非常深刻的。生物的生命、人的生命和初始的技术活动又是在宇宙进化和生物进化中产生的。一切生命过程，包括人类的认知及其产物，都有可能犯错误，都可能产生意料之外的结果；从终极结果的角度来看问题，这些结果对人类指引宇宙的倾向起到抗拒的作用。尽管如此，人类技术中体现的人的意图日益增长，注入到存在之中，并且对人类指引宇宙的倾向起到抑制作用。迄今为止，物质演变和生命进化的方式是盲目的、无计划的，对于这种盲目的方式而言，注入技术的人类意图完成了一个急遽的决裂。至少可以说，用技术武装起来的人类似乎正在向宇宙提供越来越多的原材料，而宇宙的自然选择力量又是在这些原材料的基础上运作的。技术显然正在从人类回流到生命宇宙和物质宇宙中。既然如此，我们不妨说，人类有意图、有意识的活动是宇宙内外颠倒的一个案例。

这个技术蝴蝶孵化到哪一步了呢？人类幻想力和计划性的新世界，在对抗甚或取代原来不事声张、没有计划的进化中，究竟孵化到了什么程度呢？我们将从检视20世纪三个技术的现状来回答这个问题，这三个技术是太空探索、基因工程和人工智能，它们都试图用人类的手来取代大自然那只看不见的手，试图在三个前技术的领域里取代大自然那只手。这三个进化领域是前技术的存在领域：物质、生命和思想（换句话说，这三个领域就是：非生命物质、生命物质和思维物质。非生命物质包括能量和真空，思维物质即是人的大脑）。此外，人类闯入太空尤其重要，因为借助技术修正这个机制，地球这个比喻意义上的小宇宙闯入了实实在在的大宇宙。不过考虑这些技术之前，我们不妨弄清楚人类技术的冲击力。我们可以检视这种技术是如何一步步、一层层地从自然现实中浮现出来的，还可以看看它是如何重构自然现实的。

5.1 自然物质：非生命物质、生命物质和思维物质

技术的存在本身就足以调整思维和物质的两分法观念，这个观

念长期支配西方哲学和科学的大部分领域。很显然，人的技术使人类智能积极闯入外部物质世界，既然如此，它和还原主义、物质主义的观点是矛盾的。还原主义、物质主义的观点认为，思想不存在，或者说思想至多是外部世界的被动接收器而已。另一方面，技术有一个预设的前提，那就是物质世界，技术从物质世界构建而来，同时又在此基础上起作用。既然如此，技术和主观主义的、唯心主义的世界观就是不可调和的。主观主义的、唯心主义的世界观认为，它只依靠精神的作用。然而，进化理论得出了相同的结论，它提出了一个可信而真实的认知结构，它证明认知结构具有适应性的靠基因传递的能力，它观察到独立于人类精神活动的物质世界的存在，它看到物质世界对无思想的有机体环境产生的冲击力。

人的智能在物质世界中发挥着积极、外向的作用，技术为这个作用提供了富有戏剧性的佐证。但是这并不是说，人的智能必然是非物质的，或完全脱离物质的，或迥然不同于物质的。实际上，我们可以对技术做这样充分的阐述：技术是大脑这个内在生命材料对外部物质的处理或加工，很像消化和呼吸是根据内部生命机制的命令来重新安排外部材料一样；大脑对物质材料的“蠕动”是通过人的手来代理的。为方便起见，我们可以把技术说成是思想的体现。这样的说法有一个暗示：有时候，在一定意义上，思想是非物质的。然而，我们任何时候都不可能看到有独立于大脑这种物质的思想，思想离不开在物质传媒（包括口语，因为它是声带这种物质材料在空气中的振动）里的表征，离不开在物质技术（比如汽车，因为它体现了有关运输、合金、电的性能、燃烧等观念）中的体现。因此，虽然我们看见大脑、媒介和一般的技术在一个共同的因素——理念或思想——里互相交流，而且思想超越其物质存在，可是我们要谨防给这个思想的非物质因素（也许说超物质因素或跨物质因素比较妥当）赋予本体论的立足点，因为它的地位和物质世界的地位不一样。一句话，我们没有证据至少是没有技术证据说明，有一种自我实体的“精神”（mind），比大脑历史悠久的“精神”，独立于人脑的“精神”；我们不能假设存在着一种精神客体的非物质领域——独立于技术体现和表征的精神客体的非物质领域。[4]

当然，人脑的思维物质是生命物质的一个子集，是生命物质进化的产物；生命物质又是一般物质的一个子集。但是我们认识到，生命系统与其物质要素有许多强烈的反差。同理，在思想和非思想的生命材料的运作（思维的物质有能力探询自己的存在是什么性质）中，我们看到了不可能简约的差异。正是这样的差异证明，颅腔里大约1千克的大脑物质具有独立的本体论地位。“精神”这个说法使我们注意人脑这个物质有别于生命物质的特性。人脑这个物质与另一个独立的、非物质的实体相对立，它发挥着宝贵的作用。[5]

从人造物质或技术回溯，我们看到三种形式的自然物质或者说未经计划安排的物质存在：非生命物质、生命物质和思维物质。技术即人的计划在这些物质形式里的应用就构成第四种形式的物质，这是有别于其余三种形式的物质。第四种物质的存在，有一个明显的证据[6]，那就是其他三种物质里不存在的计划性或意图（信神的人当然有不同意见）。人脑大约就是这种新的有意识世界的源泉，它当然是无计划的自然的产物。

个体发生几乎就是种系发生的重复，在这个进化序列中，技术重组的传统重心在一般的物质世界里，它在生命物质和思维物质里的有效发展却姗姗来迟。技术改变着或试图要改变这些自然形式的物质；在考察技术的作用时，我们还需要考虑另一种影响，技术对总体的自然界或宇宙的影响，这自然包含三种形式的物质。反过来，我们还需要考虑这个总体的宇宙序列（物质—生命—思想）对技术成就可能会施加什么样的限制。

5.2 空间旅行的形而上思考

在分子水平上，人类对宇宙物质的重组至少起始于用火，且滥觞于史前的皮肤色素混合；当然，今天分子水平上的重新组合构成了合金、塑料和各种合成材料。在20世纪，人类把这种重组推广到原子和亚原子水平，创造出新的基本元素，甚至拓展到更加初级的存在的构造里。尽管这些成就给人很深刻的印象，然而从宇宙的角度来看，它们还是缺乏一种关键的意义，因为就像一切人类技术一样，它们都发生在宇宙里这个小得像芝麻一样的地球上。

只有一种技术是超越地球的例外，那就是把人造的物体发射到太空中的技术。这个技术打破了地球上的技术模式，产生了第一批来回穿梭的物质，达到了宇宙水平。无论拓荒者10号（Pioneer 10）等航天器是否镌刻着人类文明的形象或其他有意识的符号，它们都向宇宙宣告，宇宙的发展进入了一个新阶段——人类有意识塑造出来的物质的阶段；在过去的宇宙里，只存在无意图的物质和未经物质化的意图。这个新阶段究竟是什么意义上的新阶段呢？那就要看，在人类侵入之前的宇宙的其余地方究竟发生着什么样的事情，虽然应该承认，我们非常有限的知识还不能够告诉我们，宇宙的其余地方是否存在技术。

空间的人性化，包括处女态的或其他状态的人性化，提出了一个道德问题：人类帝国主义对宇宙的问题。它使我们想起地球上一切历史悠久的困境：命运、殖民主义、掠夺环境等困境。空间旅行可能的罪恶当然就是我们的祖先早就铸就的罪恶，我们搭建第一个棚屋时，我们把树木烧成木炭时，就犯下了罪行。我们把航天器当做魔杖使星星可以思考呢，还是把它们当做我们传染病的针头呢？归根结底，那要看我们如何看待制造航天器的人类的本性和潜力。

当然，我们人类有问题，至少在对自己的态度和对宇宙的态度上有问题。然而进入宇宙以及宇宙可能提供的空间无限性和时间不朽性，有可能就是解决这些亘古以来就有的问题的补救办法。宇宙无限的资源也许能够一劳永逸地解决人口压力问题和资源短缺的政治问题。这些问题从一开始就酿成了战争和压迫，就困扰着人类。[7]在宇宙范围内，人口过剩的问题自然会冰消雪融。无穷的版图和财富也许会允许我们搞“外层空间的凯恩斯主义”①；也许，它和地球上的凯恩斯主义不同，反而行得通。我们可以不断向宇宙借贷物质和能量，因为它们是无穷无尽的；我们不用再担心资源耗尽和债务到期的问题。我们总是有越来越多的宇宙资源去借用：无穷量减去有限量之后剩下的，还是无穷量。与此同时，在地球之外的行星等地方定居以后，我们就从地球的炼狱里解放出来了，这是因为我们的地球总有一天是要和太阳会合的[8]，这是迟早要注定的命运。如果我们把自己的地球炸为齑粉，这个炼狱可能很快就会到来。如果在宇宙殖民，人类就能够指望获得和宇宙一样长的预期寿命。宇宙的预期寿命肯定比地球的寿命长。然而，空间旅行又给我们分派了令人望而生畏的责任：我们不能够把地球遭遇的核风险或同等破坏力的其他风险推向大范围的宇宙。如果我们真是宇宙中唯一的智能物质，从宇宙的角度来看问题，我们在地球上的自我毁灭就是一场悲剧。如果我们占有宇宙的领地扩大，这场悲剧的规模就会相应加

① 凯恩斯（John Maynard Keynes，1883—1946），英国经济学家、凯恩斯主义创始人，认为失业和经济危机的原因在于有效需求的不足，主张国家干预经济生活。代表作有《就业、利息和货币通论》等。——译者注

大，我们带走的部分就随之加大，不过和无限的宇宙相比，这又是微不足道的。

宇宙的人性化或“认知化”（cognization）有一个预设：更大规模的物质技术化。这个规模硕大无比，地球上的规模和它相比，只能算是病毒运输分子那样的小打小闹，实在是微不足道。许多行星甚至许多太阳系将会按照人类的有机体需要和社会需要来重新安排。在颠覆宇宙那种缺乏设计的面貌的过程中，我们能够在比大气还稀薄的外层空间里建立新的城市，那将会成为时代的召唤。此外，我们将要在自己习惯的时间框架里完成这样的改造，这需要我们以接近或超过光速的方式旅行。

这样的挑战令人生畏，然而从原则上看，这些挑战绝对不是不能战胜的。关于快速运输，我们必须记住，光速的障碍仅仅是一个理论上的构建，建立在目前的宇宙观之上；不可否认，这个图景基础坚固，然而它还是和一切构建一样有可能出错。[9]然而，即使超过光速的极限是绝对不可能实现的，我们还是能够成功地在宇宙中殖民，只要我们降低我们的期望值就行了；我们可以把技术变革的期望值降低到历史上大多数时候的水平，我们可以在数百年和许多代人的时间里完成庞大的工程。再者，在一个相关的方法中，我们可以用基因工程来延长生命期望值，享年几百岁或几千岁，使我们与星星的交流可以在低于光速的条件下在一个人的生命中完成。这种可能性引进了最近加速发展的一种技术，一般来说，它可以成为迄今为止物质环境重组的另一种方式或补充。到目前为止，这种重组是为了适应有机体的需要。换句话说，用基因工程来重组物质环境的办法，就是重新设计有机体，也许最终还包括重新设计我们自己，以适应环境的需要。现在我们转向生命结构水平的技术干预。

5.3 基因工程与生命设计

从广义上说，有意识地开发生命形式以满足人的需要就是达尔文所谓的“人工选择”。人类已经很久没有实行过这样的人工选择，但是毫无疑问，我们已经有能力对很大一部分文明甚至是人类本身进行人工选择了。几乎人人都认为，从狩猎和采集到农业和育种的过渡对人类地位的上升至关重要。后续的活动很显然不仅包括动植物的培育，而且包括有机体的培育，以适应培育的需要。

然而，这一切呕心沥血的生命形式的塑造，如果和基因工程的精确和规格比较，只不过是小孩子的游戏而已。直接的技术手段可以直达一些重要的蛋白质，它们的关系决定着其他一切蛋白质的关系，这样的成就是使人脑能够堂而皇之地在驾驶台就座，它可以驾驭有机体的进化，淘汰历史悠久的盲目变异的生殖模式，只留下分子生物学的规律，把这个规律作为人类幻想力能够达到的生命世界的极限。

人类用“指令”的形式来决定生命的形式，这可能提高技术在宇宙里的地位。这个因素以几何级数增长，超过了通过对非生命物质的操纵而达到的水平。没有人的不断干预，非生命技术是静止的、非进化的，相反，用技术手段诱生的有机体却是积极的，完全有自己的生命。比如，一个有意识构建的有机体放进一个恰当的环境后，它很有可能在没有人干预的情况下为了人的目的而在那个环境里取得主导地位。不过，这种程度的独立性也可能使人造有机体的习性难以预料，远远不如非生命技术那样可以预测，因为非生命技术只能够按照安排发挥作用，不能够按照自己的方式运行。当然，技术的运行也常常是难以预料的，然而这是发明者和使用者失算的结果，而不是技术本身的变化。基因切片使人类间接操纵的力量大大增强，但是生命之难以预料又可以淡化人原有的意图，意图的淡化又可以在一定程度上抵消人的操纵力。出乎意料的怪物可能会逃出实验室危害地球，可能会像核战争一样成为技术噩梦。不论好坏，在目前的情况下，从实验室逃逸出来的怪物的现实威胁比核战争的威胁要小得多。[10]

然而，基因切片的人造生命，原则上至少有一个基本局限：它只能够借用或重组现有的DNA，而不是创造新的DNA序列。换句话说，它借助现有的生命结构，而不是白手起家用非生命的物质来创造DNA分子和生命形式。由此可见，我们目前在创造生命中的技术处境，和我们在古代学会借用、储存和使用火的情况是近似的，我们还没有达到“人工造火”的阶段。[11]如果我们用质子制造蛋白质而不是用其他蛋白质制造蛋白质，那将是人类自己进化和宇宙进化中了不起的成就，就像摩擦取火是人类祖先进化中了不起的成就一样。

我们目前还不能用非生命部件凭空创造生命，这一点具有重大的相关意义，不仅在生命物质的技术重组中给人以启示，而且在试图用非生命的电子电路创造思维物质中也给人以启示。我们不能用原子及其组合来创造生命，既然如此，我们又怎么可能用电子及其结构来创造思维物质呢？对思维物质本质和前提的思考，还引导我们去思考基因工程的终极问题：什么是人的构成要素？或者更加确切地说，人能够在多大程度上被改变和重构，但仍然是人？倘若我们把大脑搁置到人体外，也许那样设计的人体就可以呼吸甲烷，或者是用老虎的眼睛来看外部世界，而且这样的人体仍然是人。然而这里有一个假设的前提：那就是大脑与肉体是彼此独立的。大脑与肉体的分离存在着两种情况：既可能成立，又可能不成立。当然，重新设计大脑又引发更多的问题：这种取之于人、用技术创造的思维生命，是我们人的生命，还是别的什么生命呢？接下来，我们要考虑人工智能的前景和局限。

5.4 人工智能与名副其实的生命

技术对思维物质领域的入侵可以分为两个截然不同的范畴。一个范畴历史悠久，涉及认知过程的技术放大和延伸，很像望远镜延伸视觉、录音机放大记忆一样。第二个范畴是技术促成的思维，它更富有争议。人们试图把独立的智能系统植入电子底层，这就是人工智能。除了生成源头的方式不同之外，人工智能原则上和自然的人脑没有区别。技术对思维物质领域的入侵有以上两种不同方式。它们使用的电脑设备或多或少都是相同的，然而其目标和主张却分道扬镳。谁也不会说望远镜有视觉功能，录音机有记忆功能——如果我们这样去考虑问题，两种人工智能的方法就大异其趣了。[12]

人类认知通过技术而实现的提升，可以一直回溯，从大脑到各种录音录像设备（录音机、电影机、留声机、摄影术等），到X光设备、打字机、显微镜、望远镜、印刷术，再到各种文字及其伴生技术（最突出的是拼音字母表），最终追溯到口语。谁也不会否认，这些思维载体的迁移使大量的知识生产成为可能。[13]大脑的特殊贡献是，它使难以处理的大量而复杂的数据，能够有利于认知的消化。它把宇宙规模的信息压缩到人可以处理的尺度。人们已经在各个科学领域里感觉到了源源不断地从电脑流淌出来的信息处理优势。[14]因此，电脑已经成为我们获取宇宙知识的主要助手，我们用这样的知识来构建技术；反之，技术又按照我们的规划来重新设计宇宙。[15]

然而，即使电脑成为人的副手，并扮演着非常有利于人的角色，它还是遭到大量的批评。这样的批评是，太依赖电脑会损害我们天生的智力，会把我们的智力变成非人的、不健康的模式。这种批评的思路和电脑之前的延伸性媒介一样历史悠久，见之于苏格拉底对文字的批评。在《斐德罗篇》里，他谴责文字，说它损害人的记忆力和互动的对话能力（他的学生柏拉图或者一位借用柏拉图名义的人把他的批评写了下来，谁知道这对他是祸还是福）。[16]实际上，如果我们可以回到雾霭朦胧的那一刻，我们无疑会看到，当我们的祖先开始说话的时候，他们的老辈子对这个新技术一定持尖锐批评的态度。当然，这些老辈子不会说话却怎么能够交流，怎么能够表达批评的态度，那就不清楚了。（也许，他们想要杀死那些首先开口说话的人，用这样的方式来表达不满意的态度。）无论如何，目前反对把电脑作为认知助手的各种意见，就像是历史上对旧媒介提出批评的态度，包括真实的或假设的批评。的确，电脑制造的某些发明无疑会改变我们的思维习惯（文字出现之前，人的记忆力也许更强）；然而如果权衡利弊，认知能力的放大肯定是利大于弊。

至于能够独立思考的机器，那完全是另一回事。这里说的另一回事不是指它们的危险，而是说它们的存在本身和可能的成就。按照目前的情况，我们有能力创造技术脑的看法，依托着两个相关的断言：(1)“专家系统”的性能也就是电脑的程序可以完成非常复杂的任务，能够完成过去只能由非常聪明和训练有素的人来完成的任务（比如诊断），不过专家系统的可靠性通常不如人。(2) 人的自然智能本身是程序的产物，虽然它的程序建立在基因指令的生命物质上，虽然和电脑程序相比，人脑的程序狂放不羁、飘忽随意。[17]

两种主张都存在严重的不足。所谓的专家系统更像是我们中的“白痴专家”；专家和专家系统大不一样，人类的专家知道如何完成无限多的任务，而不是只完成专门的任务（医生往往会开车、打网球，甚至会写作）。由此可见，专家系统似乎太单一，虽然它很有价值，但它们仅仅是电脑作为人脑助手的例子而已，它们甚至没有达到技术创造的多维人脑的第一步，这是第一种主张。再来说第二种主张：把人脑的发展和性能还原为电脑程序的企图。在这个问题上，即使最严格意义上的行为主义者（如 B. F. 斯金纳①）也承认，自然选择特征的继承性在人的认知发展中扮演着一定的角色，也就是承认，智能中基因和环境互动的复杂性使人的智能高于电脑程序，即

① 斯金纳（B. F. Skinner，1904—1990），美国心理学家，新行为主义心理学代表人物，代表作有《沃尔登第二》、《超越自由与尊严》等。——译者注

使最灵活、最高级的电脑程序也不能和人脑的程序同日而语。[18]

赞成人工智能脑的主张走过了头，引发了一整套相反的主张，或者是比较审慎的言论。关于独立的人工智能是否可能存在意见形成了一个连续体。断然肯定的一方认为，人永远不可能创造出颅腔之外的思维智能，至少不可能创造出非 DNA 的技术系统。也有人说，人工智能没有实现的原因，仅仅是目前的研究方法有一些戏剧性的错误。“永远不可能”这个极端和一切负面的教条主义一样，显然是非理性的，因为我们的知识是可能出错的，所以负面的断言和正面的断言都可能站不住脚。[19]“永远不可能”的断言似乎是蛋白质沙文主义，后面这种更加温和的主张更值得我们仔细研究。

首先，我们不妨再仔细考虑，我们拒绝接受电脑可能有思维能力的观点时，我们究竟在做什么。我们的拒绝似乎包含着三个步骤。(1) 我们的第一步是判定，我正在思考，我能够思考。这个立场与笛卡尔的立场类似，但有一点与其不同：我的决定有可能出错误。这就是说，我承认，我对自己认知能力的信任有可能是错误的；原则上说，我的信赖在某些情况下是可以修正的，但是这样的修正又很成问题，几乎是不可能的。因此，我可以心安理得地接受这个可能有误的结论，并把它作为我的出发点。(2) 第二个步骤是在逻辑和观察的基础上断定，我要把“有思维的存在”(thinking being) 的范畴奖赏给其他一切人，也就是说，我毫不犹豫地断定，在这个方面别人和我是一样的。不过，这个奖赏实际上很吝啬，并不像乍一看那样大方。我没有把这个奖赏送给其他已知的一切有机体（如黑猩猩、海豚等)。我没有把这个奖赏送给我 6 个月的儿子，虽然我承认，他的脑子里正在发生和其他有机体迥然不同、非常有趣的变化。这个变化很快就要发展成为我所谓的思维。我意识到，虽然我不会否认任何未受伤的、非婴儿的人有思维的能力，但是历史上有人容易贬低自己不喜欢的人的思维能力；当认识论和本体论追溯政治和偏见的时候，有人就贬低别人的智能。有时候，我把这个奖赏送给我没有直接接触过的、不了解的人（不像我对自己的理解)，承认他们有思考的能力。这个情况就值得进一步研究，它也许是人工智能的关键问题。尤为重要的是，我们要尽力发现，在我们的判断里，哪些方面建立在外部现实上，哪些方面建立在内部心理投射上，并且我们要辨认这些方面的关键成分。(3) 我观察目前最先进的电脑后，决定不赋予它们思维客体的地位。根据上述推理，我们可以给这个决定解码，于是我们断定，电脑没有达到智能的标准。有了这些标准之后，我们就接受其他人（新生的婴儿是部分例外）是思维生灵的结论，我们就断定他们是思维的人，而不是类人猿。在此，剩下的问题就是阐明这些标准了。

我们推想，谁也不想把电脑不像我们的事实归入到智能标准里。电脑无机、非生命的属性是非常明显的，它们似乎不能够利用自己的计算能力来追求自己的利益和生存，或者说它们缺乏这样的兴趣。它们这个属性似乎能够支持我的判断——它们不进行思维。当然，我们不能够给生命和思维画等号，毕竟，谁想要承认飞蛾的思维能力呢？同理，追求自我利益也不能作为思维能力圆满的标准，这是因为我们很容易设计一辆这样的汽车：受到一年的怠慢之后，它可能向我们呼救："救命呀！你憋死我了，请给我加润滑油！"毫无疑问，我们不会把这种行为归入智能和思维那一档。尽管如此，生命和追求自我利益还是思维的必要条件，虽然它说不上是充足条件。

宇宙从非生命物质到生命物质再到思维物质的进化次序说明，目前人工智能研究工作的失败，也许正是由于本末倒置，把笛卡尔的学术思想给颠倒过来了。人们试图创造思维物质，却没有把必需的生命底层作为依托。再者，许多不教条的人工智能批评家发现，目前的研究计划中缺少一种特殊的东西，这就是生命和生命系统的属性。[20]毫无疑问，人类思维在进化环境中滥觞时，它本身就是非常有效的生命策略，从思维固有的本质上来说，它就是一种生命活动。于是就引出一个顺理成章的结论：无生命的智能和思维是不可能的，正如无物质的生命是不可能的一样，虽然思想必须依托的生命物质不必是天然的蛋白质，不必建立在DNA的基础之上。接下来我们回头去寻找生命物质和生命的标准。

然而，我们至少还是取得了进步，至少得出了一个结论：在开发出人工智能之前，我们必须要有人造生命，先用质子创造蛋白质，然后用中子创造神经元。但是我们尚未考虑好，人工智能的开发是否有可取之处。如果我们重新安排非生命物质和基因工程的经验能够给我们提供向导，我们就可以指望利弊皆有的混合局面，人工智能技术既有令人惊叹的好处，又潜在着致命的危险。人的意图和人对技术的控制被极端削弱之后，能够独立思考的技术会产生大批的新问题，其中一些问题已经在阿西莫夫的机器人故事中用戏剧性的形式表现出来。[21]这些问题远远超过了控制基因工程的问题，比如控制非生命产品的问题，还包括这样一些问题：在和宇宙的互动中，有感知的技术是听从我们的命令呢，还是听从非生命产品的命令？

5.5 结语：人类在技术性宇宙中的利益

就我们所知，人类出现之前的宇宙经历了三个阶段：非生命物质阶段，生命物质阶段和思维物质阶段。这三个阶段也可以表述为物质阶段、生命阶段和人脑阶段。每一个阶段的属性都有和过去的阶段迥然不同的地方，甚至有完全对立的地方，然而每一个阶段又包含以前各阶段的一些特征。因此可以说，生命是一种特殊的物质，人脑是一种特殊的生命物质，虽然生命和思维远远超越了各自的源头。再者，三个阶段都共有一个原生的样式，换句话说，就我们所知，每一个阶段的出现都是未经预先计划的，都是盲目（并非无结构，未必是任意的）互动的结果。我们把这个三级存在结构称为自然的、前技术的世界。

技术至少在两个方面偏离了上述的自然世界。首先，技术是人的意图和计划的产物，技术创造的每一个奇迹都使宇宙的意图有所增加。当然有些技术的意图比其他技术的意图明显，也就是说，有一些技术是偶然的产物。然而，即使在比较偶然的情况下，技术的最终应用在一定程度上总是有目的的。比如，发明电视的意图起初是创建一种可视电话，然而现在它却被有意识地当做单向的大众媒介。[22]其次，我们看到，迄今为止的技术只包含非生命物质的属性，结果是利弊皆有，技术向生命领域和思维领域发起了冲击。技术未能包容其先驱的属性，这是技术世界和自然世界永恒的差异呢，抑或是仅仅表明，技术尚处在初生的阶段、尚未充分露头？这个问题还得走着瞧。当然，技术在自然的等级系统上越往上爬，它成功的可能就越大。这就说明，两个世界的差异也许是发展过程中的差异，或者是暂时的差异。

目前，技术在自然阶梯上的进步正在呈下降的趋势，这使我们回头看到人通过技术来表现意图和控制的问题，这是一个核心问题，在技术对宇宙的影响和人类遭遇的风险上都至关重要。我们考察了生命技术和思维技术在未来可能取得的成就。一方面我们看到，人的思想的深奥技术体现似乎要大大提高我们在宇宙里的存在；另一方面，这类技术的构造成分又可能会淡化我们在技术里表现出来的人类意图。这确乎是一个悖论。由此可见，人造生命的固有性能使其可预测性不如人造物质。原则上说，真正意义上的有思维能力的人造物，必须要像其人类祖先一样地难以控制。现在，我们在对付惰性技术（如武器）时，已经遭遇到难以控制的可怕问题，我们将来对生命技术和思维技术的控制还会不断减少，考虑到这一点，我们就必须非常认真地对待我们日益减少的控制能力，这对我们大有好处。[23]

从宇宙的角度来看，高层技术中人类意图的减少，可以看成是宇宙弹性的表现，宇宙以前无计划、无意图的运演方式具有很大的弹性。实际上，从长远的观点来看问题，人类对宇宙的重新安排和重新设计，以及人类体现在技术里的一切梦想、图式和伟业，可能都是宇宙暂时的产出，一种暂时的洗牌而已。也许，宇宙终究要回到它无意图的汪洋大海般的原生态；也许宇宙里会出现另一种源头，有别于人类祖先意图的源头会超越现有的源头。

另一方面，此时此刻的我们似乎正在加强人类对宇宙脉搏的把握，肯定是这样的。也许我们只是宇宙的导管而已，然而我们将要学会如何使我们这样的导管获得永恒的地位，我们也许不仅能够学会这里的游戏规则，而且能够学会元游戏（meta-game）的规则。毕竟我们诞生在宇宙中，而宇宙曾经是孤立无助的、没有意图的，从那个蛮荒的地点出发，我们已经为自己留下了深刻的印记。未来的路程无疑会更加艰难，更加诡谲，然而毕竟我们尚未遭遇能够与我们较量的对手。

注释和参考文献

[1] 关于有机体对环境的操弄及其认识论意义，见莱温廷（R. C. Lewontin）:《有机体与环境》（*Organism and Environment*），载普洛特金（H. C. Plotkin）编:《进化认识论文集》（*Essays in Evolutionary Epistemology*，New York：Wiley，1982，pp. 151－170）。关于技术的有机体源头和对环境的操弄，见施本格勒（O. Spengler）:《人与技术》［*Man and Technics*，New York：Knopf，1932（1931），pp. 9－10］。又见波普尔等（K. R. Popper in Popper and J. C Eccles）:《自我与大脑》（New York：Springer，1977，pp. 451－452）。关于"原始"技术、机体对环境操弄的方式及稍后的人类技术分类，参见保罗·莱文森:《技术能够给哲学什么教益?》［*What Technology Can Teach Philosophy*，载保罗·莱文森编:《追求真理：波普尔哲学论集》（*In Pursuit of Truth*：*Essays on the Philosophy of Karl Popper*，Atlantic Highlands，NJ：Humanities，1982）］。

[2] 更加详细的论述见保罗·莱文森:《作为进化载体的信息技术》（Infor-

mation Technologies as, a paper presented at the International Conference on Philosophy and Technology: Information Technology and Computers, 1983, New York City)，又见保罗·莱文森：《思想无羁：技术时代的认识论》（*Mind at Large: Knowing in the Technological Age*，1988）。

［3］参见保罗·莱文森：《思想无羁：技术时代的认识论》第4～9章。

［4］认为真实的非肉体的精神主体和产品（与之相对的是超越肉体、继续存在的物质底层），深深地嵌入古代宗教、现代宗教（比如犹太—基督教信仰里的天使）和哲学（从柏拉图到波普尔，见《自我与大脑》），甚至嵌入科学［比如《自我与大脑》收入的埃克尔斯（Eccles）的文章］。不过，关于这一类精神实体及其与人类的关系，各家的观点天壤有别（柏拉图和黑格尔认为精神领域先于人、支配人，波普尔认为非物质的思想是人类的孩子，有自己的生命）。关于天使令人感兴趣的专论，见帕伦兹（Parents，P. P.）：《超越空间》［*Beyond Space*，Rockford，IL：Tan，1973（1961）］；马里奥·本吉（M. Bunge）将古今哲学和科学对这个问题的论述分为十大类，见他的著作《身心问题》（*The Mind-Body Problem*，New York：Pergamon，1980，pp. 1-31）。

［5］根据本吉的十大分类系统，我和他都可以纳入"突生论唯物论者"（emergentist materialist）。

［6］有人喜欢三界图示而不是四界图示。他们的三界说或表述为非思维物质（包括非生命物质和生命物质）、思维物质和技术物质，或表述为非生命物质、生命物质（包括思维物质）和技术物质。第一种表述近似波普尔的"三界"图示：非生命物质和生命物质为第一界，主观思想感情即思维为第二界，已经体现或未经体现的精神产品为第三界。波普尔的"三界"图示见他的著作《客观知识》（*Objective Knowledge*，New York：Oxford University Press，1979）和《自我与大脑》。波普尔强调未经体现的精神产品，他的第二界全部是精神产品，看来他很强调非物质的领域。此外，他的"三界"图示对技术的处理似乎很笨拙，因为他所谓的技术似乎有一种二元的存在，既在第一界，也在第三界。

［7］哈托格（M. Hartog）很早就运用了第二种划分法，见他的著作《机制与生命》（*Mechanism and Life*，1908），载《生命与生殖》（*Problems of Life and Reproduction*，New York：Putnam's，1913，pp. 216-242）。他主张把物质分为三种："有机体"（"为满足自己的需要而生长和储存能量"的有机体，包括人、人的大脑以及原始有机体比较低级的智能）、"机器"（有机体创造的、满足有机体需要的"机器"）和"一般的事物"（其他一切物质材料，由先行的原因决定的物质）（p. 252）。他在塞缪尔·勃特勒（Samuel Butler）的著作和笔记里发现了这种分类法的先兆。第二种分类法显然赋予技术充分的角色，然而遗憾的是，它分散和淡化了人类知性的功能；波普尔则过分偏重知性从而使技术领域受到遮蔽，在或此或彼偏重的问题上，这些分类法倒是大同小异的。从各方面来看，四分法（非生命物质、生命物质、思维物质和技术物质）似乎最能够回应当下存在的复杂性。德索尔（F. Dessauer）认为技术是"第四领域"，这是

迥然不同的新柏拉图主义观点，关于他这个观点，参见我的著作《技术能够给哲学什么教益?》；又见德索尔的《让技术享有恰如其分的地位》(*Technology in its Proper Sphere*)，载米特堪姆、麦基（C. Mitcham and R. Mackey）编：《技术与哲学》（*Philosophy and Technology*，New York：Free Press，1972，pp. 117 - 334，375 - 377)。

［8］关于未来资源短缺的问题，见梅铎斯（D. L. Meadows，et al.）等编：《增长的极限》(*The Limits to Growth*，New York：Signet，1972，收入《罗马俱乐部报告》)。这些人对技术进步持马尔萨斯的低估立场，而且他们还把地球看成是人类生存一荣俱荣、一亡俱亡的问题。关于宇宙资源的初步评估，见奥尼尔（G. K. O'Neill)：《高边疆》（*The High Frontier*，New York：Morrow，1976)。关于我们这个世界的寿命，一般的估计是 50 亿年；不过彗星的轰击有可能比较早地危害到这颗行星上的生命，见莫兰德（Molander，R. C.)：《到世界末日只剩下 1400 万年》(*Only* 14 *Million Years Until Doomsday*，*New York Times*，12 May 1984，p. 23)。

［9］参见波普尔：《量子力学与物理学的分裂》（*Quantum Mechanics and the Schism in Physics* ed. W. W. Bartley，Ⅲ，Totowa，NJ：Rowman & Littlefield，1981，pp. 25 - 30)。他认为，近期的检测表明，贝尔（J. S. Bell）公理偏向于洛伦兹的相对论公式而不是偏向爱因斯坦的相对论公式；洛伦兹的解释有助于重新确立牛顿的绝对时空观，光速作为运动速度的极限可能会站不住脚。当然，这些实验结果、贝尔公理的表述、波普尔的分析，全都可能有误，然而重要的是，无论多么牢固和优雅，没有任何理论构架能够享受免于被修正和取代的豁免权。

［10］把加工过的有机体释放到环境里面去是有危险的，近来负责任的报纸多有报道。ABC 电视网的《夜线》(*Nightline*，April 12，1984）报道：用一种经过设计的细菌来改良作物抗冻的性能，这存在争议。生命技术对非生命技术特殊的不可预测性涉及法律问题和商业问题，这方面的探讨见 R. G. 阿德勒（R. G. Adler)：《作为知识产权的生命技术》（*Biotechnology as an Intellectual Property*，*Science 224*，*No. 4647*，27 April 1984，pp. 357 - 363)。

［11］和只知道如何借火和用火比较，知道如何造火显然对社会生活和生存有利。电影《求火》(*Quest for Fire*，Twentieth-Century Fox，1982）以戏剧性的手法表现了这样的优势。

［12］瑟尔（J. R. Searle）区分"弱势"的人工智能和"强势"的人工智能，见他的著作《心灵、大脑和编程》(*Minds*，*Brains*，*and Programs*，1980)，载霍夫斯塔德、丹尼特（D. R. Hofstadter and D. C. Dennett）编：《心灵的眼睛》(*The Mind's Eye*，New York：Basic，1981，pp. 353 - 373)。我发现，"内涵"和"外延"、"客观"和"主观"、"辅助"和"独立"这些词语能够更好地描写两种技术性精神作用的区别。

［13］关于这些技术和"元认知"技术及其对知识增长的贡献，见保罗·莱

文森的著作《作为信息技术的载体》和《思想无羁：技术时代的认识论》。关于传播媒介的演化模式，见保罗·莱文森的著作《人类历程回放：媒介进化理论》。

[14] 这方面的初步调查结果见贝克（W. O. Baker）等编：《电脑和研究》（*Computers and Research*），载 P. H. 阿伯森、哈蒙德（P. H. Abelson and A. L. Hammond）编：《电子：继续革命》（*Electronics*：*The Continuing Revolution*，Washington，DC：AAAS，1977，pp. 56－61）。

[15] 维森鲍姆（J. Weizenbaum）的《电脑力量与人的理性》（*Computer Power and Human Reason*，San Francisco：Freeman，1976）已经成为预告电脑负面社会影响的标准读物。雅克·艾吕尔（J. Ellul）的《技术社会》（*The Technological Society*，trans. J. Wilkinson，New York. Knopf. 1964）是一部批评技术的经典。他认为，技术管束人的生活、令人沮丧，不过最近他的立场有所软化［见《技术世界的新希望：艾吕尔访谈录》（B. Sichel，*New Hope for the Technological*：*An Interview with Jacques Ellul*）］。

[16] 参见《柏拉图文集》（*The Works of Plato*，trans. B. Jowett，ed. I. Edman，New York：Modern Library，1928，p. 324）。麦克卢汉在《理解媒介》（*Understanding Media*，New York：Mentor. 1964）里反复指出，人们总是认为，新媒介在社会意义上和审美价值上都不如先前的媒介。见爱森斯坦的《作为变革动因的印刷机》（E. Eisenstein，*The Printing Press as an Agent of Change*，New York. Cambridge University Press，1979，pp. 14－15），这篇比较早的文献阐述，"印刷机发明之后，为何修道士仍然不停止抄写经书"（他的论点包括不让手闲着）。又见威廉·麦基维（McKeever，W.）：《电影：培养罪犯的学校》（*Motion Pictures*：*A Primary School for Criminals*），载《理家好手》（*Good Housekeeping*，August，pp. 184－186），这篇文章对电影的批评更加极端。

[17] 参见马尔文·明斯基，（Marvin Minsky）：《为何人们认为电脑不会思考》（*Why People Think Computers Can't Think*），载《人工智能杂志》（*The AI Magazine*，*Fall*，1982，pp. 3－15）。

[18] 和婴儿几岁之内大脑里发生的那一场宏大的认知革命比较，任何自我学习的电脑编程都只能望其项背。亦见注释 20 德雷福斯对电脑与小孩子的论述。行为主义心理学家接受基因对学习贡献的观点，见斯金纳、沃根（B. F. Skinner and M. E. Vaughan）：《安度晚年》（*Enjoy Old Age*，New York：Norton，1983，pp. 30，155－156）。

[19] 关于"绝不可能"教条主义的愚蠢和不良后果，见皮尔斯（C. S. Peirce）：《科学态度和非完美观点》（*The Scientific Attitude and Fallibilism*，1899），载布克勒（L. Buehler. ed.）等编：《皮尔斯论集》（*Philosophical Writings of Peirce*，New York：Dover. 1955，pp. 42－59），又见保罗·莱文森：《没有极限的进化认识论》（*Evolutionary Epistemology Without Limits*），载《知识》（*Knowledge*，3，No. 4）。

［20］即使那些最喜欢和“绝不可能”教条主义调情的人中的佼佼者瑟尔（Searle，J. R.）也在《心灵、大脑和编程》（*Minds*，*Brains*，*and Programs*，1980）里承认，虽然单纯“编程”的数字或精湛的技术不可能构成思维的智能，但是原则上我们还是能够创造真正的人工智能；通过创造人工智能的“人”（“有神经系统的机器，有神经元、轴突和树突等一切必需构件的神经系统”，p. 368），我们就可以创造名副其实的人工智能。德雷福斯（H. L. Dreyfus）在《电脑不能做什么》（*What Computers Can't Do*，New York：Harper，1979）里说，人类智能的本质有这样一层意思：“原则上说”，人工智能不可能完全实现人的智能，但是给电脑编程，使之“像小孩子那样依靠自身的力量走向智能”——这样的可能性还是存在的。他这句话比他对“当前电脑技术”的批评高明，要想让电脑像小孩子那样运作，原则上并非不可能。德雷斯克（F. Dretske）的批评不那么极端，他的文章《机器、心灵和语义》（*Machines*，*Minds*，*and Meaning*，a paper presented at the International Conference on Philosophy and Technology：Information Technology and Computers，Sept. 3－7，1983，New York City）局限于批评当前的电脑编程，因为它们尚不能为了追求自己的需要和生存而运作。霍夫斯塔德（D. R. Hofstader）旗帜鲜明地不同意瑟尔（Searle，J. R.）的悲观主义［《心灵之我》（*The Mind's I*，pp. 373－382)］。他抨击当前人工智能研究中的专家系统即“自上而下”的研究方法，他认为，用“自下而上”的设计即“从无序到有序”的系统设计，技术思维实现的可能性更大一些，因为这样的设计更加接近人类智能的运行情况［见《人工智能：作为计算的亚认知》（*Artificial Intelligence*：*Subcognition as Computation*）。又见格莱克（J. Gleick）：《探索头脑迷宫》（*Exploring the Labyrinth of the Mind*，*New York Times Magazine*，21 August 1983. p. 23)］。这些批评是轴突和树突、自身发展、追求需要和“自下而上”的多种批评。在这些批评里，人工智能的公约数或基本特点是人类智能的财富。（轴突和树突是最严格意义上的人类特征，但轴突和树突批评却是最冗余的批评，因为它几乎就是说：为了创造人工智能，人就必须为了创造人工智能而创造人工智能。）

［21］在伊萨克·阿西莫夫（Isaac Asimov）的机器人三部曲《钢铁洞穴》（*The Caves of Steel*）、《赤裸的太阳》（*The Naked Sun*）和《黎明期的机器人》（*The Robots of Dawn*）（N. Y.：Doubleday，1953，1956，1983）以及他 20 世纪 40 年代的小说里，他提出了一条基本原理：构建任何人工智能时，首要的编程必须要使机器人服从人的任何指令和一切指令，机器人的行为或不作为都不能够损害任何人的安乐。这几条“机器人定律”有可能危害人，使人失去对机器人的控制，但是赋予这些故事文献价值的正是这些定律。在《〈基础〉三部曲的锋芒》（*Foundation's Edge*，New York：Doubleday，1982）里，阿西莫夫进一步探索这样一个问题：完全有利于人、像护卫天使一样的机器人在使人类的利益最大化的时候，在它们为了帮助人而不得不行动的情况下，在它们意识到自己行为的破坏力之后，它们是否会磨灭人类文明的锋芒呢？真正人工智能的

前途很可能就在机器人身上，和静态的电脑比较，它们动起来逼真，在追求利益、与世界互动方面都略胜一筹。关于人工智能可能性的概况，见米勒(R. K. Miller)：《智能机器人》(*Intelligent Robots*，Fort Lee，NJ：Technical Insights，1983)。

[22] 传播媒介初始的应用，几乎和人起初设想的功能都不一致。关于这一点，参见保罗·莱文森的博士论文《人类历程回放：媒介进化理论》(pp. 79－80，注释 3) 和《技术能够给哲学什么教益?》(p. 159，注释 1)。这种现象多半来自于麦克卢汉所谓的"后视镜"原理。换句话说，我们审视新媒介的倾向不是从它们实际的性能和潜力来看问题，而是把它们和刚刚走在它们先前的媒介形式进行比较。[用"无马拉的车"叫汽车，用"无线电"叫广播，见麦克卢汉的《理解媒介》(*Understanding Media*，New York：Mentor，1964，pp. 158，241－242)；又见麦克卢汉和昆田·费奥拉的《媒介即按摩》(*The Medium is the Massage*，New York：Bantam. 1967，pp. 74－75)]。电视是单向的媒介，具有大众传播媒介的潜力；可惜，即使大众业已认识到它的性质以后，好莱坞还坚持它的老皇历观点：电视仅仅是广播加图像，它凑巧的性质不会对电影构成威胁。这个观点致命地低估了电视的魅力 [见斯克拉尔 (R. Sklar) 的《电视造就美国》(*Movie-Made America*，New York：Vintage，1976，pp. 269－286)]。

[23] 不过，我不赞成艾吕尔 (*The Technological Society*，New York：Knopf，1964) 和温内尔 (Langdon Winner，*Autonomous Technology*，Cambridge. MA：M. I. T.，1977) 等人的观点。他们认为，非生命技术能够有效地独立自主，是不受人控制的。我们可以思考技术生命和技术智能真正的独立自主，也就是它们的自我指引能力。此时，非生命技术自有生命的观点的比喻性质就凸显出来了。这就提醒我们注意：原则上，我们 (作为一个社会) 可以控制非生命的技术，我们可以随时修改或修补技术预定的运行方式。比如，家用录像机这样的"补救性"技术，就可以矫正电视转瞬即逝的性质，这就是一种控制的策略。见保罗·莱文森的《进化与理性对媒介决定论的制衡》[(*Evolution and Rationality as Checks upon Media Determinism*)，载托马斯 (S. Thomas) 编：《大众传播与技术研究》(*Studies in Mass Communication and Technology*，Norwood. NJ：Ablex，1984，pp. 231－237)]。我们平常觉得对非生命技术缺乏控制力，这样的感觉并非来自于技术本身，而是来自于我们自己。当然，有些技术 (如武器) 尤其挑动我们失去控制的感觉，这个趋势需要我们给予更大的关注。

第6章 作为进化载体的信息技术[①]

进化是有机体对环境的适应，可以看成是一个知识积累的过程，也可以看成是生物体习性发展的过程，它反映生物体对环境的了解，至少是足以使之得以生存的了解。世界不是虚幻的，从这个前提出发，这颗行星上繁盛的生命就是生龙活虎的，我们必然会得出这样的结论：有机体拥有对外部现实进行加工的知识，它们的知识至少有最低限度的正确性。毕竟，倘若山羊不能够区别山岩和空气，它很快就会从山上掉下去摔死。

人类的到来从两个方面改进了上述知识，这是得天独厚、互相关联的两个方面。首先，和其他物种不一样，我们意识到自己的知识，因而能够有意识地去追求知识。而且和其他物种不一样，我们能够用物质技术来体现自己的知识，并重新塑造这个世界。在环境里生活不仅要索取而且要给予，因此有机体就重新塑造这个世界，即使从重新布局生命材料和非生命材料这个意义来看，仅仅是从此地到彼地的搬运，也是某种意义上的重新塑造。然而有了人类的技术之后，有机体对世界的贡献达到了无与伦比的高度，于是技术成为世界的主要构造成分。实际上，我们的行星越来越成为人类知识的产品，而不是自然选择的结果。人类对世界的理解及其技术体现当然是自然选择的结果。既然如此，我们栖居的这部分宇宙所经历的人性化过程，就可以被认为是自然选择的结果，或被认为是宇宙自我超越的进化过程。和山羊不同，我们在山岭之间架设桥梁以防止摔下山，或我们乘坐宇宙飞船从山巅起航。

在有些情况下，我们构造技术的目的并不是直接改良外部环境，而是改善我们对外部世界的了解（当然这样的知识早晚都要产生改变物质现实的结果）。一些信息技术（比如望远镜和显微镜）提升我

---

① 原载《哲学与技术》(*Philosophy and Technology*)，1986。

们感知外部世界的能力，以此改进我们的知识，另一些信息技术如电脑加速我们的认知能力，使我们能够迅速消化日益积累的大量数据；还有一些信息技术如打字机、书籍和电脑广泛传播我们的思想，使之接受多种源头的检验和批评，因此而对知识的增长做出贡献。本文将要检视诸如此类的结果，包括信息技术对知识进化有意为之和无意为之的结果，并依此类推，来看看信息技术对我们自身、我们的世界，最终对我们的宇宙产生什么样的结果，包括有意为之和无意为之的结果。这是因为以人类技术为载体的人类知识是开路先锋，知识深刻地改变着迄今为止盲目演化的、没有预见能力的宇宙。这是宇宙的自我超越，没有导向的宇宙开始了内外颠倒的进程，变成了一种有计划的、有意识的存在物。从这个角度来看问题，射电望远镜和电子显微镜、打字机、复印机和电脑就成为宇宙进化锋利的刀刃。凡是有助于生产和传播知识的装置，一旦体现在其他装置内，就开始了重新塑造宇宙。

6.1 技术与进化知识论

在考虑技术对人类知识的贡献之前，我们首先比较仔细地讨论一下知识与进化的关系。从进化论的立场来衡量知识，从知识的立场来衡量进化，始终是康拉德·洛伦兹①、卡尔·波普尔思考的问题②，尤其是美国心理学家唐纳德·T·坎贝尔（Donald T. Campbell)思考的问题。坎贝尔把这种研究方法叫做“进化知识论”（evolutionary epistemology)。他为过去100年的进化知识论编辑了一个书目，将近50种文献，接着他又为过去20年里的文献编辑了另一个目录，超过100种文献。[1]他在该领域的重要贡献之一是把进化描绘成从环境获取知识的过程，这个过程的替代手段日益增进、容易犯错误，但对有机体的生命却日益安全。原始的阿米巴虫在环境中游泳，或纵身跳进环境中，所以它了解它接触到的一切物质环境。这样的技能非常精确，然而它非常危险，它迫使阿米巴虫直接接触它要了解的一切。更加高级的有机体的视觉、听觉等感知方式，成

---

① 康拉德·洛伦兹（Konrad Lorenz，1903—1989），奥地利动物学家，现代行为学的创始者，代表作有《论侵犯行为》、《镜子的背后》、《当代生物学观照之下的康德哲学》等。——译者注

② 卡尔·波普尔（Karl Popper，1902—1994），英国哲学家，赞同反决定论的形而上学。代表作有《开放社会及其敌人》等。——译者注

为靠身体接触来采集知识的替代手段。一方面，这打开了通向更多错误报告的大门（阿米巴虫不会产生视觉错觉），另一方面，它却使掌握这种替代手段的有机体与感知对象保持一段安全的距离，这就增加了有机体的灵活性和安全系数。坎贝尔的分析就此止步，他认为人类把思维、文化和科学作为获取知识的感知替代手段，认为这些手段有相似之处。我们在下文即将看到，把感知延伸到宇宙远方和亚原子领域里的技术，同样是头等重要的成就，这两个领域的知识进化也在日益借助于替代手段的知识感受器。

这就是知识的纯生物功能。此外，"进化知识论"断定，生命有机体的增长与人类知识的增长有类似之处。坎贝尔提供了一个引人注目的例子。他描绘的生命进化和知识进化具有相似性，两者都是间接的、达尔文式的、三阶段的过程。[2]首先，新的有机体和新的思想创生初期，都是独立于环境的。它们即将在环境中运行或者被应用到环境中，然而起初它们不必依赖环境。这种创生与环境要求的分离，从生物学的角度看是非拉马克主义的观点①，从获取知识的角度看是非归纳法的观点。其次，生物创生和认知创新都要经受与外部环境的对抗，除非它们表现出和外部世界某种程度的兼容性。自然选择这个扬弃的过程，依靠的是人类知识的批评和检验。最后，第二阶段幸存的东西必然要分别保存在生命体里和知识里，创造和检验这些幸存者的东西即经过加工的东西，必须是有价值的东西。达到这个目的的手段在生物学领域是遗传机制，在知识世界是传播媒介。我们将在下文看到，信息技术在上述三个知识进化阶段中的贡献。这三个阶段是知识生成、批评和传播的阶段。实际上，我们评估信息技术的作用，可以根据它的最大贡献处在知识进化的哪一个阶段。由此可见，技术在两个方面扮演着重要的角色，一是知识直接的生物学运行角色（即替代接触感知的高级替代物），一是类似生物学意义或进化意义的角色，在这种进化方式中，知识本身得到了发展。

6.2 作为思想体现的技术

有意识地用来追求知识的技术当然仅仅是普通技术的一部分，所以我们考察技术对知识进化的贡献时，首先要看所有技术对知识

① 拉马克（Jean Baptiste Pierre Antoine de Monet，1744—1829），法国博物学家，进化论先驱，著有《动物学哲学》等。——译者注

增长的贡献，包括在信息提供上有意为之和无意为之的技术。即使小为牙签的技术也有认识论上的重要意义。当我们拷问技术的本体论意义时，技术的认识论意义就显而易见了。换句话说，我们可以提出一个简单的问题：什么是技术？显然，技术是世界上非常独特的东西，因为它既不是树木（有意识栽种的树是例外）也不是流云。一方面，技术不是非生命物质和有生命物质的自然领域，不是人没有参与创造的自然物质。另一方面，技术也不是我们头脑里的知识。虽然知识是人创造的，虽然知识处在人脑这个物质材料的底层，但是它不构成客观世界里的物质材料，比如大脑里有关于汽车的知识并不等于大脑里就有微型的汽车配件。由此可见，如果没有技术，这个世界（也许这个宇宙）要么是物质的和非人的，要么是人类的和非物质的。人类本身当然是这个世界的例外。技术按照人的具体要求重新安排外部世界，技术给非实体的思想以物质的表达，于是技术把人类这个例外延伸到宇宙中去。因此我们说，技术既是物质的东西也是精神的东西，是我们用智能魔杖重新描绘的原子和分子，是非实体的观念获得物质生命的产物。

对许多传统的哲学争论来说，技术是思想和物质混合的产物，这个重要意义显而易见。一方面，技术使人的思想积极入侵物质世界，这个例子驳斥了片面的唯物主义和经验主义观点，片面的唯物主义和经验主义认为，思想是物质世界给人的教益的纯被动的接受者。另一方面，技术有一个预设的前提，即先在的外部物质，这个外部物质要根据人的思想来重新安排。所以，我们说，这个先在的外部世界又可以驳斥完全主观主义或唯心主义观点，因为主观主义和唯心主义认为，世界全然是人思想的产物，根本就没有独立的存在。技术强有力地支持了康德等人的互动模式，而且实际上证实了这个模式。互动模式认为，知识是外部世界的表征，外部世界被我们的智能重新塑造。进化论也支持互动论的观点，它设定一个作用于无思想的有机体的外部世界，因为它作用于有机体，所以它必然是独立于人脑的。进化论对先验的知识做出这样的解释：先验的知识是对过去环境适应的产物，是由基因遗传的。[3]

然而，技术总体上不仅具有重大的认识论意义，而且对知识增长本身也产生重大的影响。这是因为，每一种技术都体现了一个或一个以上的思想，都留下了永恒的知识记录，它对人类思想的表达比非物质的观念更加持久，更加容易成为能够获取的知识。因此我们说，一辆汽车是思想物化结果的一览表，是燃烧、合金、液压、旅游等思想的集合，包含关于玻璃、橡胶和金属配件的各种理论。如果再拉开距离考察，我们就可以看到，人类创造的一切技术，从洞穴画到金字塔再到手推车，组成了一个宏伟的开架图书馆。这是世世代代人的知识无意为之的图书馆，一个泛历史的、跨文化的、宏大的图书馆，凡是能够识别这个图书馆的人都能够利用的图书馆。

此外，尽管它拥有百科全书式的收藏，这个无心插柳产生的图书馆拥有的收藏却是非常挑剔的，它接受的书只能是思想比较精确的书，或是与外部现实兼容的书。因此，没有进入这个图书馆的东西还有：在实验室里爆炸的自动设计，从来没有飞离过地面的飞行器，或者在20世纪之交刚一离地就砸下来的飞行器。如果用上述知识进化的三个阶段来衡量，凡是能够运转的技术都能够说明一个思想，它经受了最严厉的批评而存活下来，这个最严厉的批评就是它与物质世界的冲突。虽然技术中体现出来的解决问题的办法既不是完美无缺的，也不是包罗万象的，然而它们必然有最低限度的精确性，也就是说，它们不可能是完全错误的。

在这个意义上，一切技术，无论其意图和设计是什么，在知识增长上都具有认识论的意义，都起到工具的作用。因此，尽管汽车的目的是运输，尽管这个目的和知识增长没有任何直接的关系，然而正如我们所见，汽车的物质结构还是对知识增长做出了贡献，因为它用物质材料体现了多种多样的、最低限度精确的思想。不过在有些情况下，技术不仅以物质结构来体现知识，而且被有意识地用来生产和传播知识。比如，望远镜不仅包含了光学、磨制透镜等方面的技术，而且有助于我们对宇宙的认识，我们用望远镜指向星球时，我们就增加了对宇宙的了解。生产和传播知识的技术对我们的认知起到“双辅助”的作用，发挥了运输工具或牙签的功能，但首先是增加了我们的知识。在这个意义上，它们可以被认为是“元认知”(meta-cognitive) 的技术，或者被认为是认知的对象，其目的是推动认知。有一点似乎显而易见：和一般被动记录技术贡献的普通技术比较而言，这些有意提供信息的技术扮演着一个非常积极的、事实上爆炸性的角色，它们在知识增长上发挥着重大的作用。我们将考察四种“元认知”技术和信息技术在知识进化方面的作用：(1) 延伸我们对外部世界的感知的技术，比如望远镜和显微镜。(2) 提升内部认知机制的技术，比如电脑。(3) 凭借高度抽象来传播信息的技术，比如口语和书面语。（4）凭借高度写实来传播信息的技术，比如摄影术和录像技术。从知识发展的三个阶段来看，前两种技术主要贡献于知识生成的初始阶段，后两种技术主要贡献于知识的批评阶段和传播阶段。

6.3 望远镜、显微镜和经验延伸器

康德认为，知识是我们的认知能力对外部经验消化的结果，获取知识的外部条件和内部条件缺一不可。无条件制约的外部经验即使可能，如果没有认知的过滤，也是完全不能够被人理解的。认知能力在非外部经验上运行时，就成为一种自我反射的、空想的操练，很像镜子照镜子的动作，很像摄像机对准在屏幕上播放它自己拍摄的节目一样。望远镜和显微镜之类的技术放大外部经验成分，推动知识的生成，它们增加了我们的精神食粮。事实上，它们把我们的意识延伸到视力所不能到达的领域，我们的认识能力不能够体验那些领域，也不能够理解那些领域。

有一些情况下的延伸比其他情况下的延伸更加剧烈。望远镜使我们能够更好地接触星球和星系，不过我们的肉眼本来就可以感知到星球和星系，虽然是受局限、被扭曲的感知。与此不同的是，显微镜对微生物的发现却召唤出一个肉眼根本就看不见的世界。然而，在上述所有例子中的技术延伸，尽管它们的规模和距离对观察者来说都难以有效的感知，然而它们还是进入了我们可以感知的尺度，我们的智能还是有领会它们的潜力。[4]所以我们说，延伸的行为就是转化的行为。在转化的过程中，接近于无穷大和无穷小的宇宙的某些侧面，还是被转换成了人类可以认识的尺度。也许可以说，这种转换倒过来运行：我们的眼睛里装配了望远镜和显微镜，所以我们就达到了宇宙那样的宏大规模。无论从哪一种方式来看问题，过去我们听不到看不见（至少是朦朦胧胧）的东西，现在却敞开大门供我们观察了，它们被包装到我们的智能可以把握的程度。[5]不仅我们纯智能的侧面，而且我们认知能力的一切侧面都能够享受到这样的好处。比如贡布里希①就提醒我们注意，难以名状的雪花放大以后就

① 贡布里希（Ernst. H. Gombrich，1909—2001），英国美学家、艺术史家，著《艺术与世界》、《艺术与错觉》、《艺术方法论》、《艺术的故事》、《艺术与人文科学》、《理想与偶像》、《秩序感》、《图像与眼睛》等。——译者注

显示出复杂的晶状美，它们就转换成我们的审美能力能够发挥作用的尺度。从我们外部知识进化的角度来看问题，望远镜和显微镜把遥远而隐蔽的宇宙放进了我们的后花园。于是，使帕斯卡①敬畏的人和宇宙的“不对称”现象就被揭示出来了，而且还得到了修补。[6]

有一个问题必然要提出来：通过技术观察到的事件和独立于技术的事件本身，在多大程度上是相称的？观察的结果在多大程度上是人工制造物和技术的产物呢？亚里士多德偏爱纯感官的验证，他那时用于经验延伸的装置质量低劣，也许这样的条件和他的偏爱不无关系（虽然他的观点后来使伽利略的日子非常艰难）。[7]当然，一切技术都有一定程度的噪音和欠缺，即使最先进的技术也是这样。我们把世界分为人造世界和自然世界，人造世界是技术给我们的感官提供的世界，自然世界即真实世界是我们的生物感官给我们提供的世界。可是一想到康德的观点，这种二元分割的观点就化为乌有了。康德认为，我们感知到的世界不是也不可能是“本来面目”的世界，它只能是经过我们的感官塑造的世界。因此，我们看见的颜色仅仅是一个更大光谱的一部分，我们看到的这部分是经过视觉编辑的那部分。根据这个观点来看问题，和技术揭示的世界相比，我们感知到的自然世界并不会有更大的本体论的合理性和认识论的合理性：两者都是现实的表征和重构。前者是生命组织表征的世界，后者是通过玻璃和塑料等构建的世界，两种都未必有高于现实的优势，也未必接近现实。当然，我们人身上的生物学结构数百万年来与外部世界相互作用，从而经受着考验，因此我们应该相信它们至少有最低限度的准确性，至少与外部世界有最低限度的一致性，这是人类生存的必需条件。然而，我们没有理由认为，理解了我们的生物学感官、了解到感知原理以后，我们创造的技术仍然不能够超越纯粹的感知能够达到的范围，依然不能够以同等的准确性运作。[8]

假定我们承认，凭借技术生成的感知是可以接受的，我们就会遭遇另一个危险，这是技术放大我们的经验产生的风险。在地球这颗行星上，在日常无技术协助的感知里，我们体验到的许多现象（比如磁力）得不到令人满意的理解。实际上，我们的经验大大超过了我们的认知能力可以应付的范围。现在，我们的餐桌上已经堆满太多技术延伸的果实。如果我们把过多的事物放到我们的认知餐桌

① 帕斯卡（Blaise Pascal，1623—1662），法国数学家、物理学家、哲学家。——译者注

上，那会不会有风险呢？会不会压垮我们的智能呢？我们的整个智能结构会不会崩溃呢？要不是我们拥有旨在提高天生认知能力的技术，要不是因为我们能够把这样的经验过剩转换成优势，这样的经验超载肯定会构成一个很严重的问题。

6.4 电脑与认知加工能力的提升

如上所述，即使在人类的黎明期，我们的经验也大大超过了我们的认知加工能力。为了对付这个问题，一个早期的技术应运而生，这就是数字。亚历山大·马沙克认为，数字是一个历史非常悠久的技术，大约有 30 万年。[9]计算猎物的数量使猎人能够比较狩猎取得的成绩。也就是说，这是为了把狩猎所获的猎物加工成一个模式，以提高狩猎效率。一般地说，把实物抽象为数字促进了分类归纳；反过来，分类又使人能够操纵事件，并进行归纳和理论抽象。“零”这个位置数的发明尤其重要，它使我们能够进行日益复杂的运算，使我们能够在越来越短的时间里操纵越来越多的真实事件。乘法、代数和最后发明的微积分是牛顿宇宙论的必备条件。实际上，尽管罗马帝国偏重于工程和技术发明，它却没有创造出一种产业文化。原因可能就是它那笨拙的数字体系，由于它没有“零”这个位置数，所以它不能够用乘法。

电脑对数字的加工相当于数字对真实事件的加工。电脑大大加快了数字信息的分类归纳。经验加工的提速产生的结果是，我们的认知能力很容易驾驭和总结海量的经验，我们的认知能够捕捉到的经验更加广泛、更加详细。长期以来，科学谋求整合各种理论以便把现实世界的各种侧面整合在一起。然而，由于单纯的感官加工的经验非常有限，科学的这个追求受到限制，因此宏大理论往往是大胆猜想的结果，而不是经验证实的结果。用电速进行的数据运算，改变了这种不平衡状态，给我们展示了一个植根于外部世界的宏伟蓝图。所以在这个意义上，电脑不仅补足了望远镜，而且相当于望远镜的性能：把宇宙缩小到人能够把握的尺度；把宇宙的无穷数量、浩瀚的广度和无数的细节都压缩到人能够把握的单位。电脑对海量的经验进行预消化，使我们的感知能力可以一口一口地在外部世界中啃下更多的东西。如果没有电脑的帮助，我们的认知能力就不能够咀嚼这么多东西了。

认知能力扩张的好处，我们已经在大多数的科学领域里感觉到了。[10]不过，如果回想一下，牛顿的大多数工作时间不是用来产生新的思想而是用手进行吃力的公式演算，我们就知道，这也许就是电脑对知识增长产生的最富有戏剧性的效果。[11]如果牛顿有一个小小的袖珍计算器，科学和历史的历程会走上怎样不同的轨迹呢？牛顿这样天才的人物如果把大多数智能用来创造而不是计算，那又会产生什么样的结果呢？

然而，一提到计算器就使人想起一些教育工作者时常说起的担心。他们害怕电脑对人的智力所起的作用是反进化的，或者是有破坏性的，因为电脑使我们大量的记忆力和算数能力过时。[12]这样形形色色的担忧实际上是古已有之的。苏格拉底就为此忧心忡忡，他在《斐德罗篇》里警告说，书写会使人记忆力萎缩，会结束通过对话的学习。（他的学生柏拉图用心把他的警告记录下来，祸焉福焉？）对电脑的顾虑似乎有一定的合理性，就像人们对文字的担心一样。苏格拉底并没有错，从直接的后果看，掌握书写或记录的材料以后，记忆力中死记的成分有可能会钝化，而且使读者不可能与书本双向对话。然而，从长远的观点来看问题，苏格拉底又离题万里、不着边际，这是因为文字赋予我们跨越个人和跨越文化的记忆力，结果是信息交换的增加不知凡几，远远超过了纯口头文化中曾经和正在发生的信息交换。再来看使用电脑的情况，求平方根甚至手算乘法的能力固然丧失了，但与此同时，我们的数学和通信能力却大大增强了，这难道不值得吗？顺便可以指出的是，我们得到的好处包括在电脑显示屏上瞬即对话的能力。即使在荒诞而且不太可能出现的最坏的情况下，即使没有电脑帮助谁也不会做数学演算，即使一切电脑都丧失了，并且如何制造电脑的知识也完全丧失了，难道我们就有理由假设，在更加原始环境中完成了数字等发明的人类就没有能力再次开发和学习数学运算了吗？

进化结构利弊皆有，技术进化和生物进化概莫能外。比较准确地说，凡是性能上有利的结构，都能够给它们服务的有机体带来某种好处。望远镜和显微镜实现的感知延伸，电脑实现的认知加工延伸，都给人类提供了有利的服务，都涵盖了知识生产的两个基础——内部和外部两个基础。我们在上文已经看到，知识生产不仅包含初始的思想生成和现实表征，而且还包含以后的批评（扬弃）和传播。而且，初始的思想生成和终极起点必然是个人独自的活动；与此相反，批评和传播却是社会活动和交际活动，即界定中的传播、实践中的批评，因为自己批评自己的思想至少从心理上来说是令人怀疑的。因此，技术对知识批评和知识传播的贡献采取了另一种形式，这种形式不同于技术对经验的初始探查和加工，因此用技术传播知识的目标不是对现实进行表征的生产，而是对知识进行表征的传播，是尽可能把知识传递给许多人，尽可能精确地传播知识，无论这样的表征准确与否（即是否符合现实）。多样化和精确性这两个目标并非总是随时兼容的，追求这两个目标的方法是抽象和复制。我们现在来考虑这两种方法。

6.5　言语、文字和凭借抽象的传播

你认为哪种媒介更精确地传播信息：言语还是摄影术？要回答这个问题，就不可能不谈及被传送的信息和表征的性质。如果我们想要表达昨天在大草原上看到的狮子多么硕大和凶猛，照片显然是比较精确的。另一方面，如果我们想要传播一个抽象的观念，比如进化认识论和“观念”这个概念，照片不仅不可取，而且不可能传递这个抽象概念。在这种情况下，言语是这两种媒介里唯一可以传递抽象信息的媒介。于是，我们隐隐约约了解到传播环境里四个因素组成的复杂体系：两种表征，即外部现实的表征和抽象的表征；两种传播方法即复制和抽象的方法。此外，媒介的不同不仅表现在传播的精确度上，一般地说，这是表征和传播方法如何配对发挥的功能，而且，媒介的不同还表现在它们能够把信息传递多么远、多么广。

这种多侧面的传播体系是如何形成的？至少有两个事实我们是比较清楚的：(1) 现实世界的存在走在前，走在后面的抽象观念作为客体才有可能得到表征（动物能够感知外部现实，但是它们大概不能够创造抽象的观念)。(2) 高度抽象的口语是人类第一种主要的传播方式。因此，我们古老的媒介在发轫之初似乎就遭遇到匹配不当的现象：抽象的方法（口语）是用来传递外部现实的表征，于是，在传播体系的滥觞和后续的发展中有可能出现这样的一幕：言语的初始功能是传递外部世界的信息。在技术原始的世界里，由于缺乏精致的磁带录音机、照相机，甚至没有纸，唯一传递外部世界表征的办法，或者说唯一把它们从源头移动位置的办法，就是把它们转变成抽象的符号（语词)。语词便于携带，它们与其描绘的现实没有任何自然的联系，比如“狮子”这个词和真正的狮子就没有任何相

似之处。在这种早期的语境里，抽象产生的扭曲和精确度的牺牲，就是人不得不付出的代价，这是跨越时空传递实在世界的信息必然要付出的代价。然而，言语这个抽象载体最终还是推动了一整套传播的客体：抽象观念的表征是完全人为的实体，起初它在外部世界里是完全没有现实存在的。抽象观念当然不可能在语言诞生之前出现，但是那时的抽象观念几乎毫无作用，因为在无语言的环境里，抽象观念根本就不能够传播。虽然“认识论”这个词和认识论这个观念没有什么相似性，就像“狮子”这个词和它表征的动物没有什么相似性一样，然而这样的表征既不是更大的扭曲，其准确性也不会更差（只是比传心术略差而已）。于是，抽象媒介和抽象观念互相强化、开花结果，抽象既成为一个核心的载体，又成为人类的认知对象。实际上，抽象媒介的地位使之成为城市里唯一的传播游戏，是传送外部世界和抽象观念的唯一方式；起初的抽象媒介是言语，后来的抽象媒介是言语和文字，这样的局面一直维持到 19 世纪复制现实的摄影术的发明为止。

倘若以上描绘的情景不错，言语在知识进化上就扮演了两个角色，也为人类扮演了两个角色。起初它既是有关外部世界的传播手段，又引出了一个人造抽象观念的全新领域。这样的双重意义由于文字的出现而得到了提升，尤其因为拼音文字的出现而得到提升，哈罗德·伊尼斯和马歇尔·麦克卢汉指出了这样的变革。[13]这个变革使古典文明的许多侧面成为可能，包括科学和神教的兴起。后来，这个双重意义又受到印刷术的强化，哈罗德·伊尼斯和麦克卢汉强调了这个变革，印刷术使中世纪转变为近代社会，它促进了科学革命、宗教改革的发展，也促进了民族国家的兴起。[14]当然，文字是在口语基础上得到改善的，它不仅更加持久，而且消除了传播过程中的失真现象。印刷术拓宽了传播的范围，所以它更加持久；口头的信息每传播一次都会产生一定的扭曲。毕竟，书面的讯息只需要传递一次，就可以长时期被人接收到。书写是我们传递许多知识的终极语词，我们上文提到的电脑显示屏上日益增加的交换文本就是很好的证明。实际上，打印文本始终是电脑不可分割的一部分，因为自从电子革命滥觞以来，书写一直是这场革命的一部分，书写用于电报，电灯光用于照明让更多的人能够读书。[15]

然而如上所述，口语、文字和印刷术的霸权把人类知识传播的基础排除在外，使之遭到冷遇。实际上，这些称霸的媒介把外部世界贬低为传播领域里的二等公民。为了给外部世界应有的待遇，知识进化必须达到一个新的境界，人类应该发明一个全新样式的媒介，其滥觞就是150年前的摄影术。

6.6 摄影术、电能和外部世界的复制

完全复制原件原则上是不可能的，而且会弄巧成拙，因为复制品显然不可能捕捉原件的独一无二性，却可能摧毁原件的独一无二性。因此，复制达到的目标总是部分的复制，一般只能是尽量精确地复制原件的明显的特征。

前拉斐尔派①艺术的象形体系尝试复制视觉现实，但最终未能保存下来，因为他们在复制和传播两方面的表现都不太优秀。象形文字需要一词对一符或一物对一符，学起来和用起来都很费劲，比拼音字母难，比如我们的拼音字母表就只使用26个符号。中国的会意文字在一定程度上是一个例外，它既有一部分象形的成分，又有一部分拟声的成分。当然绘画也尝试复制视觉世界，电视关键的突破要等到摄影术及其后续发明的问世才能够实现。

摄影术有独到之处，借用安德鲁·巴赞的话说，摄影术不承载主观性的原罪。[16]换句话说，摄影术捕捉世界的面貌，不会留下一点抽象干扰的蛛丝马迹。与此相反，一切绘画中都免不了这样的抽象干扰，一切口语和书面语对外部世界的描绘也都难免这样的抽象干扰。因此用摄影术传达外部世界方方面面的完美观念，很接近外部现实的情况，摄影术捕捉的世界就像我们肉眼看见的世界或用望远镜和显微镜看见的世界一样。初期的照片只精确地捕捉到外部现实的一个特征，即它的视觉形态，但是后来摄影术的发展却使运动、同步印象和色彩得到了恢复，1949年全息术摄影开发出来之后，它又使传播现实表征获得了深度。[17]于是，表现外部现实的范围拓宽了，摄影术表征的信息传播免除了抽象的干扰，这不仅有助于这些表征的批评和传播，而且有助于它们自己的生成。这是因为反映外部世界的逼真照片可以作为外部世界的替代品，可以在人对外部世界的感知和认知中助一臂之力，而感知和认知就可以生产外部世界

① 前拉斐尔派（pre-Raphaelites），19世纪中叶兴起的英国文艺派别，反抗学院画派，推重拉斐尔之前自然、古朴的画风。拉斐尔是意大利文艺复兴时期最伟大的画家之一。——译者注

的知识表征，空间探索的照片就是例子。

与此同时，电能（电磁波）融入传播不仅产生了印刷信息的互动和同步传播，而且非抽象的形象和声像也可以在刹那间同时送达数以百万计的人。实际上，接上日益灵巧的电脑和录像设备之后，我们正在迅速接近一个新的时代；在这个时代，任何人无论在何时何地都可以立即获取人类已经掌握的一切知识。显然，这是一个最佳的境界，知识的生成、批评和传播实现了最大限度、最有利的环境。

因此，在过去的 150 年，电化学革命恢复了我们的经验存在，自从交流和人类言语滥觞以来一直缺席的经验存在就这样恢复了。

6.7 作为宇宙进化的认知革命

概括地说，技术对知识增长的贡献表现在 5 个特色鲜明又互相交叠的方面：（1）一切技术都是思想的物质体现，都或多或少是持久的思想记录，这些思想都经过了外部现实的某种检验。（2）望远镜、显微镜和与之类似的设备延伸了我们的外部经验，因此，人们可以了解肉眼看不见的知识生成的领域。（3）电脑提升了我们内在的认知能力，我们能够从海量的经验中生成知识，如果没有电脑，海量的经验可能会压垮我们的认知能力。（4）言语、文字和类似的媒介促进了知识的批评和传播，它们用抽象的方式传送信息和表征，这个机制尤其有利于抽象观念的传播，甚至是抽象观念存在的原因。（5）摄影媒介和生成声像的媒介传送外部世界的表征时，不会使用抽象的机制，所以它们使表征得到的广泛批评和传播成为可能；这类媒介的表征和外部现实的方方面面高度吻合，和人的感知高度吻合。由此可见，技术对知识的贡献涵盖了一切必要的认知基础——外部和内部、抽象和情感的认知基础。

如上所述，技术对人类知识做出贡献，而且在一定程度上构成人的知识，其结果远远超过了知识本身，因为我们的知识绝不是封闭的或自足的系统。相反，人类的知识即人类对外部环境的理解和组织似乎站在宇宙业已实现的进化之上，站在宇宙未来的门槛上。无论我们像维纳①那样思考问题还是像普利高津②那样思考问题，我

---

① 维纳（Norbert Weiner，1894—1965），美国数学家，控制论创始人之一。代表作有《控制论》、《人有人的用处：控制论与社会》等。——译者注

② 普利高津（Ilya Prigogine，1917— ），俄裔比利时化学家，创立非平衡势力学，1977 年诺贝尔奖得主，代表作有《从混沌到有序》。——译者注

们都可以看到，知识起源于并超越了原本静悄悄、无导向的宇宙。维纳认为，从终极的观点看问题，人类的知识只不过是用来抗衡熵的堤坝上的一根绝望的手指头。[18]我偏向普利高津的看法。普利高津认为，即使非生命物质也和认识过程一样，表现出在波动中求秩序的特征。[19]我们可以进一步思考这个问题，知识在技术中的应用实际上是从物质层面上改变外部世界。如果这样去看问题，我们就会明白，体现在技术里的知识表达为何对塑造存在发挥日益重要的作用。技术对宇宙的影响曾受到一些大哲学家比如马克思、马丁·海德格尔①的赞扬，还受到一些地位略低的哲学家比如弗里德里希·德索尔的赞扬。[20]然而，我们这个时代的思潮反而没有注意这个问题。

人类的知识和技术固然不能摆脱无意为之的后果，固然要遭遇环境中难以预料的自然力，然而知识和技术却能够产生决定性的影响：它们给自然选择的宇宙注入一个方向明确、有意为之、计划性强的因素，这个因素过去大概是不存在的。当然，人的控制并不等于自然选择或自然进化就会停止或结束，而是这样的控制是由人提议的，来自于人类。[21]这个情况颇像电影中的定格，虽然胶片还在走，电影还在放，但有一个形象出现在所有的画面中，就像是凝固了一样。技术打在宇宙屏幕上的形象是人的形象。我们不妨说，通过人类知识在技术中的表达，宇宙的未来存在于人的大脑中，并且因此而存在于协助人脑的信息技术中。

注释和参考文献

[1] 参见坎贝尔（Campbell）：《进化认识论》[*Evolutionary Epistemology*, P. A. Schilpp（ed.），*The Philosophy of Karl Popper*（La Salle，IL：Open Court，1974），pp. 413－463]；参见《开放社会及其敌人》第一届研讨会“进化认识论”会议文献（*Evolutionary Epistemology*：*Partial Supplementary Bibliography*，New York City，November 1982，Chair：P. Levinson）；参见洛伦兹（Lorenz）的《用当代生物学观照康德的先验论》（*Kant's Doctrine of the a priori* the Light of Contemporary Biology，D. T. Campbell，trans. in R. 1. Evans，ed.，*Konrad Lorenz*：*The Man and His Ideas* ，New York：Harcourt Brace Jovanovich，1975，pp. 181－217；Popper，*Objective Knowledge* ，New York：Oxford，1972）。

[2] 参见《科学发现中未验证的变易和选择性保存》（*Unjustified Varia-*

① 马丁·海德格尔（Heidegger M.，1889—1976），德国20世纪最富有创见的思想家，存在主义的主要代表人。代表作有《形而上学导言》、《存在与时间》等。——译者注

tion and Selective Retention in Scientific Discovery)，载阿拉亚、多布詹斯基（F. J. Ayala and T. Dobzhansky）编：《生物哲学研究》（*Studies in the Philosophy of Biology*，*Berkeley*，CA：University of California，1974，pp. 197－186）。

［3］关于技术和传统问题在哲理上的相关性，见《技术能给哲学什么教益?》［What Technology Can Teach Philosophy in P. Levinson（ed.）. *In Pursuit of Truth：Essays on the Philosophy of Karl Popper*，Atlantic Highlands，NJ：Humanities，1982，pp. 157－175］。关于哲学思想的深入探讨，参见保罗·莱文森：《思想无羁：技术时代的认识论》（P. Levinson，*Mind At Large：Knowing in the Technological Age*，1998）。

［4］经验向知性的转变问题或知性的尺度问题是认识论性质的尺度问题，也就是外部现实和个人认知结构关系的相互调节问题，它有别于技术问题和社会尺度问题。关于什么技术适合什么规模的群体和什么水平的社群，见罗伯特·麦克金（Robert McGinn）：《人类生活的尺度问题》（The Problem of Scale in Human Life：A Framework for Analysis in Research *in Philosophy and Technology*，*vol.* 1（1978），pp. 39－52）。参见斯坦·卡彭特（Stan Carpenter）：《技术尺度问题》（Scale in Technology：A Critique of Design Assumptions in *Research in Philosophy and Technology*，*vol. 8*，1985）。这两种尺度并非没有关系，因为群体互动影响认识的内容和途径，而我们所知道的东西又影响群体的形成和运行。关于群体知性对进化认知的影响，见阿伦·康托洛维奇（Aharon Kantorovich）：《科学中的集体先验》（The Collective a priori in Science，*Nature and System*，1983，pp. 77－96）。关于新群体和社会复合体的技术构建对认识过程的影响，见保罗·莱文森的著作《思想无羁：技术时代的认识论》第8章。

［5］受惠于技术的不仅是纯粹的知性，认知的各个方面都享受到技术的好处。贡布里希（E. H. Gombrich）的《秩序感》（*The Sense of Order*，Ithaca，NY：Cornell University Press，1979，p. 9）提醒我们注意，一片雪花是一团难以名状的白色物体，等到它精美的晶格被放大之后，它才能够唤起我们的审美愉悦。

［6］See *Blaise Pascal*，*Pensees*，H. F. Stewart，trans.，New York：Pantheon，1950，pp. 18－31.

［7］亚里士多德认为，虽然自然过程和人为过程可能出错（Physica，Ⅱ：8），一个自然过程和感官对事物初级特征（比如白色）的感知，“是绝对不可能出错的，是绝对不允许出现任何错误的（de Anima，Ⅲ：3）”。又见保罗·费耶拉本德（Paul Feyerabend）：《反对方法》（*Against Method*，London：New Left，1975）。

［8］然而，我们检验技术获取的感知是否准确的能力，受到“月相”悖论（我们发现我们已经知道的东西，换句话说，我们认可我们接触到的东西，但是如果我们已经知道自己在搜寻的东西，那为什么还要去搜寻呢）的影响。该悖论也可以用另一种方式表述：我们之所以要构建技术，那是因为纯粹的感官不

足以承担某些领域的认知。实际上，倘若纯粹的感官就足以完成这些使命，我们就不会发明技术了。因此，在按照设计执行任务的领域里，单纯的感官不能够检验技术的性能，换句话说，我们不能够凭借物体的活动或类别本身来检验技术的性能，因为它们在认知上的地位是有争议的。（当然，在单纯感官能够达到的领域里，我们是能够衡量技术性能的，比如我们可以把望远镜对准地球上的一个物体——如果我们的感官确认技术的性能，我们就可以确认该技术在一个遥远领域里同等精确的性能。）关于认知在自然方式和技术方式两方面的统一，见阿伦·康托洛维奇（Aharon Kantorovich）：《夸克：以积极态度看物质》（Quarks：An Active Look at Matter，*Fundamenta Scientiae* Ⅲ，1982，pp. 297－319）。康托洛维奇给认识过程下的定义是：剔除经验的表象，揭示在当时条件下认定的不变的或保存下来的一套要素；试图用逻辑分离真理和谬误这样的认识过程，用望远镜穿透阴霾去看太空是这样的认识过程，量子物理学用粒子对撞来发现物质底层的对称也是这样的认识过程。在这些情况下，技术产品并非我们猜想的真理或现实，并不是我们猜想的那种技术干涉之前就已经存在的真理或现实，而是略为改变的环境，只不过这样的环境是技术诱发的环境，只不过是使人能够认识到的迄今隐蔽的现实而已。

［9］关于更新世晚期数学的发展，见波伊斯·伦斯博格（B . Rensberger）：《世界上最古老的艺术作品》（The World's Oldest Works of Art，*The New York Times Magazine*，May 21，1978）。参见亚历山大·马沙克（A. Marshack）：《文明之根》（*The Roots of Civilization*，New York：McGraw-Hill，1972）。

［10］初步调查结果见贝克等（W. O. Baker et al. ）编：《计算机与研究工作》（Computers and Research，in P. H. Abelson and A. L. Hammond, eds. *Electronics*：*The Continuing Revolution*，Washington. D ：American Association for the Advancement of Science. 1977，pp. 56－61. for a preliminary survey）。

［11］实际上，牛顿鄙视竞争对手发现地球重力规律的言论：“罗伯特·虎克不可能完成他声称的实验：让他表演给大家看看。我知道，他的几何学知识还没有到那个水平。”［参见弗兰克·曼纽尔（Frank E. Manuel）：《牛顿画像》（*Portrait of Isaac Newton*，Cambridge，MA：Belknap，1968，pp. 152－422）］有人对计算机程序在理论物理学公式计算里的重要性做了探讨，介绍了加利福尼亚理工大学校园里围绕计算机程序的商业开发而爆发的激烈争论，见科洛塔（G. Kolata）：《加州理工大学在软件开发上的分裂》，又见海因斯·培戈尔斯（Heinz Pagels）：《太空火焰》（Fires in Space，a Review of Krippenhahn's *100 Billion Stars* and Friedman's *Foundation of Space-Time Theories*，*The New York Times Book Review*，1983，pp. 9－18）。海因斯·培戈尔斯解释说，20世纪20年代末，虽然恒星内部的物理规律已经为人所知，但是“描写热核反应的数学公式的复杂还是妨碍了天文物理学家的研究。第二次世界大战以后，高速运算的计算机才被开发出来，有了计算机之后，天文学家才能够计算复杂的公式，才能够建立模拟恒星内部反应的详细模型”。

［12］怀亚特等人（J. Wyatt et al.）在《袖珍计算器在学校里的地位》（*The Status of Hand-Held Calculator Use in School*，Phi Delta Kappan，November 1979，pp. 217－218）的报告里说，43％的受访教师认为，袖珍计算器会削弱学童的记忆力和算数能力。同时他们又报告说，对袖珍计算器的100余项研究证明，袖珍计算器并没有立即显示出负面的效应（这种技术产生时间太短，还难以做纵向研究）。

［13］这方面的代表作有：哈罗德·伊尼斯（H. Innis）的《帝国与传播》（*Empire and Communications*，Toronto：University of Toronto，1972）麦克卢汉（M. McLuhan）的《谷登堡星汉》（*The Gutenberg Galaxy*，New York：Mentor，1962）和《理解媒介》（*Understanding Media*，New York：Mentor，1964）。亦见埃里克·哈弗洛克（Eric Havelock）的《柏拉图导论》（*Preface to Plato*，Cambridge，MA：Harvard University Press，1963）和《希腊的文字革命及其文化后果》（*The Literate Revolution in Greece and Its Cultural Consequences*，Princeton，NJ：Princeton University Press，1982）。

［14］参见爱森斯坦（E. Eisenstein），《作为变革动因的印刷机》。

［15］戴维·哈恩（David de Haan）认为，"电灯光照明在养成阅读习惯上的作用是前所未有的"。参见《家用古玩》（*Antique Household Gadgets and Appliances*，Woodbury，NY：Barron's 1977，p. 121）。

［16］见加里（H. Gray）编纂、翻译的《什么是电影?》（*What Is Cinema?*，Berkeley，CA：University of California，1971，pp. 12－14）。

［17］保罗·莱文森详细追踪了传播媒介的演进过程，在走向和复制"前技术"现实的过程中，媒介的趋势是越来越丰富，复制前技术现实越来越精确。见保罗·莱文森的博士论文《人类历程回放：媒介进化理论》（*Human Replay：A Theory of the Evolution of Media*，New York University，1979）。

［18］参见诺伯特·维纳（Norbert Wiener）的《人有人的用处》（*The Human Use of Human Beings*，New York：Avon，1957，p. 66）。

［19］关于进化及相关主题，详见塔科尔（R. B. Tucker）：《普利高津访谈录》（Interview with Ilya Prigogine，*Omni*，May，1983）。又见埃里克·詹茨（Erich Jantsch）编：《进化的视觉》（*The Evolutionary Vision*，Boulder，Co：Westview Press，1981）。

［20］围绕马克思在这个问题上的观点，参见丹尼尔·贝尔（Daniel Bell）：《技术、自然与社会》（Technology，Nature，and Society in The Frontiers of Knowledge，Garden City，NY：Doubleday，1975，pp. 28－78）；关于马丁·海德格尔（Heidegger）对技术的解释，见迈克尔·齐默曼（Michael Zimmerman）：《技术文化与哲学的终结》（Technological Culture and the End of Philosophy，*Research in Philosophy and Technology*，*vol. 5*，1979，pp. 137－145）。又见德索尔（Friedrich Dessauer）：《技术哲学》（*Philosophie der Technik*：Das Problem der Realisierung，Bonn：Cohen，1927），该书第二版的译名是《让技术

享有恰如其分的地位》(*Technology in its Proper Sphere*),载米特堪姆、麦基(C. Mitcham and R. Mackey)编:《技术与哲学》(*Philosophy and Technology*, New York: Free Press, 1972, pp. 117 - 334, 375 - 377)。沃托弗斯基(Marx Wartofsky)认为,对人类理性的最佳理解是它在社会和技术结构里的活生生的实现,见《纯粹理性批判之二》(Critique of Pure Reason Ⅱ, *Science, Technology and Human Values 6*, *whole no. 33*, Fall 1980, 5—23),又见保罗·莱文森的《技术能给哲学什么教益?》和《思想无羁:技术时代的认识论》。

[21] 笔者(保罗·莱文森)认为,我们无法预测更无从保证,理性指引的技术行为一定会产生预想的结果。有人竟然说,理性在技术里的实施本身是自我拆台的,因为技术固有的结构会瓦解理性的意图,雅克·艾吕尔的《技术社会》(*The Technological Society*, New York: Vintage, 1964)尤其走得远。我的回答是:我们能够在这个技术时代考虑这个问题本身就说明,情况并不是这样。换句话说,打字机、计算机、空运的货物、电灯等技术的生命力很强,使它们足以和各种机器并存,虽然它们总是不完善的。因此,笔者同意斯坦·卡彭特(Stan Carpenter)在《技术变革的认知维度》(*The Cognitive Dimension of Technological* Change, *Research in Philosophy and Technology*, 1978, pp. 213 - 228)里的表述。虽然我们必须时刻警惕技术可能带来的损害,但是我们的理性挑起了重担,能够用技术建立更加美好的世界。

第7章 技术：人类思想之体现和被人忽视的哲学革命[1]

人类发现自己陷入了不少复杂的困境，其中之一便是思想和物质的分歧。因为我们是世界的组成部分，所以就某种根本的意义而言，我们在思考周围的世界时就痛切地感觉到，这个思考过程本身与思考的对象（世界）是迥然不同的。

人类渴望求得一致的驱动力，试图用各种方式减少或解决这个分歧。对一些所谓“唯物主义者”的人来说，大脑只不过是脑组织而已。这是一种方便的幻觉，它和思想的逻辑关系，就像上帝的观念与行星运动的关系。对另一些人来说，我们在与世界打交道中强烈的心智（mentality）意识，必须要对存在做“唯心主义”的解释。这种观念认为，一切看似物质的东西其实是大脑的产物。此外，还有这样一些人，他们无论怎么努力都解决不了这个分歧，于是就把这个分歧当做根本的方向，在以后的研究中使用这个分歧。他们就是二元论者。

在这个意义上，我也看到了世界和关于它的思想之间的深刻分歧，因此我也是二元论者。然而，二元论不必使我们紧守一个观点：物质和精神（matter and mind）的分歧是完全或绝对不能缩小的。相反，我认为，二元论承认，无论其起源如何，物质和精神的分歧具有持久的认识论意义。因此，尽管有一天我们所谓的精神现象能够得到令人满意的解释（虽然是不完美的解释，正如一切解释一样，这个解释是不完全的）——用大脑的原子和能量交换来解释精神，二元论的观点还是抹杀不了的，它还是要坚持认为，有一个极其重要的差别：原子和能量构成世界的方式以及它们形成我们关于世界的思想方式是不同的，这个差别极其重要。[二元论也适用于比较小

① 原文为保罗·莱文森的著作《思想无羁：技术时代的认识论》第4章，1989。

的可能性：有朝一日，物质世界也可以被解释成一种特别的精神的东西（mind-stuff）。］换句话说，无论将来精神被解释成一种令人难以置信的、特殊的物质也好，或者世界被解释成一种令人难以置信的、特殊的思想也好，同一的物质在普通情况和特殊情况之间的分歧，还是要继续引起我们的关注。

精神和物质分手的历史发展，可以用进化来解释。实际上，《思想无羁：技术时代的认识论》前几章关注的内容有两点。首先，我们要勾勒精神作为物质世界进化产物的进程（更加理想的目标是，描写大脑这种比较特殊的物质是普通的物质形式的产物，我们把普通的物质和大脑之外的世界联系在一起）。接着我们又讨论，精神的进化论描写对于理性和乐观主义这类永恒的认识论问题来说，有何意义。然而，人的大脑不仅是进化的产物，在我们对物质世界施加的影响中，人的大脑显然还是进化的生产者。由此可见，我们在这里研究技术时所用的二元论，既是互动的二元论，又是开放的二元论。在这个开放的二元论体系中，物质首先在自然选择中产生心智，同时心智又在技术交换中再创造物质。

7.1　未思想化的物质与非物质的思想

让我们考虑现实的三种客体或现实的三种表现：一棵树、如何将这棵树用于传播的一个念头（idea）、一张纸。在这三种实体（entities）中，前两种实体很容易用上面讨论过的物质/思想二分法来分类：树是物质客体，念头是大脑或思想的产物。在这个图式中，我们把纸放在哪里呢？

对树和念头的进一步研究，给我们提供了答案。树仅仅是物质。但是，在念头可能存在的宇宙语境中，树是所谓未思想化的物质（unideated material），即这种物质的存在完全独立于人的任何念头或思想。（我在这里的假定是，物质现实独立于人的感知而存在，我们所说的树不是人有意栽种的。我还假定，树不是神的思想的产物。）同样，我们关于树的用途分类的念头，可以这样来界定：在物质存在是可能的宇宙语境下，一个念头不仅仅是一个念头，它还是一个非物质的思想或未经体现的念头（inmaterial or unembodied idea），即缺乏任何物质形式体现的念头。（当然，这个念头以某种方式包容在我们大脑的物质中，但是这种包容并未体现，因为大脑根本不是这个念头的表现或产物。）物质和思想经过精细的协调，构成未思想化的物质和非物质的念头，给纸做了精确的定位：它既非纯粹的物质，亦非纯粹的思想，而是两者的结合，它是如何用树来传播的念头的物质化的实体（在这里，就是把树切成很细的薄片用来写字）。所以，纸张是思想化的物质或物质化的思想（Paper is ideated material or a materialized idea），它是包孕在物质里我们的思想，又是根据我们思想的规格重组的物质。也可以说，纸是体现我们思想的物质形式，即思想的物质实现。一切技术都具有杂交和辩证的性质，纸张、牙签或摩天大厦的性质都是如此。

牙签的杂交性质具有的认识论意义非常重大。未思想化的物质（树）和已然经过人脑接触的相同的物质（纸张）的区别非常大，构成其差别的现实力量和潜在威力，都给最倔强的唯物主义者留下了深刻的印象：人的思想虽然还得依赖颅骨中的那种非常特殊的物质，但是它显然已经超越了大脑这种物质。同样，未体现出来的思想和可以感知的、实现了的思想之间的差别，证明了物质的作用。即使最教条的唯心主义者，如果他忽视了这个差别，也会遭遇危险。因此，精神和物质在技术中的混合，既反对简单的唯物主义，也反对简单的唯心主义，但是它戏剧性地证明了二元论的主张。[1]

而且，精神和物质混合而成的技术，证明了一种非常特殊的二元论。在这种二元论中，双方以重要而连续不断的方式互动。这种二元论，和精神—物质平行的、分割的二元论相对立，也和非平衡的、互动的二元论相对立。非平衡的、互动的二元论认为，一方（通常是物质）完全支配另一方。[2]

然而，尽管技术为哲学和认知科学提供了上述的教益和许多其他的教益，尽管技术现象具有悠久的生物学历史（技术至少和人类一样悠久），如果考虑水獭筑的水坝和蚂蚁筑的蚁穴，其历史还要更加悠久），但是技术的哲学意义还是长期受到忽视，直到 19 世纪才有所改变。（曾经有过一些引人注目的例外，比如亚里士多德对技术的讨论。）所以，尽管康德竭尽全力去解决精神和物质的冲突，但是我们看见他对现实的一个侧面绝口不提：精神和物质的冲突在技术之中已然解决了。

哲学回避技术的原因无疑是值得研究的，不过，这些原因可以归结为一个简单的事实：工业革命之前，技术变革的速度很慢，技术存在虽然已经广泛渗透，但是在一定程度上还是难以看见，而且被视为理所当然，所以就没有引起哲学家的注意。然而，在康德那个技术知识贫乏的时代之后还不到一个世纪，发明的时代开始之后，用于传播和工业之后不久，我们就遇到了马克思具有重大意义的、开创新天地的（不过，我将证明有其不足的）工作，他对技术现象/认识论现象的研究正是这样的。我们首先来看技术能够为康德的困境带来什么。

7.2 康德互动论中缺失的一环

喜欢哲学的人常常考虑的一个问题是：如果一个大脑健全的人一出生就被禁闭起来，他能够在多大程度上推断出这个世界的情况、这个世界中的客体的情况及其相互关系呢？我们现在知道，健全的大脑有一个前提：人必须接触环境，至少要有乔姆斯基所说的最低限度的接触，我们才能够启动先天的知识，或者用波普尔的话反过来说，我们才能够证明（和塑造）先天期待的局限。既然如此，我们不妨用另一种方式来提出问题：如果我们和世界有了充分的接触，并形成了健全而正常的大脑（无论是乔姆斯基、波普尔还是皮亚杰所谓的健全而正常的大脑），此后就不再接触世界，那么我们能够在多大程度上推断出宇宙的其余部分及其属性呢？换言之，我们的智能能够在多大程度上预测外部的现实呢？

康德的研究成果令人惊叹，因为他的成果试图回答这个问题，并且他的成果本身就对这个问题做出了一个肯定的回答。这个例子说明，用逻辑可以预测关于现实的知识。早在达尔文提出进化论的75年之前，基因知识问世100多年之前，康德就推出了一个先天知识（innate knowledge）模型；他提出的模型与认知结构（cognitive structures）和我们的现代观念可以兼容，而认知结构就是靠基因传递的对环境的进化适应。工业革命的烟火点燃之前很久，康德就系统地论述了精神和物质的互动。虽然他这个系统缺少重要的一环，因为它缺乏技术知识，然而它还是让我们走到了技术认识论（technological epistemology）的边缘。

康德从哲学史上继承的诸多问题，真是令人望而生畏。有一种对人类知识的解释，是笛卡尔及其追随者提出的。这个解释是，我们之所以了解外部世界，是因为我们已经具有了这个世界的知识，而且非常清楚，我们的知识就在我们的大脑里。这个研究思路依靠的是无数清晰而明显的先天理念，以令人难以置信的方式和我们在外部世界中的潜在经验，精确地联系（甚至可以做到不那么完美的匹配）在一起。此外，笛卡尔关于知识的观念还带有冗余的味道：我们已经知道我们之所知，因为我们已经知道它（we know what we know because we already know it）。[3]于是，为了反对心智完全能够预见世界的观点，英国经验主义学派的培根和洛克提出了一个知识模型，这个模型没有智能的预见，没有先天的知识基础。在这个模型中，我们对世界的了解，是通过感知的反复烙印和连接，它们作用于我们被动但善于吸收的大脑。后来休谟指出，经验主义对笛卡尔先验主义的批判有道理，但是取而代之的是经验主义本身并不妥当。无论重复多少次，经验本身不可能逻辑地支持这个结论：我们已经获得超越这些重复经验之外的东西，比如一个适用于尚未接触的、经验的、普遍的法则。人们可能会认为，我们先天的心智提供了从经验到理论或法则缺失的飞跃，然而经验里面是找不到这个飞跃的；可是，经验主义对一切先天知识的拒绝，预先给这个选择关上了大门。由此可见，经验主义者在否定知识的先天源泉时，爬上了一根颤颤巍巍的枝头——休谟忍痛锯断了这根树枝。在18世纪民粹主义的序幕中，康德登上了舞台，他的驱动力是另外一个问题：他需要解释，尾随休谟令人信服地证明科学知识不可能之后，牛顿之类的现代科学何以取得如此实实在在的成就。

康德的解决办法是细腻而脆弱平衡的大手笔。[4]一方面，他同意经验主义的意见，拒绝笛卡尔无数离散的心智图像先天地和外部现实匹配的模式。然而他坚持认为，要理解任何东西，我们必须在理解之前具有一些能力。经验主义者实际上已经承认了同样的东西，他们认为大脑是一个吸收器官，但是吸收的智能不足以说明从具体观察到一般理论的飞跃，不足以拯救经验主义，使之不受休谟的致命抨击。康德以其天才发现：从逻辑上说，人的理解力一定要比消极接受知识的能力强得多——在理解的过程中，这个理解力必然要把自己的特征强加于被理解的事物。我们这些认知能力的特征本身并不是知识——相反，它们是知识的潜能，只有外部客体经过这个认知过程加工以后，这些潜能才能够表现出来，因此，它们和笛卡尔的先天理念几乎没有什么相同之处。然而，逻辑地证明知识绝不是感知和经验的总和时，康德对休谟的一个观点提出了批评。休谟认为，重复的经验本身不可能构成一般的理论或科学的知识。康德说，休谟注意到的缺失成分，正是我们的认知能力作用于客体的附加成分。因此，我们认识外部世界的任何侧面时，必然要（无论该侧面本身的属性是什么）将其放进它与外部世界的空间、时间等侧面的关系之中：换句话说，我们要提供具体的事例和理论之间那缺失的一环。

这个缺失的一环（我们的认知能力如何给我们对外部世界的认识打上烙印），用几个具体的例子，就可以更好地把握。请考虑我们的视觉，它本身就是一个认识过程的类型。我们用肉眼看外部世界，看到形状、线条和颜色，天真地以为，我们的视觉消极地了解和反映世界的本来面目。然而，现代技术告诉我们，世界之所以活生生，那是因为它还有各种紫外线和红外线等类型的辐射。我们的肉眼看不见这些辐射，因而不能把它们纳入自己的世界图像。由此可见，我们用肉眼（还有超感知的技术，但这些技术也有偏向）看见的世界并不是世界的真实情况，而是经过我们的视觉器官加工的世界，也就是被视觉器官的指令和局限塑造、编辑和挑选之后的世界。这套视觉装置对某些波长敏感，对其他波长不敏感。电话上听见的声音也是这样的。我们听见的声音来自于一个自然人的声音。然而，等它到达我们的耳朵时，它已经由于电能的编码、解码和若干英里的传送而发生了变化：由于漫漫的旅程它被弯曲、扭曲、压缩了。（这里的贬义并非必然是普遍的原则，因为传播的轮廓线可以使原来的声音更加清楚。换言之，变化既可能减少原来的清晰度，也可能增加原来的清晰度。）因此，我们听见的声音，实际上是原来的声音和传送装置对声音的塑造产生的结果。如果将这些例子用来分析康德的知识观念，我们就可以给知识下这样的定义：人的知识是我们的外部世界经验或认识经过调整修改的结果，我们体验或认识世界时，这样的变化是必然要发生的。在科学领域，这样的变化既发生在我们体验离散（discrete）事件的时候，也发生在从离散的例子向抽象的一般理论飞跃的时候。

在解决休谟哲学的危机时，康德想猜测精神和物质互联互动的细腻关系。人的智能即精神的确提供了必需的包容一切的总体模子（master mold），预先就塑造了我们物质世界知识的基本型貌。但是，如果没有外部世界的物质作为加工的基础，我们的认知模型提供的知识就是零。没有供经验的物质，我们的认知结构就是没有客体的主体，就会白白地消耗自己。用一个高雅的比方来说，我们的认知结构就是在没有尽头的走廊里，试图弄懂自己在无数镜子中的镜像。然而，尽管物质世界对认识过程必不可少，但如果没有一个认知的中介去积极地消化它并在消化的过程中转化它，物质世界对人来说，可能还是毫无意义的。在康德的图式中，没有精神（独特的物质/能量界面储存在脑子里的认知结构）的世界，就是一个完完全全毫无意义的地方，一个难以忍受的密度的世界，一个高速运动的、疯狂的、反真空的世界，完全不可能容许人生存的世界。于是，在解决知识源泉的认识论问题时，康德回答了宇宙中精神和物质的分布问题。

尽管如此，虽然康德的解答巧妙且富有弹性——虽然它对后世的哲学产生了重大的影响——但是这个解答本身从来就没有站稳脚跟。康德刚放下笔，就出现了一个以费希特①为代表的唯心主义学派。按照他们的解释，康德的意思是，精神不仅创造了物体的关系，而且创造了物体本身。唯物主义者则迫不及待地抓住康德一句话：归纳乃先验之必需（a priori necessity of induction）。他们用这句话证明未经体现的、超逻辑的归纳原理，用这个原理来验证经验主义的纲领。对康德的另一面却置之不理：康德认为，归纳是智能的一部分，总体的智能以种种方式渗透并塑造我们的物质经验；唯物主义者对此则予以否定。于是，康德哲学成为哲学家一种宏大的罗夏测验。② 具有讽刺意味的是，康德哲学在证明自己关于知识性质的观点时，给哲学家留下了他们想从中找到的东西，成为他们见仁见智的原材料，使他们能够无意之间加上并发现自己的印象。

康德图式的一些细节尤其容易受到误解。比如，洛伦兹认为，康德关于认知结构绝对比外在经验具有逻辑优先的观念，和基因传递的先天认知方式的生物学观念并非真正兼容，因为基因传递的任何东西必然是有机体的环境经验的产物，因而处在外在经验之后而不是在外在经验之前。但是，进化论者也可以做出有利于康德的回应：个体（和种群相对）继承的认知结构，实际上在一切外在经验之前就已经就位（康德的批评者往往接受这个观点）；在种群层次上，与环境接触或经验产生的认知结构是这样一个过程：环境作用于种群基因库，或从中挑选已然存在的某种东西。由此可见，这个“前环境”的某种东西（进化的第一阶段或生成阶段就产生、独立于环境接触的某种东西），实际上是走在环境经验之前（据我所知，康

① 费希特（Johann Gottlieb Fichte，1762—1814），德国唯心主义哲学家，认为真正的知识只能是“自我”的创造活动。——译者注

② 罗夏测验（Rorsch test），瑞士精神病学家罗夏用以测试患者人格的方法。——译者注

德的批评者还没有考虑这一点）。洛伦兹等进化论者还抨击康德方程式里的物质方面，他们主张，康德把物质现实当做完全封闭在人之外的、独立于我们经验能力之外的东西［换句话说，康德的“事物本身”（thing-in-itself）难以理解，而与之对立的事物的侧面是可以感知的观念］，这个观念不符合进化论的观念。进化论认为，外部现实独立于人的经验而存在，但是它对人的进化产生强烈而持续的冲击。[5]然而，假如某一环境（无论是否为直接感知到的环境）对我们产生某种进化冲击，那么，在很深刻的意义上说，我们已经体验并认识它，无论我们是否意识到了这样的经验。因此，这个物质现实确实可以纳入康德的精神—物质互动模式。另一方面，如果真如康德所说，有一个完全封闭于人之外的终极的物质现实存在，那么，按照定义，它就不可能对我们的进化产生任何冲击，而且就不可能与进化论相矛盾，就完全和进化论风马牛不相及。用哈克尔的话来说也就是：“为何自找麻烦？”[6]因此，尽管有这些不一致的地方，康德的理论确实能够舒舒服服地躺在进化论的框架里。

接下来，我们还要探讨康德对我们的认知结构的信赖问题，康德认为，我们的认知结构能够产生绝对真理，就像牛顿的宇宙理论一样。但是，牛顿的理论后来被证明有部分错误（至少不是绝对真理那样的东西），皮尔斯和波普尔已经充分说明其不足；他们证明，任何种类的绝对知识完全超越了人把握的能力。[7]在我们的认知能力生成绝对真理或确定性这一点上，康德的错误令人悲哀。不过，康德的精神—物质互动论（mind-matter interactionism），并没有受到充分而认真的对待，其原因是他过分的乐观主义吗？我看不是。首先，遗憾的是，皮尔斯和波普尔坚持人的知识必然有错误的观点。在这一点上，他们是少数。实际上，主导 19 世纪和 20 世纪哲学的许多经验主义和唯心主义的知识论，相比之下，使康德的知识论相对温和。[8]更加重要的是，康德互动论的认识论，经过转换之后很适合非完美论的框架。因此，波普尔干得好，他证明康德描绘的认知结构能力在知识生产中是必要的，但未必是准确的：知识生产绝对需要这些能力，但是它们生产的知识是推测性的，而不是确定性的。因此，我们的知识预测不仅是一个在我们生产的知识上打上烙印的过程，而且更加重要的是，我们接触到在遗传上未曾体验过的东西时，这个过程还是一个测试、修改和拓展知识模子的过程。由此可见，对康德的非完美主义的诠释不仅可能而且有效。

那么，什么东西阻碍人们接受康德的哲学思想呢？我想，康德哲学的问题在于：尽管它整合了精神和物质，除了它非常深刻的（我想多半是正确的）推理之外，并没有提供什么佐证。读过康德的论著之后，我们用新的眼光来看世界，我们意识到，在一定程度上，我们看见的东西是我们眼睛的产物，是我们和外部世界的混合物，是我们自己的反映。但是，这个眼光在常识组成的日常世界里，脆弱而难以维持；在似乎是离散的物体和智能组成的日常的世界里，这个眼光容易蜕变成简单的唯物主义形式和唯心主义形式。康德体系的麻烦是，它原本是一个终极的封闭体系，完全包容在未体现的理性的领域；具有讽刺意味的是，它不能够指明它宣称的精神物质是一体的、可以感知到的具体的表现。

正是在这里，技术可以助一臂之力。纸、原木屋和一切物质发明，本质上是精神和物质的混合物。在这一点上，技术和树不一样，和如何利用树的念头也不一样。除了作为精神—物质互动（mental/material interaction）的产物之外，技术根本就没有别的存在。在这一点上，技术和自然界的物体不一样，和思想也不一样。换句话说，如果没有精神和技术的相互作用，技术就不可能存在。再者，我们看到，技术是根据人脑产生的思想重新安排的物质的外部世界。因此，技术是独特的康德互动论的物化，康德的互动论认为，人脑在我们的一切外部世界经验中留下了自己的烙印（康德的互动论和其他的互动论相对立，其他的互动论可能给物质世界赋予一个更加主导的角色）。[9]但是，更加重要的是，技术把康德的精神—物质互动从纯粹心智封闭的、自足的系统中弹射出来。在康德原来非技术的模式中，人的智能或心智整理我们对外部世界的经验或心灵感知（而不是整理外部世界的物质本身），使之成为对外部世界的理解（我们的心智中关于外部世界的理念和理论）。因此，虽然物质现实在康德的系统中显然发挥重要的作用，但是一切行动或后果都发生在心智的领域。与此相反，在技术互动论（technological interactionism）中，人的智能整理外部世界本身（整理物质，而不是关于物质的经验），将其置入变化的外部世界（思想过程可以感知的、物质的表现）。在此，行动开始于心智，结束于物质领域。因此，技术的的确确、完完全全是互动的，而康德无技术成分的图式却不是互动的：牙签混合了心智和物质，这不仅表现在我们的理解中，而且表现在可以看到的外部现实的变化之中。

由此可见，技术生动地满足了康德的互动图式。一张纸、一幢楼或一颗生锈的铁钉，仅仅凭借其存在，就证明和物化了精神和物质的相互作用，而且比康德滴水不漏的严密论证还要厚重。倘若更多康德的后继者集中研究他们房间里的家具——倘若他们看见了自己坐的扶手椅所包含的认识论动力——现代哲学的历程很可能就是另一回事了。

但是，技术把康德未物化的模式物化之后，它必然多走一步而超越康德的模式。这一步的源头就在精神—物质互动的结果中。如果这个结果局限在认识的变化中——康德原有的模式就是这样，那么，外部世界还是那个样子，尽管这个结果的产生涉及积极的智力活动，它基本上还是消极的结果。相反，如果结果表现在外部世界中，正如结果存在于技术中一样，那么，世界就必然要发生变化，且经过了重新的安排，无论结果是多么微小或微不足道，这个结果从本质上来看总是积极的，用通俗的话来说就是真实的。这里的要点是，与其说我们用技术工具和机器去改变世界——虽然这无疑是技术最重要的终极结果，倒不如说是得到了一个更加重要的观察心得：技术即使不用，其存在本身，也已经改变了外部现实的性质。

所以，外部变化可以视为技术的首要特征，这使它有别于未体现的知识。变化必然是应用的一种后果或类型。在这个意义上，我们可以说，不存在没有被人运用过的技术——也就是说，就其性质本身而言，技术把思想应用于外部世界；技术还可以进一步应用，第二步、第三步，以至无穷（比如，我们可以在房间里钉钉子，晚上在房间里伏案写作，等等）。与此同时，技术起源于认识的行动，在完全智力的、纯粹康德式的精神—物质互动中起源，这种互动就是知识。[10]因此，可以用另一种方式来描写构成技术的特殊的精神—物质互动。可以说，技术横跨并结合知识和应用这两个世界，也可以说，技术是知识现象及其应用的合二为一。

我们的讨论从认识转向变革。这个信号叫我们告别康德，叫我们告别技术给其互动认识论提供的活力。我们现在转向另一位思想家，对他来说，认识和变革的区别就是一切。对于马克思来说，变革不仅是物质现实与人接触的重要特征，也是社会存在的生命线。在7.3节中，我们将集中研究马克思这位技术认识论者（techno-epistemologist）。

7.3 马克思论物质中的思想

我们已经看到精神与物质的对立，一直并将继续是哲学家们关注的核心问题之一，也是企图深究生命意义的人们关注的核心问题。同样突出并以各种方式与精神—物质二分法平行、交叉且超越这种二分法的，是静与变、存在与生成、存在与改变（stasis and change，being and becoming，and existence and alteration）的对立或区别。[11]这个对立与第一种对立平行：柏拉图之类的心灵主义哲学家总是主张静态的世界观，培根等经验主义哲学家，则常常对变化做出规定性的描述。再者，静与变的二极性继续见诸各种互动哲学之中，它们在两极之间摆动的位置，根据其精神—物质的分割如何划分、在哪里划分来决定。因此，虽然康德的互动模式混合了精神和物质，并且在这个意义上超越了精神—物质的冲突，然而由于他把问题的解决放在心智的领域，所以他产生的结果就是一幅静态的图像。与此相反，技术把精神—物质的混合放在物质世界里，就必然把变革放在主导地位，以这样的面貌面对我们。

19 世纪下半叶，变化进入每个人的议事日程。达尔文的进化论（及与其类似的斯宾塞哲学[12]）在吸引人们注意存在的变异中发挥了主要的作用。他的进化论证明，事物的本质就是变化——完全独立于外在的指令比如神的指令。进化论还试图对这些永恒不息的转化的原则和载体进行分类。但是，还有一个同样重要的理论，这就是马克思对由人创造的变革（humanly created change）的研究。他的研究是对达尔文自然或自发变化理论的补充。两个理论体系的这个关系常常被人们忽视了。但是，正如达尔文对世界自发变化的研究，以自然进化的巅峰告终一样，马克思对由人诱导和指引的变革（humanly induced and directed change）的研究，似乎是达尔文逻辑的继续。[13]

我们谈及人改变世界的方式，实际上是在论述两种变化：第一种变化是人作用于未经加工的物质世界而产生的变化；第二种变化是人作用于第一种变化之后或者对第一种变化采取行动之后而产生的变化。第二种变化是改变过去而创造的变化，它构成人造的社会结构，使第一种变化的结果再发生各种变化，或将其疏导。作为社会理论家和历史学家的马克思主要是关心第二种变革。但是，马克思充分认识到第一种变革——人对自然环境的利用和变革的根本的认识论意义。这种技术关怀使他的工作不仅补足了达尔文对自然变化的检视，而且补足了康德对认知和环境互动的考察。[14]

众所周知，马克思认为自己对哲学的贡献，是对黑格尔和康德过分理想化描写（over-idealization）（强调心智而不是物质现实）的哲学提供唯物主义的补救。因此，马克思关于人改变自然界的观点，是可以感知的唯物主义的观点。这个观点认为，人手（人体的物质部分）重塑自然环境，以满足人的物质需要，比如食物、衣物和住所。所以，对他而言，技术或人与自然界的接触点，就是劳动，而思想和理念走在劳动的前头（我们已经看到，在一定意义上，思想和理念使劳动成为可能，因为环境的改变通常是执行一个预先的理念），可是它们却坐在了后排。

同样，马克思强调技术满足物质需要，把技术中的理念成分降到最低限度。房子可以被视为物质世界构造成分的重新配置，以满足容易感知到的栖身和御寒的需要，也满足不太容易感觉到的心理需要，比如隐私。然而，这种需求取向对一个事实注意不够：房子又是许多形态和数学思想的体现，这些理念描写如何建房，如何修建房子的各个部分——这是建筑师的贡献，和消费者注意的角度不一样。[15]

然而，马克思对工人和消费者的关心而不是对思想家的关心，不应该被说成是简单或庸俗的唯物主义。所谓庸俗的唯物主义观点是，机械死板地重塑环境，以满足辘辘饥肠的需要，它把人的存在中更加雅致和敏感的方面排除在外。相反我们发现，马克思的劳动观是完全人性的追求，几乎是精神的追求；在恰当的条件下（没有资本家的约束），劳动成为爱的举动。因此，虽然他对心灵观念只给予了短暂的关注，但他的技术观点是非常丰富的；人在外部世界留下的印记，在许多方面超越了单纯对物体的摆弄。马克思把劳动变成了爱的举动，这样，他就恢复了技术里包含的许多人性的精华，弥补了他低估精神时失去的东西。

然而，把技术看成是非观念的东西（nonideational view of technology）产生的后果，和把技术首先当做是思想体现的观点产生的后果，是迥然不同的。因为个体和群体一样，都容易完成劳动和消费（诚然，在许多工作中，群体劳动效率高得多），所以技术的劳动—消费观点自然就支持集体的社会指令。另一方面，因为思维或思想的起点基本上是个体的活动[16]，虽然它并非只能是个体的活动，所以把技术看成是观念的东西（the ideational view of technology），就鼓励人们颂扬社会体系中的个体，比如在资本主义社会就是这样的。

进化的选择和传播（进化的第一阶段和第二阶段）凭借群体而不是个体运作。在这一点上，进化的重心似乎落到了技术的群体观一边，而不是技术的个体观一边。然而，如果我们考虑第一阶段——新的可能性的生成是个体活动的过程，个体内部的基因重新配置，并通过个体首先向世界表达自己的特征，我们就明白，个体对进化框架（至少自然选择的、达尔文主义的框架）是必不可少的。[17]由此可见，技术的进化解说无疑可以——实际上是必须调和群体和社会力量的复杂动态。这种解说方法把个体降到马克思主张的程度。说到底，这种方法是非进化甚至是反进化的方法。

况且，马克思的劳动—消费（唯物主义）的互动观点有一个风险，它可能成为一个自我封闭的体系，就像康德的观念互动论一样。如果人类心智的无限可能性被剥夺（或如此可能性的充分流动被剥夺），那么，人即便超越纯唯物主义的、对环境最敏锐的改造，也可能沦为一个封闭的体系。毕竟，爱的举动（尽管它显然具有非常强大的生成能力）和无拘束的幻想与智力创造（虽然心智归根到底来自于爱的举动，因为心智从进化中产生，进化又由于生殖而受到推动）相比，其生产能力的范围略逊一筹。由于技术互动或人—物互动完全在物质世界中运作，所以无论这个唯物主义是多么丰富而精妙，除非它花力气考虑人独特的精神现象，否则归根到底它总是残缺不全的。

无论它多么精深，马克思的唯物主义没有对技术做观念性的解释。因此，他那种满足胃肠需求的认识论，不能成为一个妥当的模式，因为它不能把技术当做人类思想的进化体现。[18]正如康德完全心智的互动论（wholly intellectual interactionism）一样，马克思完全唯物主义的互动论（wholly material interactionism），不能充分说明作为心物互动的技术是多么丰富而深刻。尽管如此，马克思把行动投入了物质世界——承认人的存在的终极表现，并不是在于认识世界而是在于改造世界。在此，他迈出了巨大的、无比重要的一步，他超越了康德，把哲学带进了技术的时代。接下来，我们来探讨他的哲学在20世纪取得的首要成果。

7.4 波普尔“三个世界”的技术调整

迄今为止，我们从两个同步、互补的角度考虑了技术与哲学的关系。首先是关注哲学体系能够在技术的性质与功能上给我们提供什么教益。接着再关注技术的现实能够在哲学体系上给我们提供什么教益。因此，康德的精神将其特征加诸我们对物质的理解的体系，给“技术是思想在物质中的表现”的观点奠定了基础。与此同时，技术在物化我们的思想时，给康德精妙的互动图式提供了一个急需的实实在在的例子。与此相似，马克思认为，人的经验实质上是与环境的对抗，从而产生环境的改变。这个观点照亮了技术在本体论和认识论上的革命性。与此同时，技术是思想体现的观点，打开了通向无限的精神生产的世界，而马克思关于变革的体系则堵住了这个大门。

在20世纪，技术是不可避免的。技术对人生有何意义的有趣而有用的审视应运而生。但是，这些考察在认识论上揭示的意义，很难与马克思和康德的这些体系相媲美。但杜威是一个例外，他认为，揭示自然规律最好的办法，是作用于自然，而不是反映自然。工具在这个经验观点中成为我们主要和可靠的认知载体。这些载体给我们提供的知识，比尚未体现出来的关于自然事件的理念更加有用、更加真实（有用和真实在杜威体系中大致同义）。因为在尚未体现出来的理念中，我们并没有明显地介入自然。[19]马丁·海德格尔也强调技术能够揭示宇宙的基本运作机制。他把尼采和马克思糅合起来，把技术当做人的意志作用于世界的物质表现来探索。[20]名气大为逊色的有德索尔（Friederich Dessauer)。他把技术作为柏拉图意义上的理念体现来考察。换句话说，技术不是来自于人的理念的体现，而是技术发明人从永恒的、先在的理想解决办法的世界里得到的理念。[21]

上述各家的哲学体系都发挥了满足急需的作用，使技术成为主要的哲学问题。各家都正确地批评了康德，指出他未能找到精神和物质在技术中的互动。各家都认为，技术是人最深刻的认知经验。但是，各家都以各自的方式，与自然选择的进化认识论不兼容。德索尔先在的、永恒的理想解决办法的研究方法，不仅是非进化论的，而且是非有机体观念的，因为按照他这个体系，技术体现的理念并不是来自于有生命的人（在他的体系中，人只起到渠道的作用，人不是创造者）。马丁·海德格尔继承了尼采的思想。结果，他把技术描绘成一种一心一意的、铁板一块的、无所不包的力量。这个观点与技术揭示的属性相悖，技术揭示的属性是试探性的、多维度的。在进化的、不完美的现象中，我们能够看到技术试探性的多维属性。杜威的视角是三个人中最好的视角。可是，他的分析方法，在相对—绝对频谱的另一端遭遇到困难。在这里，他给真理和功用画上等号，从而模糊了现实的作用。然而现实是独立于人而存在的，而且它既产生了人，又产生了工具。[22]

富有讽刺意味的是，最有助于我们进一步理解技术的20世纪的哲学体系，将技术作为认识世界、与世界互动的进化方式的哲学体系，并不是一个像康德的体系，而是关心重点不在如何评价技术现象的体系。这个体系就是波普尔的“三界”图式。这个图式用来澄清人的心智与物质世界的关系。可是它是用认知的方式来澄清，而不是用明显的技术方式来澄清。波普尔提出了原子、树和大脑的“第一界”。此外，他还有心智的两个领域——“第二界”。这是一个主观的世界，完全内在于人的大脑世界，由思考、感情和想象的过程或行动组成的世界。还有一个“第三界”，即上述过程的产品或结果的世界：第三界产品有思想、交响乐和谋略。一旦创造出来，它们就获得了自己的生命。[23]在他的哲学体系中，心智的产品从本体论上说，和人的心智（认知过程）迥然不同，就像人的精神世界和物质世界迥然不同一样。这三个世界都在一个有机的、进化的和非完美的框架中产生和运作。

第一界（物质世界）与第三界（心智产品）的关系，给技术的互动性质做出准确的定位。在技术缺失的情况下，第三界的居民（未经体现的理念之类的东西）与物质世界没有直接的联系，虽然我们的理念来源于我们对物质世界经验（如康德所示，经验本身是感知器官的产物）的认知理解（第二界），然而，一旦理念形成之后，这些理念就不再与它们描绘的世界发生直接而持续的关系。倘若我们想要检视、批评或测试这些理念描写物质世界的准确性，我们就只能凭借再次引进认知的中介（第二界）。因此，在非技术环境中，第一界和第三界的交流发生的条件，只能是第二界即人类智力的作用。

然而，技术改变了上述一切关系，因为技术的本质就是物质世界和思想世界的结合。铁钉既是物质世界的一部分，又是智力的产物。铁钉的存在本身，始终是它体现的理论的检验：关于铁可塑性的理论，人关于物质世界的思想和物质世界本身永恒的冲突的理论。由此可见，甚至最微不足道的技术也是弥合非技术的第三界和第一界鸿沟的桥梁。

用波普尔三个世界观点来解说思想和世界的互动，有一个特别的好处。这个好处来自第三界的独立自主性，它照亮了技术和创造技术的人的区别，也指明了技术和物质自然界的区别。第二界和第三界的区别使我们看到，技术不仅是物质和精神的混合物，而且是物质与智力产物即思想的融合。对个体创造者来说，思想已经是客观的东西，是独立于个体创造者的东西。技术与其发明者的距离，对技术的角色极其重要。它是人类自我超越的载体：只有通过超越我们的创造，而不是凭借依附的或主观的附属物，我们才能够超越自己。在技术的条件下，我们的产品在我们缺席的情况下能够存在并发挥作用。

然而，只有依靠横跨两个世界，波普尔的三个世界模式才能够调和技术。其重要结果是，他能够强调技术的互动性质。但是，他这个模式本身并不足以清楚说明技术现象的范围和细腻之处。像技术一样具有超越能力的现实，难道不应该有自己的一个天地吗？

波普尔模式的问题是，描绘其第三界的语言从根本上说过于偏重观念：第三界身份的资格是人产生的理念，加上理念的物质表现被赋予第二等的或派生的地位。实际上，就连他的第二界也是用非常明显的心智框架描绘的，他没有对大脑中物质和能量的交流给予足够的注意；大脑中物质和能量的交流，支持并且构成了大脑的活动。因此，我提议对他这个体系重新进行技术—物质表述：由物质组成的“技术—世界Ⅰ”（T-World 1），包括非生命物质和除人（或大脑）之外的一切生命物质；由人组成的“技术—世界Ⅱ”（T-World 2），尤其是大脑，就我们所知，人体的这部分器官产生、支持并构成自然界和宇宙奇特的活动——思维活动及人的精神[24]；“技术—世界Ⅲ”（T-World 3）的构造成分，是人触摸过的或人造的物质，包括说话时声带引起的转瞬即逝的空气震动，以及核实验室里生成半衰期达数百万年的新元素。[25]

我们在修正波普尔模式时给未经体现的知识或思想确定的位置，成了一个问题，正如在他的模式中技术的位置成了问题一样，只不过他原来的模式更加观念化（more ideational）。这个新的问题是，未经体现的思想作为人的心智产物，是人造的“技术—世界Ⅲ”的特殊情况呢，还是完全囿于人身的实体，从而能够恰如其分地纳入“技术—世界Ⅱ”呢？对此，我做出如下的决定：当思想没有用语言或非语言的姿势传播出来时，它们完全是私密的，内在于人的，因而停留在“技术—世界Ⅱ”。相反，一旦思想传达出来，它就摆脱了人体中的内在渊源，传播的行为本身就给物质世界打上烙印（哪怕是短命的、最低限度的声带在空气中留下的印记）：这种情况给一切传播的思想赋予“技术—世界Ⅲ”的地位。所以，传播就是把“技术—世界Ⅱ”的思想送进“技术—世界Ⅲ”，让其体现出来，无论这样的思想是多么的微不足道。这说明，传播和技术之间存在复杂的关系，这将是《思想无羁：技术时代的认识论》第 6 章探索的内容。[26]虽然未经体现和传播的思想，与扬眉、耳语中最低限度传播和表现出来的思想之间的差别，可能真的是微乎其微，然而，我这里所做的区别，比波普尔模式中第三世界和第一世界需要的连接，似乎更加一清二白、更加令人满意。

由此可见，通过对波普尔三个世界的加工，我们得到一个清晰的、针对性强的说明，我们把技术描绘成大脑的具体表达，是心智（“技术—世界Ⅱ”）应用于物质自然界（“技术—世界Ⅰ”）而锻造的技术。作为“技术—世界Ⅲ”的唯一成分，技术享受独特的本体论地位，与其在宇宙中的独特角色相称的地位：除了人之外，再也没有什么东西在宇宙中这么独特，这么与众不同。（除了其他的原因之外，这是因为，技术是在计划和指引条件下所生的产品——虽然许多技术及其应用是偶然的、无意为之的结果[27]——与此相反，宇宙中的其他一切事物，包括生命体甚至人体，就我们所知，都是盲目的、未受到指引的进化的产物。[28]）技术的独特存在归因于生产技术的人得天独厚的存在。“技术—世界Ⅲ”的名称让人注意这个双重的起源，它把人放进有别于心智（“技术—世界Ⅱ”）的范畴。反过来，心智（“技术—世界Ⅱ”）又区别于心智的源泉即物质自然界（“技术—世界Ⅰ”）。（物质世界在进化中走在精神的前头，精神走在精神产品的前头——这个顺序当然已见于波普尔的三世界图式。）因此，在最深刻的意义上说，技术或人造物质是阳光下的新东西：摩天大楼、纸巾、长矛和橡皮筋，是新宇宙的起点，因为自然的、原初的宇宙通过大脑神奇的创造力，实现了自己的再发明和延伸。

7.5 富有生产力的知识

我们已经看到，18 世纪、19 世纪和 20 世纪主要的哲学流派试图说明人与物质世界的关系。它们给我们的技术观提供了基础。我们认为，技术是人的思想的物质体现。如此构建的技术观反过来有助于改进这些哲学论断。这里考虑的三种哲学体系——康德、马克思和波普尔的体系绝对不是仅有的几种能够给技术认识论做出贡献的体系。以后的几章（指《思想无羁：技术时代的认识论》中的章节）将要介绍其他哲学方法，看看技术对我们的认识方法构成什么影响，包括培根的技术支配自然的观点、杜威的功能主义和存在主义哲学存在的“本真”（authenticity）与人工智能的关系等。

承认技术是人的思想的物质体现，承认它是精神和物质可以感觉到的互动，这就给我们进一步探究技术开辟了许多道路。比如，我们可以尝试估计多少精神和物质进入了这个精神—物质混合物。比如，捡起的石头用作武器和琢磨过的石头用作武器相比，精神在其中的成分就少得多。与此相似，口语词混合物中的精神少得多，而写在纸上的词语里的精神就多得多。我们不妨看一看精神表现在不同技术中的质的差别，这会使我们获益匪浅。比如，我们发现，虽然一切技术都是人的思想的物质表现，但是，有些技术体现的是如何传达其他思想的想法，而这些想法和原来技术中体现出来的思想竟然可以丝毫不相干。因此，无论其内容是什么，一本书是一个理念的体现，或如何传播若干思想的谋略。在此，书是通过印刷而不是通过言语或电影来传达思想的。与此同时，书的内容又是思想的载体，比如小说的情节（情节如何，取决于出书还是出电影，二者大概是完全不同的）。这种“双认知”（double cognitive）传播技术的特殊表现，是《思想无羁：技术时代的认识论》第6章的主题。

心里带着这些问题，我们将考虑一个对技术和知识的关系更加基本的问题，也是全书的一个核心问题：技术作为思想的体现，作为知识的物质体现，究竟在多大的广度和深度上构成、转化和推动我们的知识？探索技术的知识创造力，会赋予我们这样一个知识观：它超越传统的客观知识对主观知识的哲学选择，因为两种知识都把不借助工具的人体官能的运作，作为认知的基础。如果承认，人的知识不仅预设心智、感官和外部现实，而且预设使用、调解和体现这些机制的工具，并且这些工具能够从物质上改变我们认识的物体——如果是这样，我们就指向了一种既非主观又非客观而是产品的知识。[29]我们对富有生产力的知识的考究，隐含着一种比较弱势的论断：一切知识在一定意义上都取决于技术。不仅如此，我们还要有力地断言：如果没有技术，人的知识就不可能存在。这说明，纯粹技术性的知识的观念只不过是想当然的抽象（我们以后会发现，这种观念是各种技术形成的）。这又说明，塑造我们知识的进化、理性和非完美性等因素，其运作基础越来越依赖技术。

注释和参考文献

［1］保罗·莱文森从技术角度批驳了简单唯物主义和简单唯心主义，见《玩具、镜子和艺术：技术文化之变迁》（Levinson，Paul“Toy，Mirror，and Art：The Metamorphosis of Technological Culture”，in *Technology，Philosophy，and Human Affairs*，ed. L. Hickman，College Station，Tex.：Ibis Press，1985，pp. 162－175）。请注意，进化理论得出的结论也是相同的（见该书第1章第2节“进化、现实与真理”）。

［2］本吉的《身心问题》（Bunge Mario，*The Mind-Body Problem*，New York：Pergamon）。该书提出一个十大部类系统，讨论了精神和物质问题上的一元论和二元论。我在这里提出的进化—技术二元论，介于本吉倡导的“突生进化论（emergentist）唯物主义”和波普尔等人倡导的互动论（interactionism）［参见波普尔：《自我及其大脑》（*The Self and Its Brain*，New York：Springer）］之间，这是本吉提出的等级表。和突生进化论者一样，我把精神看成是大脑某种活动中冒出来的状态或过程（大脑又是通过自我超越从无思想的无生命物质中涌现出来的）。然而我和本吉不同但是和波普尔相同的是，我强调精神反过来对世界产生的巨大冲击。我和波普尔的互动论有以下几点不同。首先，波普尔认为思想本身是精神影响世界的首要载体，甚至是唯一载体；相反，我认为，思想的技术体现是精神对世界的主要冲击方式，甚至是唯一的冲击方式。第二，波普尔看见一个物质虚无的思想领域；相反，我看见世界上哪里也找不到缺乏物质底层的思想，这个底层就是大脑加思想的技术体现或技术再现。参见本章第4节“波普尔‘三个世界’的技术调整”。［柏拉图和巴提森的理论可以例证本吉所谓“万物有灵论”（animism），“万物有灵论”也不妨叫做突生进化心灵论（emergentist mentalism）：物质从形态和理念衍生出意义，甚至是衍生出存在。见巴提森的《精神与自然》（Bateson，Gregory，*Mind and Nature*，New York：Bantam，p. 4）］：“洪荒时代就有这个思想。”只有把技术从人的进化源头拉开距离来看，他这句话才可以用来解释技术——不无讽刺意义，因为巴提森是进化论者——这个思想起源说，不能够说明精神这个思想的生产者是如何在进化中冒出来的，不能够说明精神是如何从无思维的物质中冒出来的。

［3］不过，这个笛卡尔式的很自信的主张，倒是能够给基督教—柏拉图式的悲观主义提供一剂矫正的药方（这个悲观主义认为，我们的知识不仅是要犯错误的，而且总体上是不能改进的）。这个悲观主义支配欧洲认识论达1000多

年。而且，正如康德给皮亚杰提供哲学环境一样，笛卡尔式的路子给乔姆斯基的先天语言规则提供了哲学的语境［参见乔姆斯基：《语言与心灵》(Chomsky, Noam, *Language and Mind*, 2nd ed., New York: Harcourt Brace Jovanovich, ch. 1)］。

［4］就我所知，康德思想最好的解释是斯蒂尔翻译的施维格勒的《哲学史》(Schwegler, Albert, *History of Philosophy*, trans. J. Seelye, New York: Appleton pp. 269-307)。我在这里讨论康德认识论，用的是梅克尔津翻译的《纯粹理性批判》(Kant, Immanuel, *Critique of Pure Reason*, trans. J. M. D. Meiklejohn, London: Dent)。

［5］参见洛伦兹：《当代生物学观照之下的康德哲学》(Lorenz, Konrad, "Kant's Doctrine of the A Priori in the Light of Contemporary Biology", in *Konrad Lorenz: The Man and His Ideas*, ed. R. I. Evans, New York: Harcourt Brace Jovanovich, 1975, pp. 181-217)。又见洛伦兹：《镜子的背后》(Lorenz, Konrad, *Behind the Mirror*, trans. R. Taylor, New York: Harcourt Brace Jovanovich)。参见沃尔梅尔：《康德与进化认识论》(Vollmer, Gerhard, "Kant and Evolutionary Epistemology", *Proceedings of the 7th Intenational Wittgenstein Symposium*, Kirchberg am Wechsel, Austria, August)。在这篇文章里，沃尔梅尔接受洛伦兹对康德的批评。他指出，康德拒绝接受当时从进化论角度对理性所做的初步解释（"纯粹理性的前形成系统"），主张的是绝对的先验或永恒的先验。然而，如果我们接受两个观点：(1) 有机体与环境的区别，(2) 在有机体和环境的关系中，有机体在自然选择中具有主动性，那么，"前形成"和永恒的先在（"preformation" and always prior）也许真是同样的东西——康德拒绝的"演进"方法也许就是进化论的方法。

［6］见哈克尔：《宇宙之谜》(Haeckel, Ernst, *The Riddle of the Universe*, trans. J. McCabe, New York: Harper, pp. 380-381)。

［7］一切和本原对立的原形的再现或再生，都有"噪音"或差异。这说明，人没有能力获得完美的知识，这并不是人才有的特征（如基督教暗示的人皆有过的观点），也不是有机体才固有的特征，而是宇宙里一切信息迁移的特征（包括我们所谓的知识迁移）。

［8］黑格尔的唯心主义、孔德的实证主义和20世纪某些逻辑实证主义，都是后康德时代的体系，它们对认识能力的溢美之辞都胜过康德。

［9］取消主义或还原主义的唯物主义者（他们相信，精神不存在或可以还原成原子状态的物质）——当然还有突生进化的唯物主义者（emergentist materialist）——可以解释技术对世界的改造，把技术看成是大脑产生的另一个结果。(这里的"取消主义"、"还原主义"、"突生进化论"，是本吉的分类系统术语。) 但是，大脑这个特殊的思维物质产生的结果越来越多，越来越明显——由于太空飞行成为可能，它甚至可能飞出地球，同样，它的特殊性也会越来越突出，直到它和我所谓精神观念的认识论目的相耦合：我们注意到，思维的物质

和非思维的物质的差异会越来越大，大到“思维的物质”都不足以表达两种物质的区别。在这个意义上，我认为，世界的技术重新布局给精神（独特的思维和生产的物质）及其冲击力提供了生动的例证。

[10] 从体现出来的知识向技术的迁移，似乎和交流紧紧相连。未表达出来的理念，一旦说出口，就立即变成技术（通过空气这种物质略微变化的重组）；甚至这个理念一旦表达出来（即使非语言的体态也会对感知者产生冲击，哪怕这冲击很小），它也变成了技术。因此，毫无疑问，言语比体态具有更大的技术性，因为无论言语是否被人所感知，它都要引起空气短暂的扰动。因此，我们不妨对知识—技术的连续体做这样的安排：首先是未经过交流的、未体现出来的思想（非技术的）；其次是用非言语体态表达的思想（有时是技术的，有时是非技术的）；最后是用言语表达的思想（总是技术的）。当然，物质重组的东西——如文字、茅草房等比言语更加持久，而且总是具有更强烈的技术性。

[11] 鲍穆尔对文艺复兴以降思想史里的这种对立做了一个很好的总览，见鲍穆尔：《现代欧洲思想》（Baumer, Franklin L., *Modern European Thought*, New York: Macmillan）。

[12] 斯宾塞在颇有影响的《首要原理》（*First Principles*, 4th ed., New York: Appleton）第4版的序言中指出，该书第1版的第5章到第9章，早在达尔文《物种起源》1859年发表之前，就已经写好了。但是，在《首要原理》修订再版时，他还是对达尔文的“微言大义”的著作表示感谢。

[13] 马克思想把英文版的《资本论》献给达尔文但遭到达尔文拒绝的故事，很值得怀疑。巴特利1977年10月27日在《纽约书评》第47版上的报道，和《科学春秋》1976年第7月号上的新闻都说，达尔文的信是寄给艾弗林而不是马克思本人，而且这封信谢绝的不是《资本论》，而是《学生达尔文读本》。谢绝马克思谢辞的说法，是贝林在《马克思传》（*Karl Marx*, New York: Oxford University Press, pp. 247-248）中的叙述：“他（马克思）愿意把书献给达尔文，因为他很尊敬达尔文，比当代的任何知识分子都更加尊敬。他认为，达尔文的进化论和自然选择为社会科学的形态学所做的，正是他努力为人类历史所做的东西。达尔文急忙礼貌地予以谢绝，委婉地说，遗憾的是，他本人对经济学一无所知……”

然而，许多人包括马克思本人都相信这样的记述。这说明在思想史的某一方面，从达尔文到马克思的继承性是恰如其分的。见巴尔尊：《达尔文、马克思和瓦格拉》（*Darwin*, *Marx*, *Wagner*, Boston: Little, Brown），尤其是第4章。该书详细分析了马克思和达尔文的许多联系，包括恩格斯对马克思的赞誉：马克思是“社会学界的达尔文”。

[14] 见贝尔：《技术、自然与社会》（“Technology, Nature, and Society” in *The Frontiers of Knowledge*, Garden City, N. Y.: Doubleday, pp. 27-78）。该文以同情的态度详细地分析了马克思对康德思想互动论的改进。又见我的文章《技术能给哲学什么教益?》的注释16。又见本书对马克思的改进所做的批

评，尤其注意马克思改进的不足，看看哲学批评对我们理解技术和抽象知识的关系有什么帮助。

［15］在《脑力劳动和体力劳动》（*Intellectual and Manual Labor*，Atlantic Highlands，N. J.：Humanities）中，索恩—雷特尔谋求调和康德的“唯心主义”和马克思的唯物主义。他假定，商品交换中出现的一种抽象关系对人事有支配的作用，这和康德的思想范畴支配自然有相似之处。然而，他把“抽象”放进经济学，明确拒绝康德认知的非社会根源（“认知的感知基础，决定于时代的社会综合的基本构成，逻辑地和历史地看问题都是如此”）。这就使他的分析无法认识生物学的、物种范围的联系；这样的联系正是康德哲学和自然选择理论（进化认识论）很亲和的原因。见《思想无羁：技术时代的认识论》第8章的讨论：知识仅仅是或主要是社会事件（索恩—雷特尔和知识社会学者的观点），知识的属性从固有和原初的属性来说是个体的、物种的知识，但是它具有重要的社会决定因子（《思想无羁：技术时代的认识论》的观点）。

［16］见《思想无羁：技术时代的认识论》第5章“超认知技术”以及该书第3章注释16。

［17］物种也许是选择的单位，戈尔德（“达尔文学说与进化论的发展”）等人持这样的观点。然而，个体是生殖和特征表达的首要单位。斯特宾斯和阿亚拉（Stebbins and Ayala）在《达尔文主义的演化》（*Evolution of Darwinism*）中说：“物种的命运依赖个体对付环境的能力，这样的能力只能够来自基因的自然选择。”

［18］恩格斯在《自然辩证法》（*Dialectics of Nature*，*Excerpted in Technology and Human Affairs*，ed. L. Hickman & A. Hibri，St. Louis，Mo.：Mosby，1981，pp. 215 - 220）中，提出了一个研究技术、进化和认知的类似的观点。他说，人使用先进工具和技术的认知能力，是转向肉食的结果，反过来，原始的狩猎工具使肉食成为可能。“适应肉食……对体力的增加做出了相当重要的贡献，在很大程度上使正在形成中的人走向独立。然而，肉食最重要的结果是对大脑的影响……肉食产生了两个具有决定性意义的新的进步：火的掌握和动物的驯化。”但是，对恩格斯而言，心灵—技术进步有一个不幸的后果：“人们把一切文明快速进步的功劳都算到了脑子的头上……人们习惯用自己的思想而不是需要来解释自己的行为。”于是乎，和马克思一样，恩格斯用需要和手代替了思想和脑子，把它们作为推动技术进化和认知进化的力量。以上引文转引自希克曼：《技术与人事》（*Technology and Human Affairs*，St. Louis，Mo.：Mosby，pp. 215 - 220）。

还有一个从营养角度研究知识和进化的方法。维克特舍塞尔对坎贝尔（“进化认识论”，1974）提出挑战。他在“光线与生命：感知与理性的营养”（“Light and Life：On the Nutritional Origins of Perception and Reason”，Paper Presented at 150th Annual Meeting of the American Association for the Advancement of Science，New York City，May 27）中说：视觉是触觉和运动的产物，

其根据是，有机体与光最早的互动是光化作用或食物生产。因此，眼睛可以说不是用来侦察环境的产物，而是用来吞食环境的产物（至少是从环境获取能量的产物）。又见波普尔的猜测：食物消化不良是我们感知环境的基础（参见波普尔：《客观知识》，第 37 页）。

［19］见杜威：《经验与自然》（*Experience and Nature*，Chicago：Open Court，p. 161）。他说："有时所谓的'应用'科学，比常规的纯科学更是真正意义上的科学。"在思想和变革的研究中，他还采纳马克思主义的认识论。他说："作为唯心主义的思想，并不是行使重构功能的思想。只有行动和互动才能够改变和改造客体。"在《民主制度下的创造和行动：杜威的技术经验观》（"Making and Doing in a Democracy：Dewey's Experience of Technology"，Paper Presented at American Philosophical Association Meeting，New York City，December）中，希克曼对杜威著作中关于技术的观点进行了分析，并将其整理成书目。又见胡德：《杜威与技术》（"Dewey and Technology"，in *Research in Philosophy and Technology*，vol. 5，ed. P. Durbin，Greenwich，Conn：J AI Press，pp. 189－207）。

［20］马丁·海德格尔的技术观点，主要见诸《哲学的终结》（*The End of Philosophy*，trans. J. Stambaugh，New York：Harper & Row，p. 161）和《关于技术的问题》（*The Question Concerning Technology*，trans. W. Lovitt，New Uork：Harper & Row）。两篇文章都是几十年前文章的重印。参见齐默曼：《技术文化与哲学的终结》（"Technological Culture and the End of Philosophy"，in Research in Philosophy and Technology，Vol. 2，ed. P. Durbin，Greenwich，Conn.：JAL Press，pp. 137－145）。又见我对马丁·海德格尔《哲学的终结》的评论。

［21］见德索尔：《技术哲学》（*Philosophie der Technik*；*Das Problem der Realisierung*，Bonn：Cohen）。又见德索尔：《技术之地位》（Streit um die Technik，Frankfurt：Knecht）。德索尔认识到，"康德没有研究心灵与思想的碰撞，心灵与思想碰撞的结果是经验的实现"。他认为，经验在技术中的实现是"凡人最伟大的红尘经验"。

［22］总之，德索尔与马丁·海德格尔对进化认识论来说，太形而上学了，而杜威又不够形而上学。杜威的策略是揭开现实神秘的面纱，使现实疏离，把它转换成工具或语词。进化认识论也摘下了现实的神秘面纱，赋予它有机体的历史和冲击——这个方法和杜威的方法一样，但是它不会削弱现实的观念，现实是超越人的、独立的；超越人的独立的现实，是经典形而上学强大而珍贵的外衣。杜威却是贬低外部独立的现实。他说："客体与史诗、庙堂、戏剧和故事的联系被剥夺之后，就被扭曲了。有人主张，它们享有理性的、宇宙的地位，独立于虔诚信仰、戏剧和故事的地位。"（杜威：《经验与自然》，88 页）进化认识论断言，一方面客体和戏剧（人的感知和重构）有关系，另一方面它们又享有独立的、宇宙的地位。

我和杜威关于技术的思想不一样，我们可以这样来进一步表述：我认为，无论用它还是不用它，铁钉从认识论和本体论来看，都具有意义。因为其存在构成了宇宙中一类新的现实，它是人的思想和铁矿石的混合，因为它具有潜在的用途。在杜威看来，只有等到铁锤敲打铁钉，使它派上用场的时候（如将两块木头钉在一起），铁钉才获得意义。

然而，除非在技术中体现出来，未经体现的思想对世界几乎没有冲击。我们这个看法，实际上和工具在科学中的核心地位，和传播在人类生活中的根本地位，没有什么区别。请见《思想无羁：技术时代的认识论》第 5 章和第 6 章对后面这两个问题的处理，同时请见本章注释 14。关于对传播的观点，请见杜威：《经验与自然》第 5 章。该章开篇第一句话是："在一切事物中，传播是最美妙的。"

[23] 波普尔的"三个世界"学说主要是在《客观知识》、《自我及其大脑》两本书中推衍出来的。

[24] 我对人工智能的意见请参考《思想无羁：技术时代的认识论》第 7 章"人工智能与现实生活"。我认为，即使当前最先进的"专家系统"那种人工智能也不能像人那样以独立、自我生成的方式思考问题，虽然或许有一天我们能够创造出这样的技术。

[25] 最近，我看到一种类似的分类系统，是哈托格在 1908 的《机械主义与生命》中提出的。该文在《生命与生殖问题》中重印。他提出物质三分法："广义的物质"（由先前的无机的原因决定的物质）、"有机体"（"生长并储存能量和物质，以供给自己的需要"——有机体包括人和人脑，还包括其他的生命形态，在行为方面是自我推进的）和"机器"（有机体创造的产品，以服务于有机体的需要）这三种物质。在第 252 页，哈托格赞扬巴特勒，说他在《笔记》中预计到这样的分类系统［参见琼斯：《巴特勒笔记》（*The Notebooks of Sanuel Butler*，New York：AMS)］。哈托格和我的图式只有一个差别：他认为，自然界的非生命和生命的距离大于生命和智能生命的距离（因此他把后面这两种生命纳入一个范畴）；相反，我认为，生命与智能生命的距离要大得多（因此我把自然界的非生命和生命放进"技术世界Ⅰ"）。实际上，两种距离都至关重要，这就说明有必要提出一个物质四分法的模式：自然界的非生命物质、自然界的生命物质（在自然选择中运行的生物学生命）、思维的物质（我们的大脑）和技术性物质（包括人造生命物质，可能还包括人工智能）。我这个四元模式见文章《技术是宇宙演化的利刃》（"Technology as the Cutting Edge of Cosmic Evolution"，in *Research in Philosophy and Technology*，vol. 8，ed. P. Durbin，Greenwich，Conn：JAI Press，pp. 161 - 176）。亦见《思想无羁：技术时代的认识论》第 7 章"人工智能与现实生活"。

[26] 见本章注释 14、16。

[27] 关于无心插柳的发明，请见我的文章《技术能给哲学什么教益?》中的注释 8，还有我的博士论文《人类历程回放：媒介进化理论》（pp. 79 - 80，

196－197)，注意我在其中引用科斯特勒的话［《创造行为》(*The Act of Creation*，New York：Macmillan，p. 192、214、216)］。我在博士论文中列举的无心插柳的发明有电话（贝尔最初开发电话的动机是搞助听器）、留声机（爱迪生想搞的是电话录音机，而不是放音乐的设备）和电影（爱迪生想搞的是留声机的配件，此时的留声机已经是成熟的放音乐的设备）。然而，这些无心插柳的设备和自然选择的产物是有差别的：这些意外的收获是有意识谋划和设计的产品，只不过它们发挥的功能和原本的策划不一致；相反在自然选择中，大概根本就没有任何计划。

［28］人有意识地培育新的有机体物种——达尔文所谓"人工选择"［见达尔文：《物种起源》(THE ORIGIN OF SPECIES，HAMMONDS WORTH，U K：Penguin，1968，p. 153)］；又见《思想无羁：技术时代的认识论》第7章注释25——成为一种技术，而且成为遗传工程的先驱。根据同样的推理，有意识或有计划的人的生殖，也在我们的血统中引进了一种技术成分。在这个意义上，人既是技术的创造者，也是技术的产物，而且我们预见到将来某一天，我们能够用基因切片来更加精确地创造我们自己。注意，人作为产品这个观念是非常实在的——并不那么玄乎，比常说的人成为思想和技术的产物要实在得多；由于人生存在思想和工具创造的环境之中，人成为思想和技术的产物。见《思想无羁：技术时代的认识论》第8章第1节"理性技术之负重"。在那里，我们将考虑，技术环境在多大程度上剥夺了我们的理性创新；我们还要批判艾吕尔的一些观点，比如他在《技术社会》里的观点；他认为，技术不幸把人变成技术的附属物［参见《技术社会》(*The Technological Society*，trans，J. Wilkinson，New York：Vintage)］。

［29］人类知识作为固有的"富有生产力"的东西，而不是主观或客观的东西。这个观点和杜威的观点一致。杜威认为，知识是工具的知识（体现在达到目的的行动和工具中的知识），而不是唯心主义的主观知识和培根式科学［杜威：《经验与自然》(*Experience and Nature*，Chicago：Open Court，p. 139.)］那种客观的、疏离的知识。这个观点和马克思（和恩格斯）强调劳动是一致的。实际上，"富有生产力"的认知者隐含在一切哲学中，以康德哲学为例，他集中研究作为积极机制的认知，认为它改变了它要理解的客体的性质。

第8章 宇宙只会拯救自助者：技术实现的历史模式，如何在太空应用这些模式以实现人类的发展[1]

8.1 总览

这颗行星上的进化产生了一种独步天下的有机体即人类，人不仅是进化的产物，而且有能力研究和理解进化。和我们所知的其他有机体不一样，我们审视过去时倾向于寻找解释现在的模式。我们不仅拥有生命，而且谋求我们这个物种的生命和存在的意义。我们思考未来并努力按照自己的面貌来创造未来。伴生这样的知识和意识的是我们的一份责任。我们承认，无论我们是否决定把技术用于创造未来，无论我们是否踏上行动的道路，地球甚至宇宙的演化都可能会依赖这样的技术。

太空旅行是这个进化过程中的一个关键阶段。在许多方面，进入太空是人类最重要的技术。千万年来，我们在地球上静悄悄地用我们智能的产物取代非有机体和有机体进化的产物。在人类干预之前，世界上的原材料是分子的活动过程提供的，分子自身对自己的机制是不了解的，没有预见性。今天我们举目四顾，处处可见体现了人的思想、计划和设计的结构，虽然这些东西未必就完美无缺。一辆汽车、一只鞋、一根牙签和一幢摩天大厦，都是人类创造并加之于地球的存在，这些人造物日益成为地球上占支配地位的物质材料。此外，到了20世纪，我们还重新排列了非有机物质的积木块，并且已经着手试验用技术来重新创造生命（重组DNA），我们甚至已经开始用技术来抽象创造思维的物质（人工智能）。从宇宙的角度来看问题，我们在地球上的所作所为——完全和太空旅行无关的所作所为是通常行为的深刻逆转和超越。人类是宇宙无计划、无思维

① 原载《哲学与技术研究》，1989。

的演化过程产生的，反过来，人类又重新创造和重新安排这个世界，而且是按照自己非常生动、非常执拗的思想的具体要求来改造这个世界。

然而，就我们所知，这个世界是宇宙微小的一部分；尽管我们在这里的革命很深刻，然而它完全可能是宇宙宏大图式中一丝奇怪的悸动而已。这是太空旅行开始发挥作用的地方。正是因为有了超越这颗行星的能力以后，我们就把宇宙在狭小范围内的自我超越能力，延伸到浩瀚的宇宙中去了。人类生命、大脑和技术扩张到地球之外的地方时，我们在地球上进行的伟大试验留下的手稿，就可以从这个世界尘封的抽屉里取出来，拿到浩瀚的宇宙中去出版了。这不仅仅是人类这个物种迈出的下一步，而且这一次的发展可能对宇宙自身的行为具有关键的意义。通过空间旅行，无论我们人类喜欢与否，我们都承载着宇宙的未来，把思维和计划的利弊都送进了宇宙，过去的宇宙是没有思维和计划的。

然而，我们的思维和计划本身夺占了我们活动的目标，剥夺了事物的必然性，无论我们的活动多么妥当、多么明确地指向这些目标。近来有评论者警告，技术有独立性，可能会支配人；与此相反，倘若技术要达到预期的效果，我们就必须要时常革新技术并使之重现活力。[1]技术设计在发展的过程中，在应用于人的决策或缺乏决策的情况下，都可能受到损害，也可能走错方向。因此，人类在地球上的技术史绝不是清清楚楚、从不中断、不断进步的矢量；相反，有时候，这可能是像过山车一样急转突变的征程，可能一开始就有错误，可能是潜力未能实现的过程，可能是丧失机会、失落文明、“失球丢分”的过程，当然它可能在这里或那里取得令人震惊的成就，这就是把我们带到如今这个地位的技术。

本文考虑过去的一些技术问题和技术失败，从中抽象出一些原理，解释问题和失败发生的原因，探讨我们为何能够并且必须避免科技开发计划的步履蹒跚。

8.2 发明对利用：中国人的教训

发明的意图和对它终极的应用之间有一定的距离，这是技术史令人着迷的惯例但不是例外。在有些情况下，甚至在许多情况下，发明者解决一个特定问题而发明一个装置所产生的技术，可能会大大超过预期的应用范围，产生大大超过预期的影响。于是我们看到，贝尔发明电话最初只是想改善残障者的听力，爱迪生起初构想的留声机仅仅是用来给电话录音，他的构想和100年以后的录音机差不多，但是和留声机在20世纪的实际用途却相去甚远，同样是爱迪生起初把电影构想为留声机的视觉陪衬。马可尼心中想要的无线电是无需电线的电话，可是这个无线电却变成了单向的大众媒介。电视起初被当做可视电话而不是可视广播。这样的例子还可以没完没了地列举一番。[2]需要再次指出，以上例子和许多其他技术被误用的例子，对我们的文明产生了偶然的意想不到的结果。20世纪无心插柳的广播和电视也许在一定程度上算是例外吧。不过在其他一些情况下，文明并非运气十足，由于技术潜力未能实现，文明可能会失败或者至少是停滞不前。

技术潜力未能实现的突出例子是中国的宋代。宋代人的许多发明后来成为西方文明的主要成分，印刷术、火药和火箭之类的发明多半只用于他们的庆典仪式。[3]印刷术可能在公元600年左右就发明了，比一般人认为的时间还要早三四百年。这些发明很少成为审查或禁止的对象，实际上在有些关键的时刻它们还得到鼓励，然而中国社会的文化环境总体上把这些发明排除在文化主流之外。于是，火药与火箭多半是用于庆典仪式，用于佛像的传播和节日的欢庆活动。最后，用火药武装、印刷术组织起来的西方人来到中国，支配并肢解了她精湛的文化，这个文化催生了上述发明，却将其遗弃，使之成为孤儿。

麦克卢汉认为，笨拙的会意字可能使印刷术成为大众媒介的主要障碍。[4]毫无疑问，能够用26个字母来表现一切词语和思想的西方拼音文字，和2万个方块字的中国文字比较，更加有利于活字印刷，因为中国人的每一个词或观念都需要一个会意字。由此可见，在印刷术发展的过程中，相关技术的缺乏成为它大规模、产业化应用的主要障碍。一个类似的问题曾经困扰罗马帝国，位置数“零”的缺乏阻碍了代数和微积分的发展，因此，罗马人本来可以用他们的工程能力发明的机械装置，就不可能诞生了。[5]

中国人失去了把技术用于制造武器的机会，这样的技术包括11世纪强大的造船业和用焦炭鼓风炉炼铁的技术，究其原因，主要是社会环境不利于技术的发展。因此，威廉·麦克尼尔指出，即使在最繁荣的时期，新技术在中国的发明和发展也只是对政府命令或工程的响应。这些活动没有任何机会开发成为自我推进的技术，自我发展的势头却是西方市场驱动的产业特征。他解释说："由于这个原因，欧洲工商业扩张的自我催化特征在 11 世纪和 19 世纪之间表现出来。这样的扩张在中国从来就没有起步。中国的资本家从来就没有享受到长期的自由，他们不能够把利润随意用于再投资。"[6]

当前美国空间探索的情况和中国过去的情况有一定的相似性，这是不可否认、令人不安的。在过去 30 年里，我们为此的努力一暴十寒、摇摆不定。一会儿是登月历史上的重大成就，一会儿是砍掉未来研究的经费；主要靠政府命令支持的空间探索计划，排除了自我更新的市场理论，难免要出现这样的问题。在这个方面，苏联人的处境显然更加糟糕。如果我们在 20 世纪的空间开发方面，不想给后代留下的印象是扮演中国宋代那样的角色，我们最好就在这个领域里改弦易辙。

行为的变化引起态度的变化，我们对技术的许多态度使我们容易误解新技术的性质，容易低估技术有效应用的速度。在 8.3 节里，我们将讨论技术评估中的一些陷阱，我们大家不时之间都可能会掉入这样的陷阱。我们在思考空间开发时应该避免这样的陷阱。

8.3　技术进步中的思想障碍

1. 我们往往用看待旧装置的观点来看待取代它们的新技术。

麦克卢汉把这样的思想障碍叫做"后视镜观点"，其影响见于我们给新技术的命名，比如，把汽车叫做"无马牵引的车"，把广播叫做"无线电"，把飞机叫做"飞行船"。[7]

这里的问题是，虽然汽车没有用马牵引，它们对运输和文化的普遍影响远远超过了不用马的血肉之躯的意义。因此，"自动马车"的发明人在世纪之交不可能预见到，汽车最终将在一定程度上成为某一个地区的地缘政治力量，自从伊斯兰问世以来，这个地区一直是一个默默无闻的地区。

在空间探索的情况下，用过去的镜头去看未来的习惯，尤其是流行，这是因为我们对新技术的了解越少，我们就越是顽强地把熟悉的过去比喻为现在。于是，我们几乎就没有其他的选择，只好用火星或月球"殖民地"之类的字眼来称呼人类将来在火星或月球上的栖息地，虽然它们和地球上的文明迥然不同，"殖民地"是人类给文明在地球上延伸地的命名。两者的不同之处是：空间殖民地不得不完全依靠技术；在地球的殖民地里，有一些关键因素比如空气预先就是有的，而且是理所当然的存在。结果，空间殖民地将有更大的可预见性和可计划性，至少不太受地球上的技术尚未解决的灾难比如飓风的制约。

如果你承认我们描绘未知事物的令人愉快的比方，那你就迈出了重要的一步：我们不至于在看见不太熟悉的景观时陷入催眠的状态，或者是被它束缚手脚。在考虑空间探索可能性的时候，在实施空间计划的时候，我们做结论说什么能做、什么不应该做的时候，就必须要小心翼翼，就不要把地球上适用的语言不恰当地用于空间探索。月球“基地”、火星“殖民地”、往返地球与太空的“穿梭机”这样的字眼，难免是要使用的，但是，我们要抵制用它们在地球上的内涵来思考问题，实际上，我们如果特别努力揭示地球上的形象必然会掩盖某些方面的太空经验。

还有一个更加积极的方略。我们可以有意识地为新的空间结构取新的名字，而不是轻松地选择与现在相似的名字。“laser”（激光）这样的首字母缩略词、“xerox”（复印机）这样的生造词，已经能够使这些新技术被公众理解。连不那么文雅的词组比如“文字处理”也能够使人明白一个道理：用电脑操作文本的写作比用打字机改错前迈进了一大步。身处空间利刃之上的人，要充分发挥自己的想象，设计出适合这些新经验的新词汇。

总之，我们难以避免用语言的编织机来生活与思考。在空间探索里，我们的头脑必须要特别清醒，我们要把这台编织机作为跳板而不是罗网和鸟笼。

2. 许多人认为，技术在为人所用之前，必须要充分验证和开发。

美国食品与药品管理局就是用这种充分研究和开发的办法，它认为，新药应该要广泛地验证，然后才能够普遍使用，一般是要验证好几年。即使在医疗这个特殊的领域，这种方法也是颇有争议的，比如，当前正在进行的要不要把法国人治疗艾滋病的药物引进美国的辩论，就是一个例子。这种在普通技术领域运用之前检验的综合征尤其不利于技术的发展，因为它剥夺了技术接触真实生活情景的机会，可是真实生活情景对技术开发又至关重要。

我们再来考虑世纪之交的汽车。和今天的型号比较，那时的汽车在许多方面非常原始，效率极端低下。倘若 1895 年有人说：“等等，我们先不要把这种无马牵引的车推向市场，等我们荡平更多的马车，改进了无马车的抗空气阻力、燃烧效应等性能以后再说吧”，倘若是那样，直到今天它还是当初那种无马拉的破车。正是市场的力量、消费者的需要、销售产生的资金，形成了有利于汽车继续发展的气候。此外，数以千计（后来数以百万计）的人在路上开车的经验，胜过75年来实验室提供的经验，哪怕几年的路上行车经验也比实验室里的经验宝贵。

今天的空间产业在很大程度上还停留在实验室检测阶段。无论政府制定空间计划是多么热情，每年几次穿梭的使命是远远不够的，离推动空间技术所需要的大量关键的技术还相差太远。一些私人企业家觉得，这些技术要进一步改善才能够达到商业开发需要的水平。袖手等待政府或任何专业化、有局限、非市场的力量实行这样的技术进化，那恐怕真是担保停步不前的办法。

从历史上来看，政府主事而技术迅猛发展的情况只有一种：战争的大熔炉。生存的紧迫压力使政府不得不放弃检测（或急遽压缩检测），它不得不在非常短暂的时间里在现实生活中大规模引进新技术。结果是人人皆知的事实：战争时期其实是技术极大发展的时期。

自由商业市场急遽变化的高强度压力，有一点像战争紧急状态，它给技术发展提供了另一种有效的刺激。实际上，弗里德里希·哈耶克说，19世纪是“发明的世纪”，各种技术大发展无疑是当时不受限制的资本主义的产物。[8]

从21世纪回到19世纪的想法，与当代世界多产的潮流是抵触的。但是，如果我们严肃对待空间资源的深入开发，我们就不能只等待政府拨款来启动下一个太空开发项目。

3. 我们猜想未来无法实现的技术时，往往以当前容易出错的知识为基础。

技术史的故事往往是几年前被误认为达不到目标、完不成任务的故事。在这个方面，运输技术的发展尤其令人吃惊，比如英国皇家海军的结论：蒸汽机在海战中绝不可能发挥重要的作用（1828年），100年以后许多专家又认为，运载大量乘客的跨洋飞行可能存在局限性。[9]

关于空间旅行的未来，今天就存在着许多类似的观点。这些观点一般是：宇宙浩瀚无际，行星和可以栖居的地方既稀少又相隔遥远。而且爱因斯坦的相对论认为，超越光速是不可能的（狭义相对论），即使可能，那也会产生严重的、难以理解的质量扭曲（广义相对论），所以在人类的时间尺度内完成深空飞行和利用太空是不可能的。

宇宙的浩瀚是不可否认的事实。然而，爱因斯坦排除超光速旅行是另一回事：他的判断并不是事实，那只是他自己的理论里所需要的一个公理而已（或者是叫结论，就看你怎么推理）。换句话说，超光速旅行的不可能（或极端困难）是宇宙论的堡垒，虽然我们应该承认，这个理论建立在揭示宇宙其他方面（比如行星运行）的坚实基础上。但是，正如爱因斯坦本人清楚意识到的那样，一切理论，包括他本人的理论，早晚总是要被其他解释能力更强大的理论取代，而且解释能力更强大的理论总是要推翻一切理论的某些构建成分（正如爱因斯坦推翻牛顿学说的某些方面一样）。因此可以说，我们在21世纪或稍后将会发现，有一个新理论将要抛弃光速绝对的观点，将要找到另一个标准的理论，我们将能够把宇宙安放在这个标准上。[10]

当然，即使光速是不可逾越的、终极的极限，这也不能排除其他的办法，我们可以用其他慢一点的手段来探索太空。比如倘若有必要，我们可以把低温保存的人送上千年之旅的使命，只不过我们要习惯于完成在更长的时间框架内承担的使命，超过我们历史上习惯的大多数的时间框架（比如埃及金字塔的多维生成结构）。

重要的是，我们不能够让超越光速不可能的理论使自己裹足不前，也不能放慢我们进入太空的步伐。理论结论的重要性赶不上实际的技术进步，技术进步处处迫使理论家修正自己的理论，这样的事情迟早要发生。

8.4 双管齐下：空间探索与资本主义

就我们所知，我们是宇宙在自我超越漫长的过程中产生的，我们又是这个漫长过程的旗手。物质产生于“无”的非稳定性。在邈远的古代，至少在地球上，有生命的、自我复制的物质从无机物分子复合体中诞生了。再往后，就我们所知，地球上出现了人脑这种有生命的物质材料。这是一种有生命的物质，它能够思考自己的起源、存在和未来。凭借技术创造的这个思维物质及其产生的手稿，我们从了解世界和我们自己在宇宙中的位置开始，然后过渡到创造世界，并使之更加符合我们的需要。如今，我们即将把这种按设计实现的进化延伸到地球外的宇宙中去。既然我们没有证据说明，地球之外有智能动物存在，我们就可以假定，我们到太空定居就是开天辟地的大事，就像生命在地球上诞生一样意义重大。无论等待我们的命运是什么，我们在太空定居将是宇宙进化进程的内外颠倒，将是人类从感知星光和欣赏星光到走向星星的进一步发展。

这里面临的风险岂止是诗情画意般的风险。这是因为，倘若熵及其衰减的趋势真如物理学家声称的那样广泛，那么，生命、人类的智能和技术所具有的逆熵的、自生的和超越性的力量，可能就是宇宙最后的唯一希望了。描绘这样的可能性实在是难，难免像情景剧那样俗气。然而，倘若我们真是宇宙中唯一的智能生物，整个宇宙的命运可能就只能靠我们现有的原始的空间技术了，在未来的几十年、几百年里都只能是这样的局面。

我们应该采用什么策略来鼓励这个发展趋势呢？仅仅倚靠在椅子里说，这是我们的命运，那是不够的。人的精卵结合最终要产生一个（能够生殖的）成人，但是这个命运必须要有适当的环境支撑才行，它首先在子宫里孕育，然后经过童年，最后才能够进入成年。

地球上的技术史同样说明，创造一种羽翼丰满的技术是不够的。我们似乎容易误解技术装置的潜力，常常惩罚开发技术装置的人，常常把这些技术装置控制在玩具或小玩意的水平，使它们不能够到主流文化中去运行。

不过，智能既可以产生发明的冲动，又能够使我们用发明来分析过去的经验，使我们向过去的经验学习。在初生的空间技术里，我们可以尽力避免被我们自己的术语搞得云里雾里，我们要用可能办到的语言来说话，而不是用不可能办到的语言来说话。这两种方法实际上都见于技术史。许多技术的性能大大超过了我们的预期，常常使我们能够完成起初认为是不可能的任务。

我们至少可以把空间探索的很大一部分放进自由企业和商业的范围里，这是特别能够激励人的环境。开放市场的资本主义有自我推进、自我催化的机制，有利于伟大发明的开发和实施，历史业已对此做出证明。这个机制和宇宙自我生成的进化机制是相似的，也是合宜的。需要再次强调的是，这个重要性具有宏大的实用价值：在技术中放入市场分散的、独立运行的引擎，就可以使它们摆脱束缚。虽然主导的政治思想可能是用心良苦的，有时甚至是富有远见的，然而如果让市场倚重这样的政治思想，我们早晚都可能坐失良机。资本主义有时也坐失良机，然而市场的多样化和生命的多样化一样，具有比较强大的自我矫正能力。政府常常想捍卫自己过去的政策，与此相反，企业家很高兴有互相补台的机会。

当然，实行空间探索商业化的呼吁，以及随之而来的空间探索的强劲发展，应该有一个共识：进入太空的活动应该有益于人类。

有人却不这样看。童年常常会得到奖赏，永远待在童年里的诱惑是难以抗拒的。我们可以在地球上的婴儿围栏里多逗留一会儿，这没有什么害处。或许在20世纪末，我们人类的机会而不是我们个人的机会即将再次来临。

也许是吧。然而技术史并不会给人安慰，因为它不会给人第二次机会；现在着手的空间计划也许在很长的历史时期里是唯一的计划，甚至从永恒的历史观来看都是唯一的计划。

开天辟地以来第一次，我们有能力更加深入了解头顶上闪烁的星星，而不仅仅是看看它们而已。我们可以走出地球去和它们邂逅。我们有这个责任，有责任寻求存在的意义，有责任了解自己究竟正在宇宙里做什么，有责任现在就出发去与星星邂逅，乘我们现在还有这样的机会。

我们已经经过了漫长的航程，离目标已经很近，如果打道回府、空手而归，那是多么滑稽的讽刺画啊！

注释和参考文献

[1] 参见雅克·艾吕尔（Jacques Ellul）：《技术社会》（*The Technological Society*，New York：Knopf，1964），这是一部经典著作，论述了技术自主性以及技术对人的支配。参见兰顿·温内尔：《自主的技术》（*Autonomous Technology*，Cambridge：MIT，1977）。亦参考我的文章《进化与理性对媒介决定论的钳制》（Evolution and Rationality as Checks on Media Determinism），载S. 托马斯（S. Thomas）编：《大众传播与技术研究》（*Studies in Mass Communication and Technology*，Norwood，NJ：Ablex，1984），文章是我对技术自主论题的回应。

[2] 见我的博士论文《人类历程回放：媒介进化理论》（*Human Replay：A Theory of the Evolution of Media*，PhD diss，NYU，1979，pp. 79－80，196－197）；又见我的文章《技术能给哲学什么教益？》（"What Technology Can Teach Philosophy"），载《追求真理》（*In Pursuit of Truth*，Atlantic Highlands，NJ：Humanities，1982，p. 159）；关于意图、发明与利用的关系，见我的文章《作为宇宙进化利刃的技术》（"Technology as the Cutting Edge of Cosmic Evolution" in P. Durbin，ed. *Research in Philosophy and Technology*，vol. 8，Greenwich，CT：JAI，1985，p. 172）。关于"歪打正着的发现"的讨论，见亚瑟·科斯特勒（Arthur Koestler）的《创造行为》。

[3] 关于印刷术在中国起源的情况，参见柯林·罗南、李约瑟（Colin

Ronan's and Joseph Needham)：《简明中国科学技术史》（*The Shorter Science & Civilization in China*：1，New York：Cambridge，1978，pp. 46－49），关于中国宋代武器的详细分析，参见威廉·麦克尼尔（William McNeill）：《追求力量》（*The Pursuit of Power*，Chicago：Univ. of Chi.，1982，ch. 2）。

［4］参见麦克卢汉（Marshall McLuhan）：《谷登堡星汉》（*The Gutenberg Galaxy*，New York：Mentor，1962，p. 185）。

［5］关于罗马帝国等缺乏相关性技术支持和这种支持的重要性，参见我的文章《作为进化载体的信息技术》（"Information Technologies as Vehicles of Evolution"，*Technology in Society*，vol. 6，1984）。关于技术发展在技术、自然和社会等方面遭遇的抑制性因素，参见我的文章《玩具、镜子和艺术：技术文化之变迁》（"Toy，Mirror，and Art：The Metamorphosis of Technological Culture" in L. Hickman，ed. *Philosophy*，*Technology*，*and Human Affairs*，College Station，TX：Ibis，1985）。

［6］参见威廉·麦克尼尔（William McNeill）：《权力的追求》（*The Pursuit of Power*，Chicago：Univ. of Chi.，1982，p. 49）。

［7］参见麦克卢汉：《理解媒介》（*Understanding Media*，New York：Mentor，1964，p. 158）；参见麦克卢汉、昆田·费奥拉（Q. Fiore）：《媒介即是按摩》（*The Medium is the Massage*，New York：Bantam，1967，pp. 74－75）。

［8］弗里德里希·哈耶克（Friedrich Hayek）：《通向农奴境遇之路》（*The Road to Serfdom*，Chicago：Univ. of Chi.，1944，pp. 15－16）。

［9］关于英国海军部低估蒸汽机的情况，参见威廉·麦克尼尔（William McNeill）：《权力的追求》（pp. 225－227），又见我的文章《没有止境的进化论认识论》（"Evolutionary Epistemology Without Limits"，*Knowledge*，June 1982，pp. 465－502，esp. note 23），文章详细分析，知识可能有误的事实如何使大多数"不可能"的预言在逻辑上站不住脚（又如何与进化论冲突）。19世纪的美国哲学家皮尔斯（C. S. Pierce）对所谓不可能的宣判做出了最辛辣的批评，他举的例子有：关于星球化学成分的武断论述在正式发表的当天就被天文观测的事实驳斥得体无完肤，参见皮尔斯：《科学态度与非完美理论》（"The Scientific Attitude and Fallibilism"，1899，in J. Buchler，ed. *Philosophical Writings of Pierce* New York：Dover，1955，pp. 42－49）。

［10］参见卡尔·波普尔（Karl Popper）：《量子论与物理学的分裂》（*Quantum Theory and the Schism in Physics*，ed. W. W. Bartley，Totowa，NJ：Rowman & Littlefield，1982，pp. 25－30）。文章探讨了一个十分有趣的问题，认为目前量子论的测试可能会支持牛顿－洛伦兹对宇宙论的阐述：时空是绝对的，光速未必是不能突破的。我的文章《作为宇宙进化利刃的技术》（Technology as the Cutting Edge of Cosmic Evolution）对这个理论转向做了扼要的探讨。

第9章 灭绝之不复存在[①]

关于技术的陈腐名言是，技术对地球上的生命起到了极大的破坏作用。爱德华·O·威尔逊[②]认为，人的智能“对生物界是一场灾难”。他给《纽约时报杂志》（1993年5月30日）撰文重申这个观点，文章所配的图表用了这样的文字说明：“科学家担心，物种灭绝的速度数以千倍于新物种创生的速度。”

无论这样的担心是否有道理，它都没有抓住问题的核心。技术的作用岂止是污染，岂止是砍伐热带雨林；技术还包括生物工程，技术还可能恢复人与技术出现之前就已经消亡了的生命有机体。

迈克尔·克里克顿的小说《侏罗纪公园》（*Jurassic Park*）就探索了这个可能性，不过靠DNA恢复的生命是一个喜忧参半的前景，恐龙既神奇，又有害——许多科幻作品多多少少背弃了光明的前景。围绕遗传工程争论不休的文章已经发表了很多，杰罗姆·瑞夫金的《阿尔基因》（*Algeny*）描绘的杀人细菌即为一例，它们可以蹂躏毫无思想准备的人们，在这些著作里，杀人细菌来源于利欲熏心的实验室。

然而有一点是一目了然的，使危险生物可能复活的基因重组技术，同时又可以用来恢复业已消亡的艳丽香花，它们曾经辉煌一时，不为人知，它们在亿万年以前就不幸夭亡了。

这就是说，今天所谓的灭绝并非过去所谓的灭绝，过去所谓灭绝的例子有渡渡鸟（dodo）的灭绝。过去的灭绝可能是不可逆转的灭绝；与此相反，基因重组技术的可能性说明，一个物种的所有个体的灭绝未必就是不可逆转的；数字理论家，包括今天的和各个时代的数字理论家一直有这样的认识。苏美尔人的文化并没有全部丧

---

① 原载《连线》（*Wired*），1993（9～10）。

② 爱德华·O·威尔逊（1929— ），美国昆虫学家、社会生物学创始人，著有《社会生物学：新的综合》。——译者注

失，因为他们的文字留下了可以理解的成分。

当然，把DNA密码转译为一个活生生的物种密码，比保存苏美尔文化要复杂得多。恢复灭绝物种的DNA很像是恢复20世纪70年代老掉牙的电脑磁盘：除非我们有一台运行良好的机器去处理这个磁盘，否则就不能运行其中的程序。但是，自然的生物界里却有一个好消息：里面充满了依靠DNA的生物，古老的DNA磁盘也许可以插入其中的许多模式，和我们创造的技术世界相比，这个生物世界庞大，我们技术世界的局限性则要大得多。以恐龙为例，《侏罗纪公园》里的模式肯定是可行的：我们可以把已经灭绝的蜥蜴的DNA插入现存青蛙的DNA；不过，我们尚未恢复足够多的恐龙基因来把青蛙胚胎转换为暴龙。

然而，当前物质资源的局限在科学技术中常常是无关紧要的，因为理论上的机会早晚是能够实现的。用开垦DNA技术来把灭绝从灭绝之中抢救出来，使我们能够逐渐逼近永生的目标，并使之为人所用。不过，这样的永生不是个体存活的永生，也不是物种存活的永生，而是生物信息存活的永生。这样的信息可以驱动生命的程序和机制。

天堂也许是DNA密码的浩瀚指南。

从亡灵堆里回归现实，至少在物种层次上而言的回归，也许是很简单的事情，就像找到恰当的地方去插入密码一样轻而易举。

第10章 代表人类：技术之刃[①]

对技术的理性审视需要从承认生命世界的作用开始。我们发现，人类出现之前很长的一段时间里，这颗行星上的生命形式就在以各种各样的方式操作着它们的环境。直到今天，这样的操作还是随处可见，河狸筑坝、蜘蛛结网、鸟类建巢都是这样的例子。实际上我们发现，技术本身就是生命的根本策略，技术是进化过程的利刃，它不仅回应外部环境，而且重新塑造环境，技术代表它服务的有机体来重塑环境。

人类的智能融入技术包含的古老生物机制，这不足为奇。我们喜欢做梦和设计的倾向使技术生龙活虎。智能和生物机制的融合使技术升级，并改变了整个地球，地球的改变也许超过了技术出现之前的一切生命机制的变化。技术是大写的人的冲动，技术既有建设性也有破坏性，既含情脉脉又咄咄逼人，随之而来的是各种被放大的危险。枪炮比拳头利爪危险，原子弹的危险性却无与伦比，它威胁着我们自己和我们的行星。

有头脑的人不仅欣赏技术的优势，而且担心技术的危险。说得具体一点，他们关心人误用技术之后有何补救办法，因为对人类生存极端重要的事情常常会遭遇到危险；同理，合理的关切也可能迅速升级为忽略现实情况的批评和谴责。雅克·艾吕尔的《技术社会》(*The Technological Society*，1954）就是这样的批评和谴责，还有一些人的著作也表现出这样的倾向。他们声称，技术基本上是自主的，失去控制的，他们认为，技术的本性和自然界产生深刻的对立，所以他们说，技术对人类和地球都是危险之源。

这样的观点不符合上文描绘的技术的自然进化状态。而且，他

① 原载《世界与我》(*The World and I*)，1996 (3)。

们忽略了一个事实：对人类威胁大得多的危险在源头上现在是而且始终是非技术的东西，比如疾病、旱灾、地震和其他自然灾害。他们忽略了我们能够采取的唯一有效的对应措施，也就是说，他们忽略或误解了技术在传播和组织信息中的基本作用，忽略或误解了技术在知识增长、医学、农业和无数日常活动中的基本作用。我们代表自己和世界每天从事着这样的活动。

本文旨在纠正上述看法，努力做到：（1）尽量澄清技术受人控制的事实；（2）证明常常归咎于技术的两个问题不是由于技术太多，而是由于技术太少，这两个问题是信息的超载和信息分割太细（over-specialization）；（3）以鲜明的语境来突出说明，技术如何改善我们在地球上的生存境遇。

10.1 枪械、刀子与枕头

正如英国哲学家乔治·爱德华·穆尔[①]在20世纪之交忠告世人的那样，常识是着手开始任何认真调查研究的良好起点。常识告诉我们，关于技术后果优劣利弊的问题就像是刀子的问题，刀子既可以用来做好事比如砍柴，又可以用来做坏事比如砍人。根据这个观点，刀子和一般的技术完全处于人的掌握之中。

让我们进一步探索这个问题。可不可以认为，既然技术具有固有的偏向——我们借用哈罗德·伊尼斯的话（《传播的偏向》，1951）——技术就有好坏功能的偏向呢？诚然，枪械偏向于伤人；枕头的功能似乎与枪支的功能对立，它令人舒适安眠。

然而，进一步研究发现，虽然这些技术有好坏的偏向，人的引导还是可以使它们指向相反的目的：饥饿的猎人用枪来打猎以便果腹，枪就用于好的目的；枕头被用来窒息杀人时，枕头这个杀人的工具并不亚于枪械。

由此可见，枪械和枕头似乎只是特殊的刀具：它们既有天然的好坏偏向，然而从终极的观点来看问题，它们又可以按照人有意识安排的方式来发挥作用（或不发挥作用）。

如果再把假设的风险提高一点。我们可以明确指认出什么是一好俱好、一坏俱坏的技术呢？有没有不服从人的意图而直指相反功

① 乔治·爱德华·穆尔（G. E. Moore，1873—1958），英国实在论哲学家，在认识论、伦理学和语言分析上很有建树，著有《伦理学原理》、《判断的本质》、《反驳唯心主义》等。——译者注

能的技术呢？换句话说，我们能否认为，有可以被称为“超级枪械”或“超级枕头”的技术呢？根本抗拒被用于杀人、并扭转这个偏向为人谋利的枪械，是否存在呢？根本抗拒和颠覆其安眠功能并干坏事的枕头，是否存在呢？

核武器显然是“超级枪械”的选项，它们肯定不能直接为人提供食品。它们也许能够捍卫一个正义的社会，使之不受非正义社会的攻击。然而，一旦用于实战，核武器就给无辜的人们带来可怕的灾难，给整个地球带来浩劫。然而，核武器只是核能的一个子项，核能却有医疗的功能，核技术还可以提供核聚变（比核裂变安全）的反应堆。而且，正如弗里曼·戴森[①]所云，核能本身还可以用于地球之外。只要进一步开发太空梭的技术，我们就可以用核反应堆来推进我们飞向阿尔法半人马座（Centauri）的第一艘飞船。这个策略可以用于把核武器迁移出地球，还可以进一步用于探索宇宙。当然，核武器及其相关技术的医学用途以及它假设的空间探索功能，远远谈不上就是百分之百的好的用途，但它们也不是绝对不能够用于好的目的。

另一方面的情况像什么样子呢？我们能不能指认一种百分之百有利、后果绝对好的技术呢？预防接种似乎是明显的例子：即使对技术最挑剔的批评家也看不到天花疫苗对生命有危害。然而遗憾的是，我们知道，和疾病作斗争的技术又很容易被改变用来传播疾病，并且可以用作细菌战的载体。这告诉我们，任何技术包括核武器如果没有失去人的控制，都不会成为一坏百坏的技术；同理，任何技术都不会成为一好百好的技术。无论是好是坏，人的指引对一切技术都具有决定性的作用。

由此可见，一切技术在我们的手中都是各种形式的刀子。这是好消息，因为它证明以下观点的荒谬：技术是自主的，其本性是人不能控制的。当然，这就给我们以责任，我们要继续不断地把技术用于积极的目的，我们要尽量矫正技术可能的消极影响。

在10.2节里，我们将考虑一个不引人注目却很有教育意义的案例，这是我们如何履行自己责任的例子：窗户及遮蔽窗户的设施。

---

① 弗里曼·戴森（Freeman Dyson，1924— ），美国著名物理学家、科普作家，强调科学革命的两种形式：观念驱动的（concept-driven）科学革命和工具驱动的（tool-driven）科学革命。——译者注

10.2 百叶窗的寓意

很久以前，在天气恶劣的日子里，如果人们想要看一看户外，他们就不得不伸出脑袋去吃日晒雨淋的苦头：从墙上的洞口向外探望。窗户成为这种恶劣条件的补偿，因为它使人能够看到窗外，玻璃窗使人免受日晒雨淋之苦。

技术演变中常出现这样的情况，窗户在解决老问题的同时又造成新的问题：你容易看到窗外，窗外的人也容易看见你。换句话说，窗户既有让你安全透过窗户向外探望的好处，同时又产生了方便窗外人向里偷窥的问题。

这就是技术好处产生不利因素的经典案例。这里的弊端是出乎意料地失去了隐私。

人们对这个新问题的回应能给人以启示：我们发明窗帘、威尼斯式的软百叶窗、硬百叶窗等，是因为我们不会消极被动地忍受"偷窥的汤姆"，所以我们创造既保留原来好处又解决新问题的新技术。

实际上，笔者所谓的"补救性媒介"（remedial media）的技术发展，是技术发展的一个基本模式，在技术演进的许多线索里，这个补救性机制都发挥了一定的作用。我们再用另一种窗户为例来说明问题，在它问世以来的25年里，电视这个窗口就一直遭受批评，有人说它是极端短命的媒介，因为它不给看电视的人提供过去或未来的意识。刘易斯·芒福德[①]在《权力的五角大楼》（*Pentagon of Power*，1970）里竟然说，电视的夭折和它对人脑的损害有关系。然而我们在上文已经看到，没有任何技术是一条路走到底的。而且，即使在芒福德批评电视的时候，录像机的技术已经在开发之中，不久录像技术就赋予电视以记忆功能，就给予它一种未来的意识，因为人们可以把电视节目录下来以后看，如此等等。于是，录像机就成为电视的百叶窗：它使人既享受电视的好处，又减少了看电视时那种无助的感觉。至少从看录像的人的角度说，录像机把电视变成了书本一样的东西。

由此可见，补救性媒介有力地支持了上述逻辑命题：人始终不

---

① 刘易斯·芒福德（Lewis Mumford，1895—1990），美国传播学家，媒介环境学创始人，著有《技术与文明》等。——译者注

断地控制着技术。有评论者争辩说，技术在世界上泛滥本身就是个问题，所以任何新技术即使补救性技术事实上也没有好处。它们经常提到的对技术后果的关切有两种：一是信息超载，二是技术精英主义和信息分割太细。信息超载认为，我们淹没在技术提供的各种选择中；后一种关切认为，每一种新技术不是为全人类解决问题，而是使一小群人成为一个特殊的特权阶级，他们和其他阶级、其他人是脱离的。

在 10.3 节和 10.4 节里，我们将看看这两种关切如何建立在误解的基础上，它们误解了技术的机制；我们将看看新技术如何有助于解决这两个问题，批评者常常把这两个问题说成是技术产生的问题。

10.3 实为低载的超载

毫无疑问，信息是生命之必需，尤其是对人的生命之必需。批评家说，好事也不能太多。这样说对吗？

在这个语境下需要指出的是，就社会生活而言，悲剧常常产生于误解，误解又产生于信息太少而不是信息太多。新奥尔良战役是许多很好的历史例证之一：1812 年，美英两国在巴黎签署和约以后，新奥尔良战役爆发了。为什么不必要的血腥的战役会爆发呢？因为和约签字的新闻是由快船传递的，而快船还在大西洋上航行。由此可见，新奥尔良战役是信息不足的直接后果，或者说是信息缺失的结果：大约 20 年后发明的电报才能够阻止这样的战争发生。

有人说，信息总量在过去的 200 年中大大增加以后，信息的天平已经从信息太少倾斜到信息过盛。这样说有道理吗？在此，我们需要进一步仔细看看，人类的认识能力如何处理信息，这是因为，如果你说我们需要处理的信息太多，那就等于是说，我们的大脑处理信息的能力有局限，而且这样的局限已到尽头。

首先我们要承认，我们的大脑不是被动的木桶，等待外部世界的经验去储存，到了“装满”的时候，大脑就会像木桶一样，里面的“水”就会溢出来。与此相反，从康德到杜威再到皮亚杰，这些哲学家和心理学家都认为，人类的认知能力是高度活跃的消化剂；它不是单纯吸收信息，而是加工信息，在加工的过程中将信息分类、塑造，在各个处理阶段都把新信息和其他一切信息联系起来，结果，处理后的信息比原材料更加复杂、更加统一，理解的活动随即开始。

我们没有理由认为，这个加工过程对信息泛滥有免疫力；同时，我们也不能认为，康德大脑能动性的观念会支持这样一个模式：我们的智能已经被海量的信息压垮。总之一句话，大脑不是以这种方式工作的。

确实，社会上流行着这样的印象：我们已经被信息压垮。实际的情况说明，我们的智能在处理气象万千、闹闹嚷嚷、混乱无序的世界时，是得心应手的；一百多年前，威廉·詹姆斯[①]把这个世界看成是一个"蓄水池"，我们的意识从中选择它需要注意的候选材料。我们每天步入的书店和图书馆堆满了信息，书本的信息量超过了我们阅读能力的千百倍。虽然我们感到一点点压力，暂时有一点迷惘，但这是在各种拥挤的庞大环境里都有的感觉，然而我们却很难感觉到信息超载引起的极端焦虑，它不会扰乱我们做出回应的能力或行动的能力。相反，我们通常从庞大的信息阵列里选择我们需要的东西，而且选择的结果十分有效，我们的感觉十分舒服。

为什么书店和图书馆不是信息超载的地方？相反，为什么电脑及其输出的信息常常被怀疑是信息超载的地方而受到责备呢？仔细一看就知道，我们已经开发出了多种导航的技巧，能够处理书店和图书馆高度的诱惑力。每一个孩子都在学校里获悉，书籍是可以按照主题和作者分类组织的。特殊的情况有特殊的处理办法，可以做到有一定的道理，一定的内在统一。比如，传记就不是按照书名或作者的字母顺序上架的，而是按照传记人物的家姓排列的。平装书可能进入特别的书架，无论其主题分类是什么。结果就形成一个复杂的体系，这个分类体系成为书店和图书馆的补救性媒介。这个体系被读书人内化而烂熟于胸，成年之前的孩子就已经熟悉这个体系了。

这说明，电脑网络——万维网、互联网及其提供的大量信息之所以使人烦恼，并不是因为它们给我们太多的信息，而是我们掌握的导航信息太少。有了导航信息之后，我们就可以充分加工这些新兴的知识源泉了。实际上我们可以这样想一想，我们拥有印刷机和印刷品长达500余年之后，才开发出有效的导航策略，我们开发互联网导航方略的时间才5年多一点，想到这一点，我们信息超载的

① 威廉·詹姆斯（Henry James，1843—1916），美国作家、评论家，晚年入英国籍，作品涉及美国文化与欧洲文化的对立，从心理学角度反映现实主义小说的先锋，著有《一位妇女的画像》、《鸽翼》、《波士顿人》、《金碗》、《小说的艺术》等。——译者注

感觉是完全可以理解的。

然而，这样的感觉是非常短暂的，根据以上媒介导航方法的开发过程就可以看出来。技术批判论者有一个典型的特征，它们抨击信息过盛时，始终在或明或暗地呼吁减少技术。这只能使问题更加严重。假如这个信息超载实际上是信息低载，信息低载是由于信息技术太少，而不是由于信息技术太多。假如是这样，呼吁减少技术刚好是在错误方向上砍技术。我们需要的是更多的技术而不是更少的技术。信息超载的问题是技术不足产生的，因为这个新领域里支持我们认知能力的社会结构和技术结构，尚不足以承担信息处理的任务。

实际上，日益增加的新技术已经在赋予我们处理海量信息的手段。这样的手段远远不只是搜索引擎。大脑积极处理信息是对付信息超载的自然而然的矫正办法，我们已经看出来了。用电话线上网的个人电脑不仅打开了接收和分类信息的海量路径，而且可以让使用者轻而易举地反过来把信息插入网络。这就是信息贡献，就是最积极的信息加工。事实上，网上交流允许参与者对话，读者就成为作者，所以网络和过去的电视、书籍和一切大众媒介不一样。你就是网上文本的组成部分，你就是一定意义上的作者，你阅读的某一部分文本就是你对自己语词的回应。这就使你理解信息的内幕，使你能够驾驭网络产生的大量数据，而不是被大量的数据压垮。

当然，新技术甚至教育工作都花费大量的资金和资源。因此，虽然有些批评者可能会同意上述意见，但是他们还是要争辩说，最新的电脑太昂贵，补救性媒介并非一般人能够买得起；这种联网处理信息的先进技术，实在是太贵了。反过来，这又造成了技术精英的危险，或者被称为与其他人隔绝的小圈子的危险，因为他们用的是昂贵的通信器材，他们就只能在小圈子里互相交流。

由神秘而自我封闭的专家组成的世界肯定是一个不健康的前景。旨在增加交流的技术实际上起到了事与愿违的作用，它们反而分割了我们的社会——这样的前景可能存在吗？

我们现在来看技术精英主义的问题。

10.4 电脑与自灭的精英

对媒介演化的考察可以揭示，新技术一开始就可能使一群人"脱离"其他人。批评书面词语的大有其人，苏格拉底在《斐德罗篇》里谴责书面词语，麦克卢汉在《谷登堡星汉》里对拼音字母表的“扁平效应”表示关切（1962）。他们都指出，文字素养造成新的人群和新的感知，使之与过去的人决裂，过去的人及其感知建立在口耳相传的基础上，而不是以拼音文字的话语为基础。苏格拉底尤其担心，依靠书面词语可能使我们的记忆力减退，这和对话的理想背道而驰；在对话的时候，你可以立即拷问“作者”。麦克卢汉担心，用一连串抽象的涂抹来重新表征过去的表征，剥夺了人类经验中一些关键的成分，因为过去的表征是充分体现经验的表征。苏格拉底的批评并非没有好处，但已经被证明有误。虽然我们的记忆力自荷马以后有所下降，我们的对话却非常兴盛，跨越了大尺度的时间和空间，因为这样的对话锁定在持久的字母里。我们也可以认真对待麦克卢汉对拼音字母表的批评，然而无论拼音文字直接的心理影响是什么，它还是给文明的发展提供了一个很好的信息基础，拼音文字造就的文明超过了前文字的一切文化，它给我们带来的是海量的、感知丰富的经验，只是需要搬运到我们这里就行了。

由此可见，我们可以从历史经验中得到教益。书面词语把人、文化和历史时期分割为两大类：有文字素养和无文字素养两大类。诚然，新媒介具有这样的分割作用，但是从长远的观点来看问题，这样的分割会逐渐被抹平，并且具有均等化的趋势。从时间的维度来看，什么东西导致这种分割的弱化呢？从分割的观点来看问题，这就是补救性媒介。新媒介的开发和利用使以前媒介的有利因素得以继续，这一点不足为奇，因为在一定程度上这样的好处并不会使文化分割。

以文字为例，印刷机在西方的使用很好地解决了这个问题：马丁·路德劝告人们自己读《圣经》，而不是依靠罗马天主教的教义，因为有了印制的《圣经》而不是手写的《圣经》之后，人们自己读《圣经》就有可能了，这是开天辟地以来第一次实现的可能性。于是，神职人员和非神职人员的差别就有所减少。科学家的发现和理论靠印刷机传播之后，互相验证就比以前容易多了。于是，科学革命兴起，追求知识成为公众的事业而不是少数人私有的秘藏。一切新文本包括宗教、科学和政治的文本，产生要求人学会读书的重要需求。这个需求又导致公共教育的兴起，公共教育的首要作用是给儿童掌握文化的钥匙，这是名副其实的钥匙，读写能力、图书卡仍然是进入目前思想世界的金钥匙。到了近代社会初期，恐怕再也没有一个活着的人认真对待苏格拉底对文字的批评了。

我们今天走到了哪一步？书报杂志仍然源源不断地从印刷机倾泻而出，并且从纯粹的流通量来说其势头更加猛烈，它们仍然是获取读写能力的保证书。电影、电视和现在的电脑一直被认为是对文字秩序、读写世界的威胁（见尼尔·波斯曼：《技术垄断》，1992，他从这个角度批评电脑）。电脑这个最新的媒介尤其受到批评，因为并非我们人人拥有电脑，有电脑的美国家庭还不到50%，全世界其他地区的百分比还不到这个数字的一半。因此，互联网上的新闻组（USENET）和其他小组富有魅力的会话，可以说是少数特权人士夜间的娓娓细语，大多数人只能是局外人，挨不上边，与之没有丝毫关系。在这场美妙的对话中，他们连二等公民的资格都没有。

然而，这样的情景完全脱离了上述技术进步和媒介进步的一番讨论。在技术进步中，每一种新媒介既解决以前的问题，又产生新问题。从这个进化的角度看，印刷媒介大大抹平了拼音字母表引起的分割，同时又产生了它自己的两极分化。比如，书籍的物质现实性就含有这样的意义：书店和图书馆的容量有限，它们给读者提供的图书有限；没有一家书店或图书馆能够提供哪怕是全部文本的一个样本。报纸的流通比书籍的流通广泛，但图书馆之外的场所却难以收藏报纸。结果，除非与你比邻的图书馆，除了今天、昨天或上周的报纸之外，再旧一点的报纸你就很难找到了。

在线的文本交流突出证明了这样的不足。一个文本经过个人电脑进入互联网之后，原则上世界上任何地方的任何人都可以获取这个文本，但必须有两个条件，一是个人电脑，一是网络连接。此外，这个文本可以立即被无数人阅读。再者，它将要保留在网上，状态完美，不仅明天，而且1年、10年、100年之后都完好无损。换句话说，网上交流使人平等的趋势比印刷术有过之而无不及，这是因为，高速度运输成为运输的方式之后，地球上的一切地方的距离都相差无几了。

然而，如果使用这个新系统要花钱，而且超过了有些人的财力，那么这个均等化趋势又有何用。即使我有可能和任何人交流，但如果我没有钱去交流，这个技术还是不太具有使人平等的趋势。

无疑，一般的书比一般的电脑还是要便宜很多。不过，今天的价格差远远不如10年前、20年前那样可怕了。实际上，完全可以传播文本的个人电脑并不贵，今天二手货的价格在50美元到200美元之间，这是完全可以承担的价格，386 型甚至更老型号的二手货只要这个价。此外，上网的花费也在稳步下降。各个大学早就在给师生提供免费的上网服务，有些地方的公众也可以无线上网，每月花费不到 20 美元，这样的地区越来越多。无疑，还有一些人无力承担这样的费用，然而网络已经不是富人独占的领域了。

实际上，媒介和技术的历史还说明，新媒介的价格很快就直落到大多数人能够承受的水平。20 世纪 70 年代中叶，家用录像机刚问世的价格是 2 000 美元，现在几百美元就容易买到了。1800 年，一本书的价格平均是一个人的月薪，今天的书价显然是大大降低了。

电脑的价格可能会持续下跌，上网的费用正在不断下降，网上交流固有的性质是平等——无论何人、何时、何地都可以上网。把这些情况合起来，我们就可以明白，电脑革命产生的精英好景不长，而且实际上是在自我拆台。

再者，和大多数新媒介一样，网上交流摆出的架势也是要消灭精英和兴趣的分割。兴趣分割不是电脑制造的，电脑问世之前，它早就深深扎根了。20 世纪的前 75 年，科学家和学者都身处分割的学科，多半只和最接近的同行，只限于在专业会议上、在同一个系科里交流，他们分散在世界各地。与此相反，任何上网的科学家原则上都可以立刻和在线的其他科学家交流，就此而论，他可以和任何公众交流，无论其专业是什么，哪怕他们相隔千山万水。传统的专业分割模式和不相往来是盘根错节、根深蒂固的，消除这样的隔阂无疑需要几十年的时间。然而重要的是，数字传播不但不会使我们的文化进一步分割，反而能够把分割的碎片编织起来，并且给我们展示一番前所未有的美好景色。

10.5 两个震灾城市的比较

虽然信息与生命从本质上说纠缠不清，然而说到底，生命却是更加重要的价值尺度：即使信息很少，我们也可以生存并补救信息的不足；然而如果没有生命，我们就既没有生命也没有信息了。

因此我们说，技术及其价值最重要的检验并不在媒介和信息领域里，而是在人的生命这个更广阔的领域里。我们已经指出，传统上对我们生存的最大威胁来自于自然领域，而不是技术领域：有些大陆上 3/5 的人口曾死于黑死病，就像 20 世纪的战争一样恐怖，所幸的是，战争死亡的人数还没有达到这么大的比例。

大多数人还意识到，医学和农业的技术进步拯救了许多人的生命，使许多人更加长寿。

不过有时候，一两件微不足道的事情可以使技术及其实惠更加富有戏剧性。

20世纪80年代，里氏震级差不多的两次地震在两个地方发生：亚美尼亚和旧金山。亚美尼亚叶日万（Yereva）城的伤亡人数达数十万；在旧金山，死亡人数却不到100。这两个地区损失的差别主要是由于技术的差别。叶日万的建筑设计没有考虑到地震的因素，所以它的建筑像纸牌一样倒了。旧金山的情况与此相反。它吸取了20世纪初大地震的教训，震后新修的建筑在地震时能够晃而不倒，实际上少数坍塌的建筑正是那些不符合抗震标准的房屋。

当然，地震在历史上一直是困扰人类的灾害。我们过去修建的各种各样的房屋硬是被夷为平地，直到我们设计出抗震的建筑，我们才有了一定程度的生命安全。

抗震技术的作用是人类生存的有力象征。除了大脑之外，我们在生存斗争中实在没有什么值得夸耀的东西，生存斗争是地球上一切生命形式的命运。然而，我们的大脑能够单独成就的东西仅此而已：它们能够思考、梦想、幻想和计划，确实如此，但这些计划的实施，还需要有技术的参与。

思考、梦想和计划产生的装置并非总是能够发挥意想之中的作用，有时候，技术产生的结果是无心插柳的结果，但武器发挥的作用是有意为之的作用。这一切说明，并非一切技术后果都是于人有益的。毕竟我们是人，凡人都有局限，很难指望我们创造的一切都完美无缺。

然而，我们可以期待改进技术，也需要改进技术。我们要使更多的人有饭吃、有医求，我们要将信息送到更多人的手里。我们可以保护自己和地球，使之不受自然灾害的蹂躏。

改进的最佳载体就是技术，实际上，这是我们所知的唯一载体。技术能够改造世界，使之有利于我们最细微的冲动、最细腻的思想。

第11章 真正的机器人不会哭[①]

实际到场——身体的移动和在场说到底比图像、声像和数据传达的知识更加可靠。即使最好的多向麦克风和摄像机也可能对面前细微的东西视而不见、充耳不闻，人到场之后却能够注意到这些东西。

问题是，现场在地外时，让人赶到现场并非是轻而易举的。实际上，有些地方，太阳系之外及太阳系紧邻的地区，目前要送人去探索还没有可能，因为我们还在蹒跚学步，还没有把任何物体送到这些地方的技术。以先锋号航天器为例，1972 年飞离地球，到 2002 年飞行距离为 750 亿英里（冥王星距离地球 270 亿英里），相当于 11 光年（每秒飞行 18.6 万英里完成这段距离所花的时间），离我们的太阳最近的阿尔法半人马座大约是 4.3 光年。关于阿尔法半人马座和其他的恒星，我们所了解的情况仅限于最好的望远镜观察到的数据。把活生生的人送到那些地方，那还要等待功率大得多的推进技术。

就靠近地球故乡的目的地而言，在太阳系内及其附近，我们可能已经有了运输工具，可是这些运输工具不适合作载人航天器。比如我们可以向土星发送探测器而不是飞船——可以支持生命，让人在地球和土星之间来回的飞船现在还造不出来。原因之一是，用目前技术驱动的飞行器要花几年才能够到达土星，另一个原因是，我们尚未向土星发射并回收一个飞行器。实际上迄今为止，迎接过人又让人回到地球的天体只有月球。火星似乎是下一个可能的天体。

在这一章里，我们将考虑机器人的服务；就我们所知，机器人很适合代替人完成在太空各地的邂逅。在一定程度上，我们的回答

---

① 原文为《真实空间：飞天梦解析》第 10 章，2003。

依靠一个技术性能：今天和明天的机器人在太空侦察和探险中是比较像人呢，还是更像摄像机呢。我们考虑的因素不仅要实用（机器人在多大程度上能够取代人——而功能却相同），而且要符合道德规范，因为有人（比如亚历克斯·罗兰）说，不仅在深空而且在近空的探险中，机器人都应该是首选，然后才是人。原因之一是，机器人的消耗比人的消耗更加容易接受。[1]

我们已经了解机器人的这些特征。机器人在环境中移动，在这一点上，它们比望远镜、摄像机、麦克风等类似的数据搜集器更像人，无论静止不动的数据搜集器还是在人的操作下可以移动的数据搜集器都不如机器人。由此可见，和观察媒介（望远镜）、传播媒介（摄像机和麦克风）和分析媒介（电脑）比起来，机器人应该是首选——除非这些媒介太庞大而不能放进一个搭载飞船的活动机器人，除非被观察的天体太遥远，除非任何已知的运载工具都不可能到达这个天体。至少按目前标准看，基本属性是静态媒介的例子有巨型望远镜和计算机。无疑，和人体一样大的机器人是不能负载或容纳这些大家伙的，即使大如巨象的机器人也对付不了这些巨型望远镜和计算机。但是哈勃望远镜的成果说明，沿着这条路走下去，巨型望远镜可以行使飞船一样的功能。到了那一步，我们很可能会拥有集机器人、望远镜、电脑和飞船于一体的设备，运载巨型媒介的问题就迎刃而解了。

在此之前，我们至少可以说，和一切小型、静态的媒介相比，机器人更可取，更适合太空旅行中飞船可以到达的地方。

然而机器人和真人比较是不是更可取呢？

我们先说机器人的优势。

11.1 机器人的优势

和人相比较，机器人作为太空探测器最重要的优势是：损失一个机器人至多不过是在时间和经费方面带来不方便而已——那没有生命损失。在地球上，在我们熟悉的环境里，在我们知道的危险的环境里，使用机器人肯定是有道理的。我们能够造机器人来混合危险的化学品或生物材料，在这样的情况下，倘若还要坚持用人去完成这样的工作，那会是什么样的逻辑？

用机器人工作还有一些次要的好处，它们会成为值得表彰的探险器。它们反反复复干同样的事情不会感到厌烦。它们不会思念家乡亲人，不会爱上同事，不会生气，不会因为数不尽的关心和担心而分散精力；人就不一样，大大小小、琐细美妙的事情都可能干扰我们的注意力。一句话，机器人具有逻辑严密、情感阙如的人工智能——电脑——所具有的一切优势。它们的运作完全建立在程序和电路上而不是激素上。

集上述优势于一身——虽然难以细说但确乎是真正的优势——再加上无所谓生命损失的第一优势，机器人的优势就不可否认；在太阳系及其行星和月球的考察中，机器人就成为主要的参与者。不过，这样的考察应该把人排除在外吗？

回答应该是肯定的。只要人不具备胜过机器人的明显优势，就应该把人排除在外。人有生命损失问题，机器人却没有这个问题；这显然是一个分量很重的观点：不应该把人送去做机器人能够做的工作。

然而，有生命的、具有完全人性的人是不是也有适合星球探险使命的难以否认的优势呢？

11.2 编程的局限

B. F. 斯金纳之类的行为主义心理学家曾经说，人的编程和机器的编程一样——唯一的区别是我们能够觉察到编程（就是说，我们知道我们给机器编制了程序，但是不知道我们过去的经验给我们编制了程序；机器或电脑不知道被人编制了程序不在讨论之列）。马尔文·明斯基把我们的大脑称为“肉质机器”（meat machines），这个观点与行为主义心理学家的观点相似。[2]他的意思是说，大脑与电脑的重要差别是：大脑由蛋白质构成，电脑由芯片构成，但两者都靠程序运行。［一个类似的观点把赛博空间与“肉体空间”（meat-space）的区别描写得活灵活现。“肉体空间”就是我在《真实空间：飞天梦解析》一书中所说的“真实空间”，不过“肉体空间”剥夺了自己在人事中对赛博空间的优势。我宁可用“真实空间”，因为它令人注意到自己对赛博空间的优势。］

斯金纳和明斯基等人的描述常常被说成是宗教观念的翻版：我们——我们的大脑和人体身上有说不清道不明的灵魂；用哲学家的论争（笛卡尔和许多人）来说就是：我们的大脑受到非物质的头脑（nonmaterial minds）的驱动，并且还（或）可以产生非物质的头脑。在同质化程序驱动的精神状态（mindset）下，思想、梦境和计划以及运算法则的例行公事的基本属性，都难以区别了。

有人说，人的心态完全是编程的产品，和电脑（或机器人）的决定一样。不借用灵魂或头脑，就可以批驳这个说法。显然，成年人的经验接近无限量，任何可以编进电脑程序的东西都不能望其项背。人的经验靠大脑的基因“程序”起作用——用语言交流的能力即为一例，人的经验本身就浩瀚无限，目前尚未描写清楚。因此，即使为了讨论而接受这个观点——人脑的运行是“编程”的，把人脑的编程和电脑的功能画等号是毫无意义的，甚至连比较也毫无意义。相关编程变数的两种尺度是处在两个不同的宇宙中。

尽管人有各种意图和目的，和电脑比较，人实际上是“未经编程”的（unprogrammed）。设想有个人站在一个新世界，或者在一艘飞船上眺望这个新世界——第一次、第二次、第三次、第一百次、第一千次看这个新世界。试想他在片刻之后、一个小时之后、十年之后、一辈子之后能够在这新世界看到什么东西呢？也许，他看见了什么细微的运动、什么隐隐约约的模式，这些东西可能与他 5 岁时看见的东西产生共鸣吧，与他儿时走路去上学、在花园里玩耍、翻篱笆并落到地面时看见的东西产生共鸣吧。也许是新世界水池里的涟漪，也许是一片弯弯的树叶，使人回想起 11 岁的时候与小伙伴在小湖边奔跑时看见的东西。也许是遥远的太阳系的一丝阳光早晨从远山背后升起，这使他想起祖母的微笑。

最后这个例子是否特别不公平地偷偷向电脑开了一枪？它与科学探询之间不存在看得见的关系吗？这正是要害所在。侦探需要的不仅是严格的科学教育。他们需要难以细说的情感和经验的源泉，以便能够更好地与未知的经验相配合：谁知道太空中将要邂逅的是什么东西呢？置入机器人头脑的什么计算程序可能会包容重要的经验呢？

人类这种未经分类、近乎无限的经验有助于探险发现。在这一点上，人脑与电脑的关键差异是，人脑之所以能够识别重要的细枝末节和事件，并不是因为人脑比机器人的程序准备得更加详尽具体。相反，我们的优势恰恰是我们没有事先准备的能力——难以计数的生活与思考的经验。柏拉图提出“月相”的悖论：除非对某一事物有所了解，否则我们就不可能了解到它的新情况——要不然我们怎么能够判断新情况是新知识？所以，在太空的发现之旅中，生活的摸彩袋（grab bag）肯定是必不可少的行囊。

此外，人还有机器人不具备的其他优势。

11.3　分层的知识和辛酸的知识

传统哲学三大分支拷问的是：什么是真伪（认识论）、什么是正误（伦理学）、什么是美丑（美学）。我们可以给电脑编程，让它们判断以上三个问题，不过电脑在第三个问题上最弱。当然，事实可以用数码形式和非有机体的形式储存，也可以靠程序获取，于是电脑就可以判断数据的真假并做出可靠的决定；这对认识肯定是有帮助的。伦理问题比较难以处理，但在一定程度上也还是容易编程。一位电脑“法官”可以考虑这样的问题：假如一个男人的 3 岁幼女需要急诊，应该允许他超速开车把女儿急送医院吗？只要储存了恰当的指南和案例——如果就医很紧急就可以违反交通规则，我们就相信，人工智能的法官能够做出准确的判断。

但是美学问题呢？机器人靠编程可以储存海量的信息，已经储备了经过人的判断是美的形象与声音。即便如此，我们就能够相信它能够识别稍稍经过改头换面的美的心态吗？

问题是，即使人类对美的原理还不甚了了，何况机器人呢。梳理事实、衡量伦理主要依靠思考（虽然伦理学涉及一点感觉和情绪），然而美的客体是感觉到的（靠情感领悟，一位老资格的哲人如是说），也许还需要一点思考。由此可见，美与真截然对立，正好是知性和情绪的混合；感知和评价美的时候，知性和情绪都是需要的。

设想机器人在遥远星系观看荒无人烟的景况时所处的困境。“荒无人烟”一词突出了机器人的问题。也许，它可以给我们提供准确的报告，把那个空间的恒星、行星、山脉等的荒凉情况原原本本地告诉我们——它看到了多少，信息的包装有多密集。我们这个机器人甚至可以做出一个伦理上健全的决定。比如说吧，一位探险家去世了，死前来不及说一句话，机器人靠程序就可以告诉她在地球上的丈夫说，她死前的最后一句话是她爱他。然而，我们的机器人对“荒无人烟”的审美状态能够提供什么样的报告呢？它又怎么知道这样的状态呢？

它能够表达多多少少和帕斯卡那样令人敬畏的不均衡意识沾边的意义吗？我们的头脑、大脑、梦想、存在之微不足道和宇宙的浩瀚无际相比较，是多么的不对称啊。机器人知道我们在地球上仰望星空时感觉到的敬畏吗？不大可能。不，绝不可能。我们的机器人或许能够觉察到我们的敬畏表情，觉察到引起我们敬畏之情的周边条件。它可能注意到我们仰望星空时异样的眼神并试图弄懂其含义。它还可以靠编程在其他地方识别类似的环境——漆黑的夜空星光闪烁，寂静无声的行星上是大片的荒漠或冻土并向我们报告。然而，要懂得敬畏本身，要懂得荒凉的感觉，那就需要感觉并体会敬畏——反过来，那又需要情绪，需要有肾上腺素等激素激活的大脑。逻辑电路能够沐浴在激素中吗？它们能够意义深远地与激素在界面上相互作用吗（请原谅我用这个蹩脚的“界面”）？也许，总有一天能够吧。但是今天肯定还没有这种能够有感知的机器人或电脑程序。

太空探索的刀刃上必须有人的情感，这并非纯粹的奢侈。也许，你的生活中有很多次这样的经验：友人或经纪人向你推荐一套房，你想买或租，纸上看很好，可是一走进去你就意识到对你不合适。你想买汽车也好多次遇到过这样的经历吧？这些决定依靠的不仅是知识、事实和信息。其中涉及的还有情绪反应，有时细腻得难以察觉、难以说清。然而，这样的情绪能够指导我们生活中重要的决策——买新房时肯定是重要的。

我们考虑太空新居时，难道不需要我们的一切情绪反应吗？

11.4 有七情六欲的机器人

如果考虑遥远的将来，难道不能设想制造有感情的机器人吗？做这样的幻想并不难——实际上科幻小说里已经有这种非常有效的幻想，银幕描绘的版本也很好。

倘若我们有一天制造的机器人不仅能够推理，而且能够感觉，它们会有我们全部的七情六欲吗？只要稍微有一点达不到这个要求，它们就不够资格担任我们的星际使节，因为我们迫切需要知道星际旅行最需要的是什么情感。制造拥有人类一切情感的机器人的困难，和制造拥有人类部分情感的机器人的困难相比较，大概不会相差太远吧。影视中描绘的机器人和类人机器人（android）——拥有人的一切情感，能够做出完美的审美回应——使这个任务看上去容易些。类人机器人毕竟是由男女演员扮演的，我们在他们身上看到的情感并不是机器人的功能（因为这样的机器人如今还不存在），而是演员（演员当然是业已存在的活生生的人）的表情。

研究非言语交流的专家能够分辨数以百计的微笑、微笑与眼神配合的表情和其他的表情。大多数人不仅能够显露数以百计的表情，而且能够分辨和理解大多数复杂而细腻的表情。通过编程，机器人大概能够识别表情，高级的类人机器人也并非不能显示表情。问题是，对人而言，每一种表情都反映内在的心态——审美的或其他的情感回应。这样的表情在机器人的身上反映什么呢？

为了探讨问题，我们假定将来能够造出拥有人的全部感情的机器人。这样的机器人代表我们出使其他星球，是不是比人亲自去更好呢？就是说，既然我们不去现场，我们对它们的观察、报告、现场分析与决定会觉得舒服吗？假定我们暂时把情感与灵魂（人类特有的认知与深刻感情的混合）画等号，假定我们暂时把灵魂何来的宗教观念搁置一边（因为可以说，倘若只有上帝能够赋予人灵魂，那么这些机器人在其他一切方面都酷似人，所以上帝有可能认为给它们赋予灵魂也是妥当的），有了这样的“灵魂”之后，机器人会成为人类走向宇宙的唯一代理——而且是有灵魂的代理吗？

遗憾的是，不行。并不是因为在这个问题上它们不如人。如果它们各方面都太像人，而且代表我们去星球，问题就出在相反的方向：它们和我们没有区别。如上所见，机器人不可否认的一个优势，正是让它们代替人去冒险时我们感觉很自在。谁也不喜欢丢掉汽车或昂贵的电脑，但是只有疯子才认为这样的损失相当于人命的损失。由此可见，倘若我们制造的机器人和我们一样具有完全的人性，倘若它们能够在我们缺席的情况下探测整个的宇宙，而且不会给探测的结果造成损失——在这样的情况下，它们的损失——“死亡”不是同样地不可接受吗？

我们可以认为这是机器人代替人的一条根本的、难以避免的悖论：越是像人，让它们暴露于危险、伤害、死亡就越是不能为人接受；越是不像人，它们提供的关于我们没有直接看见或经验过的地方的报告就越是靠不住。这样的局限使我们和机器人要相互交替。结果就是不支持把机器人作为替代人的唯一使者去太空探索，在一切开发阶段的机器人，包括原始机器人、当前使用的机器人和将来的机器人，都不能够用作替代人的唯一使者。

大多数科幻小说集中写机器人可能会给人带来的危害，而不是我们可能给机器人带来的伤害。伊萨克·阿西莫夫提出的“机器人三定律”——（1）机器人永远不能加害于人，行动或不行动对人造成危害都不行；（2）机器人必须服从人的一切指令，与第一条定律矛盾的指令除外；（3）机器人必须行动以确保自己的安全，与前两条定律矛盾的行动除外。[3]这就是最典型的例子：机器人的福祉是最不重要的原则，它甚至要服从低能或恶意的人的命令从房顶跳下去，仅仅是因为有人下达了这样的命令。（后来，阿西莫夫提出了一条处在第一条定律之上的“零”定律：人类的总体利益超过个别人的需要。这条定律允许机器人代表人类杀死一个人。不过这条新定律无助于机器人，它们的权利还是处在最不重要的位置。）

然而，我们造的机器人越聪明、越深思、越敏锐——越是能够贯彻阿西莫夫的定律，它们就越是需要我们的保护，因为它们像我们或越来越像我们。

考虑过上述一切因素之后，我们不得不满足于制造低等的机器人——科幻小说所谓的那种低等的机器人，我们现在或很快能够造的高技术的机器人——让它们陪我们去其他星球。它们完成我们分配的任务而受到伤害时，我们不会陷入道德上的两难困境。我们遭遇的唯一的危险，是假定它们能够在我们不在场的情况下做出决定、进行全面的探索。

这样看机器人有一个重大的好处：在当前技术或可预见的技术条件下，它们已经在一定程度上能够投入使用或者接近于这个目标。一方面，我们需要指引我们进入太空的远景构想；另一方面，除非用现有或快要有的技术来制订计划，我们就不可能取得长足的进步。在认真确定人类走向太空的重新定向中，我们需要利用现在已经拥有的技术。

注释和参考文献

[1] 亚历克斯·罗兰（Roland, A.）：《我们是怎么成功登月的》（“How We Won the Moon”, *The New York Times Book Review*, 17 July: 1, 25. 1994）。

[2] 马尔文·明斯基（Marvin Minsky）：《思想社会》（*The Society of Mind*, New York: Simon & Schuster, 1986）。

[3] 伊萨克·阿西莫夫（Isaac Asimov, 1953, 1956, 1983）：《钢铁洞穴》（*The Caves of Steel*），《赤裸的太阳》（*The Naked Sun*），《黎明期的机器人》（*The Robots of Dawn*, N. Y.: Doubleday）。

第12章 移动中的信息[①]

只需要看看历史上的任何一段时间，我们就能够注意到人在路上一边走一边打电话的雏形。实际上，在大街上、小径上或任何其他地方一边走路一边与身边的人说话，就是最遥远、最原初的先例。与其他动物一样，我们这个物种也要移动；而且，像其他动物一样，像其他一切生命形态一样，我们需要交流。然而，与我们所知的其他动物不一样的是，对于不在我们眼前的人，我们会谈起这些人，渴望与他们说话。

说话——抽象、符号性的语言——是这里的关键。和洞穴画、象形文字不一样的是，口语词什么东西也不像，因而它能够代表、表征、描写任何我们想要表现的东西。这就是它的力量所在。我们的祖先能够对亲友说："嘿，有狮子，离我们这儿不远，只有几里地，又饿又凶，要吃人，朝我们这边跑过来啦！"因此，和他们的类人猿表亲比较，他们占尽了优势——他们的表亲危险临头时，却只能够对亲友含糊不清地咕哝、比划、尖叫。我们是会说话的原始群的后裔。从长远来看，不会说话的类人猿对狮子的生存做出的贡献超过了对自己生存的贡献。

如果我们能够说出脑子里想到的东西，无论它是否就在我们眼前，我们都能够谈论。由此再往前走一小步，我们就不仅能够谈论我们心里想的人，而且能够与我们心里想的人谈话，无论他们离我们有多么遥远。

有了说话的能力，再加上和远方人说话的自然而然的欲望——无论他们和我们是在何方都有想说话的欲望——我们就必然走到手机这一步：边走边说的能力，无论我们在哪里行走，也无论和我们

① 原文为《手机：挡不住的呼唤》第2章，2004年。

谈话的那个人是在哪里行走。

行走在这里也起到关键的作用。人类学家认为，在人类形成的过程中，走路和说话一样，发挥了重大的作用。也许在学会说话之前，我们的祖先就已经会直立行走。我们是唯一用两条腿走路的动物。只用四肢中的两条腿，另外两肢——双手——就得到解放，我们就可以用手握东西，比如手机。

我们走出非洲，议论走出非洲的经历时，就开始了边走路边说话的漫长旅程，就缓慢而稳步地朝手机这个方向前进了。用于满足交流的需要、满足我们身处何方时对交流的需要的智力和创造力，其逻辑的、终极的结果必然是能够放进衣袋里的电话机。

手机问世之前，我们已经有一些放在衣袋里、拿在手上、挽在胳臂上、扛的肩头上的其他的交流工具。然而，没有一种是互动的交流工具。没有一种容许我们能够与不在身边的人交谈——这是手机至关重要的特征之一。这些交流工具都不能动——移动是手机的另一个关键特征。在这一点上，我们可以把它们看成是手机不能互动、不能携带的前身。

有人破天荒想到在石板、木板、泥板书写的时候，人类就已经进入了移动媒介的领域。板材可以拿起来，也可以搬运；在洞穴里、崖壁上、纪念碑上书写的东西，却固定在一个地方，或多或少永远被固定在那儿了。摩西很聪明，他把“十诫”刻在石板上带下山。于是，“十诫”不仅能够在他们穿越沙漠时随身携带，而且最终被带到了全世界。

书写在各个方面的简化加速了信息的流动。摩西的“十诫”是用拼音字母书写的，而不是用象形的圣书文字书写的——拼音文字容易学（少量符号，而不像象形文字那样数以百计）。拼音字母表示汪汪叫的、四肢行走的动物很容易，表示无所不能、无所不在、隐身不见的一神教中的上帝也同样很容易。在后来的千百年里，纸莎草、羊皮和纸张减轻了石板的重量；墨水笔、画笔、铅笔比凿子轻便灵巧。罗马帝国的驿道成为书面文件的大动脉（关于文字及其社会影响的历史，请见保罗·莱文森的《软利器》，1997）。

黑暗的中世纪由于千百年的疏忽和误解而堵塞了信息的渠道。不过，文艺复兴产生的一个发明直到今天仍然是媒介流动性的奇迹之一，这个发明就是印刷的书籍。印刷机发明之前，虽然手写文件运输起来已经很方便，但是手写稿很费时，很费心，需要专才。结果，即使在手写稿最发达的时代——希腊文明和罗马文明时代——信息的传播也很受局限。公元390年，基督教主教西奥菲勒斯（Theophilus）焚毁亚历山大城的图书馆；公元640年，穆斯林武装攻城，焚毁大约40万册图书（这是保守的估计，仅限于该图书馆馆藏，较高的估计是损失70万册图书），损失的价值当然不能用被毁的数量来衡量，因为毁于兵燹的书籍有些是孤本。与此相反，印刷机却不一样，公元700年前后，中国发明印刷机，大约700年之后，欧洲的谷登堡用印刷机来搞活字印刷，它可以根据一本书印制出成千上万的副本。机器印刷的书籍传递的信息很快就传遍许多地方，就像DNA在细胞里无处不在一样。

于是，印在白纸上的黑字就可以抗衡被毁灭的厄运。一旦发行扩散开来之后，无论是在20世纪希特勒焚书的时候，还是在用其他手段焚书的时候，谁都不可能搜寻到他们想毁掉的全部书籍了。书籍是负载信息的猫，印刷机把猫从口袋里放出来之后，它再也不可能把猫抓回来了——只要还有人生存，无论是在哪里，只要活着的人能够看书，能够看懂书里的文字，谁也不可能把书籍收回来摧毁了。

无论过去和现在，书籍等印刷材料都能够很痛快地发送出它们储存的信息，都可以供人们阅读——在各种各样的地方和环境中阅读。从20世纪和21世纪的情况来看，听收音机、看电视、用电脑都需要电能和专门的设备，印刷产品却极其慷慨，慷慨得令人难以置信。它们只需要光线，对世界别无他求。日间，书报杂志是自带“电源”。如果在夜间，如果月光晦暗，无处不在的非传播媒介的光线，也能够使书报杂志慷慨地发出信息（历史学家戴维·哈恩说得好：“电灯光对养成读书习惯所做的贡献，超过了过去的一切东西”）。周围的光线——无处不在的光线——使我们能够在任何地方看书，需要的仅仅是一位能够读书识字的人而已。

识字成了一切移动和静止时的书面交流所必需的首要前提。和读书的光线比较，识字能力的获得不知要困难多少倍，付出的代价也不知要高出多少，时间和金钱的代价都很高，远远超过任何一种印刷产品比如书籍的成本。即使是昂贵的、难以搜求的大部头，经过几个月的努力之后，花上几百元也是可以买到的。然而，即使这个搜求过程花了上千元、花了几年时间，这个成本还是低于学会读书写字付出的代价。如果考虑正规的学校教育，无论是私人付出的代价还是纳税人支付的金钱，读书写字花费的时间都可能要超过10年（达到读懂大部头的水平最少的代价），花费的金钱都可能以千万元为单位计算。

话又说回来，之所以花这么多时间和金钱，正是因为读写能力在一个印刷品的世界里（而且在互联网电子邮件、实时通讯和手机短信的世界里）是极其重要的。1997年的电影《黑客帝国》里有一个镜头捕捉住了这个必需前提的重要意义，尼奥（亦名托马斯·安德森，主人公）被抓起来审问，特工史密斯（雨果·韦文主演）态度严厉。尼奥要求打电话。史密斯狡猾地问："告诉我，安德森先生，如果你不能够说话，电话又有什么用处呢?"因为这次谈话发生在虚拟世界里（我们后来知道这就叫虚拟世界），并且是处在史密斯的控制之下，尼奥的嘴巴不见了。

在采用印刷机以后的几百年里，西方人也曾经以类似的问题自问：告诉我，如果你不识字，书籍报纸还有什么用处？结果就是公共教育的兴起。直到今天，它的基本使命仍然是教儿童学会读书，不过进步实在是慢。直到19世纪的最后几十年里，美国识字人口在总人口中的比例才达到古希腊亚历山大城辉煌时期的比例。

到19世纪末，印刷术和写字也得到改进。毕竟读书识字灌输的结果，既有利于文字作品的接受，也有利于文字作品的创作。越来越多的人学会了读书，对书籍、报纸的需求，最终对杂志的需求也随之增加。识字人口的数量和供他们阅读的书报的数量互相催化——彼增长时此亦增长，彼此刺激，循环作用。伦敦的《泰晤士报》1814年开始用蒸气驱动印刷机。到19世纪30年代，美国的荷氏公司完善蒸气印刷机，使其速度达到每小时印4 000个双页。印刷成本急遽下降。便士报应运而生（每份报定价1个便士，过去的卖价是6个便士）。《哈泼斯》之类的期刊来临（印刷机速度很快，周末闲置，出版商决定利用周末印刷杂志）。给杰克逊所谓的"普通人"提供一般信息的期刊来临。与此同时，1878年发明的字型变换键打字机可以实现大写字母和小写字母的变换，不久，作家打出的作品就和印刷厂印出来的文本一样清楚了。

然而，高速印刷机还是和最初的打字机一样，是不能动的。对想在出门时写字看书的人来说——在公园椅子上、火车站写信，在离开家人或办公室之后写信——笔记本电脑是理想的发明：不仅将书写笔而且将墨水、吸墨纸、纸张和硬台面都集于一身，说走就走，就像维多利亚时代的公文包一样可以随身携带。19 世纪末的世界正处于媒介流动性萌芽的状态。柯达照相机已经开始做出贡献，即将在 20 世纪加入这个行列的有半导体收音机、笔记本电脑和手机。

12.1 柯达照相机与移动媒介生产商

尽管书籍有很好的便携性，可是这个便携性只方便消费者，不方便生产者。如今，作者在哪里写东西都容易做到了，差不多和读者看书一样容易。但把书印在纸上出版发行，那却是另一回事。印刷的成本和运输大量纸张的成本都相当高，即使技术不断改进、成本不断降低，成本之高还是足以限制出版商的人数。和读者的人数相比，出版商总是很少的。照相排版和电脑排版使生产成本略有降低，却并不能减少纸张、装订和运输的成本。

到了 20 世纪末，网上出版和“随选印刷”（print-on-demand）的单张把生产和消费不同步的时间差抹平了。然而过了 10 年之后，同步生产和消费仍然只占到书报销售量的很小一部分。而且，网上书报缺乏我所谓的“可靠定位性”（reliable locatability）。我们搁下书离开之后，印刷的书页很可能还是原来那个样子，几个小时、几天、甚至是几年都可能原封不动（倘若书架是在我们自己家里）。毫无疑问，你现在手捧的这本书第 20 页上印的这些字，无论你过多久回来看，还是在老地方，只要书还没有腐朽分解，没有遭到损坏，这些字就会原封不动。然而，电脑屏幕的固有性质却截然不同。它老是变化——实际上，它可以不断“更新”，变化正是它应该具有的属性。至少在 21 世纪初，网络连接的中断、有意识的网络切换，使其稳定性远远不如白纸黑字印刷的东西。既然容易修改是网络的巨大优势之一，这种不稳定状态很可能还要继续下去。容易修正的代价就是失去可靠定位性。

一开始，照片的便携性就和书籍可有一比，而且照片几乎是可以永久保存的。用照片的意图是拯救形象。正如法国电影理论家安德烈·巴赞所说的，照片使形象从“随时间流逝而必然的衰朽”中被拯救出来（见他 1967 年的书《电影是什么?》）。19 世纪 40 年代和 50 年代，最小的银版照相法照片和玻璃底片照相法照片，携带起来比书籍更方便。这些照片可以放进口袋，重量和现在的手机也差不多。美国内战前的维多利亚时代人，倘若能够在口袋里放 21 世纪的诺基亚手机，感觉会十分舒服的。

可见，19 世纪中叶的确见识了衣袋作为几种媒介承载物的价值，照片就在这些媒介之列。然而，第一批照相机确实是另一回事——体形大、笨重、可以运输却不便携带［这个区别好，我在 20 世纪 80 年代第一次听人用这个比方，说的是比较早期的个人便携式电脑问世之前，凯普罗（Kaypro）之类的个人电脑的重量大约是 25 磅；见麦克威廉姆斯（Peter A. McWilliams）《个人电脑读本》（*The Personal Computer Book*，1982）］。早期的照相机也要心灵手巧的人才能够摆弄，结果，照相机问世以后的前 50 年里，只有很少的专业摄影师能够用它给大家照相，人们把照片放在壁炉架上和背心口袋里。虽然印刷机数量和读者人数的不平衡更加严重——但是照相机远不如印刷机那样昂贵——照片使少数生产商将许多消费者的印刷模式长期保存下来。

急遽扭转这一局面的现代媒介，是 1888 年问世的柯达照相机。实际上，自从自来水笔、书记员和膝上型书写板问世以来，它是第一个使人能够在运动中生产物品的媒介。手拿照相机的一个小黑匣子——和今天的笔记本电脑一样大——任何人都可以拍照片。正如手机使交谈从家里和办公室里走出来进入大千世界一样，100 年前的柯达照相机使照相机走出了专业摄影师的照相馆，进入了每个人的假日聚会、生日聚会和海滩漫步的场合。

乔治·伊斯特曼生造出一个新词“柯达”，是因为他不想自己的发明和以前的任何发明有任何联想。他的直觉很敏锐，这个没有先例的名字不止是聪明的营销策略；破天荒第一次，任何人、任何时候、任何地方都可以把世间万象抓拍下来。装备了柯达照相机这个眼睛的延伸器官之后，人的眼睛不仅可以随时再看他过去看见过的东西，而且可以把它记录下来——不是仅仅留下不准确、有错误的记忆，不是仅仅留下符号表达（必然有所扭曲）的文字描述，而是直接地、准确地、完全地记录下来，把任何已经看到的东西记录下来。当然，照相机和眼睛一样，可能会漏掉一点东西，然而它忠实而完全地记录了进入镜头的一切东西。

此外，和自来水笔、膝上型写字板书写不一样，用柯达照相机在户外寒风冷冽的日子里抓拍，是轻而易举的。如今，手机这个新型的移动照相机就成为大千世界里名副其实的居民了。

不过文字和摄影术确实有一个共同的特性：二者迎合的都是视觉的需要。下一场在移动方面的革命将要迎合的，则是听觉的需要。

12.2 装在轮子上的收音机

19世纪发明了两个伟大的听觉器材，一是电子类型的电话，一是机械类型的留声机。起初，只有留声机给媒介的流动性做出了贡献。实际上，早期曲柄式“说话的机器”不仅是放音机，而且是录音机，因此在这个意义上可以说，它就是成熟的发声的“柯达机”。不过，用唱片录音的方法经历了一连串笨拙的过程，又是用笨拙的圆筒，又是用笨重而容易打碎的圆盘。录音方面轻松的流动性还得等到20世纪50年代每分钟45转的乙烯树脂唱片的出现——车载收音机走红之后没几年唱片就问世了。

唱片和收音机播放摇滚乐。摇滚乐很适合20世纪50年代，适合那时很招摇的州际高速公路系统。它是奉献给旅行人的音乐。“摇”和“滚”这两个词本身就包含着高声吼叫，就倾诉着动觉。摇滚的命名来自于非洲裔美国人谈论性交的俚语——词源一旦明确之后，彻夜摇滚就比较容易理解了——摇滚乐强劲的四四拍很适合跳舞（小的时候，我怎么也弄不懂比尔·哈里和他的彗星乐队为何会那么激动，会昼夜不停地摇滚。直到了解了“摇滚”这个词的词源，才恍然大悟）。

驱动（driving）这个词也很传神，因为车载收音机对开车的人来说特别有用。汽车和收音机差不多是同时发明的——19世纪和20世纪之交。但是，到了1929年，特朗西通公司才造出了第一台车载收音机，又过了20多年，车载收音机才成为标准的汽车设备。书籍和照相机虽然很灵便，对开车人却毫无用处，他要看扑面而来的路，无暇翻书看，也顾不上对着镜头拍照。与此相反，收音机利用了我们边听边看的能力，听的和看的不是同样的东西。需要在运动中关注快速变动并且有潜在危险的环境时，这样的收音机就成为开车人理想的伴奏和娱乐工具，无论过去和现在都是这样的。

灵便的晶体管取代笨重的真空管之后，收音机进入汽车设备的步伐加快了，与此同时，散步的时候也可以听收音机取乐或听新闻了。1948年，贝尔电话电报公司的贝尔实验室发明晶体管收音机，几个月之后，两位德国物理学家也独立完成了同样的发明。即便电子信息时代并不是晶体管开启的（这个殊荣归功于100多年前的电报），至少可以说晶体管启动了电子媒介便携性的时代。体积减小、功能增加的原理——早在20世纪30年代，巴克敏斯特·富勒就断言——是技术发展的一般原理，富勒把这个原理称为迪马克西沃尔特·翁原理。(见富勒 1939 年的《通向月球的九条链子》。又见坎贝尔的文章《进化论认识论》及该文引用的同步、独立发明的普遍性。不过，这个现象也许是麦克卢汉地球村的损失，尤其是在 20 世纪 90 年代有线电视和互联网实现的地球村的损失，二者都以闪电般的速度把信息传遍全球。如果即将搞出一个发明的人听不到其他地方有人搞类似的发明，他那个新发明又怎么能够是独立的发明呢?)

人脑是富勒所谓迪马克西沃尔特·翁原理的自然而然的成就和模板。人脑加工视觉、听觉和其他感官，加工思想、梦境、设计、想象和计划，加工情感、知性和心态——甚至可能会加工灵魂——这一切均出自颅腔中那块小小的一公斤左右的物质，我们的双腿非常灵便地携带着这团物质。不过，微芯片取代晶体管之后，富勒的迪马克西沃尔特·翁原理才能够得到完全的技术表达——迄今为止的最好的表达。微芯片带来了数字时代。到了 21 世纪初，最先进的电脑芯片的处理能力相当于 10 亿只晶体管的加工能力。

12.3　笔记本电脑与便携式生产

我们已经追溯了人类历史上媒介移动性发展的两条路径。一是把传播的产品送达移动的消费者，书籍和车载收音机就在此列；一是使各行各业的人都成为媒介生产者，铅笔和柯达照相机走的就是这条路。之所以追溯这两条各有特色的消费者和生产者、收信人和发信人、接收者和创造者结伴而行的路子，是因为它们在手机的身上相会并纠缠在一起；手机使人既可以收信也可以发信——也就是说，手机使人同时成为远程会话的消费者和生产者。

20 世纪画上半程记号时，满足技术媒介的消费所需要的各个方面，都占据主导地位，包括静态的和移动的两种媒介。对一般人，即不是媒介产业生产者的人而言——能够用来创造或启动信息的媒介只有电话、照相机（包括当时刚发明的复印机）和从蜡笔到打字机的多种书写工具。但是，电话常常和耳机话筒相生相伴——换言之，它们既发送信息又接收信息。作为接收信息的媒介，电话和受人尊敬的书籍报纸是一样的。后来的几十年里，电影、广播、电视等地位显赫的单向媒介加入到书报和电话的行列。实际上，20 世纪 40 年代后半期，经过大规模开发之后，电视在 10 年的时间里，就深入到 86%的美国家庭之中。这是一个创记录的速度，此前此后的任何媒介都不能匹敌（电话到20世纪50年代进入美国50%的家庭，已经花了75年的时间。如果把网络和手机大量露面的时间定在20世纪90年代早期到中期这个范围，它们达到50%这个标准，大约也花了10年的时间。直到我写这本书的2003年，它们深入美国家庭的比例还没有达到86%）。

在网络作为大规模的商业媒介来临之前，个人电脑——与电话一道使网络成为可能——发展的速度缓慢但稳扎稳打。到1995年，美国家庭拥有电脑的比例还不到30%（大约离个人电脑1980年问世过去了15年）。个人电脑采用的情况如此之慢——比电视慢多了——这并不奇怪。电脑要用程序驱动，尤其是早期使用不方便的电脑更是如此，因为它需要使用者具有相当多的专门知识（与此相反，电视上的“程序”是另一回事，它需要的仅仅是睁开眼睛、不打瞌睡，有时候的要求甚至还可以更低一些。这不是批评电视，仅仅是把它和个人电脑做一个比较而已。我在1980年的论文《看电视的好处》里说，身边有一个要求很低的媒介，于人有益，甚至有利于人的健康）。

个人电脑对人的要求很高，它要求一种新的文化素养即“电脑素养”，这比传统的读写能力要求高，因为它赋予人生产的能力。自从电话诞生以来，这是第一个赋予人生产能力的媒介。台式电脑也是强有力地接收信息的工具，它可以阅读磁盘、下载电子邮件。与此同时，它又方便你写作和发送信息。自从依靠电能的电报——它几乎已经被人遗忘——大规模编制和发送文本以来，还没有既能接收又能发送信息的媒介，然后声音和图像的生产也就接踵而至了。

然而，和打电话不同的是，使用电脑接收信息和发送信息都很费事。学习使用电脑就是学习成为媒介生产者，在一定程度上说，学习电脑就像是学习如何拍电影，只不过要求低得多罢了。对20世纪80年代的电脑使用者来说，掌握使用电脑的技能就像学习开汽车一样。在个人电脑出现之前，学会开汽车是个人技能的顶峰，至少是少年进入成年的技术性标志。对儿童而言，学习使用电脑突然使他和大人平起平坐，有时甚至比大人略胜一筹。记得1984年的一天，我在一位朋友家里做客，他也是一位教授，他向我请教康贸德（Commodore）64型电脑的问题，而我用的是凯普罗型——两者的操作系统都是CP/M（MS-DOS之前的“操作系统”）——我想我对康贸德略知一二。但我对它的了解显然不够。我一开口，一个7岁左右的孩子——教授的朋友的儿子——就插话解答问题，他的解答更加准确而明快。

上述技术和社会革命都是芯片造就的。不久，这个发明生产的由小到大的计算机就不仅是个人电脑而且是手提电脑了。1983年，手提式凯普罗问世；第二年，夏克公司的（Radio Shack）的M100机问世，这是货真价实的膝上型电脑，重4磅。它的操作系统，底层的程序语言和当时的DOS、Mac、CP/M等系统也是不兼容的。然而，仅仅10年后，和台式电脑操作系统完全兼容、完全可以互换的笔记本电脑就已经很普及了。笔记本电脑和台式电脑至少是可以通话的，在文本和程序上都可以通话。几年之内，到20世纪90年代中期，它们就能够用有声语言对世界说话了。

然而，到了这个时候，手机也可以对世界说话了，而且它说起来一点不费劲。虽然电脑界面——这是给操作系统或指令系统取的名字——比20世纪80年代绷着脸的电脑友好得多，也笑得很甜，然而即使最容易、最“透明”的电脑界面，也比使用手机的要求高得多。到了20世纪90年代中叶，视窗操作系统一路凯歌，图标取代了DOS和Mac电脑操作系统上的文字的线性指令（见保罗·莱文森1992年的论文《图标与垃圾箱》，这并非利弊皆有的祝福）。不过，即使最简单的光标指向和点击，都要比在手机上用按键发送信息复杂得多，尤其是你点击的目标是在网络上的时候。

尽管如此，从一个角度看，20世纪最后20年和本世纪这几年可以被认为是个人电脑的时代。实际上，个人电脑和网上交流就是通常所谓的“数字”时代——文字处理、数据管理、方兴未艾的远程通信，走向赛博空间和网络，以及其中包括的工作和娱乐——这就是通常所谓的“数字”时代。这样的观点很有道理。在网上购物、听MP3和广播、看电影、收发电子邮件、刹那间完成通信，所有这一切无疑都是我们这个时代数字化的、依靠电脑的特征。从这个观点来看，手机是电脑的重要配套设施。手机上日益增多的互联网功能，可以被认为是手机与电脑联机以便为世人服务的趋势。在这个世界里，电脑已经无孔不入。

不过，还可以从另一个角度来看这个关系。虽然个人电脑初期的文字处理和数据管理能力与电话没有关系，然而个人电脑的远程通讯能力从一开始就完全依赖电话线。实际上，正如19世纪的电话依靠众多的电报线一样，100年之后，作为传播媒介的个人电脑也充分利用了电话线的基础设施。在 20 年的时间里，个人电脑的调制解调器（modem ＝ MOdulation＋DEModulation）把电脑的数字信息转变为模拟形式的信息，通过电话线发出去，然后又把模拟式信息还原为数字形式的信息，使接收信息的电脑能够阅读这些数据。到了 21 世纪，电话线已经数字化，调制解调器逐渐被速度更快的设备代替，电脑的数字信息可以直接用电话线发送，再也不需要调制和解调这两个程序了。

从以电话线为中心的观点来看问题，电脑可以被认为是电话线的配件，而不是倒过来的关系——至少从目前的网络、赛博空间、电子邮件、实时通信、实时音频、MP3 音乐、亚马逊网上书店、网上购物等诸如此类的现象来看，电脑和电话线的关系就是这样的。于是，手机不仅成为性能更好的电话，而且成为更好的互联网，它作为特殊电话的特征逐步展现出来：屏幕、文字和图像。

12.4 迪克·特雷西佩戴的手表、柯克船长与金锭

个人电脑事先几乎没有得到流行文化的注意。默里·伦斯特的故事《老生常谈的逻辑》（载 1946 年 3 月号《迷人的科幻小说》）是少数几篇最早的作品之一。与此相反，科幻小说的重点是人工智能，集中在机器人和巨型计算机的研制上。机器人当然会动，从这个意义上说，它们就像笔记本电脑和掌上个人助理，不像自己能够行动并且思考的机器人。机器人的幻想故事至少可以追溯到 1590 年布拉格的犹太学者耶胡达·洛伊写的故事《机器人》（*Golem*）。一路走下来，19 世纪有机体形态的弗兰肯斯泰因①怪物，20 世纪大量的电子尤物，有时闪光耀眼（普通机器人），有时宛若血肉之躯（类人机器人），伊萨克·阿西莫夫等许多作家创作了许多这样的故事。

因为这些普通机器人和类人机器人能够独立思考，所以它们常常不受人控制，并成为人们的灾难。至于主流的计算机，它有时也独立思考——既可以有利于人也可以对人不利（如罗伯特·海因莱茵的《月亮是桀骜不驯的情人》，1966）；它有时又很温柔（如阿西莫夫的《终极问题》，1956），不过大多数时候，机器人都不温柔（关于可以独立思考的人工智能，或者只是一支光彩夺目的铅笔，或

---

① 弗兰肯斯泰因（Frankenstein），英国女作家玛丽·谢利（Mary Wollstonecraft Shelley，1797—1851）小说中的主人公，生理学家，创造一怪物，却被怪物毁灭。——译者注

者说人的智能的附属部分，见J.R.瑟尔的《思想，大脑与程序》，1980，注意他“强式”和“弱式”人工智能的区分。我认为这个区分很重要，不过我宁可用“辅助性人工智能”和“自主性人工智能”的区分；详见保罗·莱文森的著作《思想无羁：技术时代的认识论》)。主流、庞大、静态的计算机，早在1879年就在小说中露面(见爱德华·米切尔的《全世界最优秀的人》)，早在1911年就以世界范围的网络状态的极权主义体系露面［E.M.福斯特的《机器停转》(*The Machine Stops*)[①]］。耐人寻味的是，这离查尔斯·巴贝奇[②]认真勾画“区分”和“分析”的引擎——计算机——已经过了半个多世纪了。他的谋划广为人知，却从未实行，那是由于缺乏政府支持和必要的电子技术支持（查尔斯·巴贝奇追随达·芬奇的传统，达·芬奇研究的是直升飞机——倘若不缺乏适当的金属材料，本来有可能成功的)。和机器人一样，巨型计算机在20世纪40年代以后的通俗文化中开花结果。然而，巨型计算机却不如机器人那样闪光，大概是因为真正的巨型计算机已经制造出来，数以千计的电子管建成的计算机已经在运行。正如米切尔19世纪的幻想小说一样，20世纪关于电脑的科幻小说也扎根在现实之中。

小说并非计算机扎根的唯一的一个方面——巨型计算机的内部“运行良好”，可是它们却不能动，因此它们与笔记本电脑、个人数字管理硬件和手机的共同之处，远远不如机器人。另一方面，巨型计算机及其文化是互联网的前身，实际上已经成为今天互联网的脊梁，虽然它依靠的是无数分布广泛的巨型计算机（和其他设备)，而不是一台电脑。

然而，手机在大众思想里逗留的情况大致很接近巨型计算机，至少在大众文化中露面的情况是这样的，在它与实验室和街道建立的伙伴关系中是这样的。和默里·伦斯特故事里的主人公“乔”不一样，凭借20世纪40年代科幻人物迪克·特雷西的双向无线电手表，一种手机似的通信工具已经广为人知。到了40年代末，纽约市已经有了无线电电话网络，其容量可以同时满足12个人通话。贝尔实验室在研制一种可以满足数以百计人需要的移动通信系统，不过

---

① E.M.福斯特（Edward Morgan Foster，1879—1970)，英国小说家、散文家，《印度之旅》是他最重要的小说，含重要社会主题，被称为现实主义和象征主义的杰作——译者注。

② 查尔斯·巴贝奇（Charles Babbage，1792—1871)，英国数学家和分析仪发明者，他依据的原理与现代数字计算器的原理相似——译者注。

他们选择的是车载式通信系统。这个差别在当时耐人寻味：车载电话的体积、重量和外接天线既不能放进衣袋，也不能放进钱夹。公众第一次看见车载电话是在 1954 年汉弗莱·博加特[①]主演的电影《龙凤配》中，主人公是百万富沃尔特·翁，他坐在豪华轿车的后座里打电话。

不过，真正的移动电话，无论是戴在手腕上的还是拿在手里的，从来没有被人遗忘。实际上，它在通俗小说中的露面最令人难忘——21 世纪小说里的电话肯定要超过 20 世纪电影里迪克·特雷西佩戴的手表，肯定要比《星球之旅》中柯克船长和斯波克先生使用的“哔哔”响的“通讯机”更加令人难忘。从 1966 年到 1969 年，国家广播公司放映了太空探索的系列片。虽然以后不再制作续集，但是由于后来在美国国内和全世界电视网的重播，这些片子继续大获全胜。到 2003 年，在这个系列片的刺激之下，又产生了新的电视系列片和 10 部电影。至于便利的“通讯机”，起初只见于科幻小说，但是从 1966 年到 2003 年之间，大约只花 3/4 的时间，它就已经变成随处可见的现实。与此相反，《星球之旅》的影迷（“给我发信，斯科特!”）同样喜欢的“运输机”即所谓的“哔哔机”——运输设备——与现实生活的距离，仍然和 20 世纪 60 年代一样，是遥不可及的。

贝尔电话电报公司集中开发车载电话；摩托罗拉公司却继续研制可以放进衣袋里的电话——人人都可以用的、《星球之旅》里的那种“通讯机”。摩托罗拉公司研发部主任、科幻小说迷马丁·库珀 1973 年 4 月 3 日首次完成了小型移动电话的通讯 ——离《星球之旅》电视系列片开播差不多过去了 4 年时间——这个电话是从曼哈顿岛中部打出的，接电话的是一位与他竞争的科学家，在新泽西贝尔实验室工作。从 20 世纪 60 年代末到 80 年代初，摩托罗拉公司用接近 1 亿美元的投资来研制手机。

不过，初期型号的移动电话很难说是手里拿着舒服的电话。重量差不多有 2 磅，形状像金锭，价格差不多也像金锭一样贵，1983 年的卖价是 4 000 美元，支付这一笔巨款未必使人心里舒服。

不过，就像个人电脑一样，手机的价格迅速下降，体积也会迅速

---

① 汉弗莱·博加特（Humphrey DeForest Bogart，1899—1957），美国影星，扮演刚强、寡言、热心肠的英雄人物。主演《卡萨布兰卡》、《非洲女王号》等影片，曾荣获奥斯卡奖。——译者注

缩小。个人电脑问世比手机早几年（1979年4月），随着IBM个人电脑的问世，它很快就征服全球。经济因素是首要因素，这个因素适用于一切新媒介。起初昂贵，只有少数富豪才买得起。过了一段时间，制造商意识到，如果降价，就可以培养庞大的市场，纯利润就会比价位高、顾客少产品赚的钱多得多。从晚近的历史来看，不仅个人电脑和手机经历了这样一个过程，录像机和传真机也是这样的情况。稍早一些时候，书籍也是这样的情况，1800年，一本书的价格相当于人们一个星期的薪水——1美元（遗憾的是，需要顺便提一提，学术书还是追随这样高价位的逻辑：出版商知道，如果他的书是读者虽少但肯定需要的书——晦涩难解但学院里还要研究的书——他的定价就一定要让你伤筋动骨。大概你现在读的这本书花的钱少些，因为出于对手机的兴趣，我对它的历史以及影响的介绍会使本书的读者面远比那些晦涩、纯学术的书要大）。

从1985年到2002年，美国的手机用户从35万增加到约1.5亿。这个数字是美国成年人总数的2/3左右（有趣的是，在2003年的手机用户中，年轻人可能比一般用户多出60%）。比较而言，美国的互联网用户估计是1.55亿到1.6亿。在过去的几年中，互联网使用者是零增长——2001年甚至还略有减少。然而，手机用户在同一时期却几乎增长了30%。世界范围的统计数字说明，手机更受人欢迎（参考材料请见移动通讯和互联网协会、尼尔森网络评级公司、斯卡尔堡研究所的资料和克林特·斯韦特2003年的文章《无所不在的手机30年纪念》）。

有人认为，手机正在迅速赶超互联网，并且很快将取代互联网。这就是说，笔记本电脑、掌上个人助理以及靠它们接收的新闻、图像等丰富的信息，很快就可以用手机来接收，这还不算我们已经在享受的手机功能——会话、收发短信、照相、看电视等功能。这个观点有道理。实际上，色情图像早就可以从互联网下载（MP3音乐文件起初不能下载，但时间很短，20世纪90年代末也可以下载了），而且很快要在欧洲“第三代”手机上露面了。这是路透社2003年5月的报道《手机的下一个功能：裸体》披露的消息。

倘若手机正在高歌猛进，将要吞没小巧的笔记本电脑和台式电脑显示屏上的互联网，其原因无疑是手机占有优势，而个人电脑连接的互联网则有所不足。

参考文献

1. 阿西莫夫（Asimov，I.）：《终极问题》（"*The Last Question*，" *Science Fiction Quarterly*，November，1956）。

2. 巴赞（Bazin，A.）：《电影是什么?》（*What Is Cinema*? trans. H. Gray，Berkeley，CA：University of California Press，1967）。

3. 坎贝尔（Campbell，D. T.）：《进化论认识论》（"Evolutionary Epistemology，" in P. A. Schilpp，ed. *The Philosophy of Karl Popper*. La Salle，IL：Open Court.，1974）。

4. 戴维·哈恩（de Haan，D.）：《古玩家庭用品》（*Antique Household Gadgets and Appliances*，Woodbury，NY：Barron's，1977）。

5. 富勒（Fuller，B.）：《通向月球的九条链子》（*Nine Chains to the Moon*. Carbondale，IL：Southern Illinois University Press，1939）。

6. 海因莱茵（Heinlein，R.）：《月亮是桀骜不驯的情人》（*The Moon is a Harsh Mistress*. New York：Putnam/Berkley，1966）。

7. 默里·伦斯特（Leinster，M.）：《老生常谈的逻辑》（A Logic Named Joe，*Astounding Science Fiction*，March，1946）。

8. 保罗·莱文森（Levinson，P.）：《看电视的好处》（Benefits of Watching Television，*ERIC* microfiche，＃ED 233404，1980）。

9. 保罗·莱文森（Levinson，P.）：《思想无羁：技术时代的认识论》（*Mind at Large*：*Knowing in the Technological Age*，Greenwich，CT：JAI Press，1988）。

10. 保罗·莱文森（Levinson，P.）：《图标与垃圾箱》（Icons and Garbage Cans，in Levinson，P. *Electronic Chronicles*：*Columns of the Changes in our Times*. San Francisco，CA：Anamnesis Press，1992）。

11. 保罗·莱文森（Levinson，P.）：《软利器》（*The Soft Edge*：*A Natural History and Future of the Information Revolution*，London & New York：Routledge，1997）。

12. 彼得·麦克威廉姆斯（McWilliams，P. A.）：《个人电脑读本》（*The Personal Computer Book*. Los Angeles，CA：Prelude Press，1982）。

13. 瑟尔（Searle，J. R.）：《思想、大脑与程序》（Minds，Brains，and Programs，in D. R. Hofstadter & D，C. Dennett，eds. *The Mind's I*，New York：Basic，1980）。

14. 电影《星球之旅》（*Star Trek*，The original series，created by Gene Roddenbery，and broadcast on NBC-TV）。

15. 斯韦特（Swett，C.）：《无所不在的手机30年纪念》（*The Ubiquitous Cellphone Turns* 30. *Sacramento Bee*，April 12，2003）。

16. 瓦乔斯基（Wachowksi，L. & A.）：《黑客帝国分镜头剧本》（*The Matrix-Shooting Script*. New York：Newmarket Press，1997）。

P 第3部 art three

马歇尔·麦克卢汉

第13章 马歇尔·麦克卢汉与电脑会议[①]

题记：该文完成于1984年8月，是我第一次参加网上讨论会两个月以后写的。这次讨论会由西部行为科学研究院主持。我上网用的是一台凯普罗二型CP/M个人电脑和一个300波特的调制解调器。文章大意是，麦克卢汉遭人诟病，豆腐干大小、互相交叠的文章风格，实际上是一种“在线”形式的风格，是电子文本的风格。迫于当时的媒介环境，他的风格被囚禁在纸上。这个媒介环境还没有跟上麦克卢汉思想的多维视野。就我所知，这是把麦克卢汉和数字时代的表达方式联系起来的第一篇文章。我们可以把这篇文章当做这本书的种子。

就我所知，马歇尔·麦克卢汉从来就没有用过个人电脑，从来就没有进入过电脑网络，也从来没有参加过电脑会议。他的路标性著作《理解媒介》(*Understanding Media*，1964）和《谷登堡星汉》(*The Gutenberg Galaxy*，1962）出版多年之后，个人电脑才开发出来，其衍生出来的传播类型则是多年以后的事情了。

然而即使麦克卢汉的贡献是在20年之后，他这些贡献也是不必借助电脑的。因为他坚定地相信，那些精于技术的人对技术的影响是浑然不觉的。况且，他把自己在媒介问题上的贡献归功于他栖居的加拿大环境。这是距美国咫尺之遥、位于美国媒介环境以北并与之拉开距离的人居环境。

麦克卢汉的著作与其详细论述的电子世界保持着超然的距离。尽管如此，它们还是乔伊斯风格的集中体现，其中流动的乔伊斯似的意识流可以被看成是电子流。批评家不厌其烦地评述麦克卢汉的写作风格，说它最有力地证明了麦克卢汉为自己辩护的论点。麦克

① 原载《电气电子工程师研究院专业通讯会议文集》(*IEEE Transactions of Professional Communications*)，1986。

卢汉认为，书写已经过时。许多人会误解，以为麦克卢汉“反对”书写；误解的根源在于麦克卢汉自己承认，他想要摆脱传统叙事作文的印刷术风格。

所以我们面临这样一个问题：如何理解麦克卢汉，如何理解麦克卢汉著作的结构和内容之间的关系？这个问题仍然吸引着评述麦克卢汉的人。我再一次提出这个问题，是因为我认为我发现了一把最令人震惊的钥匙，发现了解读其中谜团的电子软件，这个发现可以在回答上述问题时取得重大的成果。电脑会议的设计师在设计议程时，很可能不注意麦克卢汉的写作风格。麦克卢汉撰写主要的著作时，根本就不知道电脑会议为何物。最近电脑会议的媒介突然使我意识到，麦克卢汉著作里那种拼贴式的散文风格实在是酷似电脑会议的记录稿。

13.1　什么是电脑会议

1984年春，我应聘到西部行为科学研究院（WBSI）工作，通过远程电脑会议的方式为它的管理和战略研究系教授课程。老师（叫做会议主持人或协调人）与学生（称为与会者）在该院天堂一般的拉约拉（La Jolla）海滨见面，进行每年两次，每次一周的面授。师生分布在世界各地，我班上的学生来自于澳大利亚、瑞典和哥伦比亚，不过大多数学生来自美国各地的企业、政府机构和非赢利组织。师生在他们的家里和办公室里用凯普罗型、DEC-彩虹型等牌号的个人电脑互动交流，互相启发。

首先，我们说一说电子邮件作为电脑会议一般媒介的背景，然后再详细介绍电脑会议的一些特征。电子邮件通信是电脑会议的组成部分。从一定意义上说，书面信息的电子交换手段起初是用电报，继而是用电传。经过很长时间，为消费者所使用的个人电脑和电子网络才成为可能。但是，电话的私密性和便利性很快就使它夺占了大部分的电子通讯领域。在过去的10年里，电话和书信成为大多数人远程交流的主要选择。电脑辅助的交流提供了从许多方面来看是第三种选择的另一种重要的选择，因为它既提供了电话的私密性、迅捷性和便利性，又提供了书面语的持久性和正式性。

虽然个人电脑之间直接而无中介的通讯，从技术上看已经可以做到，然而目前这样的交流仍然代价高、效率低，所以个人电脑之间的大多数通讯还是要通过相当于交换中心的大型计算机这个第三方来完成。这样的授课方式降低了即时交换信息的可能性（虽然两台“在线”的电脑用中央处理器连接起来就可以实现实时通讯），不过，这样的授课方式还是有好处的：例如大型文件的储存、向很多人同时发信等。个人电脑直接通讯则难以产生或不可能产生这些派生的好处。我们交流的标准程序是这样的：我把在家用电脑上写的信息通过电话线送到能完成信息交换的中央计算机，你用你家里的电脑从中央计算机接收我的信，我从交换中心确认你收到我的信，如果你回信，我也从它那里得到确认。我下一次与中央处理器连接时就可以确认你是否收到信，是否已经回信。中央处理器一般会在规定的时间内保留我给你的信（只让我们两人看）。

西部行为科学研究院的电脑会议通过位于新泽西州纽瓦克市新泽西技术学院的电子信息交换系统（EIES，读作“eyes”）进行。会议是这样的：授课老师确定议程，先来一段 25～50 分钟的开场白（常常做出小结并储存在网上）。这个电脑会议系统容许所有与会者发言（一般能够容纳 5～75 名学生，除了主持会议的老师之外，还能够再容纳 5～10 名老师）除了发言之外，与会者还可以阅读其他人的发言。（会议程序允许一些人只读或只写。如果主持人觉得某个人的发言不体面，他有权予以删除，不过他很难得行使这样的权威。）在为期一个月的电脑会议期间，5～15 位与会者和主持人一样，每周做 5～10 次发言；由于这样那样的原因，其他的与会者宁可只读别人的发言或很少发言。到会议结束时，通常有 100～150 人次的发言，每次发言大约在 5～100 行字之间或略长。这些帖子彼此联系松散，但始终围绕着一个核心主题。

1984 年 6 月，圣地亚哥州立大学哲学教授安德鲁·费恩伯格（Andrew Feenberg）为西部行为科学研究院主持“乌托邦和反乌托邦”的电脑会议。自 1982 年以来，他就参与电脑会议工作，是主持这种会议的老手。他曾经这样谈及主持这次会议的经验：“有一点像与同事合作出版一份杂志，所有的读者都成为撰稿人。”多人撰稿的事实使他这个杂志的比方恰如其分，然而每个人的发言却很短（太短），发言的人次又太多，在这个意义上，它又和大多数杂志不一样。

因此我建议从另一个角度来看电脑会议的产品。我认为，虽然电脑会议的作者人数众多，然而其结果却存在以下共性：这些文本在结构和节奏上，与马歇尔·麦克卢汉那种电子指向和读者指向的、前电脑的著作完全对应。

13.2 作为电脑会议参与者的麦克卢汉

麦克卢汉有意识地追求的文风，可以被认为是难以理解的、过分玩弄的，甚至是给传统学术写作形式当头棒喝的文风。在为哈罗德·伊尼斯的《传播的偏向》所作的序文中，他颂扬他们两人都使用的"马赛克"手法。他们都只提供从各种角度抓拍的快照，不提供一连串详细的描写，不构建秩序井然、步步推进的一个大的整体。由于每一幅快照、每一块马赛克与核心主题的距离相等，它们彼此的距离也相等，因此每一幅快照、每一块马赛克都可以作为核心主题的切入点和观察点，也可以成为进一步思考这个主题的精神食粮。这样拼装起来的书可以从任何一点切入，既可以往前跳、往后倒着读，也可以从中间往前跳、往后倒着读，实际上可以由读者任意选择读的方式。在这个意义上，读者就成为麦克卢汉著作的作者。（不过，虽然哈罗德·伊尼斯的著作和麦克卢汉的著作一样富有想象力，但哈罗德·伊尼斯的叙事方法更加传统，并没有完全达到麦克卢汉那种典型的马赛克风格。）

麦克卢汉认为，马赛克是捕捉电子时代复杂性和高速度的最重要手段。然而，这种方法的根源当然可以追溯到尼采，实际上还可以追溯到希腊的神秘主义者，他们给尼采（无疑还给麦克卢汉）以灵感。不过，麦克卢汉的风格被评价为书面词与电子文化搏斗的尝试，这一点是恰如其分的。最近有人认为，麦克卢汉的风格与理解现实的"全息术"方法是一致的。根据卡尔·普利布拉姆①的观察，人类脑细胞的功能有冗余，每一个细胞都包含着其他一切细胞的信息。在这一点上，脑细胞与全息图的切片一样，每一片都包含整个三维图，记录着母片上的一切信息。

如果你有《理解媒介》或《谷登堡星汉》，你不妨取出这些已经发黄的书，看看它们的风格。可以预料，你的《谷登堡星汉》是在美国印刷的，根据麦克卢汉自己的表述，这是他最精要的著作。更加著名的《理解媒介》实际上更传统一些。后来的著作，比如《媒介即是按摩》、《地球村里的战争与和平》，在避免叙事线索方面，非常激进，比前面两本书走得远。《谷登堡星汉》卷首有一篇短小精悍

① 卡尔·普利布拉姆（Karl Pribram，1877—1973），美国斯坦福大学的脑神经学家、心理生理学家，研究大脑的全息术本质。——译者注

的序文，然后是107篇短文，每篇50～150行，讨论的题目从希腊艺术到笛卡尔和马丁·海德格尔。它们围绕特定的专题集合为一组又一组，比如拼音字母表对希腊文化的影响就是一个专题。这些文章看似偶然的组合，实际上既有一定的随意流动性，又互相交叠、自成一体、互相强化，一个个就像围绕地球运行的卫星，它们论述世世代代书面表达形式对人类生活的影响。正如普利布拉姆注意到的全息图似的脑细胞一样，每一篇小文章都有自己的蓝图，也都有通向其他文章的入场券。

现在让我们看看费恩伯格1984年6月主持的“乌托邦和反乌托邦”的电脑会议。[如果你愿意，你当然可以随意挑选任何一场通过电子信息交换系统召开的电脑会议。你可以选择在线服务公司（Compuserve）或其他网络公司。] 继费恩伯格的开场白之后，包括他在内的6位与会者做了122篇书面发言，这些文本从几行字到一百来行字不等。书面发言的组织也是按小标题分类，其中之一是理性及其在反乌托邦里的倒错（主持人和与会者往往有意识地对已经发表过的意见做出具体的反应），不过总体的结果宛若一个星座，其中的小文章自由浮动，每一篇文章或多或少与核心主题保持着相等的距离。

电脑会议和麦克卢汉的著作在构造上有两个突出的差异。电脑会议是一群人的成果，费时一个月；麦克卢汉的著作是一个人的成果（但后来的著作常常是两个人的成果），所以他花费心血的时间远远超过一个月。然而，这两种迥然不同的生产模式却产生了相似的结果，这就说明，许多人短期内的努力和一个人长期心血的结晶在一定程度上产生了平衡。

当然，这并不是说，电脑会议（至少是我提到的那些会议）的成果，能够在程度、广度和原创性上与麦克卢汉的著作相媲美。我想要读者注意的是两者在组织和风格上的相似性，我相信，对受惠于麦克卢汉著作的人来说，这个相似性传递着重要的讯息。对那些读过麦克卢汉的著作却感到受挫的人来说，它同样包含着重要的讯息。

麦克卢汉没有千里眼。当电脑无意之间实现他的文风时，麦克卢汉已经去世几年，他的主要著作已经问世几十年了。这显然证明了另一个道理：他竭尽全力超越白纸黑字的局限，抗衡当时的专业规范，抗衡只能够传递声像和视像的电子媒介；他的著作能够完美地适合一种尚未发明的新媒介。这位媒介使徒宣扬的教义是，媒介重于内容，他创造的内容挑战他那个时代的一切媒介，他的思想像幽灵一样地游荡，等待世人跟上它、抓住它。这再次证明，麦克卢汉与我们这个世纪的韵律和速度是多么的合拍，也许这个最好的例子不见得是尖锐的讽刺吧。

第14章 麦克卢汉在新千年的地位[①]

马歇尔·麦克卢汉去世于1980年的最后一天，时值个人电脑革命的门槛。他对个人电脑之前的媒介做了30年的探索，对电视、广播和报纸的解释使许多人感到难以理解，然而他的探索也许为我们的数字时代提供了最好的方向。

他当然了解当时的主流计算机。自从20世纪50年代以来，作为数字加工和记录的工具，它们已经崭露头角，在政府、学术机构和通俗文化中得到广泛的应用。我们两人在他的晚年里切磋"媒介定律"，但是我们都没有预见到社会各方面即将来临的数字变革。

有趣的是，麦克卢汉本人的写作风格就是数字的、电子的、全息图式的风格——由若干富有洞见的小文章拼贴而成，这些文章彼此享有互相渗透的入场券。这不是教授们的学术写作风格。麦克卢汉的书没有大段组织严密的逻辑叙事，不一定非要先读第一章然后才能读第二章。然而，他思考和写作的方式与人们在联机电脑上交流的方式，却惊人地相似。我首次意识到这种相似是在1984年，那是我首次上网得到的体会。麦克卢汉著作里的评注、警语和迸发出的思想，就像是电脑上展开的网页和超文本的链接，它们走在时代之前，也走在它们依托的媒介之前。

我们来看一看他所谓的"媒介即讯息"。这是他最有名、最难以理解的洞见之一。他试图让世人注意这样一个命题：一种媒介的使用对社会的影响本身，比具体的人做具体的事要深刻得多。人们开始看电视时，世界立刻为之一变，无论他们看的是什么节目，世界都为之一变。"媒介即讯息"被一些人糟蹋得不成样子，有人把它说成是"内容根本就不重要"。

① 原载《高等教育编年史》(*Chronicle of Higher Education*)，1999-10-15。

略微思考就可以发现，“内容根本就不重要”的解读是不能成立的。没有任何媒介是没有内容的，因为倘若没有内容，它就不能成为媒介。没有节目的电视不可能以媒介的身份对我们产生影响，同样，没有独特程序的电脑只能是一堆垃圾。事实上，这正是许多早期个人电脑的命运，因为它们不能够上网，而上网又变得非常重要。它们缺乏程序，因而就缺乏程序传递的内容，没有这样的程序和内容，它们绝不能够在新的虚拟世界里继续发挥媒介的功能。因此我们说，内容是“媒介资格”的基本要素。

麦克卢汉还注意到，旧媒介被新媒介取代时，突然之间就被人察觉到了，而且旧媒介也成为新媒介的内容。他早期的文学理论研究表明：电影开始讲述类似小说的故事时，对小说叙事结构的理解就突然跳进了人们的公共意识。到了 20 世纪 60 年代，电视对电影产生了类似的影响。在麦克卢汉去世后的 10 年里，录像机率先把电视的结构和组织转化为内容，使看录像的人注意到广告与节目的关系（快进可以跳过录像带上的广告），注意到节目安排的细节（节目结束之前就可以停止录音，其余的时间只用来录广告）。

今天，互联网把以前一切媒介的“自由化”成果当做自己的王牌，因为它要把过去的一切成果转化为自己的内容。初始的互联网仅仅是一种文本媒介，到了世纪之交，它已经成为新世纪充满希望的好望角，它将要提供电话（互联网电话）、广播（音频）、电视（视频）的功能。《星球大战》的预告和最新录音的 MP3 档案夹都可以在网上轻易获取。互联网已经成为媒介之媒介，它将要使它一网打尽的一切媒介清晰明朗、容易理解，如果麦克卢汉的语言是正确的。

当互联网把我们包容进去之后，我们就在网上互动，并将进入一种虚拟的存在。这就是说，在赛博空间里，我们的肉体不扮演任何角色。网上的人无一例外全都是没有身份、无足轻重的小人物。麦克卢汉注意到我们打电话、听收音机、看电视时无形无象的效应，他拷问这种效应对我们的道德有何影响。上网的人成为无形无象的人，就像打电话互动时的情况一样，因此赛博空间中的性行为和电话中的性行为一样，不存在身体上的风险。难怪色情成为互联网网上畅销的生意经。

这一场革命不会产生什么地缘政治后果。麦克卢汉认为，电子媒介尤其是电视著作把世界变成了一个“地球村”。世人看电视犹如村民在“正街”上看村里的事情。互联网使麦克卢汉的比方获得了完整的意义，它压缩了大街与电视屏幕的距离。上网的村民可以散居在世界各地。只要有一台个人电脑、一条电话线、一台网络浏览器，任何人都可以上网对话、搜寻新闻而不是坐等新闻，都可以跨越千山万水交换信息，就像真实世界中小村子里的村民交换信息一样。1999年春，几位学生告诉我，他们与贝尔格莱德的亲友经常在网上联系。互联网和有线电视著作撕开了战争和暴行最后那一点点隐秘的面纱。

麦克卢汉对媒介的审视还揭开了其审美的一面。他看到了电视和彩绘玻璃一个共同的感知因素——两者都是被来自玻璃背后的光线激活的，光线穿透玻璃才进入我们的眼帘——于是，他就对电视下了一个令人震惊的结论：电视吸引并支配我们的注意力，几乎能够产生一种催眠术和宗教激情的效果，因为这是我们的感官和大脑对来自天空的“光透射”（light-through）做出的反应。彩绘玻璃窗和湛蓝的天空都有这样的魅力。与此相反，绘画、书籍（有大量插图和装饰的手稿除外）、报纸和电影就没有这样的吸引力；它们靠反射光线把内容传递给我们。既然电脑屏幕也是通过“光透射”进入我们眼帘的，所以它既可以传递书本具有的好处，又可以利用电视对我们的感官产生的魅力。换句话说，互联网上的文本是一种“光透射”的书本。

我们试图理解数字时代时，参考过去的情况就成为必不可少的一部分。我们首先考察新情况与我们所知的过去有何关系，借以理解现在的新情况。但是麦克卢汉又警告我们，不要死死地盯住他所谓的“后视镜”看得太久。后视镜在语言中的反映处处可见。电话最初的名字是“说话的电报”，汽车起初叫“无马牵引的车”，广播起初叫“无线电”。然而实际上，这些技术上的意义远远超过了它们字面上的意义。电话打破了家庭的隐私，汽车赋予产油国力量，广播成为全国范围同步的大众媒介。这些起初向后看的标签并没有突出这些新媒介产生的影响，所以那些后视镜标签会干扰我们的注意力，使我们看不到关键的发展变化。

今天的互联网是名副其实的后视镜的展览厅。批评它的人容易把它当做电视屏幕；喜欢它的人包括我自己容易把它看成是功能改进的书本。然而实际上，互联网现在和将来都是书本、电视和其他媒介的结合与转化，因此可以说，互联网远远超过了以前的任何一种媒介，并且和其他任何媒介有着天壤之别。后视镜不能告诉我们这种新合成的媒介究竟是什么，不过，后视镜的效应可以提示我们，叫我们不要因为刚刚过去的反射光线而陷入催眠状态。开车的时候，如果老是看后视镜，只是偶尔看一看前面的路况，那么开车人要不了多久就会开到路边，或撞到树上；上网冲浪的时候，如果思想僵化的人老是往后看，他也会遭遇类似的下场。

麦克卢汉的“四元律”（“tetrad”）即媒介四定律使我们转移了视点，它提醒我们摘掉向后看的染色镜，转而向前看，看看前面是一些什么样的地貌。麦克卢汉说，我们可以提 4 个问题去审视任何媒介及其影响。媒介提升和放大文化里的东西是什么？它使什么东西过时或使什么东西淡出显要的位置？它使过去的什么东西从一切过时的领域里再现出来？它到达潜力的终点时逆转或突变成什么东西？到最后这个阶段，“四元律”就指向了未来。以广播为例，它提升口头传播，使之跨越千山万水；它使书面传播过时，比如它使报纸失去传递新闻的锋芒；它在一定程度上再现了前文字时代口头传播的突出地位；它使广播逆转或突变而成为电视。同理，我们可以用同样的问题来拷问电视这个新媒介。电视提升了瞬间远距离的视像传播；使单纯传播声音的广播过时，连续剧和肥皂剧从电台转向了电视台；它再现了由于广播出现而过时的某些视觉成分，比如卡通的视觉成分；它逆转为……我们暂时还没有到那一步，然而有一点十分清楚：寡头型的电视网还是要突变为多样化的、互相交叠的有线电视、录像机和互联网。

每一个新旧媒介的节点都会产生一连串犹如飞瀑直下的社会、政治和审美效应，产生一连串对个人的影响，其中一些影响上文已经提到。互联网促进了无处不能的轻松互动的交流，似乎在某些方面瓦解着中心权威。作者可以直接在网上发布作品，不需要出版社的许可；学生能够在网上查到课堂里学不到的知识；国民可以在网上讨论问题，而且互联网早就配备了能让网民投票的软件。数字手段促进了非集中化的发展，出版商、教育工作者和国会将要扮演什么角色呢？

互联网使传播民主化，它讥笑守门人，在“四元律”的作用下，它在下一轮的逆转里，会不会变成另一种面目全非的网络呢？到了那一步，个人的选择会不会是虚假的呢？也就是说，网页上的每一个链接会不会把人引进一个预定的信息垃圾场呢？这个垃圾场会不会是政府或什么借尸还魂的中心权威呢？会不会是电影《飞船奇兵》(*Starship Troopers*) 里表现的那种权威呢？会不会是数字时代业已释放出来的威力无比的离心力呢？这些离心力正在迅速普及，它们会不会使“四元律”的轮子脱轨并掉入陷阱，使我们回到一种威权主义的过去呢？

麦克卢汉没有给我们答案，你来提供答案，互联网的制造者和使用者来提供答案。

然后，你就会去读麦克卢汉，以求更好地理解过去发生的事情。

第15章 媒介革命的螺旋展开[①]

麦克卢汉1977年6月在《如此等等》上发表的文章[②]，是这样开头的："我看到波普尔的一条原理，说科学假设也可能出错，于是我决定提出媒介定律的假说。"（见麦克卢汉，1977a）

在此，我们看见了麦克卢汉的幽默，看见了他对人类行为的宏大理论长期不信任的态度。这些宏大的理论号称有科学意义。他的幽默和怀疑两种态度都处在顶峰：一方面，他容许自己提出一个理论、一套原理或定律，这些声称有科学意义的东西是可能出错的；另一方面，因为这种定律毕竟随时可能被证明是错误的，因此它们也不会造成多大的损害。

所以，为什么不提出这样一个理论呢？或者说为什么不可以至少是部分地以科学定律的形式提出一种工具呢？

回答当然是这样的：麦克卢汉认为，他的媒介定律对我们理解媒介有价值。事实上，这个定律差不多把麦克卢汉的一切主要洞见都捆在一起，甚至还澄清了这些洞见。他的洞见包括：电子媒介使听觉空间放大，大众媒介（从我们的观点看是电脑出现之前的大众媒介）使印刷过时，并在全球范围内再现了昔日村庄的成分，这些媒介最终发生了逆转（可惜他去世之前没有看到这样的逆转），它们逆转成为一种非常独特的电子环境，这种电子环境是数字在线的时代，是数字时代的互动能力，是对守门人功能的削弱。我们今天看到的就是这样的情况。

麦克卢汉的媒介四定律或四效应——放大、过时、再现和逆转（amplification，obsolescence，retrieval，reversal），实际上成为

① 原文为《数字麦克卢汉》第15章，1999。

② 《如此等等》（*et cetera*），国际语言学会学术刊物——译者注。

他的天鹅绝唱。[①]然而，这四条定律仅仅是相对清楚而已。它们把一些各自分离、相互联系的洞见比如地球村和后视镜拼合起来。其实，和这些拼合在一起的洞见相比，它们也不是很清楚的。在许多方面，这些定律是开放的。对许多无心欣赏他大胆的文学比喻的人来说，这四条定律是令人沮丧的，就像他早些时候的其他表述一样。[②]所谓开放性是指，比如电视这种媒介不仅可以逆转成为电脑，而且可以逆转成为有线电视、录像机、全息术等媒介。实际上，它差不多可以逆转成为人脑里幻想出来的有道理的任何东西。

尼尔·波斯曼自20世纪50年代以来就崇拜麦克卢汉的文风和创新精神。1977年2月的一天，我坐在他对面，翻阅“媒介定律”的手稿。他再一次问道：“你觉得怎么样?”

我说了说我能够推导出来的一些东西。

他说：“好。你为何不把刚才说的东西写一写呢？我可以把你写的文章转交给《如此等等》这一期的编辑。”

实际上，尼尔·波斯曼把我的小文附在了麦克卢汉大作的前面，他是想在文章发表时把我的小文作为这篇大作的序言。他把我的“序”寄给了麦克卢汉。麦克卢汉并没有表示不悦，我为此而感到受宠若惊。《如此等等》1977年6月刊发了麦克卢汉的文章，连同我的“序”。此前一个月，我首次见到了麦克卢汉。次年

① 关于媒介四定律，有必要用两条注释予以说明。麦克卢汉用“文学语言”来表述社会科学“定律”，显然是自讨苦吃，“剪不断，理还乱”。首先看他自己是如何表述的。他说：“(1) 这个人工制造物使什么得到提升或强化 (enhance or intensify)? 或者使什么成为可能? 或者使什么得以加速? 这个问题可以用来研究一个废纸篓、一幅画、一台压路机或一条拉链，也可以用来研究一条欧几里得定理或物理定律。还可以用来研究任何语言的任何语词。(2) 如果情景中的某个方面增大或提升 (enlarged or enhanced)，原有的条件或未被提升的情景就会被取代。在此，新的“器官”使什么东西靠边或过时呢? (3) 新的形式使过去的什么行动或服务再现或再用 (recurrence or retrieval)? 什么使曾经过时的、老的基础得到恢复，而且成为新形式固有的东西? (4) 新形式被推向潜能（另一个互补的行动）的极限之后，它原有的特征会发生逆转 (reversal)。新形式的逆转潜能是什么?”[（加）麦克卢汉、（加）秦格龙编：《麦克卢汉精粹》，567～568页，南京，南京大学出版社，2000] ——译者注

② 再看看译者是如何理解的：“第一条说的是新媒介的诞生和强化。第二条说的是新媒介取代旧媒介并使之过时。这两条定律是相互补充的。正如麦克卢汉所言，一般人对媒介的规律不甚了了，即使意识到了，他们也就此止步，而麦克卢汉却向前迈进了一大步，他发现并论述了另外的两条规律。我们把这后两条规律翻译如下：第三条：媒介的推陈出新。第四条：媒介的逆转。”[何道宽：《媒介革命与学习革命——麦克卢汉媒介思想述评》，载《深圳大学学报》，2000 (5)] ——译者注

3月，他和儿子艾里克到费尔莱·迪金森大学回访。此前，我在我供职的这所大学组织了一次“四定律”（tetrad）的研讨会。他喜欢用这个词。

然而，麦克卢汉所谓定律的含义、用意以及他想如何运用这些定律的方式，是远远不够清楚的。

1979年9月他正伏案写一本大部头的“定律”书时，却不幸中风。1974年就同意出版他这本书的双日书局（Doubleday），对他表示不满。马尔尚引述双日书局加拿大总编贝蒂·科尔森的话说，“我看的到的那篇手稿是不适合出版的”[1]。20世纪70年代末我看到的这部手稿，当然并不比他其他的书容易啃。也就是说，不错，这本书的风格，还是大家熟悉的格言式的风格。然而，对于愿意花一点时间来啃这本书的人来说，这可是一只充满洞见的百宝箱。当麦克卢汉于1980年12月31日晚除夕夜辞世之后，双日书局出版该书的责任也就结束了。

紧接着的1981年第一周，我给该书的责任编辑洛雷塔·巴雷特打电话，敦请他们出书。接着我又写了一封有两页纸的长信，说“双日书局出版《媒介定律》，将是媒介研究中具有非常重大意义的一件事情，而且很可能会受到读者的热烈欢迎”（见保罗·莱文森，1981）。双日书局不为所动。此时，麦克卢汉的威名已经阴云蔽日，我在媒介研究中的名气又可以略去不计。两者相加，并不足以撬开双日书局的大门。

出书的重任落到了他的儿子艾里克·麦克卢汉的肩头。经过长时间的努力，1988年，这本书才由多伦多大学出版社付梓刊行。1990年，我给著名的《传播学季刊》写了一篇书评（第40卷，第2期，167～173页），一共评论了三本书：菲利普·马尔尚的《麦克卢汉：媒介与信使》，莫利纳罗等人编纂的《麦克卢汉书简》和麦克卢汉与鲍威尔斯合著的《地球村》。四年以后，我的这篇摘要文章发表在《连线》杂志的第3期上（1993）。麦克卢汉赫然进入它的刊头，被它称为“恩师先贤”（Patron Saint）。

至此，数字革命“再现”了麦克卢汉的成就和威名，使之暂时被过时媒介湮没的光辉再现于世。我们下面将详细探讨麦克卢汉的“再现”。

---

① 菲利普·马尔尚（Philip Marchand，1946— ），加拿大报人、文学家、评论家，麦克卢汉的学生，供职于《多伦多星报》，著《麦克卢汉：媒介与信使》。——译者注

15.1 定律要津

麦克卢汉的媒介四定律对任何一种媒介的冲击力和发展都提出了四个问题：（1）它提升和放大了社会或人类生活的哪一个方面？（2）它遮蔽或使之过时的是什么东西？也就是说，它遮蔽的是它来临之前受到欢迎或地位突出的什么东西？（3）它再现的是什么东西？它把什么东西从过时的阴影中拉回来放到了舞台的中央？（4）当它走完生命历程、潜力登峰造极之时，它逆转为什么东西？或者说，它摇身一变成为什么东西？

我们考察媒介的环境时，这四条定律或效应的运作就变得清晰了。比如，无线电广播使人的声音传遍千万里，传给大量的听众；它使印刷术作为大众媒介的身份为之过时，比如，我们首先从广播上听到重要消息，而不是从报纸的"号外"得到重要的消息；它再现了昔日小城镇里吆喝叫卖的货郎，这样的小贩因为印刷术的问世而几乎销声匿迹。接着，作为听觉媒介的广播被推向极端之后，又逆转为视听媒介的电视。

接着出现的由广播逆转而来的电视媒介又以同样的过程起步。电视放大的是视觉，但是这种放大是"听觉上"的同步放大，而不是读报意义上的放大，读报的模式是一个人对一张报。电视使广播过时，这是显而易见的。它再现了视觉——如今这一点似乎也是显而易见的。但是，它再现的视觉，并不是广播使之过时的印刷媒介的视觉，而是新型的视觉，是过去的视觉与当代电子特征杂交的视觉，是迥然不同的视觉。电视屏幕上的描摹登峰造极之后，它就摇身变为个人电脑。

就举两个例子吧。越是对之进行考察就越是发现，许多东西并非那么一望而知。比如，电视使之过时的东西，就不只是广播，还有电影院：家里的视听媒介——电视不仅取代了广播这个叙事媒介，而且使到电影院去看电影的人数直线下降，能够在电影院上映的电影也随之减少。另一方面，广播也使许多东西过时，不只使印刷术过时，而且使非电子媒介会话（non-electronic conversation）的许多方面也过时了，在广播上听人说话和当面与人说话是不一样的。如上所述，电视摇身变为许多媒介，在这一点上它比个人电脑要略胜一筹。两维的电视变成了三维的全息术。即显即逝的电视逆转成为带记忆的电视——录像机。网络电视寡头（从广播继承下来的寡头）和它极为有限的频道，逆转为有线电视的许多频道。

这里有一个普遍的教训。这是如何应用并尽量从中获取最大效益的普遍教训之一。媒介定律的四效应很难得是单一作用的。相反，给定的媒介通常同时提升、过时、再现和逆转成许多东西。并且能够提升、过时、再现和逆转成同样东西的媒介也不只一种。比如电视逆转成电脑。但是，正如我们本书相当深入探讨的，书籍也沿着这套定律的另一条路子逆转为电脑。实际上，电话也发生了这样的逆转。再者，个人电脑用于网上聊天时，我们还可以把它当做民用波段产生的第四种媒介——电脑在数字时代摇身一变成为广播了。

四定律线性展开的观念，把这种四条路径的分析方式的另一个重要的问题——如何最充分利用这个分析框架——推到了前台。这是另一个重要的教训。正如我 1977 年给“媒介定律”所做的序文那样，在媒介及其效应之间，存在着一种循环展开和渐进展开的关系。如果用这四条“定律”来分析的话，这种关系就一望而知了。广播使视觉过时，接着的电视使视觉得到再现。于是，由广播逆转而成的电视反过来又使纯粹听觉的广播过时。这里存在着循环往复的现象。所以我把这种现象叫做媒介“进化的四轮车”（*Tetradic Wheels of Evolution*；见保罗·莱文森，1978b）。这是我在 1978 年“媒介四定律研讨会”上的论文里提出的观点。那次会议是我和麦克卢汉父子、罗伯特·布莱克曼及吉姆·莫利斯共同主持的，地点在我供职的费尔莱·迪金森大学。然而，正如我这篇文章指出的那样，实际上，在循环往复展开的过程中，存在着实实在在的前进运动——那不是一个封闭的圆圈。因此，更恰当的表述是螺旋型展开。正如我上面说明的那样，电视所再现的，实际是过去多种环境的具有原创性的复活体，而且这个复活体具有崭新的性质。换言之，我们也可以这样来表述：虽然广播逆转为电视的时候，再现的是被广播取代过时的东西——在此是视觉，然而电视在这里“拯救”的环境，和昔日那种视觉的确是不一样的。因为这里的视觉被新的媒介（电视）提升了，比它昔日的样子高出了一个层次。

固然，四定律分析的上述几个方面及其他一些重要方面，在麦克卢汉最初（他在世时）的表述中，已经是固有的成分，但是他没来得及详细说明或探索。实际上，就连费尔莱·迪金森大学举行的“媒介四定律研讨会”也没有引起学界足够的重视。不过，吉姆·库尔提斯的《摇滚年代》写得很好。他借助我的“进化的四轮车”的主张，来应用麦克卢汉的媒介定律，对摇滚乐作了很好的分析。1988年，《媒介定律》终于以麦克卢汉父子的名义出版了。书中确实讨论了“定律丛”说（clusters，“一组定律……逆转为相同方式的文化”）和“定律链”说（chains，“一组定律……使下一组定律……提升的时候”）。这种表述和我的“进化的四轮车”主张及“螺旋型”说，有异曲同工之妙。但是，在这个领域，我们还有许多工作要做。

我们把这个问题和15.2节的问题联系起来讨论，特别关注21世纪里媒介一些隐含的命题。

15.2 数字时代的精神

网络电视逆转成为有线电视，书籍和图书馆摇身一变成为互联网，继电视而起的电脑屏幕也摇身一变成为互联网。多元性（multiplicity）成为这两种新媒介的一个活跃成分，这绝非偶然。我们的媒介选项总体上增加了。这很像是一个有吸引力的盆子——吸引进去的媒介越多，它发挥的力量也就越大。

黑格尔把这种效应的融会叫做时代精神。实际上，我们可以用黑格尔的这个观念来确认麦克卢汉父子的“媒介丛”。此外，黑格尔还设计了一个更著名的工具，来评价人类文化与活动。这个工具叫辩证法，与麦克卢汉的媒介定律具有更多的相似之处。显而易见，黑格尔的三段式辩证法（tripartite）和媒介四定律（tetrad）的涵盖面基本上是一样的：实际上，综合再现的命题，是早些时候的命题，是被过去的命题弄得过时的反命题。综合被用做新命题并产生一个新的反命题之后，它行使的功能，就像“媒介四定律”所谓的逆转。

两家的理论在此出现了重要分歧。我们已经知道，逆转再现的是曾经过时的成分，因此它与过去相似，虽然它是向着未来运动的。与此相对，辩证法新的反命题完全不必和新命题（或过去的综合）之前的东西有任何联系：它只需要是新命题的具有某种深刻意义的对立面。在这个意义上，辩证法具有狂热的革命性——它不必向过去颔首致意——即使在马克思的面前，它也是头首倒立的。与此相反，媒介四定律坚持用已知的东西编织成创新的东西。麦克卢汉的媒介定律与他对比方和后视镜的使用是一致的。这使它成为过滤历史的一个比较合适的筛子，成为观照未来的一个意义重大的投影机。如是观之，未来就容易解释了——未来是披着新形式外衣的人类模式粉墨登场的重演而已。

当然，黑格尔的工作走在了麦克卢汉的前面。黑格尔辩证法与媒介四定律之所以相似，至少是因为麦克卢汉的思想有黑格尔思想的成分，虽然麦克卢汉尽量与逻辑、哲学保持距离，尽量使四定律和辩证法拉开距离。1977年我研究他的媒介定律时，他给我写过许多表示欢迎的信札。我真的受宠若惊。想想看，在我开始攻读博士的第一年，竟然差不多每周收到他的书信，而他却是汤姆·沃尔夫笔下的达尔文、爱因斯坦和弗洛伊德似的人物。他特别不赞成我在《玩具、镜子和艺术：技术文化之变迁》一文中的观点，因为我依靠的是黑格尔的三段式（three-part schema）。他在1977年9月8日的来信中说："仅此忠告，你的三元说在一切情况下都可以改成四元说。换言之，玩具、镜子和艺术——每一种都是四位一体的东西。三者相加构成三元一体，这个三元一体缺损了一个项目。第159页的再现因素（第三项）被压抑了，这是不是因为你敬畏黑格尔？"（麦克卢汉，1977b）［那一页讨论皮亚杰、麦克卢汉、弗洛伊德和凯斯特勒等人思想的相似性。"玩具、镜子和艺术"是我看见的三个技术发展阶段。这三个技术发展阶段与皮亚杰的三个思想发展阶段有相似之处，他认为人的思维发展要经过感知运动、具象化和形式化三个阶段（sensorimotor，concrete，and formal stages）。］我这个观点和麦克卢汉人类传播的三阶段论也相似，他认为人类传播经过了口头、文字和电子（oral，written，and electronic eras）传播三个阶段。我这个观点和弗洛伊德关于性表现的三个阶段也相似，他认为人的性表现要经过口欲、肛欲和生殖器欲三个阶段（oral，anal，and genital stages of sexual expression）。沃尔特·翁曾经把弗洛伊德性表现的三个阶段和麦克卢汉人类传播的三个阶段做过比较。我这个观点和凯斯特勒论述人的创造性的三阶段论也有相似之处。他认为人的创造性经过弄臣、圣贤和艺术家三个阶段（Jester，Sage，and Artist）展开。（关于"玩具、镜子和艺术"的其他方面，请参见《数字麦克卢汉》第11章"玩具、镜子和艺术"。）

麦克卢汉说得对，黑格尔的辩证法使再现兴旺一时。但是，正如我在上文提到的那样，黑格尔没有提供预测未来的深刻的历史基础。不过，这并不等于有理由放弃辩证法而偏爱四定律，更不是在一切情况下都要偏爱四定律。三元说毕竟比四元说更简明，仅仅举这一条理由，就足以说明，三元说是更加可取的简略表达方式。数字时代是个体传播的书籍报纸与大众传播的广播电视综合而成的产物。这样的说法具有意义，又很实用。这个新的数字命题刺激我们去寻找新的反命题。这个寻找的方向必然和逆转的方向相同，虽然它没有四元说那样的历史广度和深度。

1978年秋天，我在多伦多大学麦克卢汉研究所有名的“马车房”(Coach House) 参加他周一晚上例行的研讨会。我把上面这段话的意思说完之后，他笑吟吟地走到我的跟前说：“你瞧，我弄明白了，为什么你这么看中逻辑和辩证法的人，还可以这么同情我的成果。因为你加入那些搞逻辑的人之前，还搞过音乐!”(他说的是我在20世纪60年代末的“职业生涯”。我那时尝试过写歌、出唱片。读者没听说，这并不奇怪，因为我的歌曲的销售量几乎是负数。不过，我曾经不止一次请他们夫妇两人欣赏过我的杰作，而且还把我1971年的唱片《两唱同韵》送给他们。)

我的回答是：“我注重逻辑已经有很长时间了。即使在音乐里，也是先有三个音符的和弦，然后才有四个音符的和弦。”

当然，美妙的和弦遇到五六个音符也可能很难听。三元说和四元说都向我们发出了一个持久的讯息。我以为，这个讯息就是：社会分析工具的构造成分，不存在具有魔力的数字。不错，四元说和许多四元结构产生深刻的共鸣。从DNA的G，A，T，C四元结构到《圣经·启示录》里的四骑士，从亚里士多德的四因说（four causes）到中世纪的“四艺”，都有一个“四”字。麦克卢汉尤其喜欢最后这个“四艺”——算术、几何、音乐和天文。“四艺”是剑桥大学13世纪硕士生的四门主干课。这“四艺”不言而喻比“三艺”(拉丁语法、修辞和逻辑) 略胜一筹。“三艺”是当时剑桥大学学士生的主干课。(无疑麦克卢汉还是喜欢“三艺”和“四艺”的诙谐含义，他认为“三艺”不如“四艺”。) 话又说回来，三元结构在历史上也产生过对应的冲击力。罗马教廷的圣父、圣子和圣灵三位一体的教义，许多童话里的三个愿望，都产生过重大的影响。

事实上，如果说数字时代的精神是多元性的，那么这个精神既包括了“四艺”，也包括了“三艺”——二者联手构成了人文科学的“七艺”，以至于超过“七艺”(seven liberal arts)。可以说，互联网不仅是正规教育的载体，而且是生活中学习的载体，这一点更加重要。互联网使“七艺”过时，它偏爱僵化分界大大减少的课程大纲，它拥有数以千计的课程，这些课程常常是由互联网上意料之外的奇珍异宝构成的，而不是由大学里的系务委员会决定的。

我们不妨把这种新型的反传统训练课程叫做数字艺术。

15.3 深刻再现和数字艺术

电视正在逆转成为各种各样的媒介。这些逆转的过程有：凭借录像机长期保存节目，对节目日益增加的控制力，文本的整合，借助互联网的互动，有线电视上日益增加的节目选择余地，凭借全息术而获得的第三维度（迄今为止，全息术是这些逆转之中最不为人所知的逆转，虽然全息图像早在20世纪60年代末期就已经制作出来了）。当我们考虑这些媒介的属性时，我们发现，它们早就存在于人类的感知和传播中了。对长期保存的追求，早在千万年前的洞穴画中就表现出来了。书写的文本要新近一些，但是至少可以追溯到几千年前埃及的象形文字中。对环境日益增加的控制力，人与人的互动，对第三维的感知，各自以不同的方式构成我们生存所必需的条件。它们预示和假设媒介本身的功能。

这些属性是媒介演化强有力的出发点和目标。我在“人性化趋势”的提法中对此进行了描述。这些属性和后视镜、近距离透镜、新近的过去，几乎都没有关系。后面这些成分既可以分散我们的注意力，又可以使我们更好地定向，但它们常常是两者兼而有之；我们在新媒介的环境中初步寻找一点感觉时，常常会遇到这样的情况。在人类的生存和传播里，这些精要的成分驾驭着媒介演化的方向。麦克卢汉说再现的时候，心里想到的最深沉、最重要的东西，就是这些成分。正是这些精要的成分，使他能够以他典型的既漫不经心又深刻睿智的口气说出这样的话：汽车再现了“身披闪光铠甲的骑士”（麦克卢汉父子，1988）。如今，正是这些成分使我们能够说，录像机再现了古人类洞穴画之类的东西。如此深刻的再现所能够达到的广度和精度，正是四元说最了不起的机会之一。事实上，一般地说，辩证法的三段说里面找不到这样的机会。

再者，四元说的多样可能性促使我们多一些思考。换言之，四元说是一个“冷”工具，正如麦克卢汉的一切洞见、构想和比喻是“冷”工具一样。比如，我们可以思考这样一个问题：为什么感知是属于第三维的东西？一方面，第三维感知是人类属性中最悠远的属性，已如上述（因为显而易见，它比人类的历史还要悠远）。另一方面，19世纪以后的媒介中，这样的感知却成为参与最少、再现最少的属性。我能够做出的最好的回答是：虽然第三维是我们前技术环境的成分之一，这一点不容争辩，但是它可能并不是最重要的成分，它不像照片演化过程中再现的运动、声音、即时性等属性那样重要，照片的这些属性是从稳定、无声、黑白、延迟成像等属性慢慢演化出来的。此外，在两维的透视幻觉中，第三维也再现得很好。自从文艺复兴以来，西方艺术一直在搞两维幻觉，照片自然对第三维构成威胁。用“补救性媒介”来说，视觉媒介中实在是缺乏第三维，因此它不可能产生多少弥补第三维的需求，相反其他属性的缺乏倒是需要弥补的。

这仅仅是一个例子——仅仅是媒介四定律逆转定律的一个方面，仅仅是用它来研究电视这一种媒介而已。这说明，这四条定律需要我们做许多研究工作——不是那种马马虎虎、虎头蛇尾的研究工作，不是那种懒懒散散、训练无素的研究工作。许多人批评麦克卢汉时，就企图要我们这样看待他的工作（见埃德蒙森，1977；他给麦克卢汉的画像是：用“松散、粗疏的胡言乱语”说话）。相反，我们应该反其道而行之，应该绞尽脑汁，牢牢把握自己的求知欲和想象力，使之踏上一个令人振奋的征途。（我禁不住还要补上一句，我想，人必须有想象力，有求知的热情，以便献身于研究工作。如果没有这种精神，批评他的人感觉到的那种烦恼，是可以理解的。）

媒介四定律需要我们献身的这种工作，成为数字时代的一个标志。这个标志是电视逆转成为个人电脑和互联网的又一个特点。电视不用人费劲，你只需靠在沙发上看就可以了。这未必就不是好事。相反它是有好处的，我的一篇文章就题为《看电视的好处》（1980）。有时候，拥有随意使唤、又不费劲的媒介，那真是不错（关于“无所事事”只看电视的好处，见麦克格拉斯，1997）。但是，电视这个好处，又削弱了它作为教育工具的效益（不过看电视的人也可能会受到某一个节目的思想激励，甚至会因此而产生灵感。电视的利弊说明，“媒介即讯息”这个命题最好这样来理解：“媒介”的影响不会是单一作用的）。

与电视相比，个人电脑需要经过训练才能用好，互联网也是这样。学用电脑可以靠自我培训。我长期以来就看到，学电脑要有一个最好的老师：学的人要有一个真正的问题去解决，或一项真正的工作去完成（这肯定是学会上网的最好办法）——这也是学习。客观需求是断裂点和逆转的标志，这一点不仅适用于电视的运作方法，而且广播、电影和照片也是这样。实际上，电报之后的一切媒介都是这样的。当然，书籍本身也是这样的（看书就需要识字）。

如果说，传统文科（liberal arts）的目的，就是在一个依靠读书识字能力推动的世界里，把我们培养成为创造力充分得到开发的公民，那么我们就可以说，如今的数字艺术（digital arts）——网上的数字艺术，找到并使用它们所需要的训练和知识——是必备的条件。至少在新千年的头 5 年里，数字艺术是全面发展的公民必备的条件。

新型的数字艺术不仅强调知识，而且强调要知道如何去学习知识。这就是说，最基本的求知形式就是行动。这和杜威教育哲学的重点是一致的。这种教育哲学恰如其分地和他的名字联系在一起。其极端形式是：知识等于行动。这和麦克卢汉的一个号召也是一致的。他希望老师是“冷”的——起促进作用，而不是长篇大论地说个不停。老师要鼓励学生参与。这和许多理论家的主张也是一致的。从杜威、蒙台梭利到皮亚杰，这些理论家，都提倡积极主动学习的美德。

因此，网上教育成为如何在网上学习的教育。就它扭转被动的、以讲座和书本为基础的教育这一点来说，它和任何一种具体学科（比如历史或哲学）的教育没有区别。它这个逆转过程和电视逆转成为互联网的过程是平行的。实际上，我们联合教育公司总是向学生说明——网上教育和网上的任何东西在滥觞期都需要解释——在网上学习一门课程，实质上涉及两个方面的学习。不仅要学习广告上宣传的一门课程，而且要学会如何学习。更进一步说，学生要学会在网上立身行事、把握自己。网络的极大发展使每个有电脑的人都能够轻而易举地上网。网络信息的广度、深度和具体性，都可以和教室里及大学图书馆里的信息一比高下。也许我们正在进入这样一个时代：学校正规教育的许多目的和范围将要过时，除了官方认可的学位之外，它的许多东西恐怕都要过时。你学习上网不必到学校去求学，你学习许多门课程也不必坐进教室。上下课的铃声不再界限分明，而是融为一体，文凭和学问的分离日益明显，我们也许会看到学位走向衰落。教学负责人已经忧心忡忡地注意到，学电脑的学生正在退学去从事报酬丰厚的工作，比如网络设计师之类的工作。这些工作看重的是才能而不是文凭，认为才能是至关重要的。这是对的。毕竟，比尔·盖茨是没有大学学位的。

然而，如果要正确理解麦克卢汉的媒介四定律，我们在考虑数字时代时，就不能只将其当做四元说的终端，认为这个时代只集中关注 20 世纪万神殿里的电视、教育、书籍等载体。除此之外，数字时代还是一个发射平台，一个原子反应的起点，许多假设的时代正接踵而至。

迄今为止，本文考虑的是数字时代的滥觞岁月。麦克卢汉的洞见在数字时代的发展势头上给人的教诲，我们已经在四面八方看到了。

在 15.4 节里，我们将转向数字时代达到发展极限后的情况，我们将要问一问，它逼近终点时，会摇身一变成为什么东西。

15.4　数字时代的逆转

我们在上文已经看到，四元说的一个主要特征是，逆转并不是与其先驱完全对立的反命题或对立面。因此，它不是黑与白的对立，不是列维-斯特劳斯①所谓的两极对立，也不是黑格尔的辩证法。这个四位一体的连续性，一部分来自于随逆转而过时的成分，一部分来自于新媒介或新效应，因为新媒介或新效应确实包含着刚刚过去的那个媒介的某些特征。于是，由电视逆转而成的个人电脑，还保留着电视屏幕，或电视屏幕的翻版，有线电视和录像机也是这样的。只有全息术才摆脱了屏幕，但是它保留了电视的其他一些特征，突出的是它那种单向的从听觉到视觉的表现形式。

如果说，数字时代的特征是用视窗和浏览器选择信息而实现的个人化，那么，在数字时代以后的时代里，我们则期待与之类似的表现个人选择的载体。只不过将来的载体的用法不同、目的不同、结果也不同而已。

维尔霍文根据海因莱因 1959 年的同名小说改编的电影《飞船奇兵》(1977)，就描绘了这样一种可能的未来，且表现得非常生动。故事的核心是地球人与外星人的战争。地球人已经创建了一个统一的、斯巴达式的社会，要义务服兵役才能取得公民权，只有公民才有选举权。为了打赢这场战争，地球人必须要完成思想动员并献出一切—— 一句话就是要接受宣传洗脑，正如盟国第二次世界大战获胜的经验一样。那时的媒介是自上而下控制的。然而在数字时代里，

① 列维-斯特劳斯 (Claude Levi-Strauss，1908—2002)，比利时人类学家、结构主义奠基人之一。长期在法国、美国和巴西从事田野调查和教学工作。代表作有《亲属关系的基本结构》、《悲惨的热带》、《结构主义人类学》、《原始人的思维》、《图腾崇拜》、《神话集》等。——译者注

媒介所受控制的程度已经减少，它鼓励人们通过网上的积极选择去接受教育，而不是被动地接受他人的知识灌输，它冲破了电视的寡头统治，绽放出许许多多专门化的节目，供人们挑选，于是人们对这些节目有更大的控制能力。这是一个绝对反对宣传的、数字化的网络环境。在这样的情况下，谁能够成功地发动和贯彻一场全球范围的宣传运动呢?

1959 年，海因莱因写小说的时候，当然不用直面这个问题。但是，维尔霍伊文 20 世纪 90 年代把它搬上银幕时，就不得不直面这个问题。他的处理方式触及网络至关重要的一个逆转点：就使用者的控制能力而言，超文本具有歧义性 。在网络当前典型的表现中，制作网页的人对别人的选择当然手握控制权，他们决定网页中可以包括的链接，而网上冲浪的人却只能够选择业已存在的链接。但是，可供选择的链接的数量真是多得难以计数，难以预料，因此冲浪者实际上享受着无与伦比的选择信息的自由。毫无疑问，千百万人在网上冲浪的自由，和他们在电视屏幕上享受的自由，不知道要多到哪里去，肯定比 20 世纪 50 年代的人们在电视屏幕上享受的自由要多得多。

然而，万一网上的超文本链接受到有意识的控制，万一它只提供政府想要人民得到的那些信息，而不提供其他信息，那又会发生什么事情呢?

维尔霍伊文把这一可能性表现得十分精彩。在未来的网络上，人们可以获得许多主题的信息，政府任何时候都可以闯进来做实况信息发布。但是，预先录制好的信息是经过仔细编程、仔细构建的。在这个网络中，浏览人每次点击之后看到的，仅仅是《飞船奇兵》的一个个片断，是外星人对地球威胁的一个个片断，还有像视窗一样的选项条，以及其他链接信息。这些连接点出现在屏幕的上方。一个低沉、吸引人的新闻播报人式的声音问道：“还想多知道一点吗?”浏览人点击相关的版块，再轻轻点击播报人公告的主题时，跳出来的却是宣传。事实上，所有这些预先选定的项目，虽然都传达了略微不同的信息——外星人的性质（“了解你的敌人”)、地球人英勇的抗战等——但全都是由同一台点击的宣传机器生成的。给这样的侮辱火上浇油的还有伤害。有一些点击——据说描写极端暴力的网站——包含着堵塞了的部分，即“审查”的部分。至少对看这部电影的人——未来网络上的浏览人——而言，显然只剩下一个选择，那就是退出不看，以便彻底结束这场宣传。

因此，在这部电影表现的情景中，我们在网上选择的胜利，逆转成为未来网络浏览人选择能力上的幻觉。既然媒介四定律各个方面的连续性都是始终如一的，我们完全可以问，我们当前在网络上的自由选择，在多大程度上是幻觉呢？实际上，这样的选择，只不过是从预定的选项中选择而已。在这一点上，媒介四定律给那些心怀恐惧的人提供了支持。他们担心，微软这样的大公司对我们数字环境的控制，可能是太过分了。当然，根据媒介四定律，集中控制得以死灰复燃的潜在可能性是存在的，它会牺牲我们个人的控制能力。事实上，这一套定律的目的，就是要注意每一种媒介及其影响所固有的逆转因子。我倾向于把政府看成是这个逆转的载体（所以有读者说我的《软利器》对政府的《传播体面法案》提出了辛辣的指控；见奥夫德海特 1977 年的书评）。同样，维尔霍伊文也持这一观点。在这一点上，我们和一些人的意见相左。他们认为，政府在防止自由网络发生有利于公司的逆转。但是，有一点我们大家的意见是一致的：危险是存在的，而且危险既来自政府，也来自微软。双方都认为对方危险（政府更危险，因为它握着枪杆子，详见保罗·莱文森，1988）。

然而关于谁最危险的辩论，使我们注意到逆转里存在的另一个同样关键的侧面：在任何给定的情况下，比如我们的此时此刻，未来的逆转都是潜在的、假设的，尚未实现的。在用四定律分析新媒介时，只有逆转这一条定律还没有起作用（显然，把四定律用来分析过去的媒介比如广播时，我们已知其逆转）。因此，我们不仅能够讨论将要发生的一个具体的逆转——正如我们能够讨论其他三条定律那样——而且我们能够说明和控制这个逆转。

真能够控制这个逆转吗？

我在本文和其他文章都谈到，对未来的自由选择的威胁，来自政府而不是公司的力量（正如杰斐逊总统所见，而且我要说，政府一直是这样的威胁）。但是，我这样的主张可以并将要产生什么影响呢？我始终拒绝接受麦克卢汉不作价值判断的立场，我不同意他常常说的技术对人类处在居高临下的因果地位，因为我认为，人的理性和判断能力可以对未来产生正面的影响——我们可以驾驭逆转的方向，使之向着这样那样的方向前进。

为此目的，我们必须从价值判断入手。宣传的确是无所不在、无法避免的，正如麦克卢汉和艾吕尔（Ellul，J.《宣传》，1973）所见。但是这并不意味着，我们在任何情况下都要不分青红皂白地去拥抱宣传，也不能允许所有改善后的媒介去进行宣传。在数字时代，我们可以从一条道德规定着手。根据这条规定，由迥然不同的个人控制信息，总是比集中的权威控制信息好。强化的宣传在某些情况下甚至是需要的。比如第二次世界大战就是这样，将来和《飞船奇兵》中进犯地球的奇异昆虫作战也是这样。不过我们可以看到，在这样的情况下，我们同时也在玩火。我们最好还是寻求更好的手段来控制宣传吧。

因此，在《数字麦克卢汉》结尾的一节里，我们要超越麦克卢汉。实际上，我们要把他的预测颠倒过来，他说人坐在技术的膝头上任其摆布。我们要考虑如何提高对未来的控制能力。当然，既然逆转总是包含着生成它的体制所带的成分，那么我们的讨论既是超越他研究成果的讨论，也是审视他研究成果的讨论。

15.5 媒介决定论的逆转

麦克卢汉肯定不是绝对马克思主义意义上的媒介决定论者。马克思主义者看见的未来是必然的未来，是从解释得一清二白的历史中必然产生的未来。尽管如此，麦克卢汉撷取的最生动的媒介及其影响的例子，常常是未经我们赞同、处在我们知觉之外操纵我们的东西。看书的时候，谁能够意识到，这个经验正在抹平拼音字母出现之前听觉空间和世界的多维特征呢？看电视的时候，谁（媒介理论家除外）又曾想到，屏幕上射出来的光线是在阅读我们，使我们参与其中呢？而且，谁又能想到，它和电影院中从银幕上弹回来的光线不一样呢？谁能想到电视屏幕射出来的光线和壁画上弹回来的光线不一样？上网的时候，谁又曾故意成为一个新型而互动的地球村的一部分呢？谁又能知道，这个地球村正在使电视产生的那个窥视村（voyeuristic village）过时呢？

麦克卢汉的著作乐意兜售上述例子，因为它们具有令人震惊的价值。同样，本文也必然要如法炮制。它们是早晨唤醒你的铃声，让那些对媒介的强大力量浑然不觉的人清醒过来，让他们知道媒介在一切社会里都具有强大的力量。这些例子是媒介理论家的看家本领。

麦克卢汉说，没有无线电广播就没有希特勒，尼克松1960年竞选失败是由于他对新型的电视媒介太“热”。我在《软利器》(1997b)中写到媒介史时，首先探讨了伊克纳顿[①]的神教如何在没有拼音文字的情况下遭受失败。我们这样说他的失败，只说明了事情的一部分情况。我们宣传的是我们认为最吸引人的那一部分东西。

然而，我们只需略加思索，就可以揭示事情的另一面。这一面当然是存在的，是人与技术关系的另一面：对于我们的发明，我们是可以有所作为的。我们可以提炼技术、指引技术，使之按照适合我们感知和需要的道路发挥作用，而不是按照改造我们感知和需要的道路发挥作用。因为如果没有对媒介的影响有所作为，只是用它来吓唬人，那又有什么意思呢？麦克卢汉想要把我们从被媒介影响的麻木状态中唤醒。无疑这是因为，他认为我们觉醒之后，能够按照自己喜欢的方式去维持媒介的影响，按照自己不喜欢的方式去终止或减少这种影响。

在媒介四定律的每一条定律里，当前媒介的逆转都存在潜在可能而不是实际的情况，都存在媒介影响的多样性。这说明人类提炼和控制技术的预设已经嵌入了麦克卢汉的四条定律之中。可以说，逆转律有这样一个含义，甚至是坚定的立场：人必须扮演积极的角色。在这个意义上，这个逆转律不像亚里士多德的第四因或终极因，而是固有的命运、目标的终点，会随时冒出来供人去把握。

决定论的逆转发轫于生命的诞生。无机反应的结果几乎是2＋2＝4，那是可以预测的。与此不同的是，生命过程是由一点又一点的不可预测性激活起来的。在个体的层面上，这个不可预测性当然可以导致成功和死亡。对总体的生命而言，这个决定论的噪音，成为突变而生的奇异物种的源泉，它是进化过程中一把锋利的刀刃。

进化过程产生人的智慧时，决定论遭遇到另一次逆转。这个逆转之深刻，和程序开放的生命诞生时发生的逆转是一样的。所谓幻想就是把单一的、不可避免的前景散射到无穷的可能性之中。使这些幻想体现到技术中去，就是极大地限制可能性的领域——因为物质的东西不如思想那样容易锻造。不过，即使一小批技术，哪怕只有两种，就足以打破单一、必然结果的符咒。

补救性媒介显示，技术决定论要逆转。我们不愿意忍受“偷窥者汤姆”的冲击，所以我们发明了窗帘。我们不甘心眼睁睁看着电

① 伊克纳顿（Ikhnaton，也作Akhenaton，前1375—前1358），埃及法老，摒弃了多神教，创立一神教，崇敬太阳神，但这种一神教的改革尝试因时机不成熟而失败。——译者注

视屏幕上喜欢的形象飞逝而袖手旁观，所以我们发明了录像机。我们不愿意在文字的沉重压迫下吃力地洒汗挥毫，让语词从构思那一刻起就被拴死在纸面上，于是我们发明了文字处理机。拉开距离一看，这些逆转无疑可以被看成媒介自动的、必然的突变，是窗户、电视和文字遭遇到功能的外部极限时发生的突变。然而，实际上，它们是人有意为之的产物，是用人类理性煽起和完成的逆转。如此的人类首创和成就，并不是要否定或颠倒逆转的过程，而是要给逆转提供信息、指示方向、加以改造。与此相似，人类在世界上的出现，改变了蚂蚁、鸟类和水獭业已表现出来的技术努力。事实上，人的出现以这样那样的方式改变了一切生命形态的技术努力。

互联网及其体现、证明和促进的数字时代，是一个大写的补救性媒介。这是由于电视、书籍、报纸、教育、工作模式等的不足而产生的逆转，差不多是过去一切媒介不敷应用而产生的逆转。许多诸如此类的修补，并不是像录像机那么有意为之——录像机是为了医治电视的短命而苦心孤诣制造出来的。但是，在新千年里，许多媒介集中起来、结合起来，来帮助解决过去媒介面对的各种问题，这当然不是偶然的。数字媒介使传播速度加快、省事省力。于是，有意发明的媒介，和歪打正着解决问题的媒介之间的差异缩小：数字传播提升了人的理性把握，在这一点上，一切媒介都成为立竿见影的补救性媒介。

这里既有未来的不确定性，又有我对未来的乐观态度。一方面，媒介演化的加速，给我们带来这个前途光明的转折点，它可以把我们抛入一个逆转过程。在这个逆转过程中，个人的自由选择和控制力，实际上成为一个个狡诈的守门陷阱。不错，这些门是开着的，但是门里的地盘早已划定。超文本链接的网页，可能是政府审查后用高明的手法稍稍扭曲后的网页。这些网页不是窗口，而是镜子——只是把一些花里胡哨的东西拿来重放一下而已，我们看到的东西，最多是一小撮精心挑选出来的官员认为我们该看或不该看的东西。

另一方面，媒介演化的加速，把我们带到了一个前所未有的转折点，给我们带来了一个初露端倪的机会。这是一个前所未有的个人选择和理性指向的机会。与此相比，杰斐逊总统所谓的理性时代，只是一个把公民权授予富有的白种男性的时代。他那个理性时代，只不过是我们如今需要再现的、需要精心培育成为参天大树的幼苗而已。他那个理性时代，就像古希腊的民主，就像把野蛮人与民主隔离开来的时代。

新的数字地球村是没有野蛮人的。作为新时代的公民，我们享有前所未有的——虽然不是无限的——权力去阻止不符合我们利益的逆转。至少，我们有权力迟滞这种逆转前进的步伐，以保存和开发我们喜欢的媒介环境。

所以，麦克卢汉的有生之年，尤其是他画龙点睛的媒介定律，可能给我们明明白白地展示了媒介的活力，展示了它们不可抗拒、无意为之的后果。在我们的数字时代，媒介的活力正在转换成为人的活力，这种活力是人类业已增强和提升的控制能力。

这是他一生刻意为之的结论吗?

抑或是另外一种结论：麦克卢汉的著作，对媒介决定论作了数字解构，对上述一切作了明确的解释和潜隐的预言——这是否就是他一切非刻意为之的结果中最为重要的结果呢?

请不要等待我或任何人告诉你结论是什么。

请你读麦克卢汉的书，读关于他的书籍和文章，重读我这本书，然后自己去做结论。

参考文献

1. 奥夫得海德（Aufderheide，P.）：《评〈软利器〉》（Review *of The Soft Edge*：*A Natural History and Future of the Information Revolution* by P. Levinson，*In These Times*，19 October，1997，pp. 32－33）。

2. 布罗纳尔（Bronner，E）：《贪婪的电脑在吞食学术英才》（Voracious Computers are Siphoning Talent from Academia，*The New York Times*，25 June，1998，pp. A1，14）。

3. 吉姆·库尔提斯（Curtis，J.）：《摇滚年代》（*Rock Eras*：*Interpretations of Music& Society*，1954—1984，Bowling Green，OH：Bowling Green State University Popular Press，1987）。

4. 埃德蒙森（Edmundson，M.）：《评〈轻轻松松阅读麦克卢汉：传记与入门〉》（Review of *Marshall McLuhan*：*Escape Into Understanding*：*A Biography* by W. T. Gordon，*The New York Times Book Review*，2 November，1997，p. 38.）

5. 雅克·艾吕尔（Ellul，J.）：《宣传》（*Propaganda*：*The Formation of Men's Attitudes*，trans. K. Kellen and J. Lerner，New York：Vintage，1965）。

6. 海因莱因（Heinlein，R.）：《飞船奇兵》（*Starship Troopers*，New York：G. P. Putnam's，1959）。

7. 保罗·莱文森（Levinson，P.）：《两唱同韵》（*Twice Upon A Rhyme*. LP music recording，containing 13 songs written，performed，and produced by Paul Levinson. New York：Happysad Records，1971）。

8. 保罗·莱文森（Levinson，P.）：《玩具、镜子和艺术：技术文化之变迁》[“Toy，Mirror，and Art：The Metamorphosis of Technological Culture，” *et cetera*，vol. 34，no. 2.，1977，pp. 151－167. Reprinted in L. Hickman and A. al-Hibri（eds.）*Technology and Human Affairs*，St. Louis，MO：C. V. Mosby，1981. Reprinted in L. Hickman（ed.）*Philosophy*，*Technology*，*and Human Affairs*，College Station，TX：Ibis，1985. Reprinted in L. Hickman（ed.）Technology as a Human Affair，New York：McGraw-Hill，1990]。

9. 保罗·莱文森（Levinson，P.）：《进化的四轮车》（Tetradic wheels of evolution，Paper presented at Tetrad Conference，Fairleigh Dickinson University，Teaneck，NJ，10 March，1978）。

10. 保罗·莱文森（Levinson，P.）：《看电视的好处》（Benefits of Watching Television，*ERIC* microfiche，#ED 233404，1980）。

11. 保罗·莱文森（Levinson，P.）：《致巴里特书简》（Personal correspondence to Loretta Barrett，Doubleday editor，about publication of McLuhan's *Laws of Media*，7 January，1981）。

12. 保罗·莱文森（Levinson，P.）：《评麦克卢汉的空间观念》（McLuhan's space，Essay/Review of *Marshall McLuhan*：*The Medium and the Messenger* by P. Marchand；*Laws of Media* by M. McLuhan and E. McLuhan；*The Global Village* by M. McLuhan and B. R. Powers；and *Letters of Marshall McLuhan*，selected and edited by M. Molinaro，C. McLuhan，and W. Toye，*Journal of Communication*，vol. 40，no. 2，1990，pp. 169－173）。

13. 保罗·莱文森（Levinson，P.）：《评麦克卢汉的四本书》（Review of *Marshall McLuhan*：*The Medium and the Messenger* by P. Marchand；*Laws of Media* by M. McLuhan and E. McLuhan；*The Global Village* by M. McLuhan and B. R. Powers；and *Letters of Marshall McLuhan*，selected and edited by M. Molinaro，C. McLuhan，and W. Toye，*Wired*，July-August，1993，pp. 104－105）。

14. 保罗·莱文森（Levinson，P.）：《软利器》（*The Soft Edge*：*A Natural History and Future of the Information Revolution*，London and New York：Routledge，1997）。

15. 保罗·莱文森（Levinson，P.）：《不要干涉微软公司》（Leave Microsoft Alone，*The Industry Standard*，8 June，1998，p. 36）。

16. 菲利普·马尔尚（Marchand，P.）：《麦克卢汉：媒介与信使》（*Marshall McLuhan*：*The Medium and the Messenger*，New York：Ticknor & Fields，1989）。

17. 麦克卢汉（McLuhan，M.）：《媒介定律》（McLuhan's Laws of the Media，*Technology and Culture*，January，1975，pp. 74－78）。

18. 麦克卢汉（McLuhan，M.）：《媒介定律》（The Laws of the Media，with a preface by P. Levinson，*et cetera*，vol. 34，no. 2，1977a，pp. 173－179）。

19. 麦克卢汉（McLuhan，M.）：《致保罗·莱文森书简》（Personal correspondence to Paul Levinson，8 September，1977b）。

20. 麦克卢汉父子（McLuhan，M. & McLuhan，E.）：《媒介定律》（*Laws of Media*：*The New Science*，Toronto：University of Toronto Press，1988）。

21. 麦克卢汉、鲍威尔斯（McLuhan，M. & Powers，B. R.）：《地球村》（*The Global Village*，New York：Oxford University Press，1989）。

22. 麦克格拉斯（McGrath，C.）：《星期六上午稍事放松》（Giving Saturday Morning Some Slack，*The New York Times Magazine*，9 November，sec. 6，1997，p. 52）。

23. 梅蒂·莫利纳罗与科琳·麦克卢汉等编（Molinaro，M.，McLuhan，C. & Toye，W.）：《麦克卢汉书简》（*Letters of Marshall McLuhan*. Toronto：Oxford University Press，1987）。

24. 电影《飞船奇兵》（*Starship Troopers*，Motion picture directed by Paul Verhoeven，based on Robert Heinlein's 1959 novel）。

第16章 很酷的文本：通过热线和稀薄空气实现的传递[①]

麦克卢汉区别冷热媒介是他最有名、最易被人误解却又是最有用的工具之一，它有利于我们理解新媒介的影响。杰拉尔德·斯特恩（Gerald Stearn）1967年编的一个文集名为《麦克卢汉：冷与热》，这个书名实在是恰如其分。其中的文章常常对麦克卢汉提出尖锐的批评，作者中有这样一些名人：汤姆·沃尔夫[②]、乔治·史丹纳[③]和苏珊·桑塔格[④]。哈斯柯尔·维克斯勒1969年赢得满堂喝彩的电影就叫《媒介酷》（*Medium Cool*，又译作《冷酷媒体》），这是一部关于媒介和政治的电影。在伍迪·艾伦执导的电影《安妮·霍尔》[⑤]里，扮演剧中人的伍迪·艾伦正在电影院门前排队买票，他把出演教授的麦克卢汉拉出队列，纠正这位正高谈阔论说电视是"热"的教授。麦克卢汉向伍迪·艾伦解释说："你对我的工作不了解，你的意思是说，我一切的谬误都大错特错啦？"教授这句话也许是受了一本书的误导。1971年的《当代大师》丛书里有一本传记叫《马歇尔·麦克卢汉》，作者是乔纳森·米勒[⑥]。该书对麦克卢汉的批评极

---

① 原载《麦克卢汉的遗产》（*The Legacy of Mcluhan*），New York：Hampton Press，2005）。

② 汤姆·沃尔夫（Tom Wolfe，1931— ），美国作家、新闻记者、批评家，美国主要报刊重要撰稿人，纪实作品和小说有《紫色年代》、《我们这个时代》、《好棒的宇航员》、《令人兴奋的迷幻实验》、《彩色的语词》等。——译者注

③ 乔治·史丹纳（George Steiner，1929— ），美国文学家、文化批评家，巴黎出生，长期在欧美若干大学执教，给若干著名报刊撰稿，著《语言与科学》、《悲剧的死亡》、《巴别塔之后》等；偶尔为《纽约客》杂志写书评。——译者注

④ 苏珊·桑塔格（Susan Sontag，1933—2004），美国著名知识分子，文学家和艺术家，擅长文化研究，著作有《反对阐释》、《论摄影》、《激进意志的形式》等，长篇小说《恩人》、《火山情人》等，另有话剧、电影作品多种。——译者注

⑤ 《安妮·霍尔》（*Annie Hall*），美国电影，1973年出品，获奥斯卡奖，由伍迪·艾伦（Woody Allen）执导。——译者注

⑥ 乔纳森·米勒（Jonathan Miller，1934— ），英国剧作家、电视人、批评家，代表作有《超越边缘》、《话说人体》、《麦克卢汉评传》等。——译者注

为辛辣。有一句话是这样的："'热'这个术语适用于信息结构中有空缺的讯息，所以这些讯息需要接受者积极的干预。"米勒用这句话解释的"热"刚好和麦克卢汉说的意思相反。

和麦克卢汉使用的大多数术语一样，冷热温度计的比喻立即引发了大量仓促发表的理解，然后是长期的挫折感，还出现了许多狂热的解读，显然这些解读又不可能凑合在一起。诸如此类的挫折、喟叹，是批评麦克卢汉的学者和漫不经心的读者两类人的感觉，这是他们感觉中的第一站，也是最后一站。他们都没有得到应有的收获；如果在阅读过程中不进行持久而充分推理的追求，就不可能体会到"冷""热"比方给人带来的好处。这样的好处使我们能够对大范围的文化进行评估和预测。借用麦克卢汉喜欢的生态学比方，"冷""热"媒介的说法就像是天气预报。

当然，伸出一根手指去感觉风的吹拂，你常常就可以初步感觉到气温的高低。然而这个结果并非一目了然，其条理也不清晰。这就是麦克卢汉给媒介测量温度时的情况。尽管结果不太令人满意，然而它的确可以使我们更好地接触到世界上正在发生的事情，比大量的统计调查和抽象的意识形态的效果还要好。

麦克卢汉的"冷""热"源自爵士乐里的俚语。大型铜管乐队的音乐使心灵陶醉（此为"热"）；娓娓耳语般的、丁当敲击的音乐使心灵着迷（此为"冷"）。大型铜管乐队的"热"的音乐把我们击倒，我们既不拥抱它，也不会沉浸在里面。相反，"冷"的调子如清风浸透全身，仿佛我们的感觉追随它，就像穿花衣的风笛手吸引人们跟上他们的步伐一样。

麦克卢汉在《理解媒介》（1964）里对这个二分术语做出充分的阐述，并用其分析媒介。这个二分术语的基础是他 1960 年的打字稿《理解新媒介研究项目报告书》，他在报告中探讨了高清晰度（high definition）和低清晰度（low definition）两种媒介。他的意思是：热媒介发送信息的方式响亮、明丽、轮廓分明，引诱我们的感觉，很快就席卷我们业已饱和的感官。与此相反，冷媒介发送信息的方式模糊、柔和、轮廓不分明，邀请我们去参与补足信息，或使宁静的夜晚充满生机。在麦克卢汉这个脚本里参加演出的如今已经成为经典的媒介有：电影院里巨幅、"热烈"的彩色电影对"冷冰冰"的小屏幕黑白电视；印刷的小说文本里的"热"散文对"冷"诗歌和涂鸦；逼真的照片对线条稀少的政治讽刺画；广播、高保真度录音机、立体声录音机上多维的声音和音乐对难以抗拒的并不灵敏的电话机。

再者，更加重要的是，麦克卢汉把这样的区分看成是调节文化环境温度的“热炭”和“冷风”，反过来，媒介又从文化环境中汲取能量。20 世纪 30 年代是广播和电影风行的时代，是一个“热”的年代。生动的色彩、新锐的发型、锋芒毕露的谈吐和高声表达的意见，成为当时的潮流。到了 20 世纪 60 年代，电视使文化降温，褪色的牛仔服、披肩的长发、故作老成的姿态，成为时尚追求者的基本要素。

然而再仔细一想，和只有声音的广播比较，同时传递形象和声音的电视怎么是冷的？不错，书本里的散文要求的参与度可能不如诗歌，然而，情书里的散文却能激发出人们最深厚的情感投入。

后一个例子触及了本文的核心。用一切标准来衡量，网上传播的媒介——电子邮件、小组讨论、数字文本和手机——都是有史以来最充分的互动媒介，是比印刷固定的纸媒更加短暂、更加短小、范围更广、速度更快的媒介。因此，网上文本似乎冷到接近于绝对零度那样的低温。然而，它明明白白地用一种印刷物的形式通行，而且网上文本大多数是散文，其方方面面的特点表现在报纸、杂志和书籍中，然而这三种媒介又是麦克卢汉最喜欢引用的高清晰度的热媒介。

这是不是说，麦克卢汉的冷热二分法就被打破了呢？是不是说，它已经行不通，终于在数字时代的沙滩上搁浅，成为地地道道的思想垃圾了呢？

我们将在本文里看到，情况肯定不是这样。实际上，我们将会明白，电子文本为何必然要获得并散发出“冷”的属性，它比电视冷，与最近出现的拉普音乐和昆廷·特拉蒂诺[①]影片的成功差不多同步。

为了弄懂这个过程，我们首先要仔细考察他的冷热二分法是什么意思，看看它究竟如何运作，看看什么是构成冷热冲击的媒介或动因。

① 昆廷·特拉蒂诺（Quentin Tarantino，1963— ），美国电影演员、导演、剧作家，奥斯卡等多项大奖得主，代表作有《黄金女郎》、《死亡的黎明》、《黄发女郎》、《真实的浪漫》、《杀死比尔》、《水库狗》、《另外的一帮》、《基督的最后诱惑》、《低俗小说》等。——译者注

16.1 媒介温度计概要

麦克卢汉认为，和没有形象的广播比较而言，以声音和形象为主的电视是冷的，其信息不那么完全；和纸媒上的语词比较，电视是冷的，因为书面语词也缺乏声音和形象。

这怎么可能呢？

这是因为，媒介冷热的属性、邀请人补充细节的属性，并不是来自于它要求的感官的数量多少，而是来自于参与的感官的强度。和广播、随身听、激光唱盘比较，今天电视上的大多数声音在清晰度、厚度和音域上都要逊色。逊色的原因来自于电视的源头，它最初是“谈话”的媒介；与此相反，广播（至少是1915年萨诺夫①之后的广播，参见邓莱普《广播电视年鉴》，1951）、磁带录音机和激光唱盘是播放音乐的媒介。即使彩色电视问世多年之后，即使电视屏幕增大两倍之后，即使它借助录音机的记忆功能出现之后，电视还是不如电影院里的电影，它还是不容易再现，它还是转瞬即逝的，它还是不像书面语词那样经久不衰。

由此可见，虽然电视比它的对手开辟了更多的感知范围，然而它一开始就是冷媒介，而且一直是冷媒介。我们不妨说，无论从诉求的感官数量来说还是从接收的受众人数来看，媒介的广度都成为其温度的增殖器或减速器，条件是：媒介广度的构造成分都具有相同的温度。皮肤暴露越多，衣服穿得越少，身体就越冷，或者是更富有诱惑力。

当然，比较几种媒介温度的高低时，只要其他因素相同，我们就容易确定哪一种媒介的温度高，哪一种媒介的温度低，这和其他一切因素的比较无异。和电影院比较而言，和类似于电影的视听媒介比较而言，电视的冷是最明显的。电话机上的微型受话器是冷的，它和广播的热形成强烈的对比（虽然我们在下文将要看到，电话固有的互动性也使电话冷），正如诗歌的短小使它冷的程度大大超过了大多数的散文一样。如果就声音进行比较，磁带上的语词和书页上的语词形成了很大的反差。

这种界限分明的相似性，在探索、阐述和引用媒介冷热二分法

---

① 戴维·萨诺夫（David Sarnoff，1891—1971），美国广播电视业的先驱，1915年率先实现商业广播，1926年建立全国广播公司。——译者注

时都是很好的起点。关键是不要钻牛角尖。正如我们上文所做的一样，如果我们准备调查电视是否真的冷，那就不仅要看它是否真正比电影冷，而且要看它是否真正比广播和印刷媒介冷。换句话说，冷热属性不仅仅是一种媒介和另一种媒介比较而言的相对属性，更加确切地说，冷热是要看人如何使用媒介的属性；在一定程度上，这些属性是长期不变的，无论环境中媒介是否不在。

然而另一方面，我们又不能得出结论认为，电视或其他什么媒介有一种永恒不变的、形而上的冷热属性。相反，在人使用和发明媒介的压力下，媒介总是处在进化之中，任何时候都可能留下深刻的温度变化。如上所述，自20世纪40年代末电视问世以来，它的温度上升了，它现在有彩色，屏幕达到两英尺以上，它可以在录像机、数字光盘放像机上再现和重放，它还可以提供点播节目。之所以说它仍然是冷媒介，那是因为虽然按照麦克卢汉的语言来说，电视在升温，然而它的温度还不足以烧穿和改变它的冷包装。换句话说，虽然你的客厅里的电视机是大屏幕、彩色、高清晰度的索尼牌，而且还配了录像机，它声像不足的属性还是需要你去补足。

与此相似，在20世纪平装本秋风的吹拂之下，书面语词已经大大降温，麦克卢汉的书是这样。《连线》等杂志也有意识地在版式和书页设计上用“空调”降温。然而，尽管19世纪的书本和期刊与今天时髦、多维的印刷媒介有天壤之别，但这些纸媒仍然有一个共性：语词钉死在书页上，这就是它们的区别性特征，自问世以后一直没有变。这就使之成为热媒介，使之有别于稍纵即逝的媒介，比如口语和电视。

然而，屏幕上的文字却是另一回事。这种媒介几乎是热文本与冷电视一半对一半的杂交媒介。这种文本的特质会不会互相抵消，其生命会不会像温水那样既不热也不冷呢？它会不会轮廓既不分明也又没有吸引力呢？我们已经知道，情况并非如此。不过我们可以再问，它的哪一个特质、哪一个温度最终会占支配地位呢？换句话说，从终极的结果来看，屏幕上的文字是不是一种百衲衣式的媒介呢？

答案有赖于媒介作为其他媒介的内容时如何运转。每一种媒介都像一个中国七巧盒或层层嵌套的洋娃娃，都是媒介套媒介再套媒介直至回到媒介诞生之前的思想。我们体验一种媒介时，都能够听到若干种媒介的声音、看到它们的面孔、感觉到它们的呼吸，能够体验到走在它们之前的一切媒介。每一种新媒介的独特之处在于它如何吸引我们注意走在它之前的媒介，也就是它包含的一切媒介。电影在电影院上映的时候，给人一种热烈、高于生活的剧场经验，由于观众的嬉笑、喘息、抽泣和鼓掌而得到完满的结果。可是，当它在电视上播映时，它却成了另一种全然不同的媒介内容，电视这个媒介曾经很冷，曾经是孤零零的，需要看电视的人热情地参与。当它在录像机上播放的时候，它能够暂停、重放或快进。此外，同样的电影还变成另一种媒介——1959 年 7 月，尼基塔·赫鲁晓夫与理查德·尼克松展开激烈的“厨房辩论”时，赫鲁晓夫恰如其分地把看录像描绘成“就像读书”(见“联网新闻服务”1997 年资料)。

这说明，尽管印刷语词的遗产很热，它总是会让位于屏幕上冷的语词流，因为屏幕的更新没有止境，没有止境的屏幕就成为传送语词最恰当的媒介。

然而，媒介冷属性的胜利又产生了另一个因素，这个因素超越了个人电脑或设计的属性，超越了它在网络上的应用。媒介的冷热属性不会在真空里运行，观察这些媒介属性的最好方法就是对相似的媒介进行比较。不仅如此，这些属性还对总体的文化产生影响；反过来，文化又挑选恰当温度的媒介。

实际上对麦克卢汉而言，电视这个冷媒介产生的最重要的结果是，它使我们的文化降温，使我们为人处世的态度和人际交流的行为降温，使我们珍视对喧闹的进行曲发出的耳语般的邀请。

当然，主导 20 世纪上半叶的热性的文化成分还要继续发挥作用，不过电视时代温度的总体下降使冷电脑的降临成为绝非偶然的事情。我们的文化期盼电脑的来临。

16.2　冷热媒介的文化影响

麦克卢汉 1964 年首次使用“冷”“热”这两个词语时，它们的内涵已经很丰富，远远超过了它们原来在爵士乐里的意思。此后，它们的意义继续扩大。

长期以来，冷的概念是相当可取的——岂止是可取呢，实际上在过去的 10 年里，它带上了“酷毙”的意思。不过，热这个词也不是省油的灯。毫无疑问，至少有一家公司是这样想的，它打出了这样的广告：“丰田汽车热，热，热!”

“冷”含有很深刻的意义：和宇宙同步，不强求却能够和宇宙同步，始终和宇宙的真实面貌步调一致；轻声细语地述说宇宙的深厚，和宇宙的未来同调合拍。“热”也有很多意思：“热”是高速的汽车，快餐，生活快车道；也是快速、扣人心弦、心潮澎湃的邂逅；还是自我陶醉、“让我激情荡漾”、“让我如痴如醉”。

显然，文化理想是在恰当的氛围里的或冷或热的状态，也就是最使人有所收获的或冷或热的状态或时代，或者是最需要或冷或热的状态或时代。

这样的理想状态常常是难以企及的。在《理解媒介》相关的两章（“冷媒介和热媒介”，“过热媒介的逆转”）里，麦克卢汉不仅说明了一种媒介或一组媒介能够决定整个文化温度，热文化如何刺激冷媒介的诞生；反过来他又说明了整个文化发挥的恒温态效应或平衡效应。他这个观念是在加拿大同胞和媒介研究的良师哈罗德·伊尼斯的观念基础上发挥出来的。哈罗德·伊尼斯认为，文化在上演一场拉锯战，一头是束缚时间的媒介或容易保存的媒介，另一头是束缚空间的媒介或容易传播的媒介。这个观点见于他的两本书：1950 年的《帝国与传播》和 1951 年的《传播的偏向》。后来，麦克卢汉把这个观点演绎为自己的“媒介定律”或“四元律”。在媒介和文化的潮涨潮落、潮来潮去中，你可能狼狈得措手不及，或者是在媒介需要的场合难以做到举止得体。

彼得·库克和达德利·穆尔主演的《与魔交易》[①]，对这个问题的演绎很漂亮。穆尔和魔鬼搞了一场交易，他要完成 7 个心愿。其中一个心愿是成为摇滚明星猫王埃尔维斯·普雷斯利（Elvis Presley）。可惜，他高兴的日子是短暂的，因为电影上映的时候，猫王已经风光不再，取而代之的摇滚明星是米克·贾格尔（Mick Jagger）。可怜的穆尔和猫王与时代的温度不合拍。贾格尔作为“酷”的偶像一直热到 20 世纪 90 年代，至少热到婴儿潮那一代的人比如比尔·盖茨。微软公司把滚石乐队的《从我开始》用作视窗 95 的广告音乐。

麦克卢汉预测美国政治的走向大获成功。在 20 世纪 50 年代的总统竞选中，艾德莱·史蒂文森[②]的文化修养成为电视时代初期的牺

① 《与魔交易》（*Bedazzled*），由斯坦利·多南执导，彼得·库克（Peter Cook）和达德利·穆尔（Dudley Moore）主演，该片是 1967 年的经典版，2000 年福克斯公司重拍了一个新版。——译者注

② 艾德莱·史蒂文森（Adlai Stevenson，1900—1965），美国政治家，1952 年和 1956 年民主党总统候选人。——译者注

牲品，因为那个时代的偏爱是艾森豪威尔那样的军事代码。约翰·肯尼迪的风趣和诗歌情趣非常适合电视机的镜头，肯尼迪和尼克松总统竞选辩论后的调查表明：电视观众认为肯尼迪赢了辩论，收音机听众却认为尼克松赢了；在听上去热烈、严肃、字正腔圆的电台上，听众的感觉是尼克松战胜了肯尼迪。但是在8年之后的总统竞选中，休伯特·汉弗莱[1]脸上的热情洋溢却使他热得不适合电视，此时的尼克松却学会了掩饰他的表情和逻辑，他在镜头前不露声色，所以他赢了辩论。不过在尼克松的"水门事件"里，电视却笑到了最后。他当着电视镜头否认有过错的认真劲，在纸印媒介和声音媒介里是合情合理的，在电视上他却像政治讽刺画里目光游移不定的恶棍。在赫布罗克那幅经典的漫画里，尼克松蹲在白宫里掀翻的写字台边，手里拿着枪高喊："来呀，当差的，你来拿我呀!"

大多数诸如此类的冷热解释都有一定程度的合理性，举出的例子都合乎事实。当然，在那些政治命运的沉浮中，还有其他起作用的因素。无论怎么说吧，麦克卢汉未能活到20世纪80年代，他没有看到，对政治的冷热解释遭遇了最强有力的挑战。用大多数标准来衡量，罗纳德·里根这位热性的候选人比不太善于辞令的吉米·卡特和比较低调的沃尔特·蒙戴尔[2]都偏向热，可是他却在总统竞选中两次胜出。

里根昔日的热度在"冷"的时代之所以大获成功，可以用20世纪80年代热的因素来解释。这些热的因素有：电视逐渐升温；早期的个人电脑温度高，因为它们非常依赖固定、僵化的程序，比以后电脑的温度高。你还可以在里根的风格中找到一些冷的成分：他那标志性的言辞不多但温文尔雅、笑容可掬的能力，是他在20世纪50年代做电视广告时磨砺出来的本事。

我们可以从里根时代文化冷热的评估中得到一点更好的教益：冷热这个分析工具在政治分析中的适用性有一定的局限。实际上，我们不妨从这里构建一个一般的原理：冷热的观念离它们的媒介源头越远，用它们分析的结果就越没有把握、存在矛盾，其说服力就越弱。如果用来分析音乐、电影和衣服，冷热分析法倒是效果很

---

① 休伯特·汉弗莱（Hubert Humphrey，1911—1978），美国政治家，资深参议员，1968年民主党总统候选人。——译者注

② 沃尔特·蒙戴尔（Walter F. Mondale，1977—1981），美国政治家，卡特任内的副总统（1977—1981年），1984年参选美国民主党总统候选人失败。——译者注

好。麦克卢汉多次指出，与其说衣服是保暖御寒的媒介，不如说衣服首先是个人交流的媒介。

然而，这个分析工具也有大显身手的机会。1988 年，乔治·H·布什战胜瞠目结舌的迈克尔·杜卡斯基，就是一次热辣的胜利。在 1992 年的竞选里，克林顿肯定是比老布什冷，在 1996 年的竞选中，他又比鲍布·多尔冷。在 2000 年的竞选里，小布什的口才不如他的对手阿尔·戈尔，在 2004 年的竞选中，他的口才又比约翰·加里弱。这几次竞选的结果表明，双方的选票贴得很近，这实在是难以告诉我们，政治中的冷热孰优孰劣。

我们举一个例子说明，总体文化的冷热涨落产生的影响是很小的，我们可以考虑科学事业的情况。不错，文化期待无疑指引着科学研究，决定着人们对科学发现的初始解释，然而，外部现实的证据早晚要刺破主导的信念。否则我们就不会有以哥白尼、达尔文和爱因斯坦为基础的科学革命。这里有一个构建的因素：虽然外部现实凭借我们的感知、信念和媒介渗透到我们身上，然而它在很大程度上是独立于我们的。卡普拉的《物理学之道》也许有一点通俗①，但是其绕梁余音仍然回荡在今天的一些书籍里，比如弗兰克·提普勒在《长生不死的物理学之道》（*Physics of Immortality*，1994）中就声称，未来业已存在并管理着我们的现在，不过科学的真正进步还是来自于实验的利器。现实的坚牙利齿总是要留下自己的印痕，无论总体的文化环境是冷还是热。

然而，自 20 世纪 50 年代以来，我们的文化全面降温，毫无疑问是这样的。柔性的色彩、柔和的声音和电子软件都构成宁静的“水池”，吸引我们注意，牵引我们参与。这里有一个引人注目的讽刺：电视把我们引向阴凉的路边，可是它显然并非天生的互动媒介。麦克卢汉认为，互动性的缺乏是电视最重要的影响之一：人们受电话的刺激去参与，可是电视却不让他们参与，所以他们需要伸出手去触摸——提供这个“光透射”的媒介去与人联系，这个需要实在是难以满足的。他们需要与尽可能多的身体接触，从“触摸我、感觉我”的小组交流（touchy-feely groups）到披头士的歌《我想要牵你的手》直到性革命或至少是从性革命得到的动力。

有一种媒介发出了柔情的邀请，既要我们互动，又能够容纳互

① 卡普拉（Fritjof Capra，1939— ），奥地利裔美国物理学家，著《物理学之道》（*The Tao of Physics*，New York：Bantam，1975）。——译者注

动，而且以前所未有的热情追求互动。如果它凭借自身的特性而完成互动，那会出现什么情况呢？当这种参与的可能性连接到它的系统本身，当它以低姿态、不完全的展示来吸引我们去参与时，那又会出现什么情况呢？

我们将得到电子文本及其后果。

16.3 互动文本

人们把冷时代的功劳归于电视。然而，它并非传播革命里第一种低姿态的媒介，甚至并非最重要的媒介。最早的冷媒介要回溯到1876年发明的电话。电话是一个冷时代的产物，同时又对这个冷时代起到催化剂的作用。这个冷时代就是绘画、诗歌和音乐的象征主义时代。

电话的音质比较差，它只能够传递人说话声的一部分音质，所以它一开始实质上就是冷媒介。然而，有一个更加强有力的原因使它成为互动媒介：无论其音质多么不尽如人意，但它本质上是互动的工具。实际上，电话机的铃声是难以让人置之不理的。接电话的人总是希望打电话的人可以提供某种现实的信息或帮助，所以电话铃声是难以抗拒的。我们总是希望，电话送来的信息能够满足我们职业生涯和幻想的需要，能够帮助我们获得世人的承认。其他活动难以和电话争夺这个优先的地位。传播学家总是喜欢开玩笑说夫妻做爱时"被电话打断"的烦恼，然而这个笑话常常就是真话。

电话机另一端的一个活生生的人发出的互动拉力太强大，所以，即使交谈者声音的强度和清晰度都很高，它始终还是一种冷媒介。实际上，我们不妨这样想：电话一直是冷媒介——在过去的一百年里，它的音质没有戏剧性的改善——因为它锁定在一个令人满意的很冷的圈子里，因为它是互动的媒介。与其说它的低姿态产生它的互动性，不如说它的互动性锁定了它的低姿态，这使它不可能成为高清晰度的媒介。

与此相反，非互动的冷电视的温度有所上升，其表现是：它的色彩、尺寸、清晰度和重放功能迅速改进。这还可以解释，为什么电视对我们的文化产生了巨大的影响，而电话的影响却比较小。电视的画面虽然转瞬即逝，它却是让人收看的，让人注意的。电话机传递的信息容易消逝——电话录音机只是提供了部分的抗衡功能——由于这个特性，也许它太冷，也许它在我们的文化中的渗透力太强大，无意识程度太深，所以它对文化的影响不容易看清楚。

然而，当视觉文本——散文这种典型的热媒介——成为冷电话的内容后，会产生什么后果呢？

人们早期对个人电脑的反映是，电脑是电视屏幕加速运转的媒介，它可能对认知过程产生与电视类似的影响（或是没有影响或是有害的影响）。直到 20 世纪 90 年代，许多批评家仍然持这样的观点，比如，麦克卢汉的弟子之一尼尔·波斯曼 1994 年 2 月在社会研究新型学院纪念约翰·卡尔金的会议上，就发表过这样的讲话。当然也有更加明达的使用者——请容我恬列其间，他们认为，把电脑看成是新兴的书籍也许更妥当。顺便说明，联邦最高法院显然同意这样的观点，1997 年它否决克林顿总统签署的《通讯端正法》(Communications Decency Act)。否决的依据是：互联网更像是印刷媒介，而不像广播媒介，因此互联网享受宪法第一修正案的保护。无论如何，一旦个人电脑接入通达全球的电话网之后，它就超越了电视和书籍：它成为一种特殊的电话，不仅保存了电话原有的强大的互动功能，而且放大了这个冷属性。实际上，互联网不止有一对双亲，而是有三对：书籍、电话和电视；后面这两种媒介是冷媒介。因此，网上文本自然就继承了这个冷属性，以 2∶1 的优势成为冷媒介。

文本进入网络是书写历史上的重大突破，也是人类生存史上的重大突破。热印刷媒介侵入全球电话网这个互动的冷环境，再配上屏幕，这确乎是一个重大的突破。固定、线性、专门化始终是书写文本的特性，首先是拼音文字书写的特性，后来是印刷文本的特性；这样的特性使文本成为最典型的热媒介。苏格拉底最早对这个热的特性提出抱怨。他在《斐德罗篇》里表达了这样的担心，认为书面的抄本不同于对话，它只给读者的问题提供千篇一律的回答。他渴望“聪明的文字……能够捍卫自己的文字，知道什么时候说话，什么时候沉默的文字”（柏拉图《斐德罗篇》，275～276 页）。当然，即使最死板的文本，如果作家在世的话，原则上总是可以询问其意义的。私信文本的互动性是固有的属性。回过头来看，私信是一种高度延宕的不同步的电话交流。然而时间是人事中必然涉及的实质因素；写信询问在世的作者和写私信免不了一定程度的延宕。你来我往的回应要花时间，这样的互动不同步，这样的书信交流失去了互动性的很大一部分冲击力。I. A. 理查兹[①]在《批评的解剖》(1929)里告诫我们，尽量让文本为自己说话，这确乎是明智之举，因为作品完成很多年之后再被人问起时的回答，可能已经不再可靠，作者的回答未必是他过去写作意图可靠的向导。

然而，网上的文字却能够立即互动。实际上，美国人早期使用的通讯簿和广告系统，法国人20世纪80年代中期开发的"迷你网"[②]，这样的文本是同步瞬即对话的媒介，它实际上比面对面的交谈更加富有刺激性。今天手机上的短信也是这样。麦克卢汉的"冷"观念有助于我们认识这样的性质：电话上的交谈是一揽子的信息，它告诉我们谁在交谈、说话的语气、流露的感情等。这些细节可以被看成是从面对面交谈继承过来的"热"成分。面对面交谈包含着大量"热"的、轮廓分明的细节，这些细节可以给电话交流的环境加温，或者是使它的环境"化冰"。但是，这些面对面交谈的"热"属性在网上文本中可能已经消失殆尽，因为网上交谈的人只能够看到彼此写的字，只能够据此而互相认识。

难怪，网上聊天的人半夜三更用手指头在键盘和鼠标上敲击时，他活跃在地狱的边缘，一切抑制都荡然无存了；难怪，网上聊天在全世界流行；难怪，大拇指在手机上说的话比嘴巴在电话上说的话多。用电话线传播的网上文本比嘴巴说的话更"酷"，更吸引人，而且手机短信容易上瘾（心理意义上的上瘾），其原因是，这样的表达方式使人觉得永远玩不够。

一点点非同步性可以提升这种有力的混合媒介的冲击力。网上聊天的人发现，他们发表的意见可能会在几分钟、几个小时之内得到回应，几乎不会超过几天。20世纪80年代初，西部行为科学研究院发现，这样的速度是思想交流的理想形式：既有比较长的时间考虑如何回应，又留下永久性记录，还有参与者遍布全球的情景，这就使网上研讨会产生的结果胜过典型的亲临现场的会议。以后，拿学分的网上课程也记录到类似的、始终如一的效果：非同步的互动，以几分钟的速度开展的交流，而不是线下那种以几个小时、几天、几周、几年的速度开展的交流，会产生高水平的参与，其参与的质和量常常会超过典型的面对面课堂。在那种课堂上，常常是一个人

① I. A. 理查兹（I. A. Richards，1893—1979），英国文学家，"新批评"主帅，剑桥语言学权威，创建"基本"英语，代表作有《实用批评》等。——译者注

② "迷你网"(Minitel)，法国人网上交流尤其是网上聊天电讯和网络服务。——译者注

（一般是老师）说话，他随时可以说话（详见保罗·莱文森，1995b）。于是，网上交流就踏上了一个中间地带，它使参与最大化，因为这里没有两套抑制的因素。一是没有面对面开会时典型的抑制因素，二是没有折磨人的蜗牛爬行的因素——通过邮局投递的手写信和图书馆借书那种非互动性之慢，实在是折磨人。网上信息比位置固定的、书本节奏的教育略胜一筹。它保留了过去当面辅导的一些好处，大众教育排挤掉了当面辅导的制度（牛津大学和剑桥大学，还有最近出现的英国的开放大学例外）；主要的区别是，网上教育原则上广布全球，不同于面授钉死在一个地方的教育——无论是当面辅导的教育还是大规模水平的教育。

无疑，麦克卢汉提倡冷媒介的网上教育。他在《理解新媒介研究项目报告书》（1960，14～15 页）里说："我的整个教学计划原则上以这样的方式展开：低清晰度媒介是优秀教学的必要条件。一切表达得明明白白的一揽子教学不给学生参与的机会……电话和电视之类的低清晰度媒介是这样的教育工具，因为它们提供的是不充足的信息。"麦克卢汉的期盼在电视上部分实现了，在电话上根本就不能实现。然而，如今的网上课程已经成为很酷的"优秀教学"的理想论坛。个人电脑靠电话线与"电脑会议"的设备链接起来，接上中心计算机和互联网，这就是网络教育的理想形式，这就是麦克卢汉界定的"优秀教学"形式。不过，从杜威到皮亚杰再到蒙台梭利的教育家都强调老师促进（而不是讲授）的重要地位，他们都强调学生的积极作用［关于非被动教育的学说和历史，详见珀金森的书（Perkinson，1982）］。

文本互动的冷冲击的能量和质量在演化的过程中都有所增加。超文本及其链接的演化几十年前就有人预料到了。泰德·纳尔逊的预言［见纳尔逊（Ted Nelson），1990，这是他 20 世纪 60 年代成果的总结］是在集中化的大型机系统上运行的，可惜他的预言并没有完全实现，然而他还是给上网的人提供了许多隐蔽的知识联系。如果你在网上读他这个文件，你可以点击麦克卢汉试试看，谁知道网络会把你引向何方。你可能会链接到麦克卢汉的著作，只要它们被放到了网上；你还可能了解到有关麦克卢汉的著作，其中一些是我写这本书的此刻尚未问世的著作。一方面，你可以肯定，敲击一两下就可以看到大量的知识；另一方面，你或我或另外的什么人任何时候都不知道，究竟有多少知识可以被检索到，因为一切知识都在随时重组、随时增加之中，无穷无尽的链接是可能的。由此可见，网络及其超文本链接实际上是一个很“酷”的系统的荟萃，海风吹拂着知识温室里的每一片叶子，不仅给它们降温，而且给它们授粉。

难怪网络和网页就像是吸引人的香草，尝起来有一点精神探询的味道。每一位网民阅读他自己想要读的书，这个过程就很“酷”，每个人每一次在超文本互联网上的航行都不一样。这个凉飕飕的读网的过程已经和我们文化中其他降温的因素结合起来了。《低俗小说》（*Pulp Fiction*，1994）和此前的《水库狗》（*Reservoir Dogs*，1992）不是一种超文本的电影又是什么呢？它们的表现方式为：把全然不同却互相联系的叙事片段拼接起来，让观众构建自己的故事。拉普音乐及其开放而重复的结构也具有类似的吸引力。（关于拉普音乐和电脑文化的同时出现，本森①做了一些有趣的思考。）实际上，听众互动的电话打进广播谈话节目以后，广播媒介就开始降温，非互动性的电视堡垒也开始崩溃，电视那种老式的偷窥也开始降温了。

与此同时，我们看见麦克卢汉散文的恒温原理或逆转原理也在发挥作用，电子文本广泛渗透的冷属性产生了一个需求，网络需要一些图片和形象来求得平衡，否则我们上网会感到凉飕飕的。在这个方面，视窗的图标及其网上服务产生的后裔太暧昧，太像粗线条的卡通，不能够给我们提供多少热量。不过，我们把动照和静照、有声和无声的照片上传到网页上，我们想知道作者的相貌，我们给描绘的地点和事件配图——这一切都说明，变化的凉风越刮越大时，我们就迫不及待地要寻找栖身之所，急忙要用树叶避寒，以确保一些熟悉而可靠的、源源不断的、像令人舒服的家庭生活一般的温馨……

参考文献

1. 哈罗德·伊尼斯（Innis，H.）：《帝国与传播》（*Empire and Communications*，Toronto：University of Toronto Press，1950）。

2. 哈罗德·伊尼斯：《传播的偏向》（*The Bias of Communication*，*Toron-*

① 见本森（W. Benzon）《美国布鲁斯乐》（“The United States of the blues：On the crossing of African and European cultures in the 20th century，” *Journal of Social and Evolutionary Systems*，1993，16，4：401—438）。——译者注

to：University of Toronto Press，1951）。

3. 保罗·莱文森（Levinson，P.）：《学习赛博空间》（*Learning Cyberspace*：*Essays on the Evolution of Media and the New Education*，San Francisco，CA：Anamnesis Press，1995）。

4. 马歇尔·麦克卢汉（McLuhan，M.）：《理解新媒介研究项目报告书》（Report on Project in Understanding New Media，typescript published by the National Association of Educational Broadcasters，US Department of Health，Education，and Welfare，Washington，DC，30 June，1960）。

5. 马歇尔·麦克卢汉：《理解媒介》（*Understanding Media*，New York：Mentor，1964）。《媒介酷》（*Medium Cool*，1969，Motion picture directed by Haskell Wexler）。

6. 乔纳森·米勒（Miller，J.）：《马歇尔·麦克卢汉》（*Marshall McLuhan*，New York：Viking，1971）。MSNBC 电视网（MSNBC-TV）：《一次又一次》（*Time and Again*，Rebroadcast of Frank McGee's commentary on Khrushchev-Nixon "Kitchen" debates，originally broadcast 24 July 1959，rebroadcast 24 July 1997）。

7. 泰德·纳尔逊（Nelson，T）：《文献机器》（*Literary Machines*，Sausalito，CA：Mindful Press，1980）。

8. 珀金森（Perkinson，H.）：《从错误中吸取教训》（Education and learning from our mistakes，in P. Levinson（ed.）*In Pursuit of Truth*：*Essays on the Philosophy of Karl Popper*，Atlantic Highlands，NJ：Humanities Press，1982）。

9. 柏拉图（Plato）：《斐德罗篇》[*Phaedrus*，in B. Jowett（trans.）（n. d.）*The Dialogues of Plato*，New York：Scribner，Armstrong]。

10. 尼尔·波斯曼（Postman，N）：《纪念约翰·卡尔金》（John Culkin Memorial Talk，New School for Social Research，New York City，16 February，1994）。

11. 电影《低俗小说》（*Pulp Fiction*），昆廷·特拉蒂诺（Quentin Tarantino）执导。

12. 电影《水库狗》（*Reservoir Dogs*），昆廷·特拉蒂诺（Quentin Tarantino）执导。

13. I. A. 理查兹（Richards，I. A.）：《实用批评》（*Practical Criticism*，London：K. Paul，Trench，Trubner，1929）。

14. 杰拉尔德·斯特恩（Stearn，G. E.）编：《麦克卢汉：冷与热》（*McLuhan*：*Hot and Cool*，New York：Dial，1967）。

15. 弗兰克·提普勒（Tipler，F.）：《长生不死的物理学之道》（*The Physics of Immortality*，New York：Doubleday，1994）。

第4部 Part four

数字革命

第17章 媒介关系思考：电脑中介传播、面授、书籍、电化教学与传统教育媒介的关系①

什么样的传播技术应该用于什么样的教育？传播技术应该遵循什么比例？应该如何混合？这是媒介整合的问题。这个问题远远不只是硬件或技术的问题，它和人类的认知息息相关。什么传播促进或抑制什么学习和思想？它们对知识增长促进或抑制达到怎样的程度和速度？这些问题都是媒介整合需要考虑的。由此可见，媒介整合实际上是一个应用认识论的问题：为了改进我们的认知方式我们能够做什么？

本文考察并思考电脑中介传播的影响，看看它对教育环境产生什么冲击。在如今的教育环境里，起主导作用的因素有：面授和书本（我称之为“地点固定、书本定速”的教育）；在开放大学里，占支配地位的手段是单向的大众视听媒介。比较而言，电脑中介教育或电脑会议的显著特征有：(1) 无论何时何地刹那间就可以获取信息，换句话说，时空作为获取教育的制约因素已经过时；(2) 网上提供信息的人可以互动，因此网上文本在一定程度上弥补了苏格拉底对文字的批评：你可以对网上文本提问题[1]；(3) 非同步对话，就是说，人们能够在不同时间参加会话，比如，约翰星期一发表意见，玛丽星期二回应，詹姆斯星期三对约翰和玛丽两个人做出回应，当天稍后约翰又对玛丽和詹姆斯的意见进行回应，等等。[2]以上三个特征可以从两个立场进行评估：(1) 在多大程度上它们对人的认知起到促进、抑制的作用，或者是不起作用？比如，非同步对话对创造过程、逻辑推理和小组活动等产生什么影响？(2) 和传统教育媒

① 原载《思想的编织：传播、电脑和远程教育》，见梅森、凯伊编：*Mind Weave*：*Communication*，*Computers* & *Distance Education*，ed. R. Mason & T. Kaye，London：Pergamon，1989。

介相比，这三个特征有什么不同？它们对传统教育媒介产生什么影响？两者的不同之处有：非同步对话允许参与者在整个授课期间参与讨论，相反，课堂面授只容许在特定的课堂时间里讨论。

如果要考虑如此广泛的影响和比较，至少需要几本书的篇幅。在这里，我们只能够指出或勾勒几种可能性。以下的素描来自于我在电脑中介教育方面的实践经验、多年的思考和研究，我对媒介系统的历史发展和动态走向探讨了多年，并把媒介系统的历史发展和动态走向叫做“媒介理论”。[3]

由此可见，考虑电脑中介教育的互动性之前，我们有必要考察混合媒介环境和系统的一些属性，看看它们对人的生活有何影响。

17.1 混合媒介系统的动态走向

1. 媒介的影响可能很深刻，且常常是难以觉察的。

许多媒介理论家已经对轮廓不太分明的传播结构做过研究，成就突出者当数麦克卢汉。[4]

我经常举的例子是罗马数字。[5]我叫学生用罗马数字做简单的乘法（规定他们不能把罗马数字转换为阿拉伯数字去做这个数学题），凡是能做的人的都得“A”。我不怕分数掺水分，因为我知道，没有位置数“零”的罗马数字根本就不能做乘法。不能做乘法，就不能进行高等数学运算。除法、代数、微积分是牛顿力学公式的基础，作为爱因斯坦理论循环体系的罗巴切夫斯基①数学，都是罗马人不可能取得的成就。罗马人的工程技能了不起，却没有建成一个工业社会，他们的数字算不算一个原因呢？也许是吧。[6]我要强调的是，罗马人根本就看不见自己数学的特征，看不见缺少“零”这个特征，然而位置数“零”的缺失对罗马文明和后世的文明都产生了影响。

我们为教育构建一个媒介整合的环境时，需要尽量明白我们使用的媒介的隐性利弊。

2. 一种媒介追加到另一种媒介上时，其结果是转化，而不是简单的相加。

一滴蓝色染料滴进水产生的结果不是染料和水，而是蓝色水——一种新的现实。麦克卢汉等人已经指出，读写习惯灌输的结

① 罗巴切夫斯基（Nikolai Lobachevsky，1792—1856），俄国数学家，去世后成名。——译者注

果产生的不是前文字的世界加读者，而是一个有文化素养的世界：这是一个新世界，是一切都需要透过文化素养的眼光来看待的世界。在这个世界，看见（而不是听见）就能相信，书面文件比口头协议重要，公布的宪法成为民主权利和政治权利的基础（英格兰是一个例外，因此就产生了困难[7]）。

新媒介引入教育环境的寓意是，它总会改变教育环境，一切结构的功能也许会变得迥然不同，既可能变好，也可能变坏。由于我们的教育程序总需要改进，所以新媒介的后果很可能是希望之源，而不是惊慌之源。下文对开放大学里的电脑中介教育做出一些论述，请予以注意，我们要看看电脑中介教育如何改变现存的教育结构。

3. 在混合媒介环境里，媒介在一定程度上保留了各自的身份，这种环境的成果或生产力只能够达到最弱的那个媒介链接的力量。

这条原理和上一条媒介转化的原理起到相互抵消的作用。在现实生活中，在多维、缓慢、不完美运动的世界里，蓝色染料放进水中，我们很难得到溶解均匀的蓝色水。相反，我们得到的是多半的蓝色水，但有一些清水或染料的残余还在混合液体的边缘旋转。已经变化的新系统的总体性能，还可能会受到抑制（或加强），转化之前的系统里的一些成分继续存在，这些旧成分对新系统可能还存在抑制或强化的作用。

比如，电子赋予网上文本的特性包括：瞬即的全球传播、无限修改的可能性、互动性，还有其他大量的性能，这些性能是过去的书面文本和印刷文本没有的。不过，电子文本一旦固定在纸上，成为电脑打印文件或排版印刷的书，它就成为另一个印刷文件。这个纸媒文件的源头很有趣，是电子产生的，但是说到底，就其传输、修改、互动等性能而言，它还是和其他的印刷文本一样，没有区别。老师在网上布置的期末作业要求交打印稿而不是交电子版时，就出现一个类似的情况。如果打印文本具有电子文本不具备的特征，那么在教育媒介环境里继续用打印文本就有好处；相反，如果新媒介各方面都是对旧媒介的改进，那么，再继续逗留的旧媒介就好像是飞机上过于沉重的负荷，就要影响飞行了。

4. 媒介互相竞争，争夺我们的注意力；它们在多大程度上能够存活，那要看它们是否有独特的性能满足人的需要。

当然，新媒介能够强化人的传播模式，而且能够在一定程度上产生新的需要，比如不识字的人不得不学会阅读的需要。然而大体上说，媒介存活的条件似乎是满足人的需要，看它是否能够满足人的心里业已存在的认知需要和其他需要，也就是说，这要看它是否能够给人提供生物学意义上的需要，看它是否能够长期起到社会促进的作用。[8]

请考虑无声电影和无线电广播，它们是单向度的媒介（只有视像或声像），20 世纪早些时候曾经盛极一时。不久，两者虽然都遭遇到相同功能的视听媒介的竞争，但是这些功能相同的新媒介的感知阵容却更加充实。在有声片（视像或声像俱有）的环境里，无声片很快凋谢并消逝了。到了电视（视像或声像俱有的）时代，人们同样担心广播的命运。不过结果却不一样：广播不仅在与电视的竞争中存活下来，而且成了最有利可图的媒介（从收回投资成本的角度说）。

何以至此？我在《人类历程回放：媒介进化理论》里做出这样的回答[9]：这个世界每天晚上都要笼罩在黑暗之中，但它不会寂静无声。我们容易闭上眼睛，但耳朵却随时开放，耳朵是关闭不了的，我们只有眼睑，没有"耳门"。一句话，听而不看是人的一个基本生理功能，视而不听却不是人的生理功能。因此，广播幸存的原因是，它满足了人已有的一个传播模式：偷听或无意识地听。从起源上说，这个功能完全是无意为之的；广播是都市里唯一的大众广播游戏（当时，都市里唯一可以提供同步的大众传播经验的，就只有广播这一种媒介）。于是，等到电视问世之后，广播取得最后胜利的原因才变得清楚了（至少对我是这样）。

新媒介引进教育之后，媒介的生死竞争无疑还要继续进行下去。如果新媒介能够更好地完成旧媒介的任务，旧媒介又缺乏独到的补救功能，旧媒介就会枯萎凋谢。我们该不该担心呢？除非我们的关注点是怀旧情绪而不是改善人的处境。比如，书籍作为传播媒介消逝并让位于电子文本这种情况，是不会发生的，除非书籍的一切功能都能够更好地由电子文本来完成（仿佛书籍是"无声片"而不是"广播"）。当然，一个机构可以用社会命令来坚守其立场：虽然某一个媒介在功能上不占优势，但这个机构还是保留了这个媒介。与此相似，现存的巨大的社会经济结构甚至政治结构，有可能有意无意支持当前的媒介。此时，它们就可能抗拒新媒介取代旧媒介的趋势，抗拒的原因就是纯功能的原因。尽管如此，教育的真正进步明显地表现在促进功能变革的环境之中，而非表现在强加于它身上的起相反作用的社会结构之中。所谓功能变革就是媒介适应人的功能环境。

接下来讲电脑中介教育进入传统教育媒介环境的问题。

17.2 电脑中介教育如何在现有的教育环境里整合

电脑会议来临之前，教育里的主导媒介按重要性依次递减的顺序可以排列如下：课堂面授、书籍及相关的印刷文件、视听媒介（录音和广播的媒介）。请注意，我把面授的课堂当做“媒介”，因为它涉及包括桌椅黑板之类的技术结构。实际上，我把口语本身当做媒介，请参考我的著作《人类历程回放：媒介进化理论》和《思想无羁：技术时代的认识论》。[10]又请注意，开放大学把这个排列顺序颠倒过来，它把视听媒介放在第一位。开放大学这个特殊情况将在下文中论证。

我们将考虑电脑中介教育的冲击以及它和三种媒介环境（面授环境、印刷媒介环境、视听媒介环境）的关系。实际上，一切教育环境至少受到两种媒介环境的影响。既然如此，我评述其中一种环境与电脑中介教育的关系时，我的意见都应该有所调整。应该承认，其他在场的起作用的媒介环境也可能放大、减少或改变实际的结果。

1. 与课堂面授的整合

长期以来，面授是一切教育的基础，早在教育机构出现之前，口耳相传的师徒教育就是古代社会的教育方式。没有当面交谈，教育似乎就不可能进行。

然而实际情况却不是这样的。

如果我们用开放和批评的目光去考察教育的基本要素，就可以看到，教育并不是一定要依赖当面交流的。教育的基本要素包括：信息交换，刺激创新思维、联想思维和复合思维，智力和情感的发展。当然，人类生活的许多侧面都是教育的基本要素。在餐馆吃饭、手拉手在海滩徜徉、拥抱我们的爱人，这些活动内容丰富，如果缺乏亲临现场这个要素，它们就很苍白。毫无疑问，教育的各个方面要根据需要来调整。我常常说，倘若我需要做开颅手术（教育界有人认为，我需要做脑手术），我肯定不想让接受我网上教育的学生来主刀，倘若他仅仅是在网上学过外科手术的话。

不过，医学的和先进的“动手”经验仅仅是世界上教育计划的一部分。广袤的传统教育可以通过纯文本的电脑会议学会，这些学科有：哲学、文学、历史、心理学等人文学科和社会学科。如果再加上即将来临的生动的电子图像和声像，美术也是可以在网上学会的。

在许多教育领域，亲临现场的教学并不是必需的要素。这是不是说，电脑中介教育必然要取代课堂面授或面对面教学呢？不，不是的，实际上是不应该的。除非课堂面授不具备网上教学取得同样效果的条件。

如今的电脑中介教学和教育正处在一个关键时刻，大多数网上教学计划都需要一定的课堂面授。诺瓦大学网上博士班（文学博士）每年需要几次面授。西部行为科学研究院的非学位研讨班，每年也需要几次面对面交流。我办的联合教育公司是唯一的例外，我们不搞面授。[11]我们不搞面授并不是因为我们瞧不起面对面交流，而是想让我们的学生享受平等待遇，有的学生远在东京和新加坡，如果要求面授，远方无财力支付旅费的学生就不能有效地享受学习的自由。

再者，不认真观察又随意发表议论的人，他们提出的需要面授的理由，常常是站不住脚的。一个经常提出的理由是，面授的目的是需要核实学生的身份。但是，我认识的面授的老师从来不在课堂上核实学生的身份。尽管他们对课堂上的学生很熟悉，然而每周来上课的约翰·史密斯有可能原本是詹姆斯·布朗（他可能是约翰·史密斯的捉刀人）。

尽管如此，面对面交流仍然可以对网上交流做出重要的贡献。和一个人面熟有助于避免网上环境中的误解，因为网上交流时的社交提示比较受限。比如，认识我的人都知道，我喜欢笑。在网上授课时，我不得不修正我的面部表情，以免学生误解授课内容。媒介在混合使用的时候，它们单独使用时的一些能量可能会被去除。网上交流和面对面交流似乎能够互相促进，互相增补能量。经常的网上交流常常以约会面晤、结伴旅行而告终。面对面开会常常会产生与会者增加网上交流的结果，因为他们已经互相认识。

可用的经验法则似乎是：（1）不要让教育被面授绑架为人质。就是说，我们要探索电脑中介教育的广度，它能够满足教育的需要，甚至可能优于面授。由于消除了距离的差别，它可以同时送达全体学生，而面授却只能够容许一部分学生经常活动。（2）对面授的教学方法抱开放的态度，因为面授能做出独特的贡献，并且和网上的教学活动密切配合。

2. 与书本的整合

如果说面对面教学是自古以来一切教育的主要形式，书本就是文艺复兴以来公共教育制度的刺激因素和基础。印刷机使书籍普及，造成了一个紧迫的需要：公众必须要学会阅读。满足这个需要的公共教育制度也应运而生。我在《思想无羁：技术时代的认识论》里对此做了详细的解释。[12]学会读书写字仍然是早期教育最基本的任务之一；凡是在读写教育中失败的教育制度，都被认为是失败的制度，无论它们在其他方面做出过什么积极的贡献。

印刷机问世以后，书籍本身经历了相当明显的演变，它很善于适应变化中的媒介环境。1800 年，一本书的价格大约相当于一个星期的平均工资（美国）。[13]结果，只有《圣经》和一两种珍藏书才能够进入大多数识字的家庭。到了 19 世纪中期，印刷技术的改进使书籍成为一个宏大的市场，于是小说和科普书盛极一时。到了 20 世纪，便宜的平装本使书籍跟上了视听媒介发展的步伐，平装本和精装本都成为名副其实的大宗产品。

目前，电子革命尚未完成。许多经典书还没有上网，也没有做成电子光盘。在这样的情况下，传统的书籍仍然在满足基本的需要。我教授的一门网上课程叫“技术世界伦理学”，我指定的书目中有一本是康德的《实践理性批判》，价格只有 2 美元。唾手可得的普及本仍然是给学生上课最有效的媒介。

不过，在近期，我们就可以指望，经典上网或做成光盘的趋势与日俱增。康德的书有光盘版、网络版或平装本出售，而且价格相同，如果是那样，平装本还有什么优势吗？我看不到什么优势——除了满足怀旧情绪的“拥抱好书”外，平装本再无优势可言了。

你可以拥有一张好的光盘，一台舒适的笔记本电脑吗？我看不出不可能拥有的理由。在很长一段时间内，网上储存和检索的成本，可能会大大高于网下的电子文本。至于网下非电子文本对电子文本的优势，我看好像也是零。

有一些事实是显而易见的。在许多方面，书籍的效率很低，书页里只能容纳一套文本；相反，电子媒介原则上能够容纳写进去的任何东西。书籍在图书馆和书店里占用大量的空间；相反，电子媒介很容易储存，能够让更多的人使用。如果把刻在光盘上的书定义为网下文本，我想这样的书很快就会成为网上教育不可分割的一部分。如果把书籍定义为印刷与纸张结合的文本，我想这样的书就来日无多了，在网上教育和面授教育的环境下都是这样的。如果面授教育环境好比是"广播"对教学电视的环境，那么我们就可以惊呼，纸媒书就好比是无声片，电脑中介教育就好比是"有声片"了。

3. 与视听媒介的整合

教育对视听媒介的希望似乎可以追溯一段时间，至少在美国可以追溯到 20 世纪 20 年代。[14]这种乐观期盼的逻辑似乎很有道理：一张图片胜过千言万语，有声音和色彩的电影应该有更强的表现力，视听媒介的延伸可以把任何课堂或客厅转变成一个万花筒似的世界。

逻辑上是这样的。然而，除了开放大学和一些孤立的地方之外，这个逻辑从未变成现实。原因是多种多样的。电影、广播和电视是单向媒介，我们可以用这些媒介来接收信息，却不能用它们来提问，它们也不能使知识更加细化。这就使教育手段和方法的天平回头向课堂面授倾斜，使之倾向于依靠面授老师的才能。再者，正如尼尔·波斯曼及其合作者强调的那样（可惜他们错了）[15]，大众媒介声像和视像里的语言和情绪属性，会成为干扰，而不是提升某些方面的感知能力。（波斯曼尤其把电视看成是有害于理性的媒介。我不同意这种看法，不过我承认，文字形象并不是最有利于最深刻的思考和最深刻的理性分析的媒介。[16]）波斯曼还争辩说，看单向电视养成的习惯和真正的双向对话是不可调和的。他认为，你可以背对电视，可以坐在电视机前睡觉，等等。在这里，我又不得不和他的意见相左，我不认为电视毁了对话，但在一个问题上我和他的意见一致：任何单向媒介用作教育工具都存在许多不足之处。

开放大学做了很多尝试，取得了一些成绩，解决了一些问题。它们把视听媒介与广泛的辅导和面对面的交流结合起来。具有讽刺意味的是，开放大学对电脑中介教育的抵制反而因此超过了传统的大学。不错，传统大学怕冒风险，自然要维护它们固定地点的教育（圣洁的校园，在现场的教员）。[17]然而有一些传统大学还是意识到，有必要不断努力，使自己在 21 世纪保持活力。与此相反，开放大学已经在坚守一种新型的教育模式，这就是以视听媒介为基础的远程教学。如果要它们承担电脑中介教育的责任，也许对它们的要求太苛刻了。

然而，电脑中介教育和视听媒介整合的难度，也许并不是很大，电脑中介教育和课堂面授教育环境的结合也许难得多。对利用单向媒介比如广播教学的材料来说，电脑会议是讨论这些材料的理想载体。电脑中介教育有天然的无距离优势，对视听媒介远程属性来说是很好的补充。面授的严格要求已经舒舒服服地整合进开放大学的远程教学，电脑中介教学就没有多大的补充优势了。

再者，电视和电脑中介教学使用相同的屏幕。如果单向（或双向）的视听演示、电子文本和电脑会议结合在一起，在同一个电脑显示屏、同一个键盘上完成，那就存在一个优势：用硬件支持业已完成的整合具有重大的教育意义和社会意义。

17.3 结语：关于媒介整合环境下人类认知能力的一些思考

人类的认知能力包括理性、想象、情感等全套的心理功能。就我们所知，人类认知能力是宇宙里最柔韧、最强大的力量。凭借幻想，我们可以在刹那间完成地球与火星之间的旅行，比光速还要快。我们的幻想力在理性调节之下并用于技术设备的构建之后，我们就开始了解宇宙里其他的强大力量，甚至可以开始改变这些力量，为我们谋福利。

人类的认知能力是一个非常强大的多维力量，有人却认为，手头方便的一套媒介就足以给认知提供服务。这个观念是最糟糕的自负。目前，为我们智能服务的媒介之所以被选中，不是由于它们是最佳的载体，不是由于它们是服务教学、表达思想的最好的工具，而是由于它们凑巧就在我们手边，方便我们使用。古往今来媒介价值的最好证明在于：它们是否能够培育一种氛围，是否能够产生新型的、多方面优势的教育媒介。

电脑中介的传播和个人电子互动性的来临非常重要，是智能开发媒介上的重大成就；在地位上，它们和拼音字母表、印刷机比肩而立、不相伯仲。视听媒介复制人类传播的内容（世界的颜色、形状、形象、声音，这是人类传播的重要组成部分）。文本媒介却不一样，它们表达人类传播的过程，表达其渴望——在任何时候、任何地方和任何人的思想接触的渴望。拼音文字手稿和书籍是最早实现这种渴望的两种形式。对读者而言，他在与作者交流，无论作者生活在什么地方、什么时代。然而，如果和电脑中介教学相比，书籍的连通功能（connectivity）就显得很苍白了。

地球上的任何人挖掘思想对话的能力、为思想对话做贡献的能力，远远没有完全实现。然而，这种完美的能力已经显露端倪，即将到来。一个名副其实的地球脑（global mind）的创生引人注目、前途无量，这个地球脑是真正的地球脑，而不是比喻意义上的地球脑；调动智能的能力，在任何地方、任何时间表现智能的能力，都生机勃勃、气势如虹；所以我猜想，在21世纪，教育机构不得不把这个新工具整合进教育过程中，否则它们就会败下阵来。

注释和参考文献

[1] 关于苏格拉底对文字的批评，见《斐德罗篇》(*Phaedrus*) 和我的著作《思想无羁：技术时代的认识论》(*Mind at Large*: *Knowing in the Technological Age*, Greenwich, CT: JAI Press, 1988, pp. 109－110)。

[2] 关于电脑会议的特征，详见我的讲演《电脑会议的社会影响》("Social Consequences of Computer Conferencing," Plenary Address at the 2nd International Conference on Computer Conferencing, University of Guelph, Canada, June 1987)。

[3] 我从事过电脑中介教育，有实践经验。1985年，我创立了非赢利性的联合教育公司，自任总裁，提供网上课程，和社会研究新型学院联合办学，授硕士学位。关于该公司的情况，参见我的著作《思想无羁：技术时代的认识论》(Mind at Large, pp. 216－217)；参见布赖恩·史密斯（Brian Smith）：《电子大学》(The Electronic University, *New Jersey Monthly*, January 1987, p. 38)；参见我的文章《联合教育公司与国际社会》(Connected Education and the International Community, *International Informatics Access*, 1986, pp. 1－2)；参见布罗克·米克斯（Brock Meeks）：《静悄悄的革命》(The Quiet Revolution, BYTE, February 1987, p. 183)；参见我的文章《联合教育公司：两年回顾》(Connected Education: The First Two Years, *Learning Tomorrow*, Winter 1988, pp. 205－220)；参见盖尔·托马斯（Gail Thomas）：《电子校园》(Electronic Campus a Reality with Computer Conferencing, *Bulletin of the American Society for Information Science*, April-May 1988, p. 23)；参见托马斯·艾伦（Thomas B. Allen）：《通讯版的成年》(Bulletin Boards of the 21st Century Are Coming of Age, *The Smithsonian*, September 1988, pp. 83－93)。

我的媒介理论代表作有《思想无羁：技术时代的认识论》(*Mind at Large*)；《作为进化载体的信息技术》(Information Technologies as Vehicles of Evolution)，载米特堪姆（C. Mitcham)、胡宁（A. Huning）编：《哲学与技术》(*Philosophy and Technology*, *II*, Boston: Reidel, 1986, pp. 29－47)；《作为宇宙进化软利器的技术》(Technology as the Cutting Edge of Cosmic Evolution)，载杜尔宾（P. Durbin）编：《哲学与技术研究》(*Research in Philosophy and*

Technology, *vol*. 8, ed., Greenwich, CT: JAI Press, 1985, pp. 161 - 176)；我的博士论文《人类历程回放》（Human Replay: A Theory of the Evolution of Media, Ph. D. diss., New York University, 1979)；《玩具、镜子和艺术：技术文化之变迁》(Toy, Mirror, and Art: The Metamorphosis of Technological Culture)，载希克曼（L. Hickman）编：《技术、哲学与人事》(*Technology*, *Philosophy*, *and Human Affairs*, College Station, TX: Ibis Press, 1985, pp. 162 - 175)。

[4] 参见麦克卢汉：《谷登堡星汉》（*The Gutenberg Galaxy*, New York: Mentor, 1962）等著作。

[5] 关于罗马数字的意义，见《思想无羁：技术时代的认识论》，p. 102。

[6] 参见《思想无羁：技术时代的认识论》，p. 102。

[7] 1988 年 10 月，撒切尔政府宣告，BBC 要限制播放恐怖主义分子的言论；有些法庭的审理把沉默当做有罪的证据。这两个例子说明，如果没有一套书面的原则做明确规定和立法，在基本人权上究竟会出现什么样的问题。美国的《人权法案》就是这样的立法。

[8] 关于媒介存活条件的解释，详见我的博士论文《人类历程回放：媒介进化理论》（*Human Replay*, ch. 6: Principles of Media Evolution: Survival of the Closest Fit ）。

[9] 详见本章注释 3。

[10] 参见《人类历程回放：媒介进化理论》（*Human Replay*, ch. 6: The Persistence of Abstraction)，《思想无羁：技术时代的认识论》(*Mind at Large*, ch. 6: The Agony and The Ecstasy of Abstraction)。

[11] 关于诺瓦大学（Nova University）的情况，请见林尼·亚登（Lynie Arden)：《网上攻学位》(Earning a Degree OnLine, *Home Office Computing*, November 1988, p. 102)；关于西部行为科学研究院的情况，详见我的著作《思想无羁：技术时代的认识论》(Mind at Large, ch. 8)，又见马吉·普洛克（Margie Ploch)：《用个人电脑攻学位》(Earning a Degree at Your PC, *High Technology*, September 1986)。这些文章里有一些联合教育公司的描绘，欲知该公司详情，详见注释 3 里的文章。

[12] 参见《思想无羁：技术时代的认识论》，p. 134。

[13] 爱德华·J·维特摩尔（Edward Jay Whetmore)：《美国的媒介》(*Mediamerica*, 4th ed., Belmont, CA: Wadsworth Publishing Co, 1988, p. 22.)。

[14] 比如唐·艾黎斯和劳拉·梭恩伯罗（Don Carlos Ellis and Laura Thornborough)：《教育电影》(*Motion Pictures in Education*, New York: Crowell, 1923)。

[15] 比如尼尔·波斯曼（Neil Postman)：《作为颠覆活动的教学》(*Teaching as a Conserving Activity*, New York: Delacorte, 1979)。

[16] 关于我对波斯曼和杰里·曼德尔（Jerry Mander）等人责难电视的批

评，请见《思想无羁：技术时代的认识论》，p. 160。（个人说明：波斯曼是我在纽约大学的博士生导师。）

［17］关于电脑中介教学在教育工作中的政治经济反响，请见我在本次会议上的主题讲演：《电脑中介教学在教育工作中的政治经济意义》（The Economic and Political Implications of CMC in Education）。

第18章 聪明的文字：文本的电子解放①

斐德罗，你瞧，我禁不住觉得，书写和绘画有共性，这是它的不幸。画家的作品搁在那里，有它们自己的生活态度。但是，如果有人要向它们提什么问题，它们却保持最庄重的沉默。写下来的字是同样的道理。你认为它们在说话，好像它们有理解力，但是倘若你想再追问这些字，它们始终是那个老样子，永远是那个意思，“说话人”的回答永远是千篇一律的……

（然而）难道不能想象另一种好得多的书写或说话方式，表现力更强大的书写或说话方式吗？……

我说的是一种聪明的文字……能够保护自己的文字，它知道什么时候说出声，什么时候保持沉默。

——苏格拉底《斐德罗篇》

18.1 苏格拉底的悲叹

乍一看，苏格拉底对文字的抱怨和梦想好像是有一点委琐和愚蠢。我们之所以能够了解到他的悲叹和梦想，是因为柏拉图承担了用文字记录下来的责任。抱怨的对象给抱怨赋予生命，始终不断地瓦解着苏格拉底抱怨的力量。

毫无疑问，我们心目中的文明的大多数成果之所以能够成立，是因为我们有了不会说话的、却又遭到苏格拉底谴责的文字。在苏格拉底的时代，拼音文字的引进使希腊人的拓荒精神结晶成为哲学、

① 原载《技术在社会》(*Technology in Society*)，1989年秋季号。

逻辑和科学，推动了它们的发展。同理，此前的希伯来人把拼音文字作为自己的权杖，也形成了一神教的观念，而且让一神教短期内席卷世界。诚然，文字记录下来的叙事只能够提供一个千篇一律的答案，然而它覆盖的范围能够表达人脑能够想象到的任何东西。它在空间范围内的广泛传播，在时间上的永久传承使它走上了现代的道路。[1]

文字走上永久传承的时代也就是我们现在这个时代，其助产士是印刷机，印刷机于斐德罗时代的1500年以后被引入欧洲。印刷文本的回应能力并不比手写文本强，但复制起来容易，所以它使文字素养走出了少数神职人员的范围，并获得了流动性。印刷机把《圣经》送进每个人手里，实现了路德的断言。他说，应该让人们自己读《圣经》。于是，基督教新教的改革和信仰时代的放松控制接踵而至。与此同时，记述哥伦布新大陆航海印刷品使路德的经历绘声绘色、形象逼真，这些书籍的销售保证了航海经费的筹措。这些印刷品的影响大大超过了以前北欧航海的影响。此后，发现的时代和宗教改革互相促进，刺激了民族国家的兴起。与此同时，科学书籍的传播点燃并煽动了科学革命和宗教改革。资本主义也在印刷术中找到了燃料，有关商品、服务、发现和市场的信息随处可得。这是一个彼此强化、多元催化的过程，公共教育的增长自始至终给这个过程推波助澜。这个推动作用不仅来自于教科书的普及，而且来自于公众的紧迫需求，学会读书的压力成为一个核心问题。如果你不识字，那么拥有新书又有什么用处呢[2]？这是一个知识的生物圈，因为知识具有许多生命有机体和生物群落的特征[3]；知识生物圈的成长，给地球赋予无与伦比的可能性，使过去任何一个世纪甚至任何一个十年都像是知识的荒漠。

和历代相比，我们知识的汪洋大海及其技术体现的威力，似乎都具有上帝一样无穷无尽的力量。然而，这威力无比的汪洋大海似乎还没有把苏格拉底的抱怨和梦想一扫而光。从我们所不知道的事物来看，我们的无知还十分可怜。从无穷无尽的知识来看，我们将永远是无知的。再者，知识的好处和知识本身并非是人人平等分享。我们许多人所处的知识环境还不如苏格拉底的知识环境。所以，如果我们忽略苏格拉底的抱怨，那就是危险的。如果我们完全用书面文字来解释文化素养，把文字当成不受条件限制的、不可能再改进的天赐之物，那么我们将把自己置于危险的境地。

18.2 文字文化批判

并非人人都忽视苏格拉底对文字的诘难。并非人人都把按传统观点解释的文字素养当成我们仍然广泛需要的东西。马歇尔·麦克卢汉认为，转换成文字的经验使原有的经验扁平化，使之变得苍白；他认为，最有利于智能发展的经验不是单纯的文字经验，而是多种视听媒介的经验。[4]诸如此类的批评建立在杜威范围更加宽泛的论述中。杜威认为，经验是比叙事更直接的经验，它应该扮演一个更加直接、更加突出的角色，在哲学和教育里都是这样。[5]

攻击今昔文字文化的，还有一种更加容易理解、更加受欢迎的理论，这种理论认为，文字文化是未掺水分的"好"的文化。这种理论来自于马克思主义者，理查德·奥赫曼即为一例。[6]他认为，自古以来，文字就不只是知识的再现；它过去是而且现在仍然是精英知识的再现，是上层阶级议程的体现；这些议程既排除又扭曲了下层阶级的思想和议程。他提醒我们说，毕竟希腊文学的经典不是奴隶的作品。如果印刷机粉碎了罗马天主教的知识垄断，那么它同时又在原地确立了商品资本新的更强大的知识垄断。在这样的语境下，过去一百年的文字文化使人生活得更好的布道和说教，听上去很空虚，甚至更糟糕，因为识文断字的人仅仅是成为更加驯服的宣传接收器而已，他们被动地接受占统治地位的企业阶层和政治阶层的宣传。在此，奥赫曼给雅克·艾吕尔的经典思想做了一个很好的注解。艾吕尔认为，教育和识字使人更容易被操纵。[7]他对埃莉诺·伯克·李柯克等教育工作者更加强调的观点做了很好的阐述。李柯克等人认为，读书识字的问题与种族主义和性别歧视死死地纠缠在一起。[8]

不出所料，奥赫曼对当前呼吁的"电脑素养"也抱有很尖锐的批评态度。她说，这样的素养不仅不可能强化新一代儿童和成年人的能力，反而把他们变成资本主义机器上更有效的小齿轮。她认为，坐在电脑前造成的是个人力量的幻觉，而不是实际的力量。这是因为电脑、软件和网络供应商拥有强大的公司权力，控制着个人，个人对公司的权力是无法控制的。

诸如此类对电脑素养的批评，正是我们引入本文核心主题的好时机。这个主题是：电子文字处理对创作和修订文本的各种可能性；超文本（预制程序的超文本和使用者可以编程的超文本）对思想的连接作用；电脑通信网使文本的传送和互动成为可能；最新技术使声像、视像和文本整合；这一切创造条件，使人的智能得到提升和加强。结果，上述一切对文化素养的批评就显得水平不高，有点文不对题了。

这反过来说明，迄今为止对文化素养的批评并不是对它本身的批评，而是对印刷文字伴生物的批评。当然，苏格拉底对哑巴的、不能回应的文字的反对是对纸上文字的反对。与此相反，“网上”（电脑网络）环境给读者和作者提供了源源不断的联系，所以网上的文字至少是作者灵魂活生生的表现。这就是苏格拉底渴望的“聪明”。在电子环境里，麦克卢汉担心的问题已不必要了，因为和纸张上的文字比较，网上的文字容易和视像、声像结合成一个整体。尽管驱动个人电脑革命的是公司的权力和财力，在电子文本的环境下，奥赫曼等人的社会经济忧虑已经有所缓解，而且最终会荡然无存。这是因为，书籍及其兄长金属辅币和纸币（全都是“印刷”技术的产儿）一样，都是可以计件和占有的，它们都有一个固有的倾向：个人占有，脱离他人。与此相反，电子形式的信息和思想本身一样，是容易泄露、传输的，是多产的。再者，更加重要的是，苏格拉底幻想的文字互动性在网络环境中实现了，这就戳穿了文本的宣传烙印，宣传的兴旺依靠单向的媒介，比如书籍和报纸，它们只接收信息，而不拷问信息或挑战信息。

在这篇文章里，我将考察文本的电子转化，检视这一转化对文化素养和社会的影响。我将在三个互相联系的转化中进行考察：文字处理、超文本和超媒介（文本与视像和声像的整合）以及电脑会议。我们首先简单回顾早期的电子技术、电子文本和书籍文化的关系。

18.3 电子媒介促进文本的早期效应

奥赫曼对教育体制的批评恰如其分，他认为，教育体制处理文化素养问题的方式效果不好（或空虚，或比空虚还要糟糕）。可是教育体制的台柱子们却喜欢抱怨视听媒介的干扰作用，尤其喜欢抱怨电视，认为电视使读写能力下降，或使其止步不前。[9]尼尔·波斯曼只举了一个例子。他认为，看电视的习惯损害了我们的理性话语能力，同时还损害了我们的阅读能力。[10]他给人的总体印象是：媒介是理性和阅读不共戴天的敌人。

然而，实际情况与他们的观点截然相反，不仅目前的个人电脑和电脑网络如此，而且电讯技术和传播的历史多半也说明，事实与他们的批评刚好相反。

实际上，电能首次在通讯技术和工业技术里的应用，就是用电报传送书面文本。虽然电报的终极产品被打印到纸上，虽然发电报的环境是在户外和类似的环境，虽然类似的因素使电报成为电子文本革命的预报而不是革命的完成，但是电报完成了电子文本的第一条原理：几乎刹那间就能够完成远距离传送。这个能力使瞬即、互动的通讯以急遽降低的成本得以实现，使全球共享的信息社区成为可能。实际上，早在1851年，纳桑尼尔·霍桑①就已经体会到智能的全球化。他在《七堵三角墙的房子》中塑造的人物克里佛德(Clifford)说，电报已经把世界变成了，“一根伟大的神经，在无声无息的时间里振动，传播到千里之遥……更确切地说，圆形的地球是一个巨大的脑袋，一个大脑，充满了智慧……”[11]

19世纪稍后，电能本身成为文化素养强大而直接的同盟。电灯照明使人在晚上就能够像白天一样轻轻松松地读书。用一位历史学家的话说，爱迪生的日光灯“在改善阅读习惯上所起的作用，远远超过了以前的任何发明”[12]。电灯光甚至使拼音字母表和印刷机能够做出更大的贡献。安全而强有力的阅读照明，至今仍然对书面语词产生重大的推动作用，它使读书人不再依赖昼夜的自然周期，不再依赖危险的烛光、煤气灯和瓦斯灯。

然而，19世纪的发明远远不能普及文化素养，也不能摆脱奥赫曼、李柯克等人指出的经济利益的统治。失败的原因在于电灯照明给我们的启示：文化素养在很大程度上依然是纸张（比如电报要打印在纸上）的问题，或者是报纸、杂志或书本的问题。

文化素养等同于占有的纸张亦即报刊书籍时，它就成为经济运行的人质，这时的经济运行不是纸张传递信息的经济情况，而是物质纸张生产和分配成本的经济核算情况。1800年，一本书的成本相当于一个人一个星期的平均工资。[13]19世纪印刷技术的简约化，尤其是行型活字排版机的开发，使生产成本大大降低，报刊书籍降价。然而，只要信息的复制仍然需要纸张和装订的生成与分配，文化素养的经济核算就是不妥当，或者是状态不佳的，经济核算和传输的信息的价值并不匹配。

① 纳桑尼尔·霍桑（Nathaniel Hawthorn，1804—1864），美国小说家，开创美国象征小说的传统，代表作有《红字》等。——译者注

在这样的环境中，一个个文本存放在书店和图书馆的书架上，像奇珍异宝般向人施舍；如果是这样，我们在20世纪面对的文化素养问题就必然要发生，它在21世纪对我们的威胁也是在所难免的。

补救的办法近在咫尺，已经有150年的历史，就存在于电报带来的希望之中。它姗姗来迟的原因多种多样，最主要的原因在于人们对视听形象的口味，因为接收形象的技术比发送形象的技术难；结果，美国的单向媒介过剩，世界各国政府控制的垄断媒介应运而生。[14]尽管如此，补救的手段的确是近在咫尺：加利福尼亚州一家新公司的报价，使每本书平均5美元左右。它是怎么实现这种低价的呢？关键在于，它的书是用个人电脑、调制解调器和电话线传送的。[15]

电子文本的源头可以是电子文字处理，也可以是印刷文本的扫描。即使在第二种情况下，文字处理还是发挥着关键作用，因为电子传播还需要文本编辑和准备的过程。现在我们转向文字获得数字解放的表现方式。

18.4 文字处理技术和文字驾驭能力

书写就是用持久（不像出口即逝的言语）而抽象（不像具象的绘画）的方式表达思想的能力。书写的方式是开发关键的阅读技能的关键成分。教育工作者认识到这个问题，已经有一段时间了。最近有一个报告指出，能够书写的儿童学习文化的过程是“从里到外”的。[16]

书写的过程就是在阅读过程中学会生产的过程。然而，在文字处理技术问世之前，这个生产过程从技术上来说是困难而痛苦的任务。换句话说，文本的生产固然困难，但是这个困难和表达思想感情的甘苦没有关系，和借用耐久的载体来表达思想感情没有关系。这是外在于书写的技术困难，其根源是：表达持久的过程会立即使表达固定，使之成为一成不变的东西。墙上镌刻也好，用鹅毛笔写字也好、用打字机打字也好，人类创造文本的冲动即书写的冲动都是极其强烈的。在人类的传播史上，只有说话的冲动略胜一筹。无论人创造的文本是什么，书写的结果总是立即成为一个令人望而生畏的客体，总是拥有它自己的生命。结果，起初的创造过程并不那么难，后来的人书写时需要去调整和适应，这反而是非常难的，因为他们不得不与前人的文本展开艰苦的“谈判”。文字处理技术问世之前，每一位书写的人都不得不问，“这样的修改值不值得我把整整一页纸的文稿重新用打字机打一遍呢?”还有一些类似的问题，这是很费心思的问题，是文字处理技术问世之前写作者天天想的问题，是我们几百年来、几千年来挥之不去的问题。

文字处理技术使这个艰苦的“谈判”不复存在，它使业已外化的文本成为像面团一样容易揉捏的东西，使文本和它表达的思想一样富有弹性。开天辟地以来，写作者的文字成为外在的、可以检查的产品，它的审美价值富有吸引力，同时它获得了自由，不必忠于白纸黑字的文本。我们承认，铅笔在纸上的文字可以擦掉，差不多享受同等的自由，然而铅笔的书写不好看，寿命短，难以传播，类似沙滩上书写的文字，远不如用其他笔书写清晰。由此可见，电脑的文字处理体现了卡尔·波普尔的忠告：我们不应该效忠或嫁给我们的思想，相反我们应该让思想不断接受批评，接受各种可能的修正、抛弃或转化。[17]

文字处理给读者传达了类似的教益，它把印刷文本从最受人尊敬的神坛上和书架上拉下来，揭开了它们的面纱：原来它们只不过是思想的表达而已，是可以调整的，也是可以做适当修改的。屏幕上的文字不是石头上镌刻的文字，它剥夺了笼罩在文字上的宣传光环，艾吕尔和奥赫曼就揭示了这个光环。事实上，正如艾吕尔看到的一样，文字在宣传上的冲击力表现在技术里，而不是存在于思想里。我们在以下两节里将要看到，文本进入电子环境以后，它能够得到分析、传播的可能性就有了戏剧性的增长，于是，印刷术的支配性影响就削弱了。

并非每一位哲学家都喜欢文字处理。实际上，很少有哲学家以这样那样的方式注意文字处理的认知意义。米歇尔·海姆①看到了一些好处，可是他又引用戈尔·维达尔②的话“文字处理技术正在抹掉文学”，并且米歇尔·海姆担心地认为，电子文本的书写轻松自如，消除了书写人和文本之间的距离，这是一个困难，也许对保证写作的质量来说是必不可少的困难吧。[18]海姆（以及他提到的其他人）的另一个担心和本文的主题相去甚远。他说，电子文本容易传播，容

---

① 米歇尔·海姆（Michael Heim），美国哲学家、媒介学家，代表作有《从界面到网络空间：虚拟实在的形而上学》、《虚拟实在论》等。——译者注

② 戈尔·维达尔（Gore Vidal，1925— ），美国剧作家、批评家、散文作家、小说家，著有《麦拉布雷肯里吉》、历史三部曲《伯尔》、《林肯》等。——译者注

易导致垃圾泛滥。我的回答是，进化原则表明，多样性而不是限制措施是确保质量、新异和变革的最好源泉。当前印刷文本环境的"质量管理"并不是很高。

从现在开始，我愿意承认，我们没有经验证据说明，文字处理技术对文本的生产和批判性消费产生了什么样的影响。[19]不过，我们已经有奥赫曼、李柯克等人对古今文字问题的批评。我们还看到这样的事实：民主在印刷时代的命运并不是很好，并没有达到理性时代作家的期望值。我们还看到一个令人感兴趣的可能性：苏联的公开性和改革也许和电子文本设备的引入有一点关系……

然而，有一点是清楚的：文字处理的固有属性是，它进入了社会环境。在这个环境里，其他人的头脑能够迅速而完全地成为这个文本的一部分，却不会把第一位创作这个文本的人的继续贡献排除在外。我们现在考虑两种方式，看看这个社会环境如何使苏格拉底的呼吁死而复生。首先要看的是，一个文本进入一个"超文本"结构之后，可能会产生什么类型的文字文化。

18.5　超文本和超级的认知链接

自第一本书从印刷机里滚出来，进入大众阅读圈子以后，出版商始终在寻找各种办法，把固化、成排的文字送达尽可能多的读者。此前，读手稿的人太少、太悠闲，所以把文字送入快车道是没有必要的。天头地脚和页边的批注（19 世纪特别流行）、当页的脚注、详细的目录和索引，这一切都是为了提供更多的层次，为了使线性的印刷文字具有同步的性质，使之与人脑的多层次、平行加工能力求得更好的和谐与一致。只有少数的作家才用非线性的"爆发"方式而不是章节的形式来表现文本，尼采、维特根斯坦和麦克卢汉就是这种为数不多的作家。他们的每一个章节都是用马赛克的形式，都包含主题的形象，只是观察的角度略有不同而已。所以，在他们的笔下，每一个章节都是一种"全息图"，因为每一部分都包含了整个文本的蓝图。[20]

然而，即使最好的索引也只能够提供不完全的、扭曲的理解途径。一般地说，维特根斯坦和麦克卢汉的风格并不受读者的欢迎，因为一般读者的童年是在乔伊斯所谓"a-b-c-d"的线性文本的分类思维中成长的。瞬即和同步的联系对业已钉死在书页上的语词来说，是行不通的，因为这些语词的顺序是无法改变的。

与此相反，电子文本容许文本中的思想完成快速而富于幻想的联系，就像思想本身的活跃程度一样。一个典型的超文本环境似乎是这样运行的[21]：假定你正在读麦克卢汉的《理解媒介》。你看到他说电视是“冷”媒介。你把光标指向“冷”，掀动一个字键和功能键，或点一下鼠标，你的眼前就会展开“冷”在全文中出现的情景。另外一个点击会给你呈现“冷”在全文里所用的意思。第三种点击将向你展示一切相关的讨论，如此等等。这些预设程序的链接既可以由作者来做，也可以由编辑来做，或者是由作者和编辑共同来完成。

更加高级的超文本（技术上尚未完全实现）将允许相关思想和观念的链接，并最终通向一切存在的文本，由一个无所不包的、随时可用的数据库（有许多副本以保安全）来完成。另一个有用的链接领域是声像库、视像库和视听数据库的链接。“点击”文本里一个字，读者立即可以得到相关的声像和视像。反过来，当他使用视听数据库的时候，他也可以检索文字材料。我们可以把这种媒体叫做超媒体。[22]下一个新开发的电脑工作站（workstation）是朝着这个方向迈出的重要一步。[23]第三种策略（所有这些策略是辅助性的）将使读者能够创造自己永恒、半永恒或短暂的超文本链接。

最后这个功能相当于书页上的旁注和突出重点的下画线，它再次指向读者能力的一个关键问题。读者不是默默接受作者或超文本程序员安排的顺序，而是积极地按照自己的需要和兴趣来创造文本。如果文字处理技术和轻松的电子传播使人人成为出版人，那么我们就可以说，个人能够对他人的文本进行超文本的重新安排后，每一位读者都可以成为作家了。于是，个人可以通过另一种方式来和宣传抗争。在这里我们又一次看到，紧身衣似的纸媒文本被剥掉之后，宣传就被釜底抽薪了。

当然，即使在超文本环境里，读者也不脆弱。无论如何，超文本链接只不过和程序员的思想一样高明。随着超文本的增长，一个关键而有益的问题是：超文本链接符合作者原来的思想吗？在某些情况下，超越作者原来的意图也许有好处，只要作者原来的文本仍然可以用来核实。超文本链接的一个缺点是：从读者起初的观点来看，一切链接都是预先编制的，因而并不是充分互动的或“感情充沛”的，达不到苏格拉底渴望的水平。

苏格拉底梦想中的文本的实现，表现在另一种电子环境中：电脑会议网络里文本的传输、储存、组织和检索。在这里，作者可以应邀对自己的语词做出解释。

18.6 电脑会议和回应的语词

我写这些文字的时间是 1989 年 1 月 8 日。从目前的技术来看，我比较有把握地假定，大多数读者近期内看到的文本是纸上的文本；也许这样的文本诞生之初是复印的，稍后进入杂志，再往后也许收入一本书。由于文章的主题有一点刺激性，我想你们许多人可能会不同意其中一些观点，或是希望我能够做一些澄清。毫无疑问，你们许多人想提一些问题。然而最大的可能性是，你们读到这里的文字时，我对你们一点也不了解，也不了解你们的问题。你们中的一些人可能会发表文章，而且是印在纸上的文章，批评甚至驳斥我的思想，或者提出问题和我商榷。也许，你们和我就这些主题进行思想对话的可能性几乎是零。

在不久的将来，当我们进入下一个十年时，你们中的一些人也许会在超文本环境里读到这篇文章。也许我或者我和编辑共同来给文章里的一些思想做链接程序。最终的结果是，这些链接可能会进入外面的一些文本，尾注里的每一种参考文献都可以经点击而跳上你的电脑显示屏。但是，每一位读者，近期或很久以后的读者，都是独一无二的，所以，预先编制的超文本链接能够满足你的一切问题的可能性也几乎是零，能够满足你的问题的一切细腻要求的可能性绝对等于零。你不妨用超文本作者的特点来裁剪我这篇文章，以适合你的兴趣和观点。这将是更有力的阅读方式，但不会成为你和我的对话。

这篇文章登场的日期是 1990 年 1 月 16 日，我将在美国科学促进会的年会上宣读，并将散发复印件。不久之后，我将在旧金山的希尔顿饭店向一群类似的与会者宣读一篇类似的论文。简单介绍论文内容之后，我期待听众提一些问题。午餐之前，我会短暂离开会议室，稍后会飞到圣地亚哥。于是，讨论这篇文章的小小窗口就这样关闭了。

真的关闭了吗？我们的命运真的不比苏格拉底/柏拉图读者的命运好吗？他们距今 2400 年，我们和他们的命运一样吗？

不，我们比他们的命运好多了。因为在美国科学促进会宣读之前，我将把论文上传到电子信息交换系统向联合教育公司提供的网站上。简言之，我将把文章粘贴到我将主持的电脑会议网络上[24]，我和几百个与会的读者能够在上面互动，读者能够提问，我能够对各种问题做出回应。

电脑会议网络起源于20年前，走在超文本甚至文字处理的个人电脑之前。电脑会议网络成功的关键是，作者与自己写的文字保持密切的联系。20世纪70年代中期，这个网络由原始的电传打字机构成；80年代晚期，32比特的个人电脑组成了网络，这个网络在许多方面更加先进了。于是，网上文本既能够做出回应，又更加负责任，它能够让与会者互相询问，能够开展苏格拉底很久以前就渴望的探索。

在一次典型的电脑会议上，作者用个人电脑把一篇长文或很短的“意见”、“备忘录”、“短信”传送到一台中心计算机，他用的是调制解调器和电话线，文本储存在那里，读者可以用自己的个人电脑去调出这个文件。作者和读者可以在地球上任何地方用电话线上网。无论昼夜，任何时候都可以和主机连接。不久，读者就成为电脑会议上参与对话的作者，他们评论作者的意见，提问题，发挥其中的思想和主题。反过来，文章的作者又成为阅读与会者发言的读者。不久，作者、读者的严格的区别就会模糊，取而代之的是一个新的群体，这是一个活跃的、作者读者身份模糊的混合体。[25]

原则上，一个超文本程序可以和一个全球数据库的文本链接；同理，任何一个网络上的电脑会议都可以和其他网络连接。于是我们就可以看到，我的意图是把文章放进EIES这个网络，然而不出几个月，我想它就会出现在其他电脑会议系统中（当然要得到适当的允许）[26]，这一切都可能以光的速度完成。我对EIES网络上的问题回应得比较快，对其他网络上提出的问题，我的回应可能就不那么快了（首先，我可能不会立即知道这些问题）。尽管如此，世界范围的网上知识社群已经建立起来了。[27]

无论网络的功能多么强大，它们都只能像真人参与讨论的功能那样强。米歇尔·海姆等人担心，电子文本的讨论可能会泛滥。[28]另一方面，作者也可以选择不回答问题。否则，他就可能会被数以千计的问题淹没，他自己根本就无法应付。[29]还有一个终极的局限：只有健在的作者才能够参与电脑会议。

这些问题和其他相关的问题说明，电脑会议并非万能药方。并非人类传播的一切问题，即使是文字传播的问题，也应该怪罪图书馆和书店的书本，抱怨它们是哑巴，只死守作者原来的思想。不过，非同步的电脑会议以及支持它的文字处理技术和超文本，终于使文字文化进入了新的视野：书面语词只能够对一切问题做千篇一律回答的日子，已经一去不复返了；读者不得不默默地咕哝异议和批评，要么接受文本要么离开文本的时代，已经一去不复返了。从约翰·杜威到让·皮亚杰的20世纪理论家对优秀教育做了这样的界定：不应该被动接受前人消化的智慧，不应该把知识注入空荡荡的头脑，而是应该让积极的、强有力的大脑主动去面对、拷问、探询和转化可能的知识。[30]电子环境里的文本，能够立即从全球各地获取，其特点是无限连接、无限参照、可以修正、可以互动。这样的文本是活跃的头脑表达和发展思想的理想载体。

唯一偏爱纸媒文本的意见是，即使精装书的价格和最低限度的电子设备比较，也要便宜得多。

18.7 文本解放的必要经济条件

阿纳托尔·法郎士①也许会说，如果大多数读者的解放就是买不起书，那么文本的解放又有何用呢？电子文本和印刷文本一样，成为贫困和种族主义的人质，李柯克已经予以详细说明。然而，电子技术的结构使一台电脑能够显示无限多的文本（一张光盘可以储存数以百计的书籍文本），它不像印刷文本那样脆弱，印刷文本需要用纸张分别记录不同的思想。

乍一看，电子技术的获取不如书籍便宜。毕竟，最便宜的个人电脑也比最贵的书的成本高。然而，个人电脑是一次性购买的商品。个人电脑并不比电视机贵，电视机已经在99%的美国家庭普及。[31]个人电脑用于真正的任务和教育（不是游戏）时，花费并不多，实际上人人都有这个财力。

再者，用于电子文本处理的个人电脑的技术水平并不高。8比特的个人电脑足以应付文字处理和电脑会议的远程通讯（当然，这一类旧型机不可能应付超文本）。8比特的个人电脑已经过时，16比特和32比特的电脑已经问世。旧型机现在花几百美元就可以买到。詹

① 阿纳托尔·法郎士（Anatole France，1844—1924），法国小说家、评论家、诗人、剧作家，1921年诺贝尔文学奖得主，著《企鹅岛》、《波纳尔的罪行》、《当代史话》、《众神渴了》、《天使的反叛》（1914）、《金色诗集》、《科林斯人的婚礼》、《文学生活》、《贞德传》等。——译者注

姆斯·T·罗伯逊神父（在黑人社区引进个人电脑和网络的领袖）说得对，旧型机速度稍慢，但同样精确有效，不太富裕的人用起来也不错。[32]

奥赫曼等人担心，个人电脑革命会成为高技术公司榨取中下层阶级金钱的赌博，结果却不是这样。究其原因，低成本、性能不错的第一代 MS-Dos 型个人电脑，甚至再旧一点的 CP/M 型个人电脑，都已经相当普及。从一开始，这场革命所需要的文字处理和通讯软件就是免费的，或者是很便宜的。有些技术是“自由程序员”或黑客提供的，有些作为“免费软件”放进公共领域，有些作为“共享软件”发行，只需要很少的钱就可以申请使用。[33]我们同样可以指望，超文本软件也是可以免费获取的。实际上，即使商业软件不费吹灰之力就可以被复制，软件供应商也难以用“版权保护”来保护自己的程序。[34]这说明，和奥赫曼的担心相反，信息具有反垄断的固有特性，这和书籍的物理属性在市场上的结果迥然不同。技术和生活的事实说明，信息和纸张或其他物质容器结合的婚姻是难以解脱的，与此相反，电子编码的信息既不能自己独占，也不能自己独用。[35]

具有讽刺意味的是，我们看到，新信息技术并没有遭到奥赫曼等人的批评，没有人指责它们是公司控制的延伸。它们受到的攻击是米歇尔·海姆那样的攻击，批评它们提供的信息太多，谁都可以轻而易举地获取。然而所谓信息超载是困扰信息富裕者的幻觉，他们也许没有意识到，新文本技术本身就带有很强大的信息分类的过滤功能。[36]与此相反，这颗行星上的大多数人长期在信息低载的痛苦中期盼，这是慢性的、具有破坏力的状态。那些需要享有信息的人以居高临下的恩赐态度对所谓的信息超载忧心忡忡，大多数人并没有什么信息超载的危险。

信息的电子编码尤其是电脑芯片，使文本沉默的面纱荡然无存，这个面纱使书面语词和世界上的大多数人窒息得太久了。让伟大的对话从此开始，让我们实现苏格拉底的憧憬吧。

注释和参考文献

[1] 关于拼音字母表和文明的关系，参见哈罗德·伊尼斯、埃里克·哈弗洛克或马歇尔·麦克卢汉的著作，比如，哈罗德·伊尼斯的《帝国与传播》(*Empire and Communication*，Toronto：Univ. of Toronto，1950)、《传播的偏向》(*The Bias of Communication*，Toronto：Univ. of Toronto，1951)，哈弗洛

克的《柏拉图导论》（Havelock，*Preface to Plato*，Cambridge，MA：Harvard Univ.，1963）、《希腊的文字革命及其文化影响》（*The Literate Revolution in Greece and its Cultural Consequences*，Princeton：Princeton Univ.，1982），麦克卢汉的《谷登堡星汉》（The Gutenberg Galaxy，New York：Mentor，1962）、《理解媒介》（*Understanding Media*，New York：Mentor，1964），又见我的著作《思想无羁：技术时代的认识论》（*Mind at Large*：*Knowing in the Technological Age*，Greenwich，CT：JAI，1988，pp. 119－135）、《人类历程回放：媒介进化理论》（Human Replay：A Theory of the Evolution of Media，Ph. D. diss.，New York University，1979，pp. 171－176，245－273）。

［2］印刷机点燃了一场革命，使宗教改革和科学革命互相促进，使民族国家、资本主义和公共教育的兴起互相加速。关于这一点，请见注释1所列举的哈罗德·伊尼斯和麦克卢汉的著作，亦见伊丽莎白·爱森斯坦（Elizabeth Eisenstein）的《印刷机是推动变革的因素》（*The Printing Press as an Agent of Change*，New York：Cambridge Univ.，1979）。

［3］见唐纳德·T·坎贝尔（Donald T. Campbell）：《进化认识论》（Evolutionary Epistemology，in P. A. Schilpp，ed. The Philosophy of Karl Popper，La-Salle，IL：Open Court，1974，pp. 413－463），卡尔·波普尔（Karl R. Popper）：《客观知识》（*Objective Knowledge*，2nd ed.，New York：Oxford，1979），又见我的著作《思想无羁：技术时代的认识论》（*Mind at Large*）。亦见这几本书里有关知识增长和生命有机体的文献。

［4］比如杰拉尔德·E·斯特恩（Gerald E. Stearn's）：《麦克卢汉访谈录》（Interview with McLuhan），再如《麦克卢汉：冷与热》（Stearn，ed.，*McLuhan*：*Hot and Cool*，New York：Dial，1967，pp. 266－302）。

［5］比如约翰·杜威（John Dewey）：《经验与自然》（*Experience and Nature*，*Chicago*：Open Court，1925）。

［6］参见理查德·奥赫曼（Richard Ohmann）：《文字素养、技术与垄断》（Literacy，Technology，and Monopoly，*College English* 47，7，November 1985，pp. 657－689）；又见他这篇文章的参考文献。

［7］参见雅克·艾吕尔（Jacques Ellul）：《宣传》（*Propaganda*，New York：Vintage，1962，p. 106）。

［8］埃莉诺·李柯克（Eleanor Burke Leacock）的经典著作引用了大量的材料，见《贫困的文化》（*The Culture of Poverty*，New York：Simon and Schuster，1971）、《男性支配的神话》（*Myths of Male Dominance*，New York：Monthly Review，1981）。又见她的《城市学校里的教学》（*Teaching and Learning in the City Schools*，New York：Basic，1969），这是对纽约市教育界种族主义的研究。

20世纪60年代，布鲁克林工学院（现名纽约工学院）的李柯克及其同事编写了一套社会科学读本。旨在向今天所谓的有“技术修养”的学生介绍文史哲和社会文化批评的能力。她给丛书作的序文为《社会科学理论与方法：整合的历史观》（the series is entitled "Social Science Theoryand Method：An Integrated Historical Introduction"）；书名为《社会科学的兴起》（The Emergence of Social Science），编辑是刘易斯·梅纳什（Louis Menashe）、李柯克和赫尔穆特·格鲁伯（Helmut Gruber）。关于书面批评和口头批评的比较，李柯克说（她的批评很符合苏格拉底的抱怨，和我在本文里对"书籍"文本的批评比较一致）：

但是，你难免会问，统治者是否会觉得，书本和文章不值得花你们的时间去写，书本和文章不值得抄书匠的支持。虽然古文明的著作显示了伟大的智慧，然而它们并不抱直截了当的批评态度或分析态度……也许，批评的态度存在于流行诗歌和寓言的口头传统中。(p. 2)

本文的要点是，电子文本使批评态度"重新口头化"，批评的态度长期受到纸上语词的压抑。[李柯克本人并没有考虑个人电脑对文化素养的影响。感谢纽约工学院刘易斯·梅纳什提供其未刊稿《社会科学理论》，感谢纽约城市学院的迈克尔·沃齐克（Michael Vozick）对李柯克后期在城市学院的研究工作。]

[9] 见威廉·麦基维（William McKeever）：《电影：培养罪犯的学校》（Motion Pictures：A Primary School for Criminals），载《理家好手》（*Good Housekeeping*，August 1910，pp. 184－186）。这是早期对电影的重炮轰击。关于最早对电视的开火，又见弗洛拉·施莱布（Flora Schreiber）：《向印刷品宣战》（The Battle Against Print），载《自由人》（*The Freeman*，20 April 1953）。麦基维不仅批评电影，而且批评"一角定价小说"，认为这些东西损害有品位的文学。又见大卫·索恩（David Sohn）对杰里·柯金斯基（Jerzy Kozinski）的访谈录《录像机白痴的国度》（A Nation of Videots，1975，reprinted in H. Newcombe，ed. *Television：The Critical Eye*，3rd ed.，New York：Oxford，1982，pp. 351－366）。参见杰里·曼德尔（Jerry Mander）：《取缔电视的四大理由》（*Four Arguments for the Elimination*，New York：Morrow，1978）。关于持续不断的对电视的批评，见尼尔·波斯曼的书，关于我对上述批评的评论，请见我的著作《思想无羁：技术时代的认识论》。

[10] 尼尔·波斯曼（Neil Postman）：《作为保存知识活动的教育》（*Teaching as a Conserving Activity*，New York：Delacorte，1979），《童年的消逝》（*The Disappearance of Childhood*，New York：Delacorte，1982），《娱乐至死》（*Amusing Ourselves to Death*，New York：Viking，1985）。

[11] 参见《七堵三角墙的房子》（*House of the Seven Gables*，1851，New York：Collier，1962，p. 239）。刘易斯·芒福德（Lewis Mumford）把它作为19世纪通讯技术极权主义效果的例子，见《权力的五角大楼》（*The Pentagon of Power*，New York：Harcourt Brace Jovanovich，1970，p. 314）。

[12] 参见戴维·哈恩（David de Haan）：《古董家庭用具》（*Antique Household Gadgets and Appliances*，Woodbury，NY：Barron's，1977，p. 121）。

［13］参见爱德华·J·维特摩尔（Edward Jay Whetmore）：《美国的媒介》（*Mediamerica*，4th ed.，Belmont，CA：Wadsworth Publishing Co，1988，p. 22.）。

［14］参见《思想无羁：技术时代的认识论》，pp. 142－144。

［15］关于尼尔·舒尔曼（Neil Schulman）Softserve Publishing Company 的情况，见卡罗尔·奥尔森·戴伊（Carol Olsen Day）：《一个新奇的念头》（A Novel Idea，*PC/Computing*，January 1989，pp. 235－236，238）。

［16］美国全国广播公司电视节目“晚间新闻”（NBC-TV Nightly News，January 4，1989，7：20 PM，EST）。我的未刊稿论述电子环境下的信息超载。我认为，形象的生产或贡献有力地抗击信息消费者被淹没的感觉。

［17］参见波普尔：《客观知识》（*Objective Knowledge*）。当然，文字处理的文本容易修改，批评本身也可能有误。然而，一旦思想及其文字表达可以修改之后，批评的错误就不会构成问题了。

［18］米歇尔·海姆（Michael Heim）：《电子语言：文字处理的哲学研究》（*Electric Language：A Philosophical Study of Word Processing*，New Haven：Yale Univ.，1987）。

［19］请参见吉姆·邓恩（Jim Dunn）的硕士论文《书页与电脑显示屏的比较》（Page vs. Screen：A Comparison of Reading Modalities）。这是他在 1988 年 5 月社会研究新学院做的论文，初步的实验显示，电脑显示屏上的读者有理解上的优势。该文的摘要即将出版，见凯伊（T. Kaye）、梅森（R. Mason）等编：《思想波》（*Mind Weave：The Use of Computer-Mediated-Communication in Distance Education*，London：Pergamon，1989）。

［20］关于麦克卢汉的“电子”文本风格（个人电脑发明之前就形成的风格），见我的文章《马歇尔·麦克卢汉与电脑会议》［Marshall McLuhan and Computer Conferencing，*IEEE Transactions on Professional Communication*，PC－29，1（March 1986），pp. 9－11］。又见威廉·昆斯（William Kuhns）：《马歇尔·麦克卢汉与超文本》（Marshall McLuhan and Hypertext，draft essay，1 July 1988）。

［21］关于超文本的历史、动态和未来趋势，参见蒋岱丰（音译，T. F. Chiang）：《超文本：相关文件的链接》（Hypertext：Linking Related Documents，*Profiles*，June 1988，pp. 18－23）。泰德·纳尔逊（Ted Nelson）1967 年着手开展“世外桃源”（Xanadu）工程。他正在构建一个全球性超文本数据库，是公认的超文本数据库之父。

［22］关于文本和视听媒介的混合，请见我的文章《媒介关系思考》（Media Relations：Integrating Computer Telecommunications with Educational Media，in T. Kaye and R. Masons，eds.，London：Pergamon，1989）。

［23］约翰·史华兹（John Schwartz）、迈克尔·罗杰斯（Michael Rogers）和理查德·桑扎（Richard Sandza）文章《史蒂夫·约布斯卷土重来》（Steve

Jobs Comes Back，*Newsweek*，24 October 1988，pp. 46－51)。

[24] 我是联合教育公司（Connected Education，Inc.）总裁。这是一个非赢利组织，用电脑给本科生和研究生提供学位课程，与社会研究新型学院合作，可以授硕士学位，学生在网上学习，写一篇硕士论文。公司的“电子校园”放在新泽西州技术学院的电子信息交换系统（EIES）网络上。

关于 EIES 和 20 世纪 70 年代的电脑会议系统，详见 R. 希尔兹（Roxanne Hiltz)、穆里·图洛夫（Murray Turoff)：《网络国家》（*The Network Nation*，Reading，MA：Addison-Wesley，1978)。关于联合教育公司的情况，请见保罗·莱文森：《联合教育公司：十年回顾》（Connected Education：The First Two Years，*Learning Tomorrow*，Winter 1988，pp. 205－220)；参见保罗·莱文森：《联合教育公司与国际社会》(Connected Education and the International Community，*International Information Access*，November-December 1986，pp. 1－2)，参见《思想无羁：技术时代的认识论》(*Mind at Large*，chapter 8)。参见布赖恩·史密斯（Brian Smith)：《电子大学》（The Electronic University，*New Jersey Monthly*，January 1987，p. 38ff.；Brock Meeks，The Quiet Revolution，*BYTE*，February 1987，p. 183 ff.)。参见盖尔·托马斯（Gail Thomas)：《电子校园》[Electronic Campus a Reality with Computer Conferencing，*Bulletin of the American Society for Information Science*（April-May 1988)，p. 23]。参见托马斯·艾伦（Thomas B. Allen)：《21 世纪的通讯版即将成年》（Bulletin Boards of the 21st Century Are Coming of Age，*The Smithsonian*，September 1988，pp. 83－93)。

[25] 网上教育先驱安德鲁·费恩博格（Andrew Feenberg）把电脑会议描绘成一本杂志，所有读者都可以成为作者。详见保罗·莱文森：《马歇尔·麦克卢汉与电脑会议》(Marshall McLuhan and Computer Conferencing，for details)。参见哈维·惠勒（Harvey Wheeler)：《虚拟社会》[*The Virtual Society*，Los Angeles：Martha Boaz Foundation，1987（computer disk)]，该书对电子文本进行详细的分析，认为电子文本模糊了许多传统学术边界，包括图书馆、大学和出版商的边界（电子文本可以成为这三种活动的相同成分)。参见我对这本书的评论，载《社会结构与生物结构》(*The Journal of Social and Biological Structures*，No. 4，1989)。

[26] 电子信息传播轻而易举，这可能造成严重的版权和知识产权问题。参见赫尔曼·柯恩·耶赫拉姆（Herman Cohen Jehoram)：《从版权法到信息法》[From Copyright Law to Information Law，*Journal of the Copyright Society of the USA*，34，4（July 1987)，pp. 380－388]。亦参见该文所列参考文献，文献之一是约翰·秉（John Bing）的文章，该文对这方面的问题做了一个很好的小结：

> 电脑使信息获得自由。传统的信息被锁定在书页上。现代技术尤其是以电脑为基础的技术把语词从这个媒介中解放出来。比较恰当的看法是，一个文本

或一串文字被看成是一个独立的存在，而不是一页书、一本书、一方石头、一段胶片的财产……当它们从媒介中解放出来之后，立法技术就遭遇到了严重的问题。[语出约翰·秉的文章《信息法?》(Information Law?, *Journal of Media Law and Practice* , 2, 3 , p. 219)]

我们联合教育公司和电子信息交换系统的立场是：要不惜一切代价保护作者的版权。

[27] 有一个以上网络账号的个人能够有效地经常“登录”，从网上复制材料。比如，我的文章被粘贴到 EIES 网上之后，还有可能被粘贴到记事本上。于是，在 EIES 网和其他网上（比如英国开放大学的 COSY 网）有账号的人就可能把我的文章粘贴到其他系统上去（得到适当的允许之后）。

过去两年，至少增加了两个全球电脑讯息网：“Bitnet”链接全球大学电脑，“Dasnet”提供网络之间的信息传递，收费不多。这样的网络将会增加。

见《思想无羁：技术时代的认识论》第 8 章“技术与知识界的全球化”（“Technology and the Globalization of Intellectual Circles”）。

[28] 见米歇尔·海姆（Michael Heim）:《电子语言：文字处理的哲学研究》及其参考文献。他说：“文字处理导致文本的通胀”。接着他又说：“电脑中介的传播造成这样一个心态：希望更多的文本容易从网上获取，然而这些文本可能不那么聪明，不那么仔细，不那么富有思想。根据他的批评，电脑可以产生更多的东西，然而产出的东西恰好是愚蠢的文本。”可是海姆本人对他这段话并不持反对的态度。他接着说：“在这样的氛围里，传统出版提供的正常保护再也不能够正常运转……作为精神健全楷模的作者的声音会走向势微。”

我不完全同意奥赫曼的观点。他认为，“传统的”出版标准反映的纯粹是垄断资本的指令。然而，看到网上出版的大量低劣的垃圾，看到许多人低劣的产出由于受不到“保护”而被毁灭，我倒是不会掉几滴眼泪的。

[29] 英国开放大学利用电脑会议授一门课可以容纳 1 200 名学生，提供无限的回应能力，并形成一个论坛。在电脑会议技术引进之前，该校已经在实行导师制，每一位导师负责 15 名以下的学生。见凯伊（T. Kaye）和梅森（R. Mason）等人编辑的文集中的文章，尤其是雷伊·托马斯（Ray Thomas）的文章《电脑中介传播在开放大学教学中的作用》(The Role of Computer Mediated Communication in Open University Teaching)。

1985 年 4～5 月，我在“Source”网（商业网）上讲公共电子文本（“Electure”），题目是《空间：使太空人性化》（Space：Humanizing the Universe）。400 多听众登录了 800 多条意见。所幸的是，许多与会者回应的是其他听众的问题，这就减轻了我的负担，我主要是扮演总结的角色。这个原理显然是，在大型电脑会议上，自然形成的领袖会冒出来。

[30] 关于皮亚杰、蒙台梭利等“积极的”教育理论家，见亨利·珀金森（Henry Perkinson）:《从错误中接受教育》（Education and Learning from Our Mistakes, in P. Levinson, ed. *In Pursuit of Truth*：*Essays on the Philosophy of*

Karl Popper , Atlantic Highlands，NJ：Humanities，1982，pp. 126－153)。

［31］数据见乔纳森·米勒（Jonathan Miller)：《全球的景象》（The Global Picture，*Channels* 1986 *Field Guide*，1985，p. 16)。

［32］参见詹姆斯·T·罗伯逊（James T. Roberson)：《黑人教会与技术》（The Black Church and Technology，unpublished manuscript，1988，available online via the Connected Education Library，EIES)。

［33］参见阿尔夫雷德·格罗斯布雷纳（Alfred Glossbrenner)：《如何得到免费软件》（*How to Get Free Software* ，New York：St. Martin's，1984)。

［34］见斯图尔特·布兰德（Stewart Brand）编：《1986年全球软件年鉴》（*Whole Earth Software Catalog for* 1986，Garden City，NY：Doubleday，1985，p. 5)。该书详细解释，为何版权保护失败：购买者（合法的软件使用者）抱怨，为自己使用而复制软件的权利受到了限制。

［35］复印术实际上是文本第一次与纸张分离的表现。它使文本脱离了对纸的依赖，文本和纸的关系仅仅是凑巧的结合。试比较麦克卢汉的断语"复印术使人人成为出版人"（xerox makes everyone a publisher)。试比较他的文章《媒介定律》[The Laws of the Media，with a Preface by Paul Levinson，*et cetera* ，34 (2)（June 1977)，pp. 173－179]。

［36］传统的图书馆和书店更加可能成为信息超载的地方。这是因为，读者一走进去，全部或大部书籍立刻就涌入他的眼帘，他不得不先浏览后挑选。然而，即使在这样的情况下，也很少有人觉得信息超载，因为我们从小就知道（如果有先进图书馆后进书店的经验)，如何一步步去对付信息（浏览等)。同理，类似的结构也容许上网的人进行类似的浏览，一旦学会浏览的办法，信息超载的感觉就会大大增加。

第19章 没有束缚的学习：网上教育与思想学园[①]

教育的底层结构和大多数的人类活动一样历史悠久，这似乎是一目了然的，因而也被认为是理所当然的事情。正规的教育需要有一位老师、一位学生、一门课程、一个教学场所。无论是古代一对一的口耳相传，还是目前楼房密集的校舍，似乎都是这样的场面。文字的来临和演化，以大批量生产的书籍为顶峰，使这个方程式略有变化，使一个概念有了用武之地：可以在课堂之外接触并获取智慧。然而即使在以书本为中介的教育里，教学过程的核心，即教育的实质，也是在课堂里发生的。学生把他们从书本里学到的功课带进教室，以求得确认、分类和阐述。

当环境像课堂一样深深地扎根在我们的文化里时，它们的局限是难以看清的。因此，我们大多数人不反对接受这样一个事实：一旦下课并离开课堂之后，课堂上积极的对话就暂停，直到下一次上课为止。一旦时间地点的障碍使我们无法去上一堂课，或修一门课，或无法到一所太远的大学去学习，我们就接受教学活动暂停的观念，这往往是由教育的性质衍生出来的自然而然的观念，就像我们理解（虽然未必喜欢）以下的事实一样：我们喜欢的书在图书馆借出之后，我们就看不到了；别人在课堂上发言时我们应该安静，因为两个人不能同时说话。

然而，设想每个人都有同样的机会进入同样的课堂，从世界任何角落都可以进入的课堂——即使在这个地球之外也能够进入的课堂——只要有一台个人电脑和电话线连接就行。设想有这样一个课堂：课堂讨论非同步进行，持续不断，每天24小时，每次上课人数不限。设想你自己拥有一座庞大的图书馆，你可以同时读到数以千

① 原载《模拟：科幻小说与事实》(*Analog*：*Science Fiction and Fact*)，1997。

计的人的文章，它们随时待命，听候你的吩咐。

这样的条件不是幻想，甚至不是将来才有的条件，实际上这就是目前网上教育的基本结构。这是一种新型的学习，它静悄悄地进行着，将近20年了。

19.1 网上传播与教育的历史概况

电脑用作传播工具和用作其他工具（比如编程、数据管理或文字处理工具）是不一样的。电脑用作传播工具的优势，最初是由政府或企业网站（比如施乐公司在加利福尼亚州的“PARC”网站）在20世纪60年代和70年代开发出来的。在那些日子里，人们使用的终端是“哑巴”终端，只能和一台主机连接，只能进行文字处理，只能收发邮件，只能在通信中进行各种讨论，包括琐碎的和深刻的讨论。

到20世纪80年代初，比较便宜的个人电脑和调制解调器问世，推动了网上交流的过程：人们可以随时上网，在家里或工作场所都行，只要有电话机，而电话机几乎是人人都有的。CompuServe网络公司和Source网络公司（前者很快收购了后者）之类的商业网兴旺起来。1982年，西部行为科学研究院在网上提供两年制的名为“行政战略研讨班”，这是非学位教学计划，教学活动全部在网上进行，参加者是工作繁忙的企业主管和政府官员，学费25 000美元。两年后，纽约技术学院启动了一个网上本科学位班，学费更加合理。1985年秋，联合教育公司（我创办的组织，现在仍然由我和妻子经营）开出一系列的学位课程，与纽约市的社会研究新型学院合作。到1988年，我们的教学计划羽翼丰满，成为一个硕士点，专业方向是“技术与社会”，教学活动全部在网上开展。40多个国家的2 000多名学生参加了我们的教学计划，包括美国和世界各地的学生，中国、日本、新加坡、塞内加尔、阿拉伯联合酋长国、哥伦比亚和大多数欧洲国家的学生都有。他们不必离开家人，也不必离职求学。

自20世纪80年代中期以来，网络的传播速度增加了100多倍，从300比特增加到56 000比特，网上教育的特点基本没有改变。在这个意义上，网上教育的特征尤其是它一般依靠文本而不是形象、图像和图表的特征，使之成为一个中等技术或低技术的沙漠绿洲，高技术的电脑世界则风驰电掣般向前奔腾。我们很快就可以明白，这样的教学使我们的学生能够用几百美元而不是几千美元的设备，同时又符合传统学子的形象，他们生活的环境和忙忙碌碌的商业世界拉开了一定的距离。

当然，高级的个人电脑设备在文本模式上总是可以“上对下兼容”的，就是说，设备昂贵的人也可以充分利用网上教育，实际上他们可以用图标命令来检索网上的文本，可以用不同的字体和窗口来阅读和书写，有时还可以用声音合成器，可以掺杂各种各样恰当的视像和声像。在一些专业的课程比如“相对论的诗学”中，你可能需要一两个公式，需要电脑制图。不过，即使在这样的课程里，网上教育的核心也还是没有变。

19.2 网上课程的内部景观

网上教育的实际运行过程和电子邮件差不多，只是有一点不同：它不是一人对一人或一人对一群人的交流，而是一群人对一群人的交流，中央电脑系统扮演的关键角色是追踪谁读了谁的帖子。以下是它运转的情况：

我在网上教授的一门硕士课程叫“人工智能与名副其实的生命”，授 3 个学分（社会研究新型学院认可），授课时间为两个月。这个时间框架与面授课程不一样。在这所新型学院里也好，在其他“地点固定”的大学里也好，这样的课程一般是三个半月。为何有这样的不同？回答是，网上学习的强度是连续不断的，学生可以在任何时候登录，留下自己的思想、评论和问题，不仅阅读老师的帖子，而且看其他同学有什么话要说，阅读所有同学的帖子恐怕是更有价值的学习。

网上课程开学之前，我准备了一份“开场白”（相当于面授课程第一天的讲话），还准备了一份授课提纲。开场白不仅勾勒了课程的基本情况，而且要求学生立即纵身投入、提出问题、做简单的自我介绍。在网上教学里，用登录帖子的办法参与是必不可少的。这一点和面授课程不同。在面授的时候，老师从学生的面部表情就可以判断，学生是否跟上了课程。网上教学要求学生写，他们必须要有网上的身份和角色。因此，一个重要的附带好处是，网上学习有助于磨砺学生的写作能力。

我的开场白和授课提纲在开学第一天贴到网上。我说明，这门课程进行的两个月彼此大不相同。在第一个月，学生读书讨论，我给予指导。阅读的书目是该领域的基本读物，包括大卫·波尔特的

《图灵人》(*Turing's Man*)、阿西莫夫的“机器人系列小说”。这一段教学比较像面授，虽然面授的互动和课外的阅读融合在一起了。这个过程转换成一个流动加强、稳步前进的网上对话。第二阶段的教学充分利用网上环境，方式独特，前所未有：学生扮演角色，模拟法庭上的审判。

《迷离魔界》[*Twilight Zone*，初名《孤独的太空人》(*The Lonely*)，由杰克·沃登和让·马什主演，罗德·瑟尔林编剧，1959年11月13日首播]中有这样经典的一幕：一位太空人（沃登）被控犯下了谋杀罪，并且被判终生囚禁在一个荒漠的小行星上，可是他实际上是无辜的。飞船船长同情他，相信他，送来一位美丽的类人女机器人（马什）给他做伴。起初，这位囚徒拒绝接受她，后来却爱上她。第二年船长回访时，给他带来好消息：他的无罪已经得到证明，可以回家了。然而飞船上没有容纳那位女机器人的空间，船长最终不得不开枪击碎她的脑袋，并直言不讳地说：要打得她的电线摇摇晃晃。

我们这个网上班的审判选在上述故事发生之后举行，地点是回到地球之后。无罪获释的囚徒把船长告上法庭。我扮演获释的囚徒，学生扮演其他角色：船长、被告律师、公诉人律师、专家证人和陪审团。在一个有8～10名学生的班上，这样的演出效果很好。

自从1985年我首次在网上主持这一场审判以来，教学效果一直不错，参与的学生5～10人不等。这样的人数是网上审判成功的极限，人少了发表的意见不够多，人多了老师应付不了，因为老师要对每一位学生做出回应。

就这样，我在开学第一天把开场白和授课提纲贴到网上。我家住纽约，但地点不要紧——有时我在英国或美国其他城市上课。不过，我在这里说，东部标准时间早上10:00我在纽约把开场白和授课提纲“上传”到网上。一旦这两封信上网之后，所有注册的学生就进入课程学习了。他们都可以进入网上校园，进入联合教育公司的图书馆，进入该公司的咖啡馆，但是只有注册该课程的学生才能够看到我的开场白和授课提纲，各门课程的学生进入自己的课程。大约在东部标准时间上午11:05——伦敦是下午4:05，约翰从伦敦登录，“下载”我的文件。也就是说，他在自己的电脑上复制了一份，他还可以立即打印一份，也可以稍后打印。他用伦敦当地一位互联网供应商的服务器登录。当然，他也可以用自己在我们CompuServe公司的账号登录，或者用当地公用电话拨号上网，通过Sprintnet网络进入我们的系统。第二位学生叫劳莉，她家住旧金山，起得早，在东部标准时间上午11:20登录，太平洋海岸时间是上午8:20；她用的是Sprintnet网络公司的节点，这对她来说是本地电话。和约翰的情况相似，她也下载我的开场白和授课提纲。不过，她有一点时间，又略有所思，于是她下网写几段话（用她喜欢的文字处理机），自我介绍，说明学这门课的原因，并且提一个问题：类人机器人和机器人究竟有什么区别？写完之后，她又重新上网，上传她写的几段话，当地时间是8:55，纽约时间是上午11:55。课程的第一封信是我的开场白，第二封信是我的授课提纲，第三封信是劳莉小姐的短文。此时，东京的诚一（Joichi）读到以上三封信，他准备在线上写几句话，同时回答劳莉小姐的问题。他录入的文字是："我理解，类人机器人是像人的机器人，或者有血肉，或者是像有血肉。"这是第四封信。两个小时之后，约翰在伦敦登录，写了第五段文字，做自我介绍：他正在剑桥大学攻读博士学位，专业是进化生物学，这是最后一个学期，同时解释为何修这门课。

我在纽约时间下午4:00登录，很高兴看到几个国家的学生的对话正在顺利进行。另外5个位于美国和加拿大各地的学生也顺利登录。于是我看到，课程起步不错。又有3个同学登录。一位提出一个问题，另一位做出回答。学生互教互学是网上教育的好处之一。第一个月结束时，每一位学生在网上向我交了一篇小论文，我让交了论文的学生互相观摩。他们不仅可以从我的评语中学习，而且可以从其他同学的评语中学习。接着，我们第二个月的学习开始，一个强有力的网上学习小社区已经形成，没有见过面的学生形成了强烈的思想感情纽带，结下了个人友谊，成为朋友，有时还不只是一般的朋友。在以后的网上学习中，这样的思想感情纽带进一步加强，扮演角色的激动情绪使我们的学生每天登录四五次去讨论这样的问题：什么是生命、智能和有智能的生命？

不过，我们还是先回头说此刻的情况。我热烈欢迎劳莉、诚一和约翰；对劳莉的问题表示高兴；赞扬诚一的解答；然后我提供一点点背景材料，略微详细地介绍恰彼克[①]在剧本《罗素姆万能机器人》（*Rossum's Universal Robots*）中发明的robot这个词，等等。于

---

① 卡雷尔·恰彼克（Karel Capek，1890—1938），捷克小说家、剧作家、思想家，在剧本《罗素姆万能机器人》（*Rossum's Universal Robots*）中首次使用robot这个词。——译者注

是，我们的网上课程顺利启动了。

19.3 网上教育的优势

马歇尔·麦克卢汉的同事埃德蒙·卡彭特（1973）说，“电能使我们成为天使，不是教会学校那种意义上性善的、长着翅膀的天使，而是摆脱肉体的精神，能够顷刻间抵达任何地方的精神。”网上的学生和老师无疑就具有这种不受肉体限制的智能，在这样的环境里，距离、时间等许多障碍不复存在，或者被大大地克服了。

我们可以给这些障碍列一个清单，并说明网上教育如何克服这些障碍：

地理障碍 这是网上教育消除的最明显的障碍。信息几秒钟之内就可以在主机上进出。即使在调制解调器慢一些的情况下，家住主机街对面的学生和网上课程的关系，并不比世界上任何角落的网上学生更加密切。事实上，网上传播的终极局限仅仅是光速，在太空站或火星上的学生可以很轻松地和地球上的老师交流，反过来也是一样。

时间障碍 面授教育的基本障碍之一，是师生必须在特定地方上课，而且必须在特定的时间上课。到一个特定的上课时间，老师和学生都有可能生病，或者受到什么微妙问题的困扰，所以那个上课时间并非最好的学习时间。在网上课程里，时间问题很难发生，甚至根本就不存在，一位学生可以在自己挑选的时间登录。唯一的局限是，网上课程也有起点和终点，完成和评定作业有一个规定的时间。有可能挑选登录时间之后，所有的师生往往都选择最适合自己的时间，都可能从上课的经验中得到最大的好处。再者，面授课结束的时候，即使你有重要的思想，老师和全班的同学也失去了倾听的机会。与此相反，在网上学习时，你可以第二天上午甚至半夜登录，把突然想到的东西传上网，你对网上的讨论就做出了贡献，这样的讨论实际上在整个课程的学习中始终不断地进行着。

保存的障碍 每一个学生都知道，在面授课堂上做笔记，是效率很低的储存信息的方法，记笔记往往使人不能够听清楚老师正在讲的其他内容。与此相反，网上课程的一切内容任何时候都可以自动地记录下来，都可以不断地获取。这种思想保险网给人提供的是更加丰富、更加灵通的教育经验。

经济能力障碍 这和面授教育的时间地点障碍关系密切。对许多人而言，谋生的需要使人因为远离上课地点而不能去学习，或者因为下班以后太累而不能晚间上课。网上教育使这两个问题迎刃而解，使越来越多的人可以参与夸美纽斯[①]所谓的“伟大的对话”。我们回头看上面提到的一点注意事项：网上教育不需要用昂贵的设备，以免造成另一种经济上的限制，其原因就在这里。经济上的限制会抵消网上教育天然的民主趋势。

老师支配课堂的障碍　学生互相学习是网上教育的一个活跃机制。这并不意味着老师放弃授业的责任，其意思是：老师要放弃灌输和填鸭，不能把学生当做被动的容器，最优秀的老师要启发学生积极学习，要追随蒙台梭利、杜威、皮亚杰之类的教育理论家（见珀金森，1982）。

身体残疾的障碍　近年来，帮助残障人士的设备取得了长足的发展，面授课程的师生都更方便了。然而，这样的设备既不便宜，也不普及。都市里的大学校园为残障人准备了通道，但是这并不能够帮助残障人乘轮椅穿越交通堵塞的街道。此外，听力和视力缺陷使面授课堂成为难以学习的地方，虽然这些残疾人比较容易进入教室。网上授课使以上的大部分障碍一扫而光。20 世纪 80 年代中期，联合教育公司有一位学生是天生的聋哑人。他是我在费尔利迪金森大学（Fairleigh Dickinson University）执教时的学生。他努力跟上教学进程，每次上课录音，然后请人把录音整理成文字稿，再来阅读。他这种第二手的参与显然使他在班上的贡献严重受限。然而，他注册学习第一门网上课程才几天工夫，就在网上讨论中扮演着领头的角色。在这个教育环境里，智能完全摆脱了肉体的束缚。他的智能可以自由徜徉，他和其他网上同学一样热情地参与创造。我们有一位非常有活力的老师叫齐珀拉·本雅弗拉姆，她的课程叫“技术与残障”，她就是坐着轮椅上课的。从法定的意义上说，她是盲人，不过声音合成器可以把屏幕上的文字转换为声音。网上无声的交流对我那位聋哑学生没有障碍；同样，失去视力对本雅弗拉姆博士的网上教学并不构成障碍。换句话说，外部视力的缺陷并不重要；同样，外部声音的缺陷对我的学生也无关紧要。网上学习重要的因素是心灵的声音和心灵的视力。

既然网上教育有上述优势，我们禁不住会问，为何它没有像风

---

① 约翰·夸美纽斯（Johann Amos Comenius，1592—1670），捷克教育家、宗教领袖，提倡普及教育和“泛智论”，著《大教学论》。——译者注

暴一样席卷整个教育界呢？不错，有些学校把网上教学作为一些课程的辅助手段，还有些学校开设一两门网上课程。然而真正大规模开展网上教育的学校却屈指可数，只有这么几所：社会研究新型学院（纽约）、凤凰大学（旧金山）、诺瓦大学（佛罗里达州奥兰多市）。原因有两个：第一个是网络教育的固有缺陷，不过这是次要原因。第二个是现有教育体制对网络教育的抗拒。

19.4 网上教育的缺陷：固有的缺陷和被强加的不足

必须承认，网上教育首要的局限是，它并非万能药方。如果一个人不想学习网上的研究生课程，不想按照其要求完成阅读和写作的功课，如果他不想学的原因和时间地点的限制毫无关系，那么，无论上课的时间地点有多么大的灵活性，他也不可能获得网上学习的成功经验。网上教育的成功，无论对老师还是学生，显然都有一个前提，那就是写作的能力，甚至是喜欢写作带来的乐趣。我的同事们都知道，我这个人喜欢说话也喜欢写作，但是许多老师比较喜欢用嘴巴说话，觉得说话比动手写东西感觉要舒服一些，有的学生也是这样。当然，网上学习可以激发和磨砺学生的写作能力——我们有一些网上学得好的学生曾经有诵读困难症。不过，即使对这些有诵读困难的学生而言，把写东西作为表达的方式也是一种隐藏得比较深的喜悦，这是有待我们开发的潜力。

但是，并非一切课程都适合网上教学。诚然，人文学科、科学理论课、法学之类的专业课，是非常适合网上教学的。但是，其他一些领域似乎必须要有师生亲自动手的辅导课，这些课程有园艺、陶艺和外科手术。最高级的网络系统上有一些新型的富于幻想的手法，它们固然可以传达一些动手的经验，但是亲身的接触似乎是不可或缺的前提，在分数决定毕业生生死命运的学校里，亲身的接触尤其重要。

由此可见，网上教育固有的缺陷是实质性的缺陷。然而一般地说，固有的缺陷不足以解释为何这种新型教育发展得如此缓慢，尤其令人感到困惑不解的是，适合网上教育的领域也发展缓慢。看来，原因不在于它固有的缺陷。网络教育发展的差距更有可能来自于教育界老师和行政人员的抗拒。

比如，请考虑尼尔·波斯曼的观点。他是纽约大学领头的传播学教授。直到不久前的1994年，他仍然认为，电脑尤其是网上教育只不过是美化了的电视，和电视一样，它们是不合逻辑的，对文化素养和教育会产生破坏性的影响。除了抨击电视之外（这样的抨击本身就不公平），波斯曼完全忽视了电脑不同于电视的功能，电脑不像电视，而是像书，像一本具有互动性的书。不可否认，在电脑显示屏和后来的互联网及微软公司的视窗上，传播着五花八门的图片、图表和徽标。然而，对一切严肃的网络传播而言，无论是美国在线网络公司之类的公共商业网还是联合教育公司之类的网上课程，网上流通的基本信息还是文字和文本，还是文字和文本传播极其复杂和抽象思想的能力。除了这个强大的功能之外，还可以加上另一种强大的功能：网上课程的学生可以对网上的文本提问题，用对话来塑造文本。加上这些优势之后，我们就得到了一种和电视完全不同的媒介，因为电视是单向传播图像和声音的媒介。于是，苏格拉底对"聪明文字"的渴望就这样实现了。他所谓"聪明的文字"就是回应问题的文字，比如对话里的文字，而不是保持"严肃沉默"的文字。

19.5 富有温情的选择

以上反驳针对的是对网上教育毫无根据的批评和怀疑，是合乎逻辑的反驳。怀疑的态度根深蒂固，因为习惯了的媒介使人感到舒服，正是这些媒介使反对者拥有一定的权势。我们大家都倾向于我们熟知的东西，教育工作者也不例外。

我们当然对自己在场的环境最熟悉，家人、童年时代上课的课堂、每天在一起工作的大多数人。从这个观点来看问题，形成一个网上的社群——在网上认识、互相学习、互相爱护——似乎是有一点牵强附会。毕竟比较而言，电脑在通俗文化中的资历还是太短，而且大多数时候它还是被当做冷冰冰的、没有人情味的编程工具。

然而，网上社群和网上教育的实践完全是另一回事。网上课程的同学成为好朋友，学习结束之后多年还到不同的城市去互相拜访。诚然，网上教育不可能满足每一种教育工作的需要和人的需要，然而事实上它是令人觉得非常温暖的、富有人情味和互动性的选择。

显然，有些事情不可能在赛博空间里做好，甚至根本就不可能在赛博空间里做。手拉手在和风拂面的海滩上徜徉、在有烛光和美酒的豪华饭店里进餐，那样的情景是不可能在网上找到的。

然而，教育并不是不可能在网上办到的事情。最卓越的脑子的生命活动，可以在网上进行。我预料，在新的千年里，我们将在网上获得越来越多的高峰体验。

参考文献

1. 参见埃德蒙·卡彭特（Edmund Carpenter）：《那个幽灵给我沉重的一击!》(*Oh, What a Blow the Phantom Gave Me*! New York: Bantam, 1973)。

2. 参见大卫·波尔特（J. David Bolter）：《图灵人：电脑时代的西方人》(*Turing's Man: Western Culture in the Computer Age*)。

3. 参见亨利·珀金森（Henry Perkinson）：《从错误中接受教育》(Education and Learning from Our Mistakes, in P. Levinson, ed. *In Pursuit of Truth: Essays on the Philosophy of Karl Popper*, Atlantic Highlands, NJ: Humanities Press, 1982)。

4. 参见柏拉图（Plato）：《斐德罗篇》(*Phaedrus*, secs. 275～276)。

5. 参见尼尔·波斯曼（Neil Postman）：《纪念约翰·卡尔金》(The John Culkin Memorial Lecture, delivered at The New School for Social Research, New York City, 16 February, 1994)。

第20章 文字处理与写作高手[①]

文字处理技术问世之前，书写的媒介一个接一个出现，后一个媒介矫正前一个媒介的缺陷，这就使文本的修改越来越困难。每个阶段文字的持久性都有所增加，它付出的代价也相应增加。用铅笔在纸上写字是学童最常用的书写方式，成人比较随意的书写也用这样的方式；这样书写的文字最容易修改，保存的时间也最短。钢笔书写的文字和签名保存的时间要比铅笔书写的文字持久得多，要抹掉钢笔字几乎是不可能的。钢笔字和铅笔字一样依赖书写人的技能，但钢笔字并不比铅笔字更容易辨认。打字机打出的文字更容易辨认，更加持久。自动纠错的打字机问世之前，打在纸上的字几乎是不可能清清爽爽修正的，直到电脑时代的前夜都是如此。而且，如果打完一张纸之后或者打了大半页纸之后才发现错误，或者一句话里就发现有好几个错误，那么各种各样的打字机的自检模式也是无能为力的。不过，上述各种纠错的对象，即承载这些错误的媒介，毕竟只不过是一张纸，纠错的结果和纠错的物理变化，仅仅是一张纸而已。

如果写作者幸运，他可以看到从书写到成书的整个过程——从铅笔、钢笔或打字机的书写，到手稿排印，再到作品见报或成书。这个终极形态的文本的确是很持久的，然而它又木已成舟不可更改了。一旦以书报杂志的形式出版之后，文本就难以改变，任何形式的纠错、修补和修订，都只有等到再版的机会。

文字处理生成的文本比铅笔写成的文本容易修正，和打字机手稿一样容易保存。一旦接入电脑的通讯网络，用文字处理技术写成的文本就迅速而广泛地传播开来，且容易保存。在传播和保存两个方面，电子文本都大大超过了装订成册的文本。而且，只要这样的

① 原文为《软利器》第11章，1997。

文本以电子文本的形式保存，它就比铅笔书写的文本更容易修正。考虑到文字处理的上述种种优势，我们就可以领会到这场革命的重大意义。

我们将探索这个发明对书写的影响。由于书写是仅次于口头交流的形式，我们将探索书写对人类生存境遇源头的各种影响。

20.1 媒介生产的革命

一切技术都是人类思想的体现。我在《软利器》第 6 章“电话”部分做了简略的阐述，在《思想无羁：技术时代的认识论》里已做了相当详细的探讨和解释。汽车是许多思想的集大成者：怎样才能坐得舒服，怎样才能看到你刚才去过的地方，怎样才能把沙子加工成玻璃。当然，怎样驱动无动物牵引的交通工具的种种思想，也体现在汽车里。牙签体现的思想范围要小得多。然而即使这种简单的技术也体现了许多思想：如何加工木材，如何清洗牙齿，如何美化牙齿、嘴唇和口腔。

有一类技术是双重的思想体现，它们既体现了如何传播的方略或思想，又是这些思想的载体。这一类技术就是传播媒介。一本书完成的任务，是一种交流的方略或决定，也就是把思想放进装订成册的书页里，而不是用另一种截然不同的方式，既不是用讲演的方式，也不是拍成电影。如何表达思想的思想，和被表达的思想是迥然不同的，只有一些人的写作除外，麦克卢汉的写作算一例，我写这本书也算一例，因为我决定写的这本书，是有关书如何成为交流工具的书。

在著书立说者中，写论书之书的情况可能是比较罕见的。但是，和不写书的人数比较，著书立说者的确是凤毛麟角。在一般技术水平上实施思想是一个层次，在元概念水平上（meta-ideational level）即传播媒介水平上体现思想是另一个层次，这两个层次是极不平衡的。能够在物质层次和文本层次上有所创新并服务他人的发明家和作家，只是少数人。

传播史给我们提供的故事很有趣。为了矫正思想生产者和消费者之间的不平衡而进行的尝试，总是断断续续的，而且常常是不成功的。言语是双向流动的，一切言语消费者都是生产者，言语滥觞之初是这样，现在的情况也是这样（这个双向流动也适用于聋哑人，他们既消费手语也生产手语）。我们在《软利器》第 2 章里看到，非拼音字母的象形文字来临之后，不平衡的形象非常严重，不是思想生产和消费之间不平衡，而是参与交流的人口的比例极端不平衡。在信息发送端和接收端的参与者都极端失衡。结果，能够用象形文字交流的人总是极少数，于是，捍卫宗教信仰的祭司和知识垄断的特权阶层随之诞生。后来，拼音文字粉碎了知识的垄断，可是它也让我们付出了代价，知识消费者和生产者之间更加失衡。人们的文化素养固然是提高了，但只读别人作品的人数也随之增加，他们不再给文本形式的对话做出贡献。我们在《软利器》第 3 章已经看到，印刷机在各个层次上以巨大的数量级补足并加重了这个不平衡状态。结果，有些地区的文化几乎是完全普及了，但是提供思想产品的作者却很少。

实际上，在个人电脑和文字处理技术问世之前，唯独电话及其率真的交谈能够恢复古代那种无处不在的言语平衡态，因为那是一对一的电讯交流。电报实现了言语的平衡，但没有达到无处不在的状态。正如《软利器》第 4 章所云，19 世纪末柯达照相机问世之后，摄影术对信息生产的一方做出了重大的贡献。照片登上报纸以后，数以百万计的读者能看到这些照片。即使这样，我们面对的情况还是看照片的人远远超过拍照片的人。用巴赞的话来说，用照片捕捉形象，使其免于在岁月里“必然衰朽”（proper corruption）的人，还是太少。我们在第 6 章提到，爱迪生起初构想的留声机是录音和回放的装置，可是它很快就成为听音乐和听他人说话的设备，非常受欢迎。电影一开始就是一种单向的接收媒介，只有家庭影院的电影才需要一些星号来做一些小小的标记。如前所述，许多发明家和使用者在不同时期都试图拓展广播电视的功能，把它们当做互动式的、生产/消费平衡的“电话”来开发。然而，广播电视却发展成为比印刷机的普及程度和渗透力都强大得多的媒介。和印刷文本的作者比较，广播电视节目的“作者”更多。广播的接收者多得多，收听轻松得多，于是，生产者和消费者的比率更加失去平衡。

我们看到，广播的走向与马可尼、费森登①和德福雷斯特（Lee De Forest）公司的互动性期待相去甚远。一个主要的原因是，生产和传输节目的成本高，收听的成本低。收音机不贵，几乎家家都买

① 雷吉纳·费森登（Reginald Fessenden，1866—1932），加拿大人，人类历史上第一个实现音乐上广播梦想的人，1906 年圣诞前夜，他在美国马萨诸塞州广播了他自己用小提琴演奏的“平安夜”，并朗诵了《圣经》的片段。——译者注

得起，然而广播发射台却耗资不菲。电视的性质更是这样。人们自然会想，电脑可能也是这样的单向媒介。

倘若巨型计算机仍然需要数英尺高的电子管来运行（性能还不如今天的个人电脑），人们的设想就是正确的。但是，计算机的体积很快缩小到晶体管的规模然后又缩小到芯片的尺度。这个变化过程生动体现了富勒的原理，电脑越来越小巧、轻便、灵活，然而其技术威力却越来越大。电话之后的第一种技术利器诞生了，它发送信息和接收信息都相当便宜。长期以来，从印刷机到广播技术之间都存在一个缺失的弧形，出口即逝的电话交谈和柯达照相机非常个性化的抓拍，曾经在弥补这个缺失的环节中发挥过一点点作用。个人电脑问世之前，人们只能够是传播技术的接收者而不是生产者；个人电脑问世之后，传播技术长期的霸权就被推翻了，它轰然坍塌，永远站不起来了。

然而，在这些新技术里，究竟是什么东西使书写像阅读那样容易呢？这样的双向技术是不是一好俱好呢？请允许我冒昧地说，这样的结果真是非常完美。在 20.2 节和 20.3 节里，我们来探索这些新技术为什么如此完美。

20.2 免除准柏拉图式的迟滞时间

文字处理不仅使书写更加容易，而且使纠错更加容易。它加速了文本外化的过程。换句话说，它缩短了抗拒这个外化过程的时间。思想在外化的过程中，必然会遭遇到这样的抗拒。面对面交谈是思想外化立即生效的基准点。谈话（conversation）和转化（conversion）这两个词的巧合，实在是耐人寻味。思想转化效率的关键因素是速度。“立即”这个词以及我们对说话立即生效的期待向我们指出，一切其他的媒介，尤其是电子书写之前的媒介，都给交流带来了一定程度的迟滞现象。只有传心术比说话的速度稍快一些，因为它不受任何中介的影响，所以不会出现迟滞；然而迄今为止，传心术仍然停留在科幻小说中。

不过，文字处理提供的书写效率，并非仅仅依靠减少迟滞的时间，而是因为它让这种迟滞现象发挥了建设性作用。我们可以说，文字处理加速书写的进程，正好是利用了迄今为止那种独特的迟滞现象。录入电脑里的文字不仅立即出现在显示屏上，而且还储存在电脑里。显示屏上的文字可以供作者本人阅读，可以打印，可以很快传送到另一台设备。电脑里储存的文字刹那间就可以调出来，刹那间就可以出现在显示屏上，而这一切只需要轻轻敲击一下键盘就可以完成。而且，书写的文字在电脑上显示之后，这个二进制编码的中介阶段还会长期存在，只要文件保存在电脑里，它就会长期存在。只要储存的文字出现在显示屏上，你就可以加工这些文字。在某些方面（比如检查拼写方面）还可以说，储存的文字不显示的时候也可以加工。任何时候想看储存的文档，它都可以招之即来。使文字处理威力无比的，正是它这个虚拟、无形、类似柏拉图式的迟滞的一面。说它是柏拉图式的，因为它在表达之前的一刹那业已存在；说它是准柏拉图式的，因为创造这个领域的是我们自己，这个领域和柏拉图笔下的前人类领域正好相反。

在这里，我们看到又一个非模拟的、数字式的传播模式，我们在DNA和拼音文字里曾看见这样的传播模式。不过，文字处理不仅是比喻意义上的数字化，而且是货真价实的数字化。你可能会想，最有效的传播是发送和原件一模一样，或听上去完全一样的传播；也就是说，你发送出去的表征抵达接收者之后，应该和原件一模一样，接收者的理解也应该和原件完全一样。然而拼音字母显示的情况并非如此。书写浑然不像真实世界里的任何事物的拼音字母，比书写模拟真实客体的符号，显然要容易得多。用非模拟的拼音文字时，只需要少量的符号，我们就可以生活得很好，实际上的确生活得很好，非模拟的拼音文字的数量仅仅是模拟式象形文字数量的很少一部分。3 000年之后，文字处理展示了相似的范例：因为文字处理用完全非象形的文字书写，所以把它作为记录的工具，是非常容易的，比过去那些在纸上动笔写，在打字机上敲打而无须中介就打出文字的书写方式容易得多了；更何况文字处理还可以直接把文本发送出去。当然，数十亿年来DNA的运行大概已经体现了这样的教益。它通过核酸编码来运作，成为无数生物结构和系统的中介。核酸编码并不像它以密封形式得到指令的有机体的样子，也不像它将要合成的有机体。通过DNA这种生命语言，我们得到的是生物体，而不是生物体的形象，不是在岁月里“必然衰朽”的形象。因为DNA不像模拟式照相机，它不仅是数字化的，而且是互动式、能够跨越时间的延伸器；用今天高技术水平的语言来说，DNA是具有智能的。迄今为止，DNA是地球上而且也许是地球外最强大的延伸器。

DNA 生成了无数的有机体，其中之一是人的大脑。大脑不仅能够思考和谈论自己本身的结果，而且在过去的几年里还能够用文字来表达自己，就像思考和说话一样流利地表达自己。此外，大脑的传播能力也开始与 DNA 匹敌。文本一旦进入电脑的文字处理程序，如果这台电脑连接着调制解调器和电话线，它就可以传播到世界上无数的地方，差不多可以同时到达；它还可以和无数的文本链接，以便于我们参考、比较和进一步思索。

与此同时，对那些珍惜头脑生命价值的人来说，即使未经修饰和联网的文字处理也是意义深远的发明，绝不亚于拼音字母表与印刷机的发明。

然而我们看见，尽管拼音字母表与印刷机这两种媒介意义重大，然而并非人人对它们的来临都感到高兴。它们的确是利弊皆有的，苏格拉底悲叹文字失去的互动性就是这样一个弊端。它们带来的好处很多，而缺陷毕竟是有限的。

如果文字处理也有缺陷，我们能够找到它的什么不足吗？

20.3 无限修改的可能及其后果

人们常说，修改是写作的基本要素。另一方面，阿西莫夫又说，他感到最得意的是第一稿。阿西莫夫 1992 年去世，享年 72 岁。他写作或编辑的书多达 470 册。他的写作方式常常是这样的：第一稿匆匆而过，检查错漏、做些增删就大功告成（见阿西莫夫，1995，pp. 379－386）。我的写作方式接近阿西莫夫，离“写作即是修订”这一派相去甚远。我一般要写比较认真的第二稿，我可以证明，文字处理对修订而言简直是事半功倍。实际上，阿西莫夫也提到他用文字处理写书是多么高兴（1984，pp. 205－208），当然他说的写书指的是第一稿。和我们大多数人一样，他在学习使用第一台电脑及其陌生的程序时，经历了一场艰苦的战斗，但尝到甜头之后，他再也不回头用手写字了。

他这一番战斗是典型的战斗，因为没有一位成年人愿意被贬低到小孩子那样的地位，哪怕只是暂时的沦落；成年人都不想学这种陌生的、非直觉的技能。正如拼音字母本身就缺乏固有的意义一样，文字处理的指令大多数是任意性的。移动光标、点击鼠标可能更加符合我们的直觉，不过我们在《软利器》第 13 章讨论超文本时将会看到，在电脑上书写对有些人来说同样是格格不入的；用打字机敲一敲键就可以在纸上打出一个字，用铅笔或钢笔书写就可以直接在纸上看到字，对已经学会纸上书写的人来说，文字处理还是格格不入的。这是因为，打电话、听收音机、看电影、看电视不需要学习文字处理式的新技能。那些媒介很快就风靡一时的原因之一就在于此。开车的技能是社会期待我们成年之前的最后学会的一种技能。所幸的是，刚开始学写字和学习用电脑做文字处理的儿童，不会遭遇成年人学习文字处理时遭遇的第一个问题。

成年人很快就可以克服学习文字处理的困难，正如阿西莫夫和我一样。我第一次使用电脑时，不仅要学习文字处理，而且要学习远程通讯。我从中不仅感觉到了书写的满足，而且感觉到了传输信息的快乐。在写作的第一个阶段，修改的困难得到缓解，这立即激发了我的兴趣，而且继续不断地给我激励。然而，容易修改的技术是否会给人带来惩罚呢？

我想你可以举出一种担心。如果第一遍写出的文字很漂亮，那么凡是方便修改文字的技术都可能向潜在的弊端敞开大门。阿西莫夫转述的一件事（1995，pp. 383－384），能够给我们教益。王尔德[①]忙了整整一个上午的文稿编辑之后，下楼和朋友共进午餐。有人问，“今天写得多吧”，他的回答是：“我加了一个逗号。”午餐后，他告辞上楼，又忙了整整一个下午。晚餐时又上演同样的一幕。王尔德再露面时，有朋友提出一个类似的问题，“下午的收获大吧”，他的回答又是一个“对”字——“我删掉了那个逗号。”

阿西莫夫的例子说明了修改的愚蠢。不过，我们引用这个滑稽逗号故事的目的是：出版之前，我们总是可以翻来覆去地修改，改过来，改回去。使修改事半功倍的技术不会给原文带来什么危险，就像你不会切坏一大堆宝石一样。也就是说，如果你希望的话，修改的地方很容易再修改，也可以恢复到原样。正如卡尔·波普尔所云（1972），批评是理性和知识增长的利器。只有凌驾于后续的批评之上，不接受批评的批评，才可能造成危害，这是因为它仿佛披上一层盔甲，被掩盖的错误再也看不到了。但是，波普尔的学生巴特利（Bartley）却犯了另一个错误。他认为，批评机制能够向批评开放，而且应该随时开放。之所以说他犯错，那是因为，如果全盘否

---

① 奥斯卡·王尔德（Oscar Wilde，1854—1900），爱尔兰作家、诗人、戏剧家。19世纪末英国唯美主义的代表，提倡“为艺术而艺术”，著《认真的重要》、《少奶奶的扇子》、《道林·格雷的肖像》，晚年长诗《里丁监狱之歌》揭露了其中的非人道待遇。——译者注

定批评的机制，就是否定你用来驳斥的批评机制（巴特利，1982b；保罗·莱文森，1988，第2章）。

由此可见，有人担心用电脑写作时，好文章容易改得不如人意，其实这样的担心是站不住脚的。容易修改是文字处理最突出的特点。奇怪的是，对电脑持批评态度的人根据这一点争辩说，这种有利于创造和修改文本的新技术，会使粗制滥造的布丁充斥精神食粮的市场。

戈尔·维达尔说："文字处理正在毁灭文学。"他和米歇尔·海姆等人［维达尔的话转引自海姆，1987，p.1；亦见海姆该书的其他观点；又见比尔克兹（Birkerts）1994年的书，他更加担心文字处理对读者的影响，其观点近乎绝望］的观点可以用一句话来概括：汗流浃背地在纸上书写有利于产生优秀的作品，痛苦地反复考虑，然后才把黑字落在纸上。后半句似乎是他们论点的关键所在：（1）落笔前的冥思苦想是好文章的基本要素；（2）文字处理的快速和舒适诱人绕开一部分或者是全部的认真思考。

就我个人的写作经验来看，我同意他们的第一点意见。我不能想象，事前不经过广泛的思考就静下心来写。不过我又承认，这样一个程序很适合我的写作，然而我觉得没有必要也没有价值把它推而广之，说它适合其他人。但是为了便于讨论起见，让我们假定，广泛的事先思考是好文章的必要条件。文字处理的便捷性怎么会消除这个写作的序幕呢？

我看不出消除这个序幕的任何可能性。你坐下来写作之前，想思考多长时间都可以，想好以后用什么方式写都可以。你可以写在稿纸上，也可以用打字机或电脑。而且，文字在电脑显示屏上出现的时间仅仅是比手写或打字略快一点。你体会到文字处理这个利器，主要是表现在对已经外化的文本的修改和组织方面，而不是在它初始的创造阶段。因此，尽管书写的三种媒介不一样，但是实际写作过程中思考和书写所投入的时间，比例是相同的。

唯一可能产生不利、早熟效应的重大差别是，文字处理的文本可能看上去很美，第一稿的版面布局太美，即使修改是理所当然的，作者本人也舍不得进一步修改。与此相反，手写稿事实上就是一个初稿，铁定是草稿，不适合出版，不适合扩散，只有给朋友的信除外，只有寄给极端宽容的朋友的手稿除外。信手涂鸦是一个极端，完美的电脑打印稿是另一个极端；在这个连续体中，打字稿在外观上比较接近于电子稿。

实际上，打字稿和文字处理稿的主要区别，并不是打字稿在外观上不如电子文本打印稿拿得出手去公开示人。打字机在它们那个时代存在的理由，就是它能够展示可靠的专业性外观；手指头书写时能够灵巧地变换风格，但敲击打字机写出来的东西总是比较好看的。确切地说，打字稿和手写稿的主要区别是，打字稿的拼写必须要正确，第一次敲击的选词要更加精准。阿西莫夫非常喜欢他那些打字机的原因恐怕就在这里。改用电脑之前，他的办公室里沿着墙壁摆满了打字机。每一部机器上的文稿都尚待完成，且进度不一，所以他很容易从一部手稿转入另一部手稿的写作。不过并非每一个作家都能够像阿西莫夫那样神奇。而且他本人很快就看到了文字处理的好处，并转用电脑进行文字处理：文字处理稿容易修订，而且电脑储存的文件很容易查找和使用，在这个意义上说，在电脑文件之间跳来跳去比在满屋子打字机上的稿子之间跳来跳去要容易得多。

对一切作家而言，脑袋里的词汇总是比他能够外化到纸上或电脑显示屏上的词汇多得多。现在的情况依然如此。对许多将来的写作人而言，这个瓶颈实在是太大了，头脑内外词汇的不平衡向里倾斜得太厉害，写作的过程可能完全被堵塞。对写作的老手而言，这样的不平衡可能会成为灵感的源泉，但它毕竟常常令人不舒服。我们脑子里那种停车场出口的交通堵塞，永远都会存在，无论我们的思想在外部世界登录之后飞得多么快。我想，我们的这个认知处境和外部技术的发展没有关系，好也罢，坏也罢，它与技术的改良和恶化都毫无关系，除非那种技术就是心灵感应的技术。由此可见，文字处理可以对脑子出口的交通堵塞起到缓解的作用，但是对脑子里深层次的因素却不起作用。当然，它能够缓解认知堵塞之外的物理堵塞，但是这样的缓解并不能够减轻写作的正面压力，无论文字处理多么激励人，无论它多么给人以灵感，脑子出口这个大分水岭还是会出现堵塞。我认为，文字处理只有好处，它是上帝给我们的恩赐。我不敢想象，哪一位作家会发现它有害——除非他们对电脑持批评的态度。

另一方面，这样的情绪也可能是我缺乏想象力的表现，因为我知道，写作是高度个人化、具有个人风格的努力，用“什么合适”的观点来衡量，写作的品味和风格则会千变万化。实际上，这一段话写下不到一个月，在纽约州奥尔巴尼的年会上，我与科幻小说家埃德温·齐美尔不期而遇时，他就明确告诉我，他不喜欢文字处理的原因，正是它赋予人修改的机会。文字处理使他殚精竭虑写好第一段，因为电脑上修改的机会太诱人，他总是难以走出第一段继续往下写（齐美尔，1996）。我想，这种看法十分罕见，几乎和奥维尔[①]表现的反乌托邦截然相反，反乌托邦是在奴役状态中求得自由，齐美尔从编辑文本的瓶颈中解放出来，却遭遇更大的堵塞。关于文字处理对作家写作的影响，请见杜比的《网络词：电子文本处理对写作的影响》。新闻记者和商务人员异口同声地说喜欢文字处理，诗人和小说家更加依恋他们一直使用的文具。

但是，文字处理有助于解决的瓶颈并非仅限于写作的初始阶段。它还可以帮助我们克服另一个外部障碍，一个可怕得多的障碍，这就是本章开头讨论的障碍，比白纸黑字上写东西和修改文本更大的障碍。简单地说，在报刊书籍的印刷世界里，要将自己写的东西出版和传播是极其困难的。实际上，文字处理仅次于它完成的数字文本，其基本属性是能够和远程通讯的载体结合，所以它大大降低了出版和传播的障碍。不出所料，批评家们对这个最后的产物发起了一轮又一轮猛烈的攻击，而且他们的攻击还要继续下去。

参考文献

1. 阿西莫夫（Asimov，I.）：《作品 300 号》（*Opus* 300. Boston：Houghton Mifflin，1984）。

2. 阿西莫夫（Asimov，I.）：《黄金》（*Gold*. New York：Harper Prism，1985）。

3. 巴特利（Bartley，W. W.，Ⅲ.）：《理性、批评与逻辑》（"Rationality，criticism，and logic，" *Philosophia* _，vol. 11，nos. 1—2，1982，pp. 121－221）。

4. 比尔克兹（Sven Birkerts）：《谷登堡挽歌：电子时代阅读的命运》（*Gutenberg Elegies：The Fate of Reading in an Electronic Age*. Boston：Faber and Faber，1994）。

5. 杜比（Dubie，W.）：《网络词：电子文本处理设备对写作的影响》（Net-words：The impact of electronic text-processing utilities on writing，*Journal of Social and volutionary Systems*，vol. 17，no. 2，1994，pp. 127－166）。

6. 富勒（Fuller，B.）：《通向月球的九条链子》（*Nine Chains to the Moon*. *Carbondale*，IL：Southern Illinois University Press，1938）。

---

① 乔治·奥维尔（George Orwell，1903—1950），英国作家、政治讽刺家，最著名的作品有抨击极权主义的《动物庄园》（Animal Farm）和反乌托邦小说《一九八四》。——译者注

7. 米歇尔·海姆（Heim，M.）：《电子语言》（*Electric Language*. *New Haven*，CT：*Yale University Press*，1987）。

8. 保罗·莱文森（Levinson，P.）：《思想无羁：技术时代的认识论》（*Mind at Large*：*Knowing in the Technological Age*. Greenwich，CT：JAI Press，1988）。

9. 波普尔（Popper，K.）：《客观知识》（*Objective Knowledge*：*An Evolutionary Approach*，London：Oxford，1972）。

10. 齐默尔（Zimmer，P. E.）：《关于文字处理和文字的交谈》（Personal conversation about word processing and writing，at *Albacon Convention*，Albany，New York，11 October，1996）。

第21章　论书籍之书：对数字时代书页命运的预测[①]

书籍在我们这个世界上享有独一无二的崇高地位。法官“严惩”（throw the book）罪大恶极的犯人；从警察到科学家的专业人士“一丝不苟”（by the book）地调查研究；我们在某一个课题上学到了常规的智慧时，我们说我们“有根有据”（get the book）；当然，对虔诚的人而言，我们有《圣经》这样的终极权威。

以上说法并不奇怪，亦无不妥。书籍是高度抽象、表达准确、便于携带、保存久远的一揽子信息；在源远流长的岁月里，书籍大多数时候都拥有无与伦比的优势。印刷机使书籍成为欧洲的大批量产品，宗教改革随之而起：路德督促人们要自己读《圣经》，如果不是人人都拥有一册《圣经》，他的鼓动怎么会产生这样大的冲击力呢？书籍打败了扼杀早期科学革命的企图，由于伽利略的话已经进入了越来越多的读者的手和大脑，虽然他被迫在罗马法庭放弃自己的主张，那对他的主张又有什么意义呢？发现的时代是由书籍点燃的；畅销书报道哥伦布的航海，白纸黑字的报告使人们能够一次又一次地看这些探险，所以人们就认真对待这些故事。这与500年前北欧的口头航海故事迥然不同，那时的航海故事只不过是在子夜时分睡眼惺忪的夜猫子中间的谣传而已。民族身份在书籍里结晶，书籍不仅使人容易学会用民族的俗语说话，而且使人能够读懂用民族语言写成的著作。公共教育出现，资本主义的薪火点燃了……书籍的作用不胜枚举。

这个过程是互相催化的。宗教改革使罗马天主教削弱，教廷对科学革命的抗拒不那么有效。各个领域的书籍问世之后，要求公共教育行之有效的压力随之出现。不久，如何教儿童读书写字就被认

① 原载《模拟：科幻小说与事实》，1998年6月。

为是公共教育的首要任务。读者人数的增加每每强化了各级教育的效果。结果就产生了我们的现代世界。

然而，作为知识载体的书籍并不是没有局限的。一座图书馆里能够有多少藏书？这家图书馆什么时间开放？你能够借多少书回家？你急需的书被别人借走了，那你怎么办？书店里出售的书可能不止一册，然而可供选择的种类却不如图书馆藏书那么丰富，书架上卖的书搁在那里等你阅读的时间也要比图书馆短得多。

所幸的是，书籍产生的科学与文化创造了技术，技术解决了书籍的局限问题。数字编码、网上储存的文本每天 24 小时都可以检索，无论从世界的哪个角落。一个人读一个电子文本决不会排除别人同时读同样的文本。虽然网络的储存能力并非无限，但是和书店及图书馆有限的物理空间比较而言，网络储存的能力确实是无穷无尽的。

在这篇文章里，我们考虑了令人看重的书籍在新型电子环境中的未来。这个电子环境既是和书籍竞争的源泉，又对书籍提供支持，使之继续保持在精神媒介的重要地位。我们将考察我多年来提出的一些媒介演化原理，我们将理清一个纠缠不清的关系：我们对书本的依恋究竟是建立在书本真正的优势上，还是建立在一种玫瑰色的怀旧情绪上？我们先探讨书籍的一些缺陷，看看产生书籍的物质属性是什么。

21.1　大部头书籍的缺陷

有别于信息渠道和容器的信息本身，是没有物质属性的。信息像一个不安分的幽灵，借用它寄生其中的物质属性，信息的物质特征又寄寓于传递信息的中介。在空气中说出的话以声音的速度传播。如果用电磁波编码和广播，同样的语词就会以光的速度传播。如果写在纸上、印在书报杂志上，这些语词的运动速度就大大放慢了：那就是日常运输物质的速度。所以说，古罗马的驿道既是通讯网又是运输网。

颇具讽刺意味的是，在书籍风行的时期，书籍在传播速度和范围两个方面都超过了其他任何媒介。和墙壁、纪念碑上镌刻的文字不一样，书籍是可以移动的；和莎草纸、羊皮纸不一样，纸媒的书籍在远距离运输时没有离散之虞。然而，和电能的轻便、快速比较，即使最薄的纸也犹如难以搬运的千钧重担。

快速的电能不仅产生快速的搬运，而且使复制成为前所未有的轻便之举。电子编码的文本可以一个人读，也可以同时让一百万人读，只要他们有自己的电脑设备。每一次读者在自己的电脑显示屏上接收到一个文件时，也许半个地球远的中心电脑上就生成了一个新的副本。与此相反，可怜的书必须要通过印刷才能够生成一个新的副本。电脑打印文件的过程大大地简化了，书籍生产到了终极阶段仍然像是最缓慢的环节的“人质”。书是缓慢的——不仅写起来慢、读起来慢，而且搬运起来慢、生产起来慢。写起来慢是由于作者谨言慎行、仔细思考，读起来慢是因为读者要慢中取乐，是因为书在他们的掌握之中。

尽管电子时代的书有以上这么多的不足，人们还是很喜欢书及其表亲——报纸和杂志。我的读者有的是在电脑上看这篇文章，有的是在书里读这篇文章。我可以打赌，正在书里看这篇文章的你们，恐怕没有几个人愿意让它在电脑显示屏上滚动。原因之一和内容有关系，本书没有什么特别紧迫的内容，你不必急忙到电脑上去看瞬即检索的信息，你不必在读到纸媒文本一周、一月、一年之前去读它的电子文本，只为先睹为快。原因之二是书籍和纸张印刷品功能上的优势，无论文本中说的是什么，我们对书本的依恋恐怕还来自于怀旧情绪，我们对印刷品还有感情，无论其内容和功能优势是什么。

在以下几节，我们试图理清这些纠缠在一起的因素。

21.2 钢笔和钟表给人的教益

20 世纪 50 年代我成长的时候，用什么工具写字在我们家里引起了激烈的争论。我的父亲是律师，他坚持认为，除了微不足道的东西之外，一切都应该用钢笔写。他给我的 10 岁生日礼物是一支钢笔。然而我已经爱上了刚刚时兴的圆珠笔。我认为它各方面都胜过钢笔：不容易弄脏纸，很难在衬衣口袋里漏油，而且很容易换笔芯。钢笔的好处也许是使书法更加个性化、更加显示个人的才能。不过，我父亲对钢笔的激情主要是来自于他对这种媒介的信仰，因为钢笔陪伴他长大成人。钢笔使他感到舒服，那是因为他用熟了钢笔，所以他一辈子依靠钢笔，但这不是他通过逻辑分析得出的结论，他没有分析过钢笔的利弊（因为他太喜欢钢笔）。今天，喜欢钢笔的人固然还有，不过比较而言，使用圆珠笔及其后续产品的人就多得难以计数了，因为人们难以否认这些后续产品的便利。我们进入新世纪时，钢笔兴盛的领域主要是在怀旧的圈子里，用钢笔的人是一些与众不同的人。人们对效率逊色的传统书写工具的感情慢慢地消退，这显然不是新鲜事。J. 贝克汉姆在《发明的历史》里说："虽然鹅毛笔相比苇管笔占有很大的优势，然而苇管笔还在继续使用，甚至比鹅毛笔使用的时间还要长。"（1846，p. 411）

圆珠笔问世几十年之后，另一种手上的媒介登场，更准确地说，这是一种手腕上的媒介。它是液晶显示的数字表，不是那种用手操纵的媒介，而是数字意义上的媒介。数字这个词后来成为电脑的典型术语，我们这篇文章的小标题里也用了"数字"这个术语。（实际上，"数字"的两个意思都来自于手：最早的数字就是在手指头上计数。）数字手表用数字显示时间，即使小孩子也可以一目了然、读出时间。与此相反，用指针显示时间的手表要经过学习才能够看懂。既然表盘上的数字使时间一望而知，为什么还要用大针、小针和秒针来与数字竞争呢？

然而和圆珠笔战胜钢笔的情况不一样，数字式手表却没有战胜模拟式手表。实际上，情况刚好相反，模拟式手表比任何时候都更加流行：就在我写这篇文章之前的一个星期，我在纽约州亨普斯泰德市霍夫斯特拉大学的本科生中做了一个非正式调查，结果显示，90%以上的学生喜欢模拟式手表。这个事态转变的原因何在呢？

答案在这里：模拟式手表能够做数字式手表所不能做的事情，而且它做的事情还很有意义、很有价值，模拟式手表不仅告诉我们时间，而且告诉我们此刻来自何方、走向何处，数字式手表只显示数字；模拟式手表的表面却给你过去和未来的感觉，它不仅捕捉到此刻，而且给你提供了一个时间流程的格式塔印象，我们感觉到曾在何方，可能将去何方。认知人类学家亚历山大·马沙克在《文明之根》里说，人类是喜欢叙事的物种。如果是这样，模拟式手表就以这种静悄悄的方式证明我们这个物种的叙事属性。数字式手表却没有这个功能。

在这里，我们接触到媒介演化的一条最基本的原理：一种媒介能够在多大程度上存活，取决于它完成下列任务的程度：（1）对人类有多大意义；（2）承担其他媒介不能承担的任务，或不能完全胜任的任务。按照达尔文式的媒介进化理论，人类既是生产新"有机体"的发生器，又是"有机体"的外部"选择"环境。我最早注意并详细阐述人对媒介的“自然”选择是在我的博士论文里。论文题名是《人类历程回放：媒介进化理论》（纽约大学，1979）。无声片是只有视觉一维的媒介，它被声色皆有的两维“有声电影”淘汰了，而且它被淘汰的速度比圆珠笔取代钢笔的速度快。与此相反，广播这个只有听觉一维的媒介在声色皆有的电视咄咄逼人的压力下，不仅活下来了，而且从投入产出比来看，它还是美国赢利最丰厚的媒体。

为什么单一感知的广播面对多维感知媒体的竞争，竟然活得如此滋润？为什么单一感知的无声电影却不幸夭亡？答案在于：这个媒介服务的感知是什么性质？这个感知在人的生活中扮演什么角色？每天晚上，黑暗降临世界，但世界决不会真的万籁俱寂。我们可以很容易闭上眼睛挡住光线，但我们却没有生长出关闭耳朵的“门”：听而不见是人类基本的交流方式，这使我们在黑夜里与外部世界保持接触。与此相反，视而不听对我们的生物有机体来说，却是绝不可能存在的奇怪经验。电视时代的广播活得很好，因为它无意之间满足了人偷听的需要，人类的这种交流方式在无线电广播发明之前就已经有了悠久的历史。这是早就安装进我们感觉器官里的硬件。

现在，我们询问书籍在数字时代命运的问题可以更加精确了：它们会不会重蹈覆辙，就像消亡的无声电影和钢笔？它们会不会被转入另一种功能的领域——深思熟虑的艺术表达和怀旧的领域呢？它们会不会是另一种命运呢？在信息革命中，书籍会不会豪情满怀、昂首挺胸、灿烂辉煌，就像模拟式手表和无线电广播呢？

我们将在下文看到：答案很可能是两者皆有。

21.3 过眼云烟的一面

如果要估量任何一种媒介存活的前景，我们就有必要区别其中的两种特征：固有的、不能压缩的特征和短暂的、过眼云烟的特征。衡量书籍时也要这样做。第一种特征是该媒介的基本属性；一旦变化，无论用什么合理的名字来说，它都应该是一种新的装置。第二种特征是可以改变的，或者其变化是可以想象的，而且即使改变之后，该装置本身也不会伤筋动骨。马拉车换上新车轮还是马拉车，换上更加优良的马之后，它还是马拉车。无马拉的车辆，用内燃机驱动的车轮，再也不可能是马车——它已经是“自动运行”的汽车了。

显而易见，如果要对媒介存活的可能性做任何有价值的评估，如果要看它能够在多大程度上满足人的某些功能，那就必然要看它固有的、决定它基本属性的特征是什么。

然而，有时这样的特征如日中天时，却是不容易看清楚的。有人不同意书籍最终在电脑显示屏胜出的可能性。他们认为，你不能抱着电脑睡觉，你不能躺在浴缸里看电脑。他们忘记了一个事实：如果在浴缸里看书报杂志，那不是特别令人高兴的事情——如果你正在读我这本书，你想你能够在洗泡泡浴时得到什么特别的好处吗？然而这个反对意见忽略了一点：显示屏并没有什么使它不能被“拥抱”的固有特性。当然，如果我们看重布料和纸张，我们可以设计用布料和纸张装饰的显示屏，这样的显示屏就有了像长期摩挲后的书本贴在肌肤、抱在膝头上的那种舒服的感觉。目前的电脑显示屏没有这些令人舒服的特征，但这仅仅表明，电子书这种媒介还处在婴儿期，处在蝴蝶孵化之前的幼虫期，这反映了它笨拙的阴极射线的起源。

传统书籍也是这样的情况。它的外形和流通系统的各个侧面，并非全部是它固有而基本的属性，并非它继续存活所必需的基本属性，并非我们熟悉和喜欢的基本属性。“按顾客需求定制”（“On-demand”）并立即生产的服务早就有人提出来了，而且在有些领域已经开始运作；文本可以立即从一个中心电脑存储器里被打印出来并装订好。（据我所知，如果你在一本书里读我这篇文章，它就有可能是这样定做的书。）从理论上说，总有一天，每个人在家里都可能会有这样一台设备来随心所欲地订购书籍，就像我们很多人有连接在电脑和电话机上的传真机一样。这样的设备将使书籍和电脑显示屏展开平等的竞争，只要能够立即接通中心电脑存储器就行。那里储存的文本，可以用电子文本无限量地发送给无数人，而且是以电速送到订购人的手里。

确立了平等竞争的地位以后，电子文本对纸媒文本有什么持久的优势呢？反过来纸媒文本对电子文本又有什么优势呢？

21.4 超文本持久的特性

技术及其影响的首要原理是，它们最深刻的影响常常是无意为之的。贝尔发明的电话是在为妻子发明助听器的过程中偶然的产物；爱迪生关于留声机的构想是让它迅速成为普及的电话录音机；马可尼构想的“无线电”是一种电报或不用电线的电话，他心中的“无线电”是人际双向的通讯工具，而不是同步传播的大众媒介，他的设想并不是无线电广播这种终极产品。电脑网络最初是美国军方在20世纪60年代开发的，他们的目的是更有效地传输语词，让人们保持更好的接触。一个无心插柳的结果产生了：电子编码的语词不仅可以很快地传输，而且可以立即和其他语词链接，凡是同一个网上电子编码的语词都可以链接上。也许，这正是电子文本的一个优势。无论书籍生产和传播的速度有多快，它们都没有这个优势。毕竟，“点击”纸媒上的一个语词时，你哪里都去不了。

实际上，超文本是互联网的创始人无心插柳的成果，并非人人都预料到这样的结果。1945年，凡尼瓦·布什在《大西洋月刊》(*The Atlantic Monthly*）发表了著名的文章《因为我们能够思维》(*As We May Think*)，他预料我们能够发明一种麦麦克斯存储器（“memex”)。20世纪60年代，西奥多·纳尔逊在他的“世外桃源”(“Xanadu”）工程中，详细地勾画了超文本的可能性。事实上，超文本的端倪可见于许多学术著作的参考文献，包括我这篇文章。如果你在看到本段第一句话之后略有所动，想要搜寻并阅读凡尼瓦·布什1945年的文章，你就不得不动手搜寻一种网下的超文本（去寻找为电话簿“黄页”打的那则广告，那句广告词虽然陈旧却并未过时)，除非你的手指头代替你走路而在键盘上敲击检索；你就不得不步行或开车到就近的图书馆去，除非你能够在家里上网。其他超文本的先驱有：犹太法典《塔木德经》天头地脚和两边的批注，那是引导读者顺着论证思路的线索（也是一种脚注）；伊萨克·阿西莫夫的机器人“基础”系列书，这几本小说可以按照出版年月的顺序读，也可以按照事件发生的顺序读。选择这两种阅读顺序、决定文本的大致顺序的，是读者而不是作者。无论A段读完以后紧接着读B段的开头，或者是跳到另一本书的另一个段落读，都是为超文本埋下了种子。

互联网在20世纪60年代的滥觞期，本来是用作其他的目的，差不多30年过后，互联网及其超文本链接和首批使用的浏览器才冒出来。由此可见，对超文本的渴望早就存在。所谓超文本就是超越手边正在读的这一页书的链接。电子链接在满足这种需求上产生了翻天覆地的变化。除了完善的电子环境之外，超文本都不能很好地运行，即使电子环境产生的杂交文本，即使用电子手段立即定制的书籍都不能给超文本提供良好的运行环境。不错，我们可以点击凡尼瓦·布什的文章，把它快速打印出来。然而，倘若我们想要进一步研究他这篇文章提到的人和书——比如莱布尼兹、查尔斯·巴贝奇①、马修·布拉迪②和《不列颠百科全书》，并且由此再进一步到那些书里去研究，倘若是这样，那又会出现什么情况呢？即使我们立即定制书籍的技术能够胜任这样的任务，要不了多久，我们也会被书籍的洪水淹死。当然，我们可以只复制看上去有趣的书页，以推迟洪水上涨的速度，然而，这样的策略会使我们发现意料之外信息的可能性减少——而这种意外的发现正是超文本的光荣。即使只复印需要的书页而不是定制整本书，书页积累多了之后，我们最终还是要淹死在纸张的汪洋大海里。

显示屏背后完全触摸不到的电子，使上述情况全盘改观。除非显示屏破裂和崩溃，它总是不断更新，而且是可以无数次更新的。当然，一台电脑记忆的超文本链接总是有极限，而且任何超文本发送的速度总是有不小的波动，各种各样的外部因素影响着传播的速度：电话线或光缆的质量有关系，调制解调器等设备的质量也有关系。然而，这些例子的局限都是短暂的因素：今天大多数家庭调制解调器的速度达到了每秒18 000～56 000 比特，再也不是 20 世纪 80 年代初期每秒 300 比特的速度。新的综合业务服务网（ISDN）和电缆电话技术已经能够以每秒 10 万比特的速度传送数据，在刹那间就可以使人链接到世界上的任何地方。当文本与文本的联系是使用者的目标时，网络传播是毋庸置疑的无冕之王。诚然，即使电速也不能和我们心里的、想象的精神联系相提并论，也不能和我们的思想联系同日而语。不过，电子和光速毕竟比它们的竞争对手强多了。书籍根本就不能够和超文本较量，因为纸张这种媒介是没有计算能力的。

书籍和纸张作为超文本的传播渠道是没有希望的。在 21 世纪多维连接的数据流里，书籍和纸张就像石头掉进水底一样面对严峻的形势。然而，这是否意味着，它们作为信息载体根本就不能够扮演持久的角色呢？

---

① 查尔斯·巴贝奇（Charles Babbage，1792－1871），英国数学家，现代计算机先驱之一。——译者注

② 马修·布拉迪（Matthew Brady，1823－1896），美国摄影师，受林肯总统委托拍摄了大量关于内战的经典摄影作品。——译者注

在结语这一节里，我们将看到，书籍在数字时代的持久的角色可能是用作信息储备所，这是我们最渴望的持久的信息储备所。

21.5 作为中心的书籍

1600年，著名的布鲁诺（Giordano Bruno）被火刑柱处死，罪名是传播异端邪说。他认为，地球不是宇宙的中心。可是，伽利略散布同样的学说却仅仅是受到死亡的恐吓。布鲁诺拒绝忏悔是一个原因，他作为修道士对教会教义的背叛更加刺激教会的神经，这是另一个原因。除此之外，他的异端比伽利略的异端更加深刻。首先他支持哥白尼的理论，说太阳是太阳系的中心，地球不是太阳系的中心。在这一点上，他和伽利略一样，这足以使教会感到烦恼。然而布鲁诺甚至说，太阳也不是什么中心——实际上宇宙根本就没有任何中心。

布鲁诺被处死350年后，麦克卢汉接过了他这个极端的观念，他认为，在电子媒介造就的世界里，无处是中心，处处是边缘。如果一个无线电信号辐射的范围是300英里，这个范围内的所有人都和广播中心保持等距离。从效果上说，离“中心”10英里的收音机和相距100英里的收音机是没有区别的，不会近一丝一毫。那个广播信号或电视信号由于中继站的强化而覆盖全国，通过卫星传播而覆盖全球，于是这个“无中心”的圆环进一步膨胀了。

超文本网络环境传播的电子文本完成了这个非中心化的过程。从接收者的角度来看，广播也许是没有中心的，从生产者的角度来看，广播节目还是有明显的起源，经济上重要的源点。实际上，这些源点就是大众媒介的经典例证，换句话说这些技术是从一点向许多人传递讯息的技术。与此相反，网络容许多人向多人发送讯息。超文本路径的读者走的路很大程度上是他自己铺设的一条路，因为他自己决定在我这篇文章的超文本里要点击谁，是点击麦克卢汉还是布鲁诺或伽利略。在他搜索的过程中，他接触到太多的源点，所以源点的概念或中心的概念就没有多大意义了。在超文本的世界里，思想的星汉有点像布鲁诺无中心宇宙里闪烁的星星。这样的沉思不只是诗意的狂想。

然而，难道人类就没有剩下一点点对家园的渴望吗？就不想有一个可靠的地方来储存我们喜欢的思想吗？我们可以一致认为，教会杀死布鲁诺是错误的。然而那是否意味着，它承认人类对中心的渴望也是错误的呢？难道我们就不想要有一个近在咫尺的可靠的中心吗？

教会的错误是，它不知道，人类可以在一个无中心的宇宙里享受到若干的中心，包括物质的和精神的中心。在超文本的世界里，书籍可以继续很好地发挥思想和信息中心的作用。各种新的操作系统、格式化代码和电脑编程开发的速度很快，随时构成危险，使旧的代码在新机器上读不出来。20 世纪 80 年代初，我还在用 286 的电脑，配 5.25 英寸的外置硬盘和“统一”（“Uniform”）型的程序。我知道，我早就应该把我数以千计的 CP/M 文件转换为 DOS 文件。可是，我哪里有时间呢？谁又知道这个粗糙的新系统能够维持多久呢？与此相反，我写的书却像太阳必然要升起一样地可靠。实际上，书籍还有一个额外的好处，它们只需要阳光或电灯光这样的能源就可以启动，而电灯光在我们的文化里已经普及。所以，书籍的“格式”和人类的智能一样持久，它们是“自带电池”的。总有一天，我们的电脑将有一个稳定而普世的代码，用太阳能就可以运转。在这个意义上，目前书籍作为“下架阅读机器”的好处可能是暂时的。不过这个过渡时期可能会相当长，它不太可能动摇我们一种中心的感觉，只有书籍才能给我们这样的感觉。

电脑肯定是靠得住的，而且可以像书籍一样在手边随时听候调遣。然而毫无疑问，一旦使用电脑，一旦上网，我们就会很快失去物质场所的感觉，失去“根子”的感觉。网上“冲浪”的说法不胫而走，这也算是一个原因吧。不过，书页总是展示相同的语词，提供相同场所的感觉，使人觉得相当舒适和安稳——可能正是这些原因吧，书籍成为理念和场所无与伦比的结合。

这是不是说，书籍将长期存在呢？

作为一种传输信息的媒介，作为连接文本的载体，作为在思想园地里的一种运输方式，书籍有可能不会长期存在。换句话说，即使书籍以这种方式存在，它也只能是以无声电影和钢笔那种方式存在。

然而，书籍可以作为我们的驻足之所、回归之地；每当我们的头脑希望进入这个场所的时候，我们都有这个栖身之所；书籍及其纸媒亲属的效用就大大超过了电脑显示屏及其不断变化的字母。

不错，我们可以开发一种随心所欲、大小可以调整的显示屏，以便让上面的字母静止不变。

然而，那就是另一种形式的书了。

参考文献

1. 贝克汉姆（Beckmann，J.）：《发明的历史》（*A History of Inventions, Discoveries, and Origins*，trans. Johnson，W.，4th edition revised and enlarged by Francis，W. & Griffith，J. W.，eds. London：Bohn，1846）。

2. 凡尼瓦・布什（Bush，V.）：《因为我们能够思维》（“As We May Think.” *The Atlantic Monthly*，July，pp. 101－108，1945）。

3. 保罗・莱文森（Levinson，P.）：《人类历程回放：媒介进化理论》（Human Replay：A Theory of the Evolution of Media，PhD dissertation，New York University，1979）。

4. 保罗・莱文森（Levinson，P.）：《软利器》（*The Soft Edge：A Natural History and Future of the Information Revolution*. New York and London：Routledge，1997）。

5. 亚历山大・马沙客（Marshack，A.）：《文明之根》（*The Roots of Civilization*，New York：McGraw-Hill，1972）。

6. 麦克卢汉（McLuhan，M.）：《大脑与媒介》（“The Brain and the Media.” *Journal of Communication*，August，54－60，1976）。

7. 西奥多・纳尔逊（Nelson，T. H.）：《文字机器》（*Literary Machines*，Sausalito，CA：Mindful，1980/1990）。

第22章 始终接触的危险：手机的阴暗面①

早在1976年，麦克卢汉就认为，汽车是北美人的最后一方净土。他说的是一车一人能够享受到的独处的空间，他心里想的是家里的电话使人不得安宁的烦恼。就防止不速之客而言，家宅曾经是名副其实的城堡：你家里的信息只能是你从前门带进的信息。电话使这一切为之一变，它把人世间的声音带进你的家里，每当电话铃声响起你接电话的时候，外面的声音就闯进了你家。后来的收音机、电视机上也有人说话，但是他们不知道你是否在家，电话却不一样，一旦你接电话，来电人就知道你在家。所以，电话不仅要你听而且要你说。

具有讽刺意味的是，家被外来力量殖民之后，室外反而成为更加清静的地方。有的时候，你出门的目的只有一个，那就是不让人找到你。不过到了20世纪80年代，我们汽车里的内置电话改变了这个清静的局面。麦克卢汉所谓的最后一方净土，在他去世（1980年）之后勉强维持了一段很短的时间。如今有了手机，这样的圣地就无迹可寻了。

22.1 无害谎言的黄金时代

你不想让别人找到自己时，该怎么办？你可以限制知道你手机号码的人数，然而即使只有一个人知道你的手机号码，总是会遇到他找上门和你说话而你却没有心绪说话的时候，那仅仅是时间早晚的问题。当然你可以用回避的办法。你听到了手机铃声但不接听，后来你向来电人解释，你没有听见铃声，因为彼时彼地的信号不好，

① 原载《数字媒介：人类传播的变化》(*Digital Media: Transformations in Human Communication*)，2005。

你不在服务区内。你还可以说，你的手机不知道为何关上了，其实它是开着的。换句话说，除了给人带来好处之外，手机可能开启一个说谎的黄金时代。

青少年深受这把双刃剑的影响。过去家里有固定电话，但父母限制孩子用电话，因为打电话可能会影响孩子吃饭或做作业。反正，孩子不喜欢父母在场的时候打电话，所以手机问世的初期，他们很喜欢用这个说话的工具。他们可以在父母听不见的地方用手机，现在的情况还是这样。但是过了不久，孩子和父母都恍然大悟，手机还有一个令人惊叹的功能：使父母和孩子保持接触。出门不带手机成为重罪，出门关闭手机，把父母拒于千里之外，差不多也是同样的大罪。

成年人也发现，一些与此类似的令人讨厌的无形的绳索，和无线通讯革命是纠缠在一起的。在过去的年代里，离开办公室就是离开工作。家里的电脑和电子邮件改变了这一局面，手机几乎完全消除了你免于工作的自由空间。把你的手机号码告诉人就是同意他人随时随地给你打电话。公共手机号码簿有可能在几年内问世（见萨彭菲尔德，2004），这就是说，每个人将知道你的手机号码。所以，有些人把手机号码叫做你的监号（cell number），这岂止是一个双关语。手机号码是囚禁你的号码，无论你在哪里都有人能够找到你，你无路可逃。

逃跑的路在哪里？任何人都可以决定不用手机。然而，手机服务日益改进，既然固定电话服务可能会逐渐萎缩，如果你决定不用手机，你就可能得不到电话服务。现在，人人都要用手机的社会压力已经上升——正在读本文的读者，有谁能够不用手机而过得下去呢？最后一种极端的大逃亡计划，就是假装你没有收到电话，见面时你就只好向来电人撒谎了。

撒谎令我们感到不安，即使为了保护自己的信息圣地而撒谎，我们也会感到不安。除此之外，我们还有一个更加深层的心理障碍，我们难以听任电话铃声响而不去接电话。我们大多数人有一种压抑不住的冲动要去接电话。

22.2 挡不住的呼唤

电话铃声总是难以抗拒的。在家里，它要求你注意的力量是压倒一切的。不仅与家人进餐以及和家人谈话时可能被它打扰，而且电视（唱对台戏的媒介）都可能被铃声打断（媒介理论家把这种干扰叫做“电话插足者”）。电话是盛气凌人的王牌。

手机在公共场所的铃声也产生了类似的吸引力。手机铃声一响，只要是在身边响，你就会想，“可能是我的电话吧”。铃声的个性化使人人用上了不同的旋律，这会有一些帮助（见唐·费尔南德斯，2004）。再进一步的个性化，可能会有更大的帮助，因为每一位呼叫人都可以用独特的旋律或曲调。

然而，即使在这样一个立即能够弄清身份的世界上——没有标明身份、信息暧昧的铃声也会牢牢地吸引我们的注意，现在的情况尤其如此。正是因为铃声来自于我们的信息雷达网之外，所以它大呼小叫的吵闹声有可能是我们生平最重要的电话，它可能来自于我们梦寐以求的一个人，既可能是有业务关系的人，也可能是关系亲密的人。以我接电话为例，除了写学术书和论文之外，我还写科幻小说。打电话的陌生人有可能是史蒂芬·斯皮尔伯格——他在机场候机时买了我的一本科幻小说，断定可以拍一部大片。（你瞧，我告诉你我写科幻小说……）

不明身份的来电可能会成为最吸引人注意的电话。不过如果我们盼望熟人来电，那也很费神。实际上，个性化铃声和来电显示等技术的改进，使我们能够免予接不想听的电话。然而，收款人和姻亲也可能因此而找不到我们。尽管如此，我们还是完全不能摆脱其他人的来电。

个性化的铃声肯定是朝着正确方向迈出的第一步，这个例子能够很好地说明，技术改进如何帮助我们享受手机的好处，同时又减少其弊端。

遗憾的是，最近一些手机配件所起的作用刚好是背道而驰的。

22.3 长眼睛的手机

手机使我们随时待命通话，这不是我们难以摆脱纠缠的唯一形式。最近的手机装上了摄像头，这又把我们套上了——人家随时能够和我们保持接触。这是另一种形式的接触：我们随时随地都可能被人家偷拍。

这种无处不在的视觉对隐私的侵犯，远远超过了难以抗拒的铃声，至少在一个方面是这样。毕竟，我们决定带手机是让别人可以与我们通电话。然而无意之间，我们可能走近了偷拍者的手机准备拍摄的角度，虽然我们从来不会同意别人偷拍。

我们的面孔和身体（无论我们穿的是什么衣服）总是难以防止抓拍的，包括偷拍和非偷拍的各种方式。只要我们是在公共场所，实际上只要我们走出家门或离开办公室，都可能被人家偷拍。不过，嵌入式照相机成为手机配件之前，虽然小型的数码相机已经大大扩散，然而周围能够偷拍的照相机还是不多的。手机正在迅速进入每个人的衣袋或皮包，这样的手机和架好（无人操作）的照相机就不一样了，过去那些照相机不可能达到无处不在的境地。从嵌入手机的摄像头的角度来看问题，几乎可以说，照相机俘虏了手机，搭上了手机的便车，利用了无处不在的手机，塞进了自己的私货，它就在我们的鼻子底下明目张胆地偷拍，无论我们是在哪里走路、小坐、工作、游戏和休息。

最严重的侵犯是所谓"裙底风光"。在火车上、公园椅子上和百货商店里，妇女不知不觉就被人偷拍，在衣帽间更衣、在卫生间方便被人偷拍［景山（Kageyama）比较早的一份报告，2003］。这些偷拍照片被上传到互联网的色情网站。色情网站上当然有摆好姿势的照片，但也有被偷拍的照片，这实在是最严重的侵犯，这是有史以来最便于侵犯隐私的新技术（2004 年 11 月在雅虎网上用"up-skirts"加"photos"的一次搜索，就得到 569 000 张照片）。

"裙底风光"和类似的手机偷拍即使是为了个人私下欣赏也是不能容忍的。现在，网络上迁移、复制和传播任何数字化的东西都轻而易举。这就是说，对隐私的侵犯不仅可能刹那间发生和完成，而且可以无限制地观看，满足各种各样的意图和目的。倘若有人能够从裙底或穿透我们的衣服偷拍，并立即放到网上让千百万人观看，那就像是让我们在公共场所一丝不挂地行走。

我们还不能够说，手机把全世界变成了一个裸体的群落，但是现在我们必须针对偷拍立法，这肯定是有道理的。至于不侵犯隐私的照片被传上互联网，我们可要可不要的曝光，那又如何是好呢？那也许是我们不得不付出的代价吧，手机把每一只眼睛都变成了照相机。

22.4 静默文本的诱惑

手机找到我们头上来的另一种方式是超越会话的方式。就像其他一切处处可达的传播手段一样，手机短信也有缺点。然而用手机上的小段文字会话也很有好处，这是不容否定的。用手机短信静悄悄地“说话”，不会打扰周围的人。饭店的食客、会议桌旁的同事、大教室里的学生，都可以在没有铃声和说话声的情况下用短信交谈。但是，手机短信也有阴暗的一面。

最明显的例子是上课的学生，如果他用手机收发短信，他就可能错过老师讲课的很多内容，或者是没听懂。公务会上收发短信显然是对同事的欺骗，人家还以为他在听别人说话呢。同事错了，他没有听。表面上看，他还坐在那里，可是他心猿意马，他的心飞到短信的目的地去了。

就像嵌入手机的照相机一样，短信并不是电话机摆脱电线之后的第一种用途。短信是守旧的会话形式，这当然是它好的用途。然而用手机照相却是另一个极端，说明手机可能会侵犯我们的隐私。这个意图显然和它固有的意图不搭界。这是它最坏的用途和例子，是手机及其功能的扭曲。与此相反，在许多方面，短信象征着手机有意为之的功能：任何时候都可以交谈，想谈就谈。用短信交谈的时候，周围的人都不知道我们在交谈。短信使我们暂时离开身边的人，离开我们身体所在的地方，然而你离开的时间，并不比打手机说话的时间长。唯一的区别是，短信使我们能够在公共场所静悄悄地秘密地交流。

犹太人的意第绪语有一句老话：“你只有一个臀部，不可能同时在两场婚礼上跳舞！”手机也是这样。带一部手机，你不能够在两个地方出场——当然并非真的不行，并非完全不行。你可以假装在两个地方出场。不过这多半是幻觉。在说话的同时，你至少可以看另一个地方，你甚至可以微笑、皱眉头、打手势，但是你打电话的地方就是你身体所在的地方。然而，发短信的时候，你仅仅是在现场的一个躯壳。你在那里呼吸，你的身体在那里，你的心却在另一个地方。我们不妨说，短信使我们心不在焉。

22.5 光明的一面

随时接触的状态令人望而生畏，但它也有令人印象深刻的好处，我们不能对它的好处视而不见。短信可能对在场的人际关系造成干扰，但是它把我们和不在场的人联系起来，而且这种交流方式可能预示着文本的复兴，它可以把文字拯救出来，使之成为一个又酷又爽、受人欢迎、逗人喜爱的人际交流工具。

手机还在其他地方冲出黑云。诚然，即使在阳光明媚的下午在纽约第五大道上，我们也可能收到一个令人丧气的电话。然而就在不久之前，我们接听那个倒霉的电话时，我们仍然不得不呆在阴暗的办公室里和闪烁的日光灯之下。

便携式媒介尤其是手机把我们从21世纪解放出来。在20世纪，大多数的远程通讯都要求我们困在一个地方，一般是困在室内。雅克·艾吕尔（1954，p.321）捕捉住了这个尴尬的困境。20世纪中叶，他就写下了一段生动的文字：

上帝造人是要他用肌肉做日常的工作。可是你瞧他就像可怜的苍蝇落到了粘蝇纸上，每天坐8个小时，在办公桌前，一动不动……人天生就应该呼吸大自然的新鲜空气……他天生应该生活在一个生机勃勃的环境里，可是他居住在阴暗的城市里，沥青、玻璃、铸铁、钢材就是他的世界……他天生应该有活动的余地，应该凝视远方……你瞧他被捆住手脚的样子，条条框框和建筑的拘束把他包围起来了……

艾吕尔写这段话时，这一番凄凉的景象已经在一定程度上被摧毁了。半导体收音机已经能够使人在山间小路和海滩上漫步——也就是摆脱了“建筑的拘束”，远离了都市的生活和事务。实际上，1948年发明的半导体已经开始使都市人性化，使城里人能够在街上和公园里欣赏到自己喜欢的音乐。半导体收音机比电子管收音机小得多。随着岁月的流逝，指甲大小甚至更小的芯片加速了都市人性化的进程。今天，掌上个人助理和手机使人能够在工作的同时“凝视远方”。街上臭味难闻的电话亭已经让位于手机，它使我们能够“呼吸大自然的新鲜空气”，我们可以在任何时候打手机，可以想打就打。我们摆脱了“粘蝇纸”的束缚。我们可以想办法解决问题，包括我们自己造成的问题和其他问题。我们可以设计补救性媒介。当然，在减少或解决问题的同时，补救性媒介也可能造成新的问题，它们又需要自己的补救性媒介。上文讨论的带摄像头的手机尤其是令人烦恼的例子（关于补救性媒介，参见我的著作1988、1997和2003）。

我们摆脱了“粘蝇纸”，斩断了把我们囚禁在室内的电话线，换来的却是另一个束缚——在多大程度上是这样呢？无论我们是否喜欢，手机这根无形的锁链把我们和别人拴在了一起吗？这是我们要拷问手机的终极问题，本文自始至终考察的就是这个问题。

问题的答案就在于声音。

22.6 进化与选择

媒介的进化，是由人指引的媒介的演化，是增加我们交流选项的进化。发明文字以后，我们就可以选择是否把思想说出来，就可以把我们的思想交付给或远或近的地方，或远或近的将来，或用雕刻或用符号把思想记录下来。印刷机使书写人有两种选择，一是让文字多多少少成为个人的隐私，一是使之成为大宗公共产品。小说家可以选择把故事写成小说出版，也可以把它写成剧本拍成电影或电视剧。

以上全部是生产者的选择，但是消费者也有同样的选择。如果我想就某一则新闻多了解一点情况，我是看报、上网还是看电视呢？如果看电视，我是看每周 7 天每天 24 小时的有线电视呢，还是看电视网的新闻呢？或许，我想让眼睛全休，选择用收音机听新闻吧。

由此可见，媒介的发明和传播过程也就是选择数量的增长过程。我们可以用日益准确的传播去适应自己的需要，就这一点而言，媒介的发明和传播是有利的。然而选择数量的增长却又增加了我们的负担：选择越多，我们就越要考虑最佳的选择。倘若一个世纪只有一种传播方式，如何交流就不存在或此或彼的决策问题了。

正如媒介及其进化的许多关键侧面一样，手机既是选择数量增长的反映，又是负担增长的缩影。实际上，它为传播开辟了新的生活领域，过去我们在这些领域里只有思想的陪伴——可是这些领域也包括汽车里那一小块隐私的天地。数字媒介的整合和不同传播模式的合流，形成了一个发生器似的装置——集送话器和耳机于一身的装置，我们可以把手机这个小玩意放进口袋。其结果是，不仅传播的机会大大增加，而且新的问题又冒出来了：在无处不在的传播机会里，传播什么和如何传播的问题就随之发生。不仅照片、录像片段、文本成为手机的常客，而且广播、音乐、电视等丰富的内容也登上了网络。

传播机会和内容的急遽增加会不会给我们造成负担、带来危险呢？肯定会的。而且解决这些问题的补救措施也会带来新的危险。那么，如果不用手机，我们会不会过得更好呢？

如果我们因此而活得更好，那就只能是在一个意义上的活得更好：就像阿米巴虫那样生活，没有交流、没有感知，除了偶然撞上周围的水环境之外，什么也没有。自古以来，我们人类就比阿米巴虫生活得更好，我们冲破了周围环境的束缚，获得了各种有利的条件，识别了各种危险，尽力补救不足。

参考文献

1. 雅克·艾吕尔（Ellul，Jacques）：《技术社会》（*The Technological Society*，Trans. J. Wilkinson，1964. New York：Knopf，1954）。

2. 唐·费尔南德斯（Fernandez，Don）：《挑逗的铃声可能会导致铃声的分级系统》（Racy rings may lead to ring tone ratings，*Palm Beach Post*，November 19，2004）。

3. 景山（Kageyama，Yuri）：《摄像手机散布伤害》（Camera-Equipped Phones Spread Mischief，Associated Press，July 9，2003）。

4. 保罗·莱文森（Levinson，Paul）：《思想无羁：技术时代的认识论》（*Mind at large*：*Knowing in the technological age*，Greenwich，CT：JAI Press，1988）。

5. 保罗·莱文森（Levinson，Paul）：《软利器》（*The Soft Edge*：*A natural history and future of the information revolution*，New York & London：Routledge，1997）。

6. 保罗·莱文森（Levinson，Paul）：《手机：挡不住的呼唤》（*Cellphone*：*The Story of the World's Most Mobile Medium*，*and How it Has Transformed Everything*！New York：Palgrave/Macmillan，2004）。

7. 马歇尔·麦克卢汉（McLuhan，Marshall）：《内外颠倒》[Inside on the outside，or the spaced-out American，*Journal of Communication* 76（4）：pp. 46－53，1976]。

8. 马克·萨彭菲尔德（Sappenfield，Mark）：《在手机的未来里，隐私会退潮吗?》（In cellular future，will privacy ebb? *The Christian Science Monitor*，June 2，2004）。

Part five 第5部

媒介对政治的冲击

第23章　媒介革新与权威的非集中化：从各个角度来看问题[1]

23.1　引语

哈罗德·伊尼斯抓住了信息与国家权力的关系。他认为（1950，1951），控制传播手段的人自然而然控制着政府机构。他进一步指出，媒介越笨拙、昂贵，就越难以利用，越容易受到集中化权力的控制，因为只有集中化权力才能够调动必要的资源来利用这样的媒介。与此相反，媒介越“轻便”，就越容易传播，就越容易促进权力的非集中化，包括政治、宗教和经济领域里的非集中化。近代世界里的经典案例是印刷机，它启动了书籍和报纸的大众媒介时代，大众媒介粉碎了罗马天主教的垄断，促进了一些互相催化的趋势：新教革命、民族国家的兴起、科学革命、资本主义和最终到来的民主体制。

然而，在现代这样一个公认的非集中化的时代里，国家的垄断权力继续维持下来了，实际上到20世纪还达到了高峰。部分原因是，媒介进化继续给中心权力赋予了新的权力模式。正如麦克卢汉指出（1964），广播是极其有效的集中化媒介，它使国家元首能够同时向全国每个人发表讲话，就像父亲在餐桌边给全家人讲话一样。广播时代的特征是涌现出20世纪权力最大的四位政治人物，这一点不足为奇。丘吉尔、罗斯福、斯大林和希特勒都善于在电台上发表广播演说（保罗·莱文森，1997）。

当然，广播作为世界文化里的主导媒介，后来被电视取代了。如今，借助电脑和互联网的网上传播正在扮演一个重要的角色。自从口语本身“发明”以来，个人首次能够轻轻松松地在世界范围内

① 原载《价值与社会秩序》(*Values and the Social Order*)，第3卷，1997。

启动会话，就像接受报纸、广播和电视的传播一样轻而易举。

本文探讨一些非集中化力量的影响，尤其要探讨网上传播的影响。网上传播似乎要瓦解国家的信息垄断，并瓦解其他强制性的权力集中；它已经获得了无与伦比、前所未有的立足之地。我们先看看在过去的500年里，媒介在权力的集中化和非集中化的波动周期里，扮演着什么样的角色。这样，我们就能够更好地理解，这样的发展过程有何重要意义，会产生什么影响。

23.2 20世纪之前的近代世界概观

16世纪后期，印刷机产生了革命性的、非集中化的影响。这个过程给我们很深刻的教益，这是我们理解正在发生的非集中化过程的序幕。今天，个人电脑的传播正在启动一个非集中化的过程。

毫无疑问，基督教的历史始终有异端异教存在，然而，哪一个异端异教的影响都远远不如路德宗教改革产生的影响。为什么？这是因为，路德“抗议”的内容肯定是具有煽动性的理想；他主张，人们应该自己读《圣经》，并且为自己与上帝的关系承担终极的责任，而不是完全依靠教会这个中介。然而，更有煽动性、更加有效的是这个理想实际上体现在人手一册的《圣经》上：印刷机把《圣经》送到每个人手里。教会可以振振有词反对普及《圣经》的理想，而且它就是这样做的，然而它的主张却败下阵来，无法抵挡印刷机源源不断地将《圣经》送到每个人手里（保罗·莱文森，1988，1997）。信息技术变迁以后，集中化的意识形态就难以为继了，因为信息技术的变革给它来了个釜底抽薪，或多或少把意识形态变成了一张谁都可以乘坐的飞毯。

然而，底层技术的力量并非故事的全貌。非集中化的变迁可以使集中化权威暂时失去势头，甚至从长远的观点来看问题还可能给它制造麻烦，使之处于劣势。不过，产生集中化的心理和社会源泉是不会干涸的。埃里克·弗洛姆的《逃避自由》（1941）为我们提供的经典描述仍然有效。实际上，这些源泉或早或迟总是要表现在其他方面的，有的时候甚至是表现在产生非集中化的媒介里。就这样，印刷机把路德的抗争变成现实，人人都可以自己读《圣经》，于是，印刷机产生的种种后果使教会的力量永久削弱了。印刷机产生的结果包括民族国家的兴起；反过来，民族国家的兴起又利用新型的力量支持自己的集中化霸权，英国、法国等地的君主迅速建立起皇家的印刷厂，以便把新媒介置于自己的控制之下。印刷品用的是民族通俗语而不是拉丁语，于是民族身份进一步成形（关于印刷品民族语词的意义，见哈罗德·伊尼斯《帝国与传播》，1950）。

发现的时代给这个世俗化过程火上浇油，这个时代也是印刷机造就的。哥伦布之前的新大陆航海（颇像异端）已经实现，北欧人到格陵兰和美洲东部的航行如今已有详细的描写。不过那时的惊人探险仅仅是靠口耳相传的，口头传播的短暂性像夜间呜咽的北风，更像是传说而不像是事实，在欧洲几乎没有留下任何持久的影响。与此相反，哥伦布的航海发生在谷登堡机器印刷之后的50年，轰动一时的航海探险进入新兴的报端，产生了相当大的影响。可以在白纸黑字的书报上阅读的新世界，成为一个值得在战略上、政治上和经济上投资的世界。[见保罗·莱文森1988，1997；关于美洲的北欧人，见琼斯，1984；关于哥伦布航海早在1493年的新闻报道，见莫里森的小册子《大洋统帅》(1942)，该书很快就成为畅销书。]

新世界的投资释放出经济力量，商业革命和资本主义接踵而至。有趣的是，这些经济力量倾向于抗衡政治力量的集中化，而君主却力图谋求权力的集中化。尤其是在英格兰，对市场信息的渴求使商人支持非皇家的印刷厂，报纸靠广告支撑，广告的功能是自愿的代理而不是强制的命令，不久，广告就传达了批评中央权威的思想。于是，自由报业的种子播下了，民主社会永恒的脊梁建立起来，自由社会也应运而生；自由社会同样需要未经过滤的信息，需要本色的信息获得最低限度的流动。这个变化过程在美国产生了最佳效果。杰斐逊等人写下的《权利法案》禁止政府干预新闻事业，压制了中央集权论者的企图。中央集权论者企图利用《外侨法》(Alien Act)和《煽动法》(Sedition Act)，来判别和打压对政府持批评态度的出版物（见埃默里父子：《美国新闻史》，1992；保罗·莱文森：《软利器》，1997）。

在19世纪，民主政体在英国得到进一步加强，君主立宪制（而不是绝对君主制）在欧洲得到传播。19世纪下半叶，行型活字排版机问世之后，印刷机的效率更加提高，大量的书籍、杂志和报纸源源不断地倾泻而出，前所未有。

然而，20世纪等待我们的却是一些令人吃惊的反向的事情。

23.3 20世纪集中化的强大拉力

我们已经看到，集中化和非集中化的力量、强制和自愿的社会秩序，都得到19世纪报界的支持。不过，就总体的结果而言，世界的非集中化的趋势大大超过了报纸问世之前。到了20世纪，非集中化的趋势大体上却急遽地扭转过来。

1919年，美国联邦最高法院做了一个“明显而现实的危险”的裁决。这个裁决是事态不祥逆转的早期迹象，这个裁决与《权利法案》背道而驰。《权利法案》说：“国会不得指定下列法律……剥夺人民言论自由和出版自由。”然而这个裁决却认为，政府不仅有权力而且有义务限制某些形式的传播，包括言论自由；也就是说，它有权力和义务限制可能对人的生命、身体和财产造成损失的传播。因为即使一个人远方的鼓声也可能成为另一个人明显而现实的危险，所以任何审查和一切审查都可以的法律大门，就在美国敞开了。

同时，由于偶然的机遇，集中化的一个新媒介基础已经形成。马可尼在世纪之交致力于开发无须电线的电报和电话。然而，由于技术条件的限制，接收电磁波比发射电磁波的成本要低得多，所以马可尼的“无线电”成为一个同步、单向的大众媒介——广播。上文已经指出，政治领袖很快抓住了这个媒介的特性，把它作为传播一切的载体，把它作为刹那间同时向全国人民传播一切的手段。从轻松的图表到调动感情的爱国主义的布道和规劝，他们都试图用来向全国人民传播。

当然，非集中化的力量不可能被完全压倒。在第三帝国时期，反对希特勒的“白玫瑰”地下组织，就用早期的复印设备来制定反对集中制的政策（见顿巴赫和纽伯恩：《震撼德国人的夜晚》，1986）。20世纪80年代，苏联时期的地下录像带给反对政府的信息提供了源源不断的源泉（见保罗·莱文森：《电子纪事》，1992）。

然而，直到几年前，最先进的传播环境大发展之后，集中制才获得更强大的力量。这是因为，我们的主导媒介似乎是难以驾驭的单向传播载体：我们都可以非常轻松地从广播电视接收新闻、享受娱乐，但是我们能够贡献信息和娱乐的人却少之又少。从兴旺的民主制度来看，以下情景绝不是健康的情景：只得到政府信息的公民，不足以成为明达的公民，不足以对政府提出有理有据的批评。大多数情况下，广播这种形式实际上是由政府机构控制的，比如英国的BBC就是政府机构控制的（1988年福克兰战争期间，英国政府就对BBC实行控制。见保罗·莱文森：《学习赛博空间》，1995）。美国的情况略好，然而即使在美国，新闻由三大垄断电视网控制，三大电视网又受制于政府的管制。它们难得构成一个非强制性秩序的基础。

23.4　再次突出对话的地位

单向媒介有局限，它们使对话僵死，苏格拉底认识到这样的局限。他在《斐德罗篇》(275～276 页）里忧心忡忡地说，书面词语只能够做千篇一律的回答，也就是问题提出之前就已经确定的回答。我们已经看到，书面词语使信息得到空前的传播，以后的印刷机使信息的传播更加前所未有。文字和印刷机都具有强大的非集中化和民主化效应。言语之后的一切媒介，尽管具有传播和非集中化的性质，但是它们同时又具有集中化的属性，因为它们事先就排斥了对话。在这些媒介中，只有两个例外：电报和电话。我们看到，20 世纪之前，非集中化的趋势大体上占优势。同时我们又看到，在 20 世纪大部分的时间里，单向的集中化媒介使天平向另一个方向倾斜。

在通俗文化里，电脑被认为是极权主义、数字式组织的社会里的主要载体。可是谁也没有想到，电脑竟成了抗衡集中化的决定性媒介。1945 年，凡尼瓦·布什预计我们可以开发一种“麦麦克斯”计算机，使之成为一种桌面上使用的系统，能够传输和储存备忘录和数据，且可以发送到全世界任何一台类似的设备上（见保罗·莱文森：《软利器》，1997)。

这样的设备到 20 世纪 80 年代实现了，一般的老百姓用上了个人电脑加调制解调器组成的设备。其关键是：(1) 它能够轻易创造并储存文本，(2) 它能够轻易传播文本。借助广播媒介，瞬即、全球都可接收信息，这早已成为事实。过去缺乏的设备，是既可以创造又可以传输数据的设备或系统。如今的在线电脑网络——互联网——就是这样的系统。

在线网络的实现不足为奇。互联网借助的设备，是全球已有的强大而有效的电话网系统，它使连线的电脑站在电话网的肩上。电话网提供名副其实的互动式服务，这是现代互动式服务技术的一座孤塔。电话和电报不能够提供互动式服务，因为发电报得出家门，所以到了 20 世纪，电报就成为边缘技术。与此相反，有了电话之后，你可以在任何时候给世界上的任何人打电话，而且可以舒舒服服地待在家里和工作地点打电话。所以我们说，电话过去是现在也是强有力的非集中化设备。

从政治影响力的角度来说，电话的唯一不足是，它太个性化，只方便一人对一人的交流，而且它只能处理口语。结果，电话这个媒介容许的交流，从个人聊天到严肃的商谈都有，但是它不利于培养社会共识，因为社会共识需要自愿的政治力量的储藏所，需要能够考虑和贡献信息库的人群；需要可靠的信息库随时供人使用，而且要成为相当一段时间里稳定的信息库。

电脑是生产文本的设备，个人电脑插入电话网之后，个性化和社会共识就达到必要的平衡，书面文本因此能够长期储存，成为能够容许一群人分析批评的储备所（见保罗·莱文森：《学习赛博空间》，1995）。这就容许非同步的互动性，网络的互动性与电话的同步互动性不同，和面谈的互动性也不相同；互联网的同步性是非同步的互动性，这有利于理性的话语交流。

以传统的面授课堂为例。这是同步交流的最佳例子。一时一刻只容许一个人说话，因此在课堂面授时，只有一个人能够做出贡献，其他人都无法贡献。这样的环境需要一位强有力的领袖；在一定程度上，他是维持秩序必需的载体。实际上，这样一位领袖的作用是独裁者而不是推动者。老师严格控制着课堂，决定谁对谁说话，说什么话，什么时候说话。而且一旦下课，课堂上知识的积极传播和分析就戛然而止。当然，人们能够而且确实在思考课堂上学到的知识（和在有限程度上贡献的知识），但是，这样的思考是事后的回顾。人群解散之后，继续积极维持话语的机会就不复存在。（当然，全班同学可以下一周再聚，中途略有停顿的一连串话语也是可能的，但是这和连续不断的一次话语迥然不同。）

现在请考虑与之相反的网上课程（或任何网上讨论）。任何人都可以发送帖子，一天里的任何时刻都可以发送。而且，帖子一旦上网，就可以任何时候读、反复读，想读多少遍就读多少遍。领袖还是需要的，既可能是指定的领袖，也可能是自己冒出来的领袖；可是领袖的作用已经大不相同，他们成为协调人或指引人而不是独裁者。甚至网上社区物质环境的动态学也支持这样的角色变化：判断人的依据是他们在屏幕上传递的文字，而不是他们的衣着或座位的安排。于是等级差别抹平了，课堂上老师强制性的中央权威化解了，学生更加积极、自愿的教学秩序形成了；网上授课的老师成为引导学生的协调人。

和面对面的交流比较，网上交流还有一个更加意义重大的优势，因为原则上它容许任何地方的任何人参与。毕竟，亲临现场的会议仅仅是对与会者有价值。可是各种各样的障碍包括地理、经济和身体的障碍，可能会使人无法与会，使人无法参与会场上思想的交流。与此相反，网上讨论是人人可以参与的，只要有一台个人电脑和一部电话机就行。

人们对数字时代网络传播的经济局限提出了大量的批评指责。首先是电脑昂贵，其次是上网也要花电话费。第一个指责有一定的道理，有一部分人买不起几百美元的电脑，至少在美国，一台性能良好、可以上网的二手电脑目前的价格还是几百美元。当然这比面对面交谈的成本高，然而网络世界也不再是富人独占的玩物了。同理，上网的电话费并非不值一提，然而这样的花费并不比不上网时的家庭电话费高出多少。

无论如何，目前上网的人数估计已经达到 7 500 万，而且在日益增长。网民的人数已经达到使一些政府不得不注意的程度，它们急于限制网络产生的离心力。在 23.5 节，我们将看看政府抗拒改革的政策措施。

23.5　对抗媒介改革的借口

在整个 20 世纪，政府有两个干预媒介的借口，一是国家安全，一是公共庄重的标准。

国家安全就是上述联邦最高法院背后的动机，这个关于“明显而现实的危险”的裁决，意图给政府一个手段，使它能够阻止战时的反征兵运动。这个裁决成为政府推行审查的理论依据而持续高涨，直至 1971 年。这一年，联邦最高法院拒绝尼克松政府的请求，只同意裁定暂时停止《纽约时报》和《华盛顿邮报》刊载《五角大楼文件》15 天。然而，即使这个限制只有 15 天，然而在这 15 天里宪法第一修正案里的《权利法案》还是被取消了。不过，15 天之后，联邦最高法院拒绝了总统继续限制新闻界的请求。这就戏剧性地说明，以国家安全为借口，未必就足以支撑这样的限制，未必就能够在将来重新启动这样的程序。

不过，到了这个时候，色情已经在政府关切的阶梯上爬升到顶端，成为政府控制广播媒介的首要机会。联邦通讯委员会建立于 1934 年，目的是要把稀缺的广播频道资源“用于公共利益”。当时电视技术限制了频带宽度的资源。无论立法者的用意如何，一旦成立，联邦通讯委员会的使命立即被人们理解为：不让具有“攻击性”的信息上广播。稍后，随着技术的发展，广播频道里能够容纳的电台数量随之增加，联邦通讯委员会最初对“稀缺资源”的担心差不多就不复存在了。接着，联邦最高法院又提出了另一个理由来管制广播电视：因为人们事先不知道广播电台或电视台节目的内容，所以广播电视台有义务保证节目的内容“干净”。联邦最高法院做出这个新的裁决时，提出了这样一个说明：人们每次买书报、看电影时，对自己可能看到的内容能够做出判断；与此相反，他们打开收音机、电视机时，不可能对节目内容进行明达的判断，因为原则上说，广播电视里无论什么内容都是可能冒出来的。于是实际上我们看到，不断抗争的非集中化和自由表达是一方面，集中化和政府控制是另一方面，两者之间就达成了某种程度的平衡：一般地说，报纸和印刷品得到《权利法案》的保护，它们有权利免受政府的压制（联邦最高法院对《五角大楼文件》的裁决加强了报纸和印刷品的地位）；与此相反，广播电视却要接受政府强制的标准，要为自己的行为负责。

既然广播电视媒体的固有属性是集中化，所以在一定意义上，政府对它们的控制并不会进一步加重它们的集中化倾向；它们不太可能产生深刻的非集中化效应，它们受到了自身单向性质的局限。

正是在这样的背景下，网络传播无与伦比的非集中化可能性突然张扬起自己的个性。政府如何回应呢？

国家安全这个问题已经退潮，尤其是在冷战结束之后。而且，网络媒体的广泛传播首先表现在娱乐上，深深地扎根在娱乐中（现在依然如此），而不是扎根在政治里。

那么你会说，还有色情的问题。

不过请听我说，每次登录之前，每个人都知道自己的决定。因此，上网人更像是自己要做决定的买报人，不像是开车时打开收音机的人，不像是半睡半醒坐着看电视的人。再者，和一般的电视网不一样，有线电视是预先付费的，收视者预先就做出选择，有线电视早已把联邦通讯委员会对庄重节目的限制指南排除在外了。

然而，1996 年克林顿总统签署的《通讯规范法》要求，人们要为自己在网络上的书写承担可能的刑事责任。次年，联邦最高法院否决了这个法案，其基本依据是，互联网更像是报纸，而不像广播。不过，此时的国会又在审议另一个后续的法案了。

23.6 知识垄断的黄昏

让我们认清网上传播当前的状况及其影响：迄今为止，上文所述非集中化的效应在很大程度上还是一种假设，在政治领域里肯定是假设。没有什么选举结果或问题是由网络传播决定的，没有一个政府是受到网上传播局限的，没有一个政府是被网络传播推翻的。

目前，美国国内公众呼吁政府管制的网上传播领域，是成人针对儿童的色情内容。姑且不论难以界定的鼓吹儿童充分自由权的问题，以及儿童是否有权接收这些材料的问题，我们的确可以想出其他办法来对付这个问题，而不是用审查的办法。也就是说，最好让家长更好地指导儿童的上网时间。一般地说，呼吁审查的人没有充分注意，有人正在利用这样的呼吁来推行非集中化的谋略，儿童色情问题即使没有被人用作政府干预的借口，至少是被人当做政府干预的好时机。

任何中央权威都对控制信息的广泛传播和非集中化感兴趣。哈罗德·伊尼斯给我们提供了生动的解释（《传播的偏向》，1951）。他断言，古埃及的象形文字（即使现代的会意文字比如汉字，也可能需要几十年才能够充分掌握，因为它们的会意文字数以千计）把大量的知识和政治权力集中在少数僧侣的手里，只有他们才能够阅读和书写。他们位高权重，哈罗德·伊尼斯说他们“垄断知识”，甚至有权力铲除一个与他们竞争的一神教。即使提倡这个一神教的人是法老伊克那顿本人，即使他是无所不能的神，他去世后不出几代人，这个一神教就被位高权重的僧侣铲除了。与此相反，政治上无权的古希伯来人却能够启动一个类似的一神教，而且使之传遍全球。唯一的原因就是，他们掌握着另一个权杖：拼音文字，比象形文字简单得多的文字（只有 20 几个字母）。这种文字是高度的非集中化文字。我在《软利器》（1997）里指出，拼音字母表还有一个优势：它的完全抽象的体系提供了一个极其有效的方式，有利于传播无所不能、无处不在、难以看见的上帝观念。

然而，拼音字母表及其派生的土壤，却把承载它的媒介作为囚徒。因此，虽然和象形文字文化比较，它释放出了巨大的解放力量，然而它又成为新的知识垄断喜欢的载体。在整个黑暗时期和中世纪，一群又一群的教士几乎是唯一掌握读写文化的群体。后来，这些知识垄断又被新型印刷术粉碎，拼音文字把大批量生产的书籍作为载体，印刷机生产源源不断的书籍。如此循环往复，新的知识中心不断产生。印刷术产生的新中心，成为大学和各国首都，大学和首都也是靠印制的书籍建立起来的。

这样的循环不断进行。强制性和自发性之间的钟摆荡来荡去，只要底层的媒介结构容许，它就要摆动。互联网上的拼音文字和其他人类表达方式提供了前所未有的非集中化机会。一个世界范围系统的图书馆、大学和出版社，都或多或少地趋向同一；顷刻之间，互联网就可以把任何人在世界上任何地方书写的东西传递给许多人，收到信息的人数只限于用电脑上网的人数，他书写的东西可能比任何书籍的寿命长，因为书籍可能会绝版。技术迅猛发展，正在把人声、静照和动照以及各种各样的图像送进这个日益增长的普世参与的舞台。

难怪，各国政府正在寻找一切可能的机会把互联网置于自己的控制之下，至少是在一定程度上把它控制起来。然而，技术已经超越了政府的控制能力。历史上的集中化趋势自始至终都具有极大的弹性，因为这样的趋势能够满足人类的一些需要。但是如今的情况却有所不同，试图驾驭互联网这个媒介的集中化趋势，其潜力似乎已经发挥到极限。互联网正在把无数说话人和书写人转变为出版人。

参考文献

1. 凡尼瓦·布什（Bush，Vannevar）：《因为我们能够思维》（As We May Think，*The Atlantic Monthly*，July，pp. 101－108，1945）。

2. 顿巴赫、纽伯恩（Dumbach，Annette E & Jud Newborn）：《震撼德国人的夜晚》（*Shattering the German Night*，Boston：Little，Brown，1986）。

3. 米歇尔·埃默里、埃德温·埃默里（Michael Emery & Edwin Emery）：《美国新闻史》（*The Press and America*，7th ed. Englewood Cliffs，NJ：Prentice Hall，1992）。

4. 埃里克·弗洛姆（Fromm，Erich）：《逃避自由》（*Escape from Freedom*，New York：Rinehart，1941）。

5. 哈罗德·伊尼斯（Innis，Harold A）：《帝国与传播》（*Empire and Communications*，Toronto：University of Toronto Press，1950）。

6. 哈罗德·伊尼斯（Innis，Harold A）：《传播的偏向》（*The Bias of Communication*，Toronto：University of Toronto Press，1951）。

7. 格温·琼斯（Jones，Gwyn）：《维京人的历史》（*A History of the Vikings*，Oxford：Oxford University Press，1984）。

8. 保罗·莱文森（Levinson，Paul）：《思想无羁：技术时代的认识论》

(*Mind at Large*: *Knowing in the Technological Age*，Greenwich，CT：JAI Press，1988)。

9. 保罗·莱文森（Levinson，Paul）：《电子纪事》（*Electronic Chronicles*：*Columns of the Changes in our Time*，San Francisco，CA：Anamnesis Press，1992)。

10. 保罗·莱文森（Levinson，Paul）：《学习赛博空间》（*Learning Cyberspace*：*Essays on the Evolution of Media and the New Education*，San Francisco，CA：Anamnesis Press，1995)。

11. 保罗·莱文森（Levinson，Paul）：《软利器》（*The Soft Edge*：*A Natural History and Future of the Information Revolution*，New York and London：Routledge，1997)。

12. 马歇尔·麦克卢汉（McLuhan，Marshall）：《理解媒介》（*Understanding Media*. New York：Mentor，1964)。

13. 萨缪尔·莫里森（Morrison，Samuel E.）：《大洋统帅》（*Admiral of the Ocean Sea*. Boston：Little，Brown，1942)。

14. 柏拉图（Plato）：《斐德罗篇》（*Phaedrus*）。

第24章 世界贸易大厦遗址上的太空港[①]

世界贸易大厦的坍塌，就像人类最善良本能的坍塌，就像指向太空的飞船向相反的方向坠落一样悲惨。最令人揪心的形象之一是塔顶的避雷针随之坍塌的形象，仿佛象征着人类交流的终结。大厦就像是一艘巨大的飞船坍塌在它的发射台上了。

为了把这个悲剧颠倒过来，为了纠正这个错误的结局，我们能够做什么呢？如果修一组50层楼的建筑，那也许比过去安全，然而这些新楼发出的象征意义将是错误的。美国人不会守旧，当然我们也可以修一座比原来更高的双塔，但是我们难以想象待在这塔楼里的人会感到舒服，即使最完美的安全措施也不会令人放心。我们还可以修纪念碑式的建筑，但什么样的纪念碑好呢？

最好的纪念碑既可以纪念死难者，同时又指向未来，指向新的生活机遇。我建议在世界贸易大厦的旧址上建一座指向行星和恒星的发射台。当然，在曼哈顿岛上修这座发射台的技术还没有成熟，因为我们决不需要在纽约市发射现在这样的化学火箭或核子火箭。

在世界贸易大厦遗址上修太空港不是为了今天，而是为了未来。50年、100年、500年之后，我们美国人很可能有能力发明反重力技术或与之类似的技术，凭借这些技术，我们能够把飞船送到天上，就像萤火虫照亮夜空一样轻松地飞向太空。那一天来到时，每一艘飞船都会向宇宙宣告，我们战胜了那些想要毁灭我们的人，战胜了迫害这个地球的仇恨。

在此之前，世界贸易大厦遗址上的太空港将指向希望。它将指向天空，具有更加伟大的象征意义，比我们能够建造的最高大的建筑更有意义。这个象征意义就是，一切善良的人们的梦想和灵魂总有一天都会飞向那里。

---

① 原载《媒介环境学探索》(*Explorations in Media Ecology*)，2002。

第25章 关于政治广告的建议①

政治广告撒下弥天大谎时，我们能够做什么？对电视上明目张胆的错误的口号，我们能够做什么？对兜售政治宣传的电影，我们能够做什么？

正在播出的狂热的“快艇”广告，诬蔑约翰·克里服役的广告，这是漫长而狂热的夏季政治宣传里最新的一幕，意在控制这场宣传的主动权。有人请求联邦通讯委员会限制迈克尔·穆尔的电影《华氏9·11》，要求在共和党全国代表大会之前的30天里对电影的播映有所限制，借口是麦肯-梵高尔德法案（McCain-Feingold campaign-finance law）有关竞选财政的规定。几个星期之后，另有一些人请求联邦贸易委员会阻止福克斯新闻网兜售自己的政治宣传，福克斯号称自己的立场“公正而平衡”。然而，一些精选的例子借用经典的欺骗宣传播出之后，却没有引起任何喧嚣。比如稍早之前，偏向布什的一则广告就反复播放，里面是总统在“零点”废墟的讲话，他宣告，犯下滔天罪行的人将听到我们的声音（够公平吧，总统的确在“零点”做过这样的宣告），紧接着这个画面的是萨达姆的雕像被拉倒的画面。这就是经典的“错误联想”宣传，因为萨达姆·侯赛因和“9·11”事件没有关系。

对这样的政治宣传广告，我们应该做什么？

联邦通讯委员会有责任强制要求广告的真实性。然而，1964年联邦最高法院在“《纽约时报》诉沙利文”的案子（*New York Times v. Sullivan*）裁决时说道，政治广告和通讯总体上是可以免责的，理由是宪法第一修正案规定了自由表达的权利。这个裁决好吗？好。我们不想让政府干涉政治话语，以免它压制自由表达。广告有权对

① 原载《新闻报》（*The Journal News*），2004-9-5。

约翰·克里的越战记录提出异议，无论这样的言论多么令人痛苦，多么令人不愉快。如果政府插足去制止广播电视里的任何广告、标签和手法，它对自由民主构成的威胁，就远远超过了宣传本身造成的任何损害。

再者，如果用广告宣传来制止“软钱”的527号法案，那还是解决不了欺骗性广告的问题。527号法案是布什总统吁请麦凯因参议员（Senator McCain）提出的。那么，官方制作的绕开527法案的宣传又怎么办呢？因此我们可以说，禁止一切“软钱”的广告既可以说走得太远了，也可以说不足以解决问题。

然而，这是不是说，我们就需要袖手旁观，对政治传播里的谎言和扭曲一言不发呢？看来是不行的。民主党吁请新闻网不播出“快艇”广告，是对今年夏天宣传的比较好的回应，这比要求联邦选举委员会制止“快艇”广告好，这是因为直接向新闻网呼吁是请求媒体自律而不是要求政府审查。媒体播广告并没有违宪和错误的地方，这和政府的干预相反；让媒体自己决定某一则广告、某一个广播节目和某一句口号不符合公众利益。

然而，如果政府审查政治表达的手被捆住了，那是不是说政府在这个领域根本就无能为力呢？是不是说政府的调控机制就不能够助一臂之力呢？

我提一个建议。

也许，联邦通讯委员会能够在这里做一件好事，国会最近推动它追击广播上不雅的违宪的语言。也许，联邦通讯委员会可以每周出一个清单，列举政治广告中的谎言和有问题的言论。它还可以出一个索引，列举扭曲的广播口号，甚至还可以列出电影里用狡猾的手法裁剪的政治言论，也就是用蒙太奇剪辑而不是忠实地记录包装出来的政治言论。政府不需要审查，它只需要发出警告，让美国人提高警惕。政府可以代表公众发出抱怨的声音。如果有媒体或个人不同意这样的单子，联邦通讯委员会应该容许并欢迎他们把话说出来，无疑他们会同意政府列的单子。自由而充满活力的政治程序的价值和光荣就在这里。面对当前泛滥的政治宣传，政府遭遇的挑战就是要寻找到一条中间路线，既不保持沉默，又不压制宪法第一修正案保障的权利。

索 引

A

B

C

D

E

F

G

I

J

K

L

M

N

O

P

R

S

W

X

Y

Z

译后记

2004年春节以来，我与作者和出版社共同探索、策划并出版了“莱文森研究书系”，该书系共收录了3本书。《手机：挡不住的呼唤》已于2004年问世，《真实空间：飞天梦解析》与“神六”一道起航，《莱文森精粹》由我和作者共同编辑。我要感谢作者保罗·莱文森的信赖、中国人民大学出版社的胆略。

保罗·莱文森被誉为“数字时代的麦克卢汉”，他开创了一个“后麦克卢汉时代”，是媒介环境学派和媒介乐观主义的代表人物。他扬弃并超越了马歇尔·麦克卢汉和尼尔·波斯曼的技术媒介理论，提出了媒介进化的“人性化趋势”理论。麦克卢汉强调媒介对人的影响，波斯曼控诉电视等技术媒介对文明的损害，莱文森则张扬人的积极、主动和理性，主张“人类沙文主义”的积极进取思想。

保罗·莱文森对中国人民和中国文化怀有深厚的感情，他接受李约瑟的思想，充分肯定中国人的科技文化成就，他很高兴能够把《真实空间：飞天梦解析》作为中国第二艘载人宇宙飞船“神六”的献礼，他的《手机：挡不住的呼唤》在中美两国几乎同时出版，如今《莱文森精粹》的中文版又走在英文版的前面。希望他的技术乐观主义能够给国内读者提供一定的哲理深度。

马歇尔·麦克卢汉、尼尔·波斯曼和保罗·莱文森是媒介环境学三代学人的代表。波斯曼并非出自麦克卢汉门下，但以私淑弟子自称；莱文森师从波斯曼，对麦克卢汉执弟子礼。三人中既有传承，也有偏离，亦有“反叛”，更有超越。波斯曼的学术思想偏离了麦克卢汉，莱文森的学术思想“反叛”了波斯曼和麦克卢汉。师徒三人差别很大，却有一个共同的特点：以大视域、长时期的洞察力和前瞻性扫描洞察人类文明、技术、媒介、环境。他们都十分关注媒介对人类的影响，认为媒介的影响超乎常人的意识和想象。

保罗·莱文森是北美媒介环境学派最多产的学者之一，请读者把他放进这个学派的视野中去研究。

保罗·莱文森是多产的科幻文学作家，曾任美国科幻文学研究会会长，希望有志者能够与我携手介绍他在科幻文艺方面的成就。

何道宽

2006年10月

图书在版编目（CIP）数据

莱文森精粹/（美）莱文森著；何道宽编译.
北京：中国人民大学出版社，2007
（保罗·莱文森研究书系）
ISBN 978-7-300-08632-3

Ⅰ. 莱…
Ⅱ. ①莱…②何…
Ⅲ. 传播学-研究
Ⅳ. G206

中国版本图书馆 CIP 数据核字（2007）第 159232 号

保罗·莱文森研究书系
莱文森精粹
[美] 保罗·莱文森 著
何道宽 编译

出版发行	中国人民大学出版社		
社　　址	北京中关村大街 31 号	**邮政编码**	100080
电　　话	010－62511242（总编室）		010－62511398（质管部）
	010－82501766（邮购部）		010－62514148（门市部）
	010－62515195（发行公司）		010－62515275（盗版举报）
网　　址	http://www.crup.com.cn		
	http://www.ttrnet.com(人大教研网)		
经　　销	新华书店		
印　　刷	北京新丰印刷厂		
规　　格	155 mm×230 mm　16 开本	**版　　次**	2007 年 11 月第 1 版
印　　张	21 插页 1	**印　　次**	2007 年 11 月第 1 次印刷
字　　数	327 000	**定　　价**	39.80 元

版权所有　侵权必究　　印装差错　负责调换